金融豫军发展战略研究

FINANCIAL STRATEGY

刘战国 / 主编

经济管理出版社
ECONOMY & MANAGEMENT PUBLISHING HOUSE

图书在版编目（CIP）数据

金融豫军发展战略研究/ 刘战国主编．—北京：经济管理出版社，2018.7
ISBN 978-7-5096-5892-5

Ⅰ．①金…　Ⅱ．①刘…　Ⅲ．①地方金融事业—经济发展—研究—河南　Ⅳ．①F832.761

中国版本图书馆 CIP 数据核字（2018）第 161127 号

组稿编辑：杨　雪
责任编辑：杨　雪　董必俊
责任印制：黄章平
责任校对：王纪慧

出版发行：经济管理出版社
（北京市海淀区北蜂窝 8 号中雅大厦 A 座 11 层　100038）
网　　址：www. E-mp. com. cn
电　　话：（010）51915602
印　　刷：三河市延风印装有限公司
经　　销：新华书店
开　　本：720mm×1000mm/16
印　　张：23.5
字　　数：435 千字
版　　次：2018 年 8 月第 1 版　　2018 年 8 月第 1 次印刷
书　　号：ISBN 978-7-5096-5892-5
定　　价：79.00 元

序

金融豫军发展进入新时代

金融豫军，狭义上是指总部在河南省区域内的金融机构，广义上是指河南省区域内的所有金融机构。很明显，刘战国研究员主持的“金融豫军发展战略研究”课题主要是研究狭义上的金融豫军，即本土金融机构。该课题试图探讨金融豫军这个特殊群体发展壮大的一般规律趋势，主要回答了两个问题：一是金融豫军为什么能够崛起？二是金融豫军未来将走向哪里？

一、金融豫军为什么能够崛起？

改革开放以来，本土金融机构经过多年的探索、试验、改革、开放、创新、整合、融合，从无到有、从小到大、从弱到强，异军突起，最近几年金融豫军群体性崛起的趋势愈加明显，其根源和密码是什么？

(1) 内因起决定作用。从内在基本逻辑上来讲，金融的崛起，其背后的物质基础一定是经济的崛起。其实就金融的功能来讲，金融也是经济体系的有机组成部分，金融发源于经济，经济是金融的物质基础支撑，同时金融又是经济的血液、经济的神经中枢、经济的枢纽、经济的命脉，用习近平总书记的话来讲是“国之重器”。从 1992 年持续到 2018 年，这 27 年间，河南省 GDP 增速持续高于全国平均水平，平均高出约 1. 5 个百分点，中原崛起的趋势愈加明显。由此看来，中原崛起是金融豫军崛起的物质性经济基础。从主观角度上来讲，近年来河南省委省政府积极融入国家大局，主动作为，先后谋划了中原经济区、郑州航空港经济综合实验区、中原城市群、郑州国家中心城市、国家郑洛新自主创新示范区、河南自贸区等国家战略，建设经济强省，打造开放、创新、文化三大高地，奋力实现中原崛起。同时，河南省委省政府高度重视金融业的发展，提出了“引金入豫”和做大做强“金融豫军”两大战略，大力推进市场化改革、开放引进、内部创新、一企一策、环境孵化、优化重组、加快上市，全力推动金融豫军的跨越式发展，这是金融豫军崛起的重要内因。

（2）外因是孵化条件。从外在条件即全国宏观环境来讲，国家宏观调控政策为区域金融的崛起提供了孵化条件。从开放的思维来对比分析，我们发现，其实最近十来年全国各地的区域金融都在崛起，特别是沿海发达地区，应该说，金融豫军崛起是全国区域金融崛起的典型代表。随着我国区域经济发展格局的变化，从沿海优先开放发展战略到西部大开发、东北振兴、中部崛起战略，中西部地区加速开放发展和崛起，各具特色的中心城市、城市群、经济区群雄并起、遍地开花。区域经济具有多样性、多层次、复合型、相对独立性等特点，服务于区域经济的金融体系也必须适应区域经济的新特点和新发展。很显然，原有的传统中、农、工、建、交等单一的金融体系满足不了区域经济大发展的新需要，国家宏观调控政策始终致力于完善金融机构体系，鼓励发展直接服务区域经济的各类区域性金融机构，如城商行、农商行、村镇银行、社区银行、零售银行、网上银行等。多年来，国家通过实施改革、开放、放开、创新等宏观调控政策，初步构建了适应区域经济发展的多样性、多层次、复合型、相对独立的区域金融体系。国有、民营、外资、混合金融机构，大、中、小型金融机构，银行、证券、保险、信托、资管、创投等各类金融机构，政策金融与商业金融，信贷市场与资本市场，它们同台竞技、竞合发展、并茂发展、共赢发展。

二、金融豫军未来将走向哪里？

（1）发展逻辑。金融豫军发端于区域经济并服务于区域经济，伴随区域经济的崛起而崛起，伴随区域经济的发展壮大而发展壮大。未来中原崛起的势头依然强劲，中原崛起与金融豫军“相伴共生”的逻辑揭示了中原崛起为金融豫军发展壮大提供了土壤，在外部环境越来越复杂、严峻的情况下，金融豫军到底能否进一步生根、发芽、发展、壮大，从根本上来说还是取决于内因，取决于金融豫军的竞争力，取决于金融豫军的创新力和自我革命能力。

（2）发展环境。从外部发展环境来说，我国金融业和金融豫军的发展进入新时代：一是进入中速发展阶段，告别高速发展阶段，进入高质量发展阶段，粗放型发展模式将失去市场；二是进入充分竞争甚至过度竞争发展阶段，同业竞争加剧，相互渗透，加快重组，与全国先进地区相比，金融豫军体系尚不健全、资本市场发育迟缓、龙头机构规模小且竞争力弱，竞争压力巨大；三是进入严监管阶段，投机钻营将失去市场；四是进入新技术革命主导发展阶段，新技术革命的影响深远，既存在彻底颠覆，又存在无限可能。由此可见，未来金融豫军发展的大环境越来越从紧，倒逼其转型升级；在新技术革命浪潮之中又面临产业革命新机遇，面临的机遇前所未有，面临的挑战也前所未有。金融豫军既不能盲目乐观，也不能消极懈怠，必须抓住机遇、迎接挑战，自我革命，创造新优势，再创辉煌。

（3）发展重点。金融业与其他产业一样都遵循“龙头带动、集群发展、园区集聚”的一般规律，所以做大做强金融豫军的三大重点任务在于“打造行业龙头、推动集群发展、引导中心集聚”。实施集群化发展战略，重点打造城商行、农商行、证券、期货、保险、信托、资管、投资与基金、融资担保、互联网新兴金融这金融豫军 10 大集群；实施龙头带动战略，倾力打造中原证券、中原资产、中原银行、郑州银行、中原农商银行、中原保险、中原再担保集团、百瑞信托 8 大全牌照、全能型大型金控集团；实施集聚园区化战略，打造郑东新区国际金融中心，大力推进郑东新区金融集聚核心功能区建设，打造中部地区国际金融中心。

（4）发展路径。未来做大做强金融豫军的关键在于如何构建后发竞争优势，其路径就是实施改革、开放、创新、网络“四轮驱动”战略，形成强大的动力系统。

强化改革推动，构建市场化的体制机制和制度优势。推进股份制的混合所有制改革，建立先进的企业法人治理结构和现代金融企业制度，这是竞争制胜的前提和法宝。加大力度推进金融机构上市，这既是检验制度先进性的重要标志，又是规范化跨越发展的重要手段。强力推进制度创新，加快将农信社改造为农商行。加快行业兼并重组，推进市场化和商业化、专业化和综合化、本土化和国际化、网络化和科技化发展，培育行业龙头和知名品牌，打造“航空母舰”，组建“联合舰队”。

强化网络拉动，抢占“信息技术+人工智能”发展制高点。信息技术革命尤其是互联网彻底颠覆了传统金融的业态、模式，网上支付让我国在全球首先迈进无现金社会。未来，信息技术、互联网、大数据、物联网、人工智能等新技术革命还将带来金融业的产业革命，金融业将彻底告别“人海战术”，智慧金融将迎来爆发式发展，再现金融效率革命，边际成本几乎为零，边际效益无限延伸。面对新技术、新模式、新业态、新逻辑，传统的经济学也将被颠覆。谁抓住新技术革命，谁就能从成功走向成功；反之，将从成功走向失败。面对新技术革命，金融豫军唯有直面、融入、引领、自我革命，才能走向新的辉煌。金融豫军应大力推进传统金融机构的互联网化，大力扶持互联网金融的发展。

强化开放带动，开拓全国化和全球化发展新空间。从今天来看，中原崛起与金融豫军这种“相伴共生”的逻辑需要从空间上扩展到中部地区、中西部地区乃至全国。金融资本与产业资本是相辅相成的关系，金融资本具有天然的渗透性，金融机构具有规模效应，所以有一部分龙头金融机构将会冲破范围经济的束缚，从河南走向全国乃至世界，这就是金融豫军龙头机构的全国化和国际化发展趋势。例如中原证券、中原银行、中原保险、中原资产等“中原系”金融豫军将加速全国化和全球化进程，服务于中国崛起、“一带一路”和经济全球化。在全国乃至全球的舞台上与金融大鳄同台竞技，既是机遇也是挑战。“开放带动”是金融豫军进一步做大做强的重要动力，应吸引国内外资本和战略投资者，增强资本实力，积极“走出去”，积极与国内外行业龙头结盟，为金融豫军的全国化和全球化发展注入新动力。

强化创新驱动，打造人才高地。金融豫军要实现弯道超车，就必须依靠创新驱动，大力推进金融制度、机构、市场、产品、监管、技术的创新，发展新技术、新产业、新业态、新模式。真正树立人才是第一资源的理念，下功夫优化人才环境，引进和培育一大批金融创新型人才，构建制度化、法制化的优越创新创业环境体系。

三、后续的研究

金融是经济的血脉和中枢，是国之重器，开展金融豫军课题研究对促进中原崛起意义重大。现在“金融豫军发展战略研究”课题组经过一年多全面、系统、深入的协同研究，已经取得了系列成果，发挥了较好的决策支撑作用。未来几年，该课题依然将被列入我们的重点课题研究计划，我们将持续跟踪研究，例如：紧紧围绕做大做强，继续加大体制机制改革，打造制度优势，提高竞争力；继续优化结构，推进集群化发展，鼓励龙头机构集团化、综合化、国际化发展；深入推进创新驱动和开放带动发展，培育新金融增长点；等等。我们力争拿出更多经得起历史和实践检验的研究成果，为科学决策提供坚实支撑，为让中原在实现中华民族伟大复兴中国梦的进程中更加出彩做出新贡献。

河南省人民政府发展研究中心主任、研究员、博士　谷建全
2018 年 7 月 15 日
于郑州市政一街五号

前　言

实施“创新驱动核心战略”，打造创新金融发展高地

“中原更加出彩”是习近平总书记和党的重托、人民的新期待、历史的新使命，是加快实现中原崛起、中原复兴和中原现代化的“中原梦”，是实现中华民族伟大复兴中国梦的中流砥柱。“建设经济强省”是实现中原更加出彩的物质基础、经济基础、第一要务和中心工作，中原更加出彩是第一使命，建设经济强省是首要目标。进入新时代、新阶段、新常态，为了加快建设经济强省、实现中原更加出彩，为了抵御经济持续下行压力，为了化解经济总量大、结构层次低的矛盾，为了破解发展后劲明显不足的现实难题，河南省除了全面实施“三区一群”国家战略之外，还需要强力推动、全力实施“创新驱动核心战略”，开启经济高质量发展的发动机。

一、实施“创新驱动核心战略”，这是认识和实践上的一次飞跃

改革开放四十年以来，河南省经历了前十几年的迷茫，也经历过了二十多年的奋起直追，截至目前，河南省已经连续二十七年实现经济增速高于全国平均水平，中原不断崛起既是一个大趋势，也是河南省委省政府带领全省人民解放思想、主动作为的结果。主动作为的一个关键抉择就是寻找战略突破口和战略路径，河南省曾经先后探索并实施了科教兴豫战略、开放带动战略、人才强省战略、可持续发展战略、产业集聚区战略、粮食生产核心区国家战略、中原经济区国家战略等，激发了经济发展的动力活力，实现了经济跨越式发展，后发优势开始显现。其中，解放思想“开放带动”成为推动河南省跨越式发展的主战略。

最近五年河南省进入转型发展的新阶段，省委主动谋划，促进多项国家重大区域战略平台密集落地河南，如郑州航空港经济综合试验区、郑洛新自主创新示范区、河南自由贸易区、国家级中原城市群、郑州国家中心城市、“一带一路”

枢纽、跨境电商试验区、大数据试验区、中国制造 2025 示范区等，河南成为发展的热土。其中，最具引领作用的是“三区一群”国家战略（郑州航空港经济综合试验区、中国（河南）自由贸易试验区、郑洛新国家自主创新示范区和中原城市群），其是河南省加快推进改革开放创新发展的试验田、建设经济强省的增长极。

同时我们应该看到，目前落户河南省的十多项国家战略尤其是“三区一群”国家战略，均属于平台型的空间增长极，现在我们需要思考一个问题——这些平台增长极依靠什么来驱动？在平台增长极战略框架基本确立之后，“动力类”战略就成为具有决定性和根本性的战略。“改革、开放、创新”是我们发展的三大动力，改革推动带来了活力，开放带动带来了外力，创新才是一切创造发展的不竭动力源泉。实施“三区一群”国家战略的关键、动力、路径是“创新驱动”，离开了创新驱动，所有平台型战略都会落空。所以，必须适时将“创新驱动”上升为河南省建设经济强省的“核心战略”。所谓“核心”，就像人体的心脏，就像工业母机的发动机，是动力源。广东省从 2014 年开始确立并实施“创新驱动核心战略”，每年广东省委省政府一号文件和第一个工作会议的主题都是“创新驱动”，全省全社会动员，层层持续加压推动，两大万亿级的战略性新兴产业集群初步形成，转型升级发展后劲十足，2017 年广东省区域创新能力跃居全国第一。广东省的经验值得借鉴，河南省就是要通过实施“创新驱动核心战略”来推动“三区一群”国家战略的深入实施，打造创新和发展高地。

二、推进“改革式”创新，降低创新的制度成本

改革是发展的活力源，更是创新的活力源。制度成本高是当前制约创新发展的重要瓶颈，推进创新的供给侧结构性改革必须要破除一切阻碍创新的制度性障碍，激活创新要素，打造适宜创新的“效率最高、成本最低、效益最高”的软环境。政府是提供制度“软环境”公共服务的主体，为此必须推进政府自我革命，从根本上降低创新的制度成本。河南省要实现追赶超越目标就必须增强后发比较优势，必须营造一流发展环境，**着力打造“改革创新高地”**：一是构建创新驱动和新战略组织领导体系，成立创新驱动和新战略领导小组，省委省政府主要领导任组长，专司顶层设计和高端推动，每年 1 月召开一次总结计划安排工作会议，每年 7 月召开一次推进会议，制定中长期规划和年度计划，层层任务分解，列入各级政府责任目标考核。二是构建“1+N”鼓励创新的政策法规体系，一个总纲要、N 个专项政策，要坚持以人为本和结果导向，在管理方式、经费支出、知识产权、收益分配等方面向创新人才倾斜。三是构建“零成本”商事制度环

境，简化优化程序，推行“只跑一次腿”和网上办结。四是构建结果导向的创新激励机制，创新的直接结果是知识产权（特别是专利），最终结果是转化为高新技术企业的 GDP。为了提供创新投入的效率，应建立以专利和高新技术企业为导向的激励政策体系，对推动产业转型升级的专利给予重奖，截至 2017 年底，河南省每万人发明专利拥有量 3.0 件，全国每万人发明专利拥有量 9.8 件，河南省约为全国的 1/3，导致河南省高新技术企业仅占全国的 2%左右，创新成果少、效益低是制约河南省创新可持续发展的重要短板，只有建立结果导向的激励政策体系，才能逐步改变被动落后的不利局面。五是构建政府引导、企业主导、全社会融入的投入体系，加大政府引导资金投入力度，支持创新团队和创新平台建设，支持新型研发机构和创新型企业发展，实行以奖代补，建立结果导向的投入激励机制，建立税收减免的正向激励机制。当前河南省研发投入占 GDP 的比重约为 1.2%，全国约为 2.1%，广东省约为 2.6%，深圳市约为 4.1%，2017 年河南省研发投入为 582.1 亿元，约为深圳市的 60%，差距非常之大。投入规模小、投入积极性不高是制约河南省创新驱动发展的基础性因素，应通过营造优越环境来激发全社会研发投入的热情。

三、推进“开放式”创新，探索集聚全球全社会创新资源要素的新模式

经济全球化是大势所趋，创新是经济的先导，创新全球化也是必然趋势。应坚持开放式创新理念，探索开放式创新的路径，整合运用全球创新资源要素，不求所有，但求所用，着力营造优越环境吸引全球创新资源要素集聚河南。河南省应加大国内外创新要素资源的招引力度，**着力打造“开放创新高地”**：一是强化创新型人才和团队的引进和培育，要着眼未来，不怕吃亏、敢于吃亏、大胆吃亏，“只要出成果，要啥给啥”，关键是给事业、给待遇、给平台、给职务、给权利、给环境，建设海归“双创”园区；二是强化新型研发机构的引进和培育，目前深圳拥有 41 家集科学发现、技术发明、产业发展“三发”于一体的省级新型研发机构，而河南省才拥有 10 家省级新型研发机构，仅为深圳市的 1/4，河南省应借鉴深圳“一家新型研发机构孵化百家高新技术企业”的经验，制定发展新型研发机构的配套鼓励政策；三是强化跨国公司和行业龙头生产基地、研发基地、区域总部的链式引进，发挥人才资源、市场规模、交通枢纽、产业配套、政策环境等综合优势，吸引创新型企业进驻河南；四是强化全球研发网络的构建，坚持“引进来、走出去”，在国内外创新谷设立研发基地，与国内外知名研发机构构建协同创新联盟和利益共同体；五是强化虚拟空间创新网络的构建，探索集聚全球全社会创新资源要素的新模式。

四、推进“孵化式”创新，构建“科学研究—技术开发—产业孵化”创新创业体系

科技创新的目的是为了经济发展，经济发展是创新的物资基础，两者之间是正反馈的相辅相成的关系。自主创新是一个系统工程，需要推进“科学研究—技术开发—产业发展”一体化，河南省应加快创新链、产业链、金融链、服务链、政策链等无缝对接创新创业“双创”体系，**着力打造“双创高地”**：一是大力打造双创载体，鼓励发展众创空间、科技孵化器、大学科技园、产业科技园等双创载体和基地，积极推广郑州市“双创综合体”经验，鼓励建设具有综合服务功能的“双创园区”，构建研发、转化、创投、金融、服务等“双创”生态体系，强化种子、苗圃、孵化器、加速器一体化“双创”功能，创建一批国家级“双创”基地，建设100家国家级“双创”空间和100家国家级“双创”孵化器，力争到2020年孵化10万家科技型小微企业；二是大力发展“双创”科技金融，大力发展天使基金、创投基金、战略新兴产业投资基金，鼓励商业银行等金融机构设立科技分支行，研发成果的产业化必须依靠金融支撑，新兴产业是金融发展的新增长点，当前河南省上市企业78家，仅占全国的2.2%，仅为浙江省的1/5、广东省的1/8，上市是集聚创新发展资本的重要桥梁，必须加速推动科技型企业在国内外挂牌上市；三是大力发展新型研发机构“孵化器”，强化研发机构、孵化器、高科技企业控股集团等复合功能，力争引进培育100家新型研发机构孵化器；四是大力培育“双创”文化，加快创新型河南建设，大力开展“大众创业、万众创新”活动，培育“双创”文化，弘扬“双创”时代精神，使“双创”精神文化成为社会主义核心价值观的有机组成部分。

五、推进“引领式”创新，把高新技术企业打造成为科技创新和经济发展的第一增长极

企业既是创新的第一主体又是发展的第一主体。高新技术企业占据创新链和产业链的高端，是高端产业创新和发展的第一主体，同时高新技术企业独享国家税收减免优惠等“一揽子”倾斜扶持政策，是创新和发展的政策特区，具有先天创新和发展优势，既是创新的增长极，又是发展的增长极。当前高新技术企业已成为创新驱动转型发展的龙头。根据深圳市转型升级发展经验，深圳作为经济特区已经没有国家政策倾斜了，但是目前深圳市拥有高新技术企业约1.2万家，约占全国的1/10，由于高新技术企业可以独享税收等倾斜政策，深圳已经变成

了高新技术企业发展的特区，高新技术企业集群已经成为当地政府推进创新驱动转型发展的第一抓手。当前河南省拥有高新技术企业约 2300 家，全国约 11 万家，河南省占全国的比重约为 2%，广东省 3.3 万家，河南省仅为广东省的 7%左右，高新技术企业数量太少已经成为制约河南省创新驱动发展的第一短板。河南省应强化创新驱动转型发展的第一抓手，培育大批高新技术企业集群，抢占创新发展制高点，**着力打造“高新技术企业创新发展高地”**：一是完善鼓励高新技术企业发展的配套政策，制定河南省高新技术企业培育发展长远规划和年度计划，出台配套扶持政策，并将其列入各级政府责任目标考核，拉高目标，层层传导创新发展压力，力争 2020 年高新技术企业达到 1 万家、科技创新型小微企业达到 10 万家；二是鼓励创办和引进高新技术企业，大专院校和机关事业单位专业技术人才创办高新技术企业者，原有待遇不变，提供创业资金，给予专项奖励，对于引进高新技术企业有突出贡献者给予重奖，对有突出贡献的高新技术企业家给予重奖，全社会弘扬企业家创业精神；三是鼓励高新技术企业建立研发平台，对国家、省、市级研发平台给予不同档次的奖励，力争规模以上企业研发平台全覆盖，河南省国家级研发平台数量约占全国的 2.2%，导致平台少、人才少、成果少、效益差等链条式缺陷，打造创新平台、集聚创新要素资源是河南省摆脱落后局面的重要依托；四是鼓励现有产业集聚区升级为高新技术产业开发区，再创办一批国家高新技术产业开发区，使之成为高新技术企业集群的发展高地，推动各地产业结构转型升级。

六、推进“资本式”创新，实现金融豫军与创新发展共同繁荣

大规模的创新必须有大规模的投入做支撑，创新仅仅依靠政府和社会组织的公益投入是不够的，必须依靠创新资本化社会化投入。一般来说，创新的产业化可以取得更大的经济效益，因此可以吸引社会资本集聚创新领域，同时创新具有风险性，所以创新资本具有风险投资的特性。为了给创新提供源源不断的“弹药”，应加快构建服务创新发展的金融体系，**着力打造“创新资本发展高地”**：一是大力发展多层次资本市场体系，倾斜发展中原股权交易中心，强化融资和股权交易功能，使之成为科技型小微企业的孵化器和加速器，制定综合配套鼓励和奖励政策，支持科技型中小微企业在区域股权市场、新三板、创业板、中小板、主板以及境外上市；二是大力发展科技金融，鼓励银行设立科技创新金融事业部和科技分支行，支持规模以上企业设立研发机构、建设研发平台，增大对新型研发机构的信贷支持，支持研发产业的跨越式发展，鼓励保险、信托、证券、资管等金融机构通过参股、控股、期权、知识产权证券化等方式，拓展科技创新产业

领域，实现金融豫军与创新发展的良性循环和共同繁荣；三是大力发展风险投资基金业，加大政府财政引导资金投入力度，实行减免税费、补贴、奖励等扶持政策，设立政府风险投资种子基金，吸引社会资本进入风险投资领域，形成科技创新投资的合力，支持高新技术企业和战略性新兴产业大发展；四是大力发展“创新创业”普惠金融，强化种子、苗圃、孵化器、加速器的金融支撑功能，推动实施“互联网+创新”行动计划，推进创新创业平台建设的众创、众包、众扶、众筹“四众”新模式、新业态发展，大力发展互联网金融，加快科技金融和金融豫军转型升级、做大做强。

河南省人民政府发展研究中心研究员　刘战国

2018 年 8 月 2 日

于郑州市政一街五号

目　录

第一篇　总报告

第二篇　分报告

第三篇 专题报告

第一篇
总报告

做大做强金融豫军的战略思路与对策建议

摘要：金融是撬动区域经济发展的杠杆，近年来金融豫军呈现群体性崛起的大趋势，有力地支撑了河南省区域经济的跨越式发展，但是金融依然是制约河南省发展的短板。做大做强金融豫军既是补短板的需要，又是支撑“经济强省”建设的需要，应坚持实施集群发展、龙头带动、中心集聚“三大重点”战略，着力打造10大集群、8大龙头、1大金融中心增长极；实施改革推动、创新驱动、网络联动、开放带动“四轮驱动”战略，着力激活新动力、探索新路径、开辟新领域；实施人才强金和环境孵化“两大保障”战略，着力营造一流发展软环境，建设开放型、创新型、专业化、综合化、网络化、国际化、现代化的“两型五化”金融豫军，打造具有国内国际一流竞争力水平的金融豫军。

习近平总书记在中共十九大报告中强调“着力加快建设实体经济、科技创新、现代金融、人力资源协同发展的产业体系”，“深化金融体制改革，增强金融服务实体经济能力，提高直接融资比重，促进多层次资本市场健康发展”，并于2017年7月在全国金融工作会议上强调指出“金融是国家重要的核心竞争力”。李克强总理指出“金融是国之重器，是国民经济的血脉”，为金融业的长远发展指明了方向。

河南省省委2014年从中原崛起战略全局高度首次提出“金融豫军”的概念，此后多次强调补金融短板，稳固发展金融豫军，把金融业放在更加突出和优先发展的位置，加大政策支持力度。河南省第十次党代会提出“引金入豫”与做大做强“金融豫军”双轮驱动战略，2015~2017年河南省委经济工作会议和省政府工作报告连续三年将金融豫军发展列入工作重点，陆续出台了一系列配套政策措施，有力地推动了金融豫军的培育、形成和发展壮大。

为了落实河南省委省政府“稳固发展金融豫军”的战略部署，推进金融补短板，全面谋划“金融豫军”升级发展的新思路、新战略、新举措，省政府发展研究中心将“做大做强金融豫军战略研究”列入2017年度重点责任目标课题之中，并创新研究方法，联合省内13家骨干金融机构和郑东新区等单位成立了

“联合课题组”，开展了14次实地调查活动，举办了2次专题研讨会，最后课题研究成果通过了专家委员会论证评审。经过近一年的协同攻关，完成了1个总报告和14个分报告、6个专题报告，完成了本书的主体内容。

一、做大做强金融豫军的战略意义

（一）支撑经济强省建设的迫切需要

2016年11月河南省第十次党代会提出了建设经济强省的战略目标，强调建设先进制造业强省、现代服务业强省、现代农业强省、网络经济强省“四个强省”目标，要求“经济总量保持全国前列，生产总值年均增速高于全国平均水平1个百分点以上”。金融是经济的血液，是现代经济的核心和中枢，建设经济强省就必须注重建设金融强省，发挥金融的支撑和驱动作用，充分发挥金融在资本优化配置中的特殊功能。金融豫军是河南省金融的基础组成部分和新增长极，做大做强金融豫军是建设经济强省的迫切需要。

为了适应经济新常态、建设经济强省、加快中原崛起，习近平总书记对河南省提出了打好“产业结构优化升级、创新驱动发展、基础能力建设、新型城镇化”“四张牌”的要求。打好“四张牌”必须解决资本短缺的问题，为此必须推进金融创新，加大改革力度，完善金融体系，拓宽融资渠道，做大做强本土金融机构，满足融资需求，支撑跨越发展。

（二）推动经济转型升级的迫切需要

实现全面建成小康社会和建设经济强省的目标，其关键是推动经济转型升级，即加快产业结构升级和科技创新发展动能转换，加快供给侧结构性改革，而经济转型升级的基础是大规模创新型资本的投入，为此必须做大做强本土金融机构，构建融资功能完善的金融体系。

要支撑河南省产业升级、国企改革、环境治理、脱贫攻坚四大“攻坚战”，推动主导产业高端化、绿色化、智能化、融合化、集群化的转型发展，必须加快传统产业的改造升级和战略性新兴产业的跨越式发展，战略性新兴产业的发展要求建立“科技+金融”的科技金融体系，传统产业的改造升级要求建立“产业+金融”的产业金融体系。大力发展普惠金融、绿色金融、科技金融、双创金融、产业金融、互联网金融、消费金融等新兴业态，构建功能完善、市场多层次、产品多样化的金融市场体系，做大做强金融豫军，是推动经济转型升级的强大支撑和重要驱动力。把金融资源优势转化为产业发展优势，通过支持产业转型发展来做大、做强、做优金融业。

（三）建设郑州国际金融中心的迫切需要

实现中原崛起必须构建国家级中原城市群，将郑州建设为国家中心城市，而将郑州建设为国家中心城市必须全力推进国际化的经济中心、贸易中心、金融中心、交通物流中心和科创中心建设，其中，国际化金融中心在郑州国家中心城市“五大中心”中处于核心和中枢地位。只有加大引金入豫力度，加快金融豫军做大做强，积极引导金融机构、金融人才、金融要素的集群化发展，构建融资服务功能完善的金融市场体系，才能建成国际国内一流的郑州金融中心，辐射带动中原城市群、中原经济区跨越式发展。

（四）助力“三区一群”等重大国家战略的迫切需要

“三区一群”国家战略，即郑州航空港经济综合实验区、中国（河南）自由贸易试验区、郑洛新国家自主创新示范区和中原城市群，是引领和支撑河南省未来改革、开放、创新、发展的重要支柱，是带动中原崛起和全国发展的新增长极。实施“三区一群”国家战略，就是要建设“三区一群”完善的基础设施，建设国际国内一流的先进产业基地，这就会产生大规模的资金需求，只有做大做强金融豫军，才能满足基础设施建设和产业发展融资需求。

只有加快金融改革和创新先行先试，试点资本市场开放和人民币可兑换，积极发展离岸金融、全贸易链金融、物流与供应链金融、航空金融的创新探索，拓展飞机租赁、航空融资租赁等融资渠道，以金融创新带动科技创新，为高成长性的新经济、新产业、新业态、新模式提供金融支持，促进本土金融机构做大做强，才能支撑和引领自由贸易区、自主创新示范区和郑州航空港区等国家战略。

（五）弥补金融业发展短板的迫切需要

当前，河南省金融业增加值占 GDP 比重约比全国平均水平低 2.7 个百分点。金融豫军发育程度低、规模小、体系不健全、结构不优化，金融业明显滞后于经济发展，是制约经济转型升级和社会发展的短板。弥补金融业发展短板，必须实施“引金入豫”工程和做大做强金融豫军双轮驱动，推进金融业供给侧结构性改革，加快银行、证券、保险、期货、信托、租赁等各类金融业发展，推动金融组织创新、产品和服务模式创新，改善金融供给，降低融资成本，解决金融与实体经济深层次失衡问题，实现金融业跨越式发展，支撑区域经济跨越式发展，实现金融和实体经济的良性循环、健康发展。

二、金融豫军发展现状评估

20世纪八九十年代，河南省本土金融业处于“探索发展阶段”。农村信用社稳定发展，城市信用社蓬勃发展，遍地开花，证券、信托、期货公司纷纷成立，郑州商品交易所率先成立并成为全国三大期货交易所之一，资本市场开始起步。进入21世纪后，河南省本土金融业进入“积累力量阶段”。加快改革重组步伐，城市信用社重组为城市合作银行，后又改制为城市商业银行。2010年之后，河南省本土金融机构进入“群体性崛起阶段”，2014年以来进入加速崛起阶段，各类金融机构群雄并起，金融豫军快速发展壮大，组建了中原银行并在香港上市，中原证券实现了A+H上市，郑州银行实现H股上市，中原航空港产业投资基金公司、中原农业保险公司、中原股权交易中心、中原资产管理公司相继成立，河南省农村信用合作社（以下简称农信社）改制为农村商业银行（以下简称农商行）三年任务基本完成，填补了省内金融领域的多项空白，金融体系不断完善，金融生态逐步优化，“金融豫军”在全国崭露头角。

（一）金融豫军群体崛起的“河南现象”

近年来，经过长期的探索和积累，金融豫军厚积薄发、异军突起，本土金融机构如雨后春笋般大量涌现，综合实力大幅提升，出现了井喷式群体性崛起现象。

集群发展的雏形初现。河南省本土金融机构体系不断完善，初步形成银行、保险、证券、信托、担保、基金、资管、股权交易、金融租赁、金融控股公司、小额贷款公司等金融体系；科技金融、消费金融、金融租赁、融资租赁等新金融业态发展驶入快车道，产品层次不断升级，结构不断优化，创新能力不断提高，集群化发展态势基本形成（见表1）。

表1　河南省本土法人金融机构（总部）数量分布（截至2017年6月）

金融机构	数量	金融机构	数量
城市商业银行	5	期货	2
农村信用联社	76	资产管理	3
农村商业银行	64	信托公司	2
村镇银行	77	财务公司	6

续表

金融机构	数量	金融机构	数量
消费金融公司	1	金融租赁公司	2
证　券	1	担保	226
保　险	1		

骨干金融机构纷纷上市。众多骨干金融机构陆续上市是金融豫军崛起的重要标志。"上市"是企业综合实力和竞争力的重要标志，是利用高层次资本市场做大做强金融豫军的有力推手。中原证券是河南省首家实现 A+H 上市的金融机构，已是股市的重要风向标之一；郑州银行于 2015 年底实现 H 股上市，A 股上市已经进入反馈阶段；中原银行于 2017 年 7 月实现 H 股上市；洛阳银行等众多本土金融机构也处于上市的快速推进阶段，金融豫军正在资本市场刮起"中原风"。

骨干金融机构走在全国同类前列。骨干金融机构在全国的位次快速提高，市场占有率、影响力、竞争力大幅提升。根据《银行家》杂志披露，2016 年中原银行位列全球千家大银行第 210 位，在国内上榜的全部 119 家银行和 73 家城市商业银行中分别居第 31 位和第 9 位；郑州银行实现净利润 40.45 亿元，在全国城市商业银行（以下简称城商行）中排名第 15 位，位列资产规模 3000 亿元以上城商行竞争力排名第 2 位；中原资产管理公司资产突破 580 亿元，获得 AAA 信用评级；河南省担保集团注册资本 62 亿元，综合实力位居全国省级政策性融资担保机构第 5 位；中原农业保险公司（以下简称中原农险）为全国五家专业农业保险机构之一，2017 年上半年的保费收入已经超过 2016 年全年，呈现加速发展态势。2016 年河南省主要城商行增长情况见表 2。

表 2　2016 年河南省主要城商行增长情况　　单位：亿元，%

银行名称	存款总额	同比增长	贷款总额	同比增长	营业收入	同比增长	资产总计	同比增长	净利润	同比增长
中原银行	2453	19.4	1648	20.3	116.3	10.3	4326	43.9	33.6	12.8
郑州银行	2454	45.4	1220	29.3	98.72	25.9	3661	37.8	40.5	20.7
洛阳银行	1100	19.2	673.1	14.8	62.81	18.3	2028	21.6	26.1	22.2

对地方经济社会发展的支撑作用凸显。本土金融机构生于本土、服务本土，是本土经济发展的重要支柱。截至 2016 年末，全年贷款增量达 5300 多亿元，增

速17%，五家城商行的贷款增速均在15%以上。郑州银行累计为道路修建、棚户区改造等基础设施建设投放6000多亿元；洛阳银行针对装备制造、机器人、新材料等高端制造业，新增贷款39亿元，绿色信贷30.3亿元，“一带一路”贷款18.22亿元；截至2017年6月，河南省担保集团累计融资担保额达到1962亿元；百瑞信托对实体经济进行支持的信托项目规模达1328.55亿元，投向河南省内基础设施建设类项目规模205.5亿元；中原资产累计收购各类不良资产282.7亿元；中原股权交易中心挂牌企业数量超过1500家，累计融资11.7亿元，股权融资占比71%，一大批中小微企业有望从“小苗圃”成长为“大森林”；目前，郑州商品交易所上市17个期货品种，覆盖农业、能源、化工、建材和冶金等国民经济重要领域，位列全球衍生品交易所第11位，吸引全国各地500多亿元期货交易保证金，70余家期货公司在郑州设立总部或营业部，为河南经济发展提供了重要的金融支持。

开放型、全国化和国际化布局逐步展开。近年来，河南省金融业“引进来”和“走出去”步伐加快。中原证券、郑州银行、中原银行在香港上市融资，2015年中原证券香港子公司中州证券正式揭牌营业，填补了河南省金融境外机构记录空白；中原证券等机构展开全国布局，洛阳银行成立了深圳宝生村镇银行；成立了“中原丝路基金”“一带一路发展基金”，助力空中“丝绸之路”建设，支持国际综合交通枢纽、贸易投资、国际物流、产业园区等的建设，为河南省企业参与“一带一路”建设提供坚实的金融服务保障。河南省充分利用河南自贸区优势，在金融领域推进先行先试，扩大金融开放，加快引金入豫步伐，创建新型金融机构、新型金融业态和新型金融模式，服务开放型经济跨越发展，形成金融业集群化发展态势。

普惠金融活力初显。普惠金融是支持中小微企业、城乡个人发展的重要金融业态，河南省设立了兰考普惠金融改革试验区和农村金融改革试验区。金融豫军是普惠金融的主力军，扎根本土，深耕本土市场，下沉服务，在服务中小微企业实体经济的同时实现自身的发展壮大，形成了良性循环。河南省担保集团充分发挥省级再担保机构传递政策导向、引导行业规范经营、化解行业风险的“稳定器”作用，积极创新政银担合作，为中小微企业和“三农”提供低成本、高效率融资担保服务；中原农险探索出保险扶贫的“兰考模式”，中原银行推进“上网下乡”战略，形成“县域支行+乡镇支行+助农取款点”的县乡村渠道体系，2017年上半年为小微企业贷款余额达1004.03亿元。截至2016年末，河南省小微企业贷款达1.02万亿元，同比增长16.5%，河南省金融精准扶贫贷款余额632.6亿元，同比增长89.3%，累计带动服务贫困人口131.8万人，占河南省贫困人口的30.1%，农村金融服务覆盖率、可得性和满意度稳步提高。

（二）金融豫军群体性崛起的经验总结

中原崛起为金融豫军崛起奠定了坚实的经济基础。金融豫军的崛起得益于河南省经济社会的快速发展，金融豫军和河南省实体经济之间形成一种相互支撑、相辅相成、良性循环的关系。河南省 GDP 增速已连续 25 年高于全国平均水平 1.5 个百分点左右（见图 1），GDP 总量稳居全国第五位。随着河南省产业结构升级、创新驱动、基础建设、新型城镇化不断深化，产业结构迈向中高端水平，经济增速保持在中高速水平，对金融服务产生巨大的需求，为金融业发展开辟了广阔的空间，为金融豫军的发展奠定了坚实的经济基础。金融豫军乘势而上，在服务实体经济中发展，在支撑中原崛起中实现自身快速崛起。

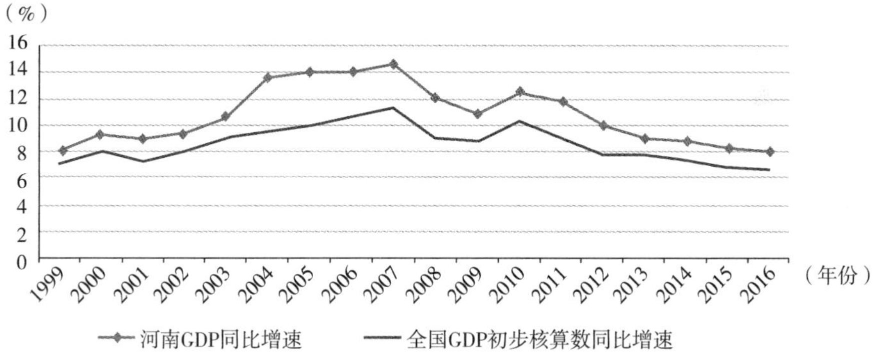

图 1　河南省 GDP 增速与全国 GDP 增速对比

资料来源：Wind。

体制改革为金融豫军崛起提供了制度基础。制度创新是突破先发劣势、形成后发优势的体制基础。近年来，金融豫军以发展为导向，以体制改革为突破口，大力发展混合所有制和股份制，加快重组改制步伐，借鉴国内外先进经验，引入了国内外战略投资者、优质社会资本、先进管理人才和技术，建立了现代金融制度。例如：中原银行、中原资产、中原农险等“中原系”金融机构按照国内国际一流标准组建和运营，坚持改革开放、创新发展、竞争发展、转型升级，通过体制创新激发了活力、动力和竞争力。

金融创新为金融豫军崛起增添了动力。加强金融创新是金融豫军崛起的内在动力和助推器。例如，百瑞信托公司积极转型，加快信托产品创新，在传统地产类、基础设施类产品的基础上，逐步开发形成新型地产、新型基础设施建设和主动财富管理系列产品；省担保集团积极助推河南省政策性融资担保体系建设；中原资产公司形成了以不良资产和特殊机遇投资为主体、股权投资与综合金融为两翼的“一体两翼”商业模式；洛阳银行以创新驱动作为发展动力，以科技创新、互联网金融、大零售、特色化产品为依托，积极建设创新性银行；中原银行积极推进上网下乡，探索OTO线上线下结合的开放型发展模式；中原证券探索“六位一体”的全产业链模式，提供综合金融服务。

配套扶持政策为金融豫军崛起提供了软环境支撑。河南省委省政府高度重视金融业发展和金融豫军建设，在时任省委书记谢伏瞻亲自推动下，连续多年将其列入政府重点工作任务，配套政策密集出台。先后出台了《关于印发2013年河南省金融工作专项方案的通知》（豫政办〔2013〕24号）、《关于转发河南省金融生态环境建设评价办法的通知》（豫政办〔2013〕53号）、《加强金融支持经济结构调整和转型升级的实施意见》（豫政办〔2013〕86号）、《建设高成长服务业大省的若干意见》（豫政〔2014〕42号）、《河南省推进中原经济区农村金融改革试验区建设总体方案的通知》（豫政〔2015〕8号）、《河南省农信社改制组建农商行工作专项方案（2015~2017年）的通知》（豫政〔2015〕46号）、《加快郑东新区金融集聚核心功能区建设实施方案的通知》（豫政办〔2015〕18号）、《促进金融租赁行业健康发展的实施意见》（豫政办〔2016〕97号）、《促进融资租赁业发展的实施意见》（豫政办〔2016〕181号）、《进一步促进小额贷款公司健康发展的意见》（豫政办〔2017〕30号）、《加快培育发展新兴产业集群的实施意见》（豫政办〔2017〕41号）、《规范发展区域性股权市场的通知》（豫政办〔2017〕95号）等一系列政策举措，优化了金融业发展环境，有力推动了金融业的改革开放和金融豫军的快速崛起。

引金入豫与做大做强金融豫军“双轮驱动”战略产生叠加效应。河南省委省政府大力推进“双轮驱动”的战略，完善配套政策，优化软环境和金融生态，吸引外部金融机构和金融要素资源快速集聚，推动本土金融机构快速成长，金融体系加快构建。目前，12家全国性股份制银行都已入豫，外资银行加快进驻步伐，银行和保险等传统金融业态齐聚郑东新区，互联网金融等新兴金融形态加快发展，外部优质金融要素的集聚倒逼金融豫军做大做强做优，强化内外竞争与合作，实现了共同发展。

（三）存在的突出矛盾

金融业滞后于经济发展。尽管近几年河南省金融业发展较快，与全国的差距在缩小，但是河南省金融业依然滞后于经济社会发展水平，金融业滞后直接制约了经济结构转型升级。2016年河南省金融业增加值占GDP的比重为5.6%，比全国平均水平 8.3%低 2.7 个百分点，在全国 31 个省市区[①]中居第 26 位，说明河南省金融业的发育程度较低，明显滞后（见图 2、图 3）。

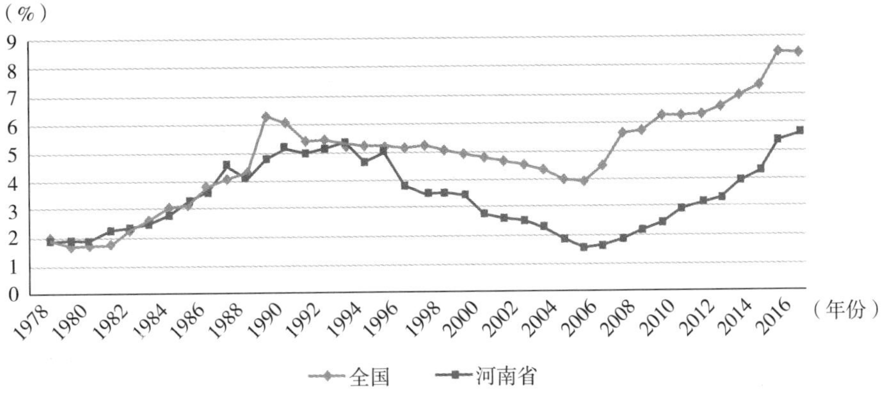

图 2　河南省与全国金融业增值占 GDP 比重对比

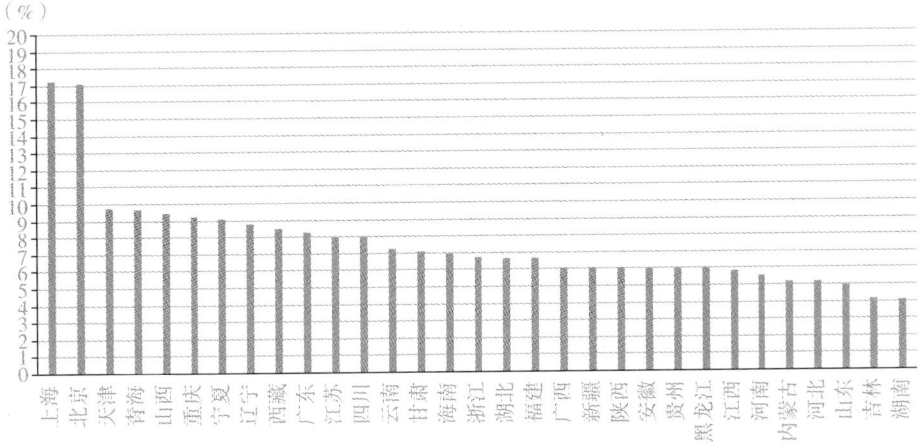

图 3　金融业增加值占 GDP 比重

截至 2017 年 6 月，河南省存贷比为 67%，比全国平均水平 72.8%低 5.8 个百分点，在全国 31 个省区市中排第 25 位。这说明河南省大量沉淀资金没有得到充分利用，资金使用效率低；大量资金外流，也从一个侧面说明河南省金融业发育不足。

① 此处不包括香港、澳门、台湾地区，全书余同。

金融组织结构不优。河南省本土金融机构体系以传统的银行为主，资本市场发育迟缓，例如券商机构只有中原证券 1 家，仅占全国的 0.8%，保险机构只有中原农险 1 家，仅占全国的 0.5%，金融组织结构层次较低，资产评估、征信、评级、增信等专业中介服务体系薄弱，直接制约了金融业的发展。

资本市场滞后于信贷市场的发展，直接融资大幅度落后于间接融资。2016 年底债券融资、股票融资在社会融资中的占比分别为 5.51%、5.72%，分别低于全国平均水平的 16.85%、6.97%，而人民币贷款在社会融资中的占比为 73.8%，高于全国平均水平的 69.86%（见图 4）。

河南省股票债券直接融资合计占比 11.23%，比全国水平 23.82%低 12.59 个百分点。

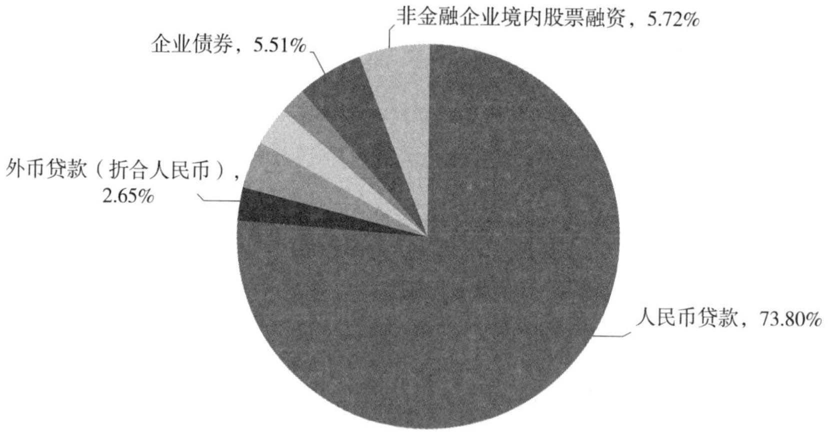

图 4　2016 年河南省社会融资结构

资料来源：Wind。

骨干金融机构综合竞争力较弱。河南省骨干金融机构综合竞争实力与同行业龙头相比还有较大差距，总资产规模小、综合经营能力弱；同时资源较为分散，未形成品牌优势，在全国范围内影响力不足，规模效应不明显，缺乏实力雄厚的地方控股金融集团。部分行业受经营区域限制，不能“走出去”利用外部资金来反哺河南，金融豫军中仅有 3 家机构完成了上市。金融创新能力不强、差异化服务不足、产品研发能力弱，适应实体经济发展的金融产品和服务处于单一化、初级化和可复制阶段。以城商行为例，中原银行、郑州银行综合竞争力在全国排名中位次靠后。

金融豫军之间缺乏协同。金融豫军在知识、理念、人才、资源交流、资源整合和协作配合方面还需提升，在征信、评级方面缺少技术合作平台和信息共享平台；金融机构、创投机构、企业、科研院校之间合作共赢的金融生态圈还未壮大。金融豫军对内、对外“抱团取暖”的机制尚未有效建立，跨部门、跨区域、跨产业的高效合作推进缓慢，发展合力不足。

普惠金融亟待加强。农村信用体系普遍不完善，农村人口参与金融市场程度、可得性低，截至 2016 年 12 月，河南省涉农贷款增速低于河南省各项贷款增速 5.9 个百分点。金融豫军在扶贫目标人群认定和风险识别上存在困难，金融支农力量、产品、服务仍存在较大的拓展空间。同时，在中小微企业信息获取、信用评估、风险控制等服务上，要准确把握成本和风险之间的平衡，兼顾“普”“惠”，在激励机制、财政政策方面需要更多的政府支持。

金融科技和互联网金融发展滞后。金融科技已成为金融创新的重要推动力，使金融的触达和服务能力大幅提升。受历史积累、能力和人才等因素的限制，金融豫军在金融科技实力方面与国内同行相比有较大差距，缺乏先进的金融科技机构，全国排名前 50 的金融科技公司，河南省内一家都没有，金融机构借助金融科技公司的输出能力有限。同时，互联网金融严重滞后于东南沿海区域，以互联网支付为例，全国 270 家第三方支付机构中河南仅有 2 家，且全部为预付卡业务，银行收单和移动支付业务尚为空白。

金融发展环境亟待优化。河南省社会信用体系建设滞后，企业诚信意识不强，融资担保机构信用等级普遍偏低。地方金融生态环境、政策环境不佳，金融服务效率低，部分领导干部和中小企业家现代金融意识薄弱；金融司法环境不优，逃废金融债务等各类金融违法犯罪活动时有发生，金融机构合法权益受到不同程度损害。同时，生态环境、生活环境与先进地区的差距也在拉大。

高层次创新型人才短缺。人才结构不合理，与中西部的武汉、西安、成都、重庆等城市相比，河南省高层次金融人才培养数量远不能满足需求。大金融体系还未形成，尚未形成金融人才引进的良好氛围。留才体系不完善，人才支持政策还未形成完备的体系。

体制机制有待进一步改革完善。现代金融的突出特点是市场化和规范化。河南部分经营发展理念的更新速度与监管和市场发展变化不相适应，前瞻性和开放性的战略思维欠缺，对于业务布局和发展方向的精准度把握不足；内部管理的精细化程度不足，在人才引进、晋升、内部流动和退出机制建设，职业经理人和市场化薪酬管理机制建设，管理与业务决策流程优化以及健全内部风险控制体系等方面的“红利”尚未全面显现。

三、河南省本土金融分行业与全国对比分析

（一）城商行综合竞争实力较弱

我国城商行走过了22年的发展历程，经历了从小到大、从弱到强、从问题银行到城市名片的蜕变。截至2016年6月末，全国133家城商行资产规模达25.2万亿元，较五年前增长近1.9倍，年均增速近40%；资产总额在商业银行中占比15.4%，较五年前提高4.6个百分点。各项贷款余额9.5万亿元，各项存款余额15.6万亿元，较五年前均增长近1.4倍，年均增速近30%。全球前1000家银行按一级资本排名，河南省入围城商行已达73家，占我国商业银行上榜总数的61.3%。城商行营业网点达1.4万个，县域机构覆盖率63%，从业人员37万。我国城商行在各类金融机构中增长最快，是我国银行体系中最具活力和成长性的机构。

（1）河南省城商行牌照数量基本适当。河南省城商行有5家，占全国133家总量的3.8%。

（2）河南省城商行总资产在全国处于中游位置。中原银行总资产居全国第14位、郑州银行居第20位（见表3）。

（3）河南省城商行综合竞争实力较弱。根据“2017年中国城市商业银行排行榜TOP100”（见表4），河南5家城市商业银行全部上榜，郑州银行位列全国第16位，在河南本土银行中居首位，中原银行列第38位、洛阳银行列第69位、平顶山银行列第93位、焦作中旅银行列第100位。

表3　2016年末全国城商行的资产排名情况

排名	城商行	省份	总资产（亿元）	净利润（亿元）
1	北京银行	北京	21000	223
2	上海银行	上海	17500	143.1
3	江苏银行	江苏	16000	106
4	南京银行	江苏	10600	105.1
5	盛京银行	辽宁	9054.8	68.78
6	宁波银行	浙江	8841	78.1
7	徽商银行	安徽	7547.7	68.7

续表

排名	城商行	省份	总资产（亿元）	净利润（亿元）
8	杭州银行	浙江	7204.2	47.2
9	天津银行	天津	6573	45.2
10	哈尔滨银行	黑龙江	5390.2	49.6
11	锦州银行	辽宁	5390.6	81.3
12	厦门国际银行	福建	5635.3	42.3
13	广州银行	广东	4445	31.6
14	**中原银行**	**河南**	4331	33.6
15	包商银行	内蒙古	4315	42.1
16	吉林银行	吉林	4200	—
17	长沙银行	湖南	3742.3	32.5
18	重庆银行	重庆	3731	35
19	贵阳银行	贵州	3722.5	36.5
20	**郑州银行**	**河南**	3661	40.45

表 4　2017 年中国城市商业银行排行榜 TOP100

排名	名称	排名	名称	排名	名称
1	北京银行	14	包商银行	27	苏州银行
2	江苏银行	15	哈尔滨银行	28	兰州银行
3	南京银行	**16**	**郑州银行**	29	昆仑银行
4	上海银行	17	成都银行	30	东莞银行
5	宁波银行	18	重庆银行	31	四川天府银行
6	盛京银行	19	长沙银行	32	龙江银行
7	微商银行	20	河北银行	33	富滇银行
8	杭州银行	21	汉口银行	34	广东南粤银行
9	天津银行	22	江西银行	35	齐鲁银行
10	厦门国际银行	23	大连银行	36	九江银行
11	锦州银行	24	华融湘江银行	37	贵州银行
12	广州银行	25	青岛银行	**38**	**中原银行**
13	吉林银行	26	贵州银行	39	温州银行

续表

排名	名称	排名	名称	排名	名称
40	威海市商业银行	61	营口银行	82	保定银行
41	台州银行	62	重庆三峡银行	83	攀枝花市商业银行
42	西安银行	63	浙江泰隆商业银行	84	邢台银行
43	廊坊银行	64	广东华兴银行	85	乐山市商业银行
44	长安银行	65	绍兴银行	86	烟台银行
45	晋商银行	66	齐商银行	87	东营银行
46	广西北部湾银行	67	阜新银行	88	宁波通商银行
47	乌鲁木齐市银行	68	青海银行	89	临商银行
48	宁夏银行	**69**	**洛阳银行**	90	金华银行
49	桂林银行	70	日照银行	91	抚顺银行
50	湖北银行	71	福建海峡银行	92	丹东银行
51	厦门银行	72	柳州银行	**93**	**平顶山银行**
52	沧州银行	73	潍坊银行	94	嘉兴银行
53	浙江稠州商业银行	74	鞍山银行	95	玉溪市商业银行
54	邯郸银行	75	泉州银行	96	泰安银行
55	唐山银行	76	长城华西银行	97	鄂尔多斯银行
56	赣州银行	77	辽阳银行	98	朝阳银行
57	张家口市商业银行	78	莱商银行	99	自贡市商业银行
58	珠海银行	79	承德银行	100	焦作中旅银行
59	内蒙古银行	80	晋城银行		
60	浙江民泰商业银行	81	上饶银行		

(二) 农商行综合实力太弱

农村商业银行历经 15 年的高速成长，已经成为我国银行业中举足轻重的一个群体。部分经济发达地区的农商行在规模上不亚于城市商业银行甚至全国其他股份制商业银行。截至 2016 年底，全国农商行总计 1055 家，资产规模约为 20. 2 万亿元，占银行业总资产（232. 3 万亿元）的 8. 7%，与五大行中的建行（20. 96 万亿元）资产规模相当，成为“第六大行”（见图 5）。

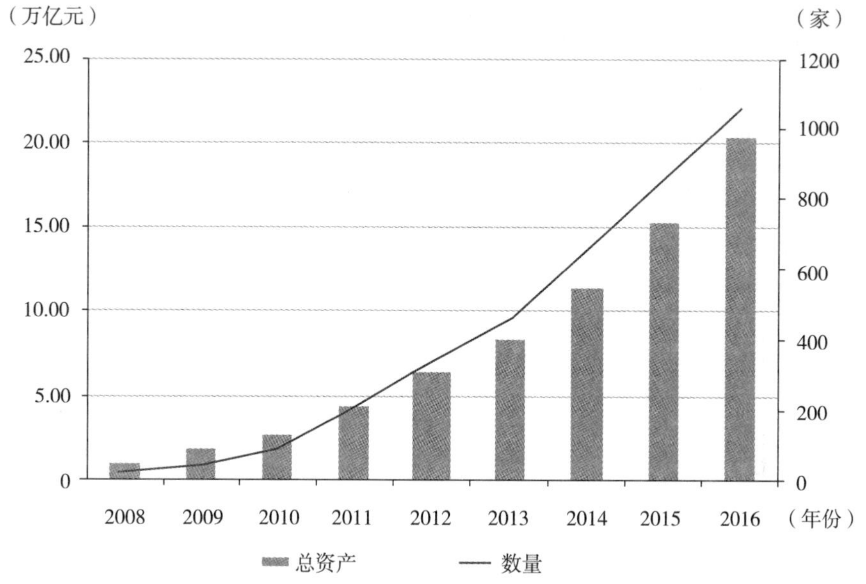

图 5　2008~2016 年全国农商行资产规模和数量

（1）河南省农商行牌照数量基本适当。截至 2016 年底，河南省有农商行 56 家，占全国的 5.3%，资产规模 6217.5 亿元，占全国的 3.1%。2017 年底完成三年改制任务，县级农商行达到 107 家，约占全国的 10%。

（2）河南省农商银行综合实力较弱。全国 1055 家农商银行总资产为 201988.7 亿元，平均每家农商行资产规模为 191.45 亿元。河南省 56 家农商行平均资产规模为 111 亿元，仅为全国的 58%，约为江苏省的 31%。

如图 6 所示，全国 5000 亿元规模以上农商行有 5 家，数量仅占农商行总数的 0.47%，但资产总额达到 34682.5 亿元，占全部农商行资产的比重为 17.17%。这 5 家分别为：重庆农商行、北京农商行、上海农商行、成都农商行、广州农商行（见图 7）。资产规模为 1000 亿~5000 亿元的农商行有 23 家，占农商行总数的 2.18%，占全部农商行资产总额的 18.6%。资产规模在 500 亿~1000 亿元的农商行共计 27 家，占农商行总数的 2.56%，占全部农商行资产的比重为 9.16%。东部地区农商行资产规模最大，占全国农商行资产总额的一半以上，其中江苏农商行资产规模为 22492 亿元，居全国首位（见图 8），目前 A 股上市的 5 家农商行均出自江苏。河南省农商行资产规模均较小。

（3）河南省农商行改制居全国前列。在完成农信改制的省份中农商行分布较为密集的是：山东省农商行数量最多，2016 年底挂牌开业 107 家；安徽省 83

家；湖北省 77 家；江西省 69 家；江苏省 62 家。此外，湖南省 2017 年底完成农信改制，农商行成立进度加快，由全国排名靠后跃居全国前列，2016 年底已成立农商行 93 家（见图 8）。河南省农信联社 2017 年全部改制完成，预计将达到 100 多家农商行，总数居全国第一。

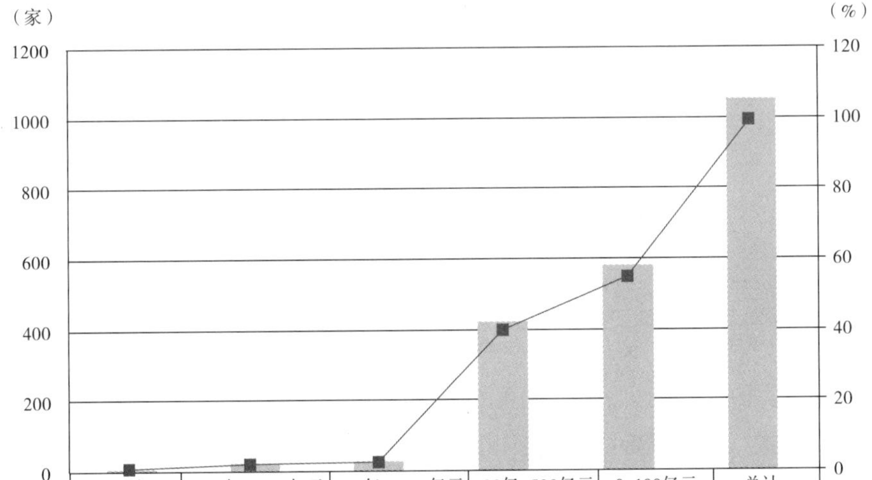

	>5000亿元	1000亿~5000亿元	500亿~1000亿元	100亿~500亿元	0~100亿元	总计
数量	5	23	27	420	580	1055
数量占比	0.47	2.18	2.56	39.81	54.98	100

图 6　2016 年全国农商行数量及占比分析

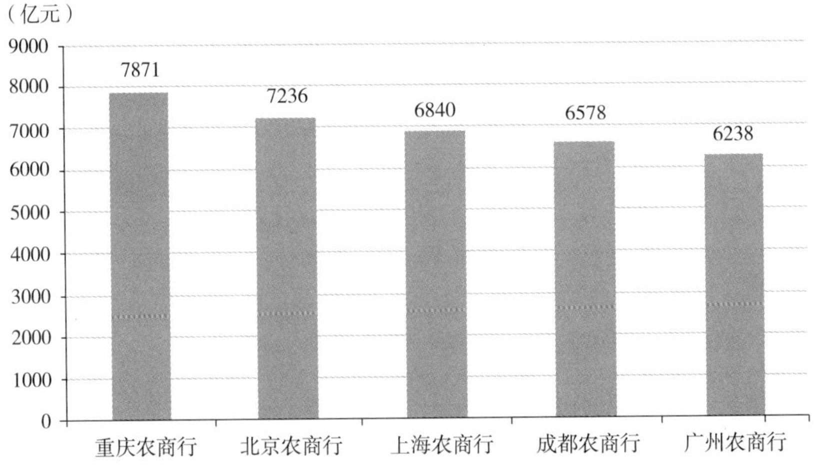

图 7　2016 年全国资产规模 5000 亿元以上农商行排名

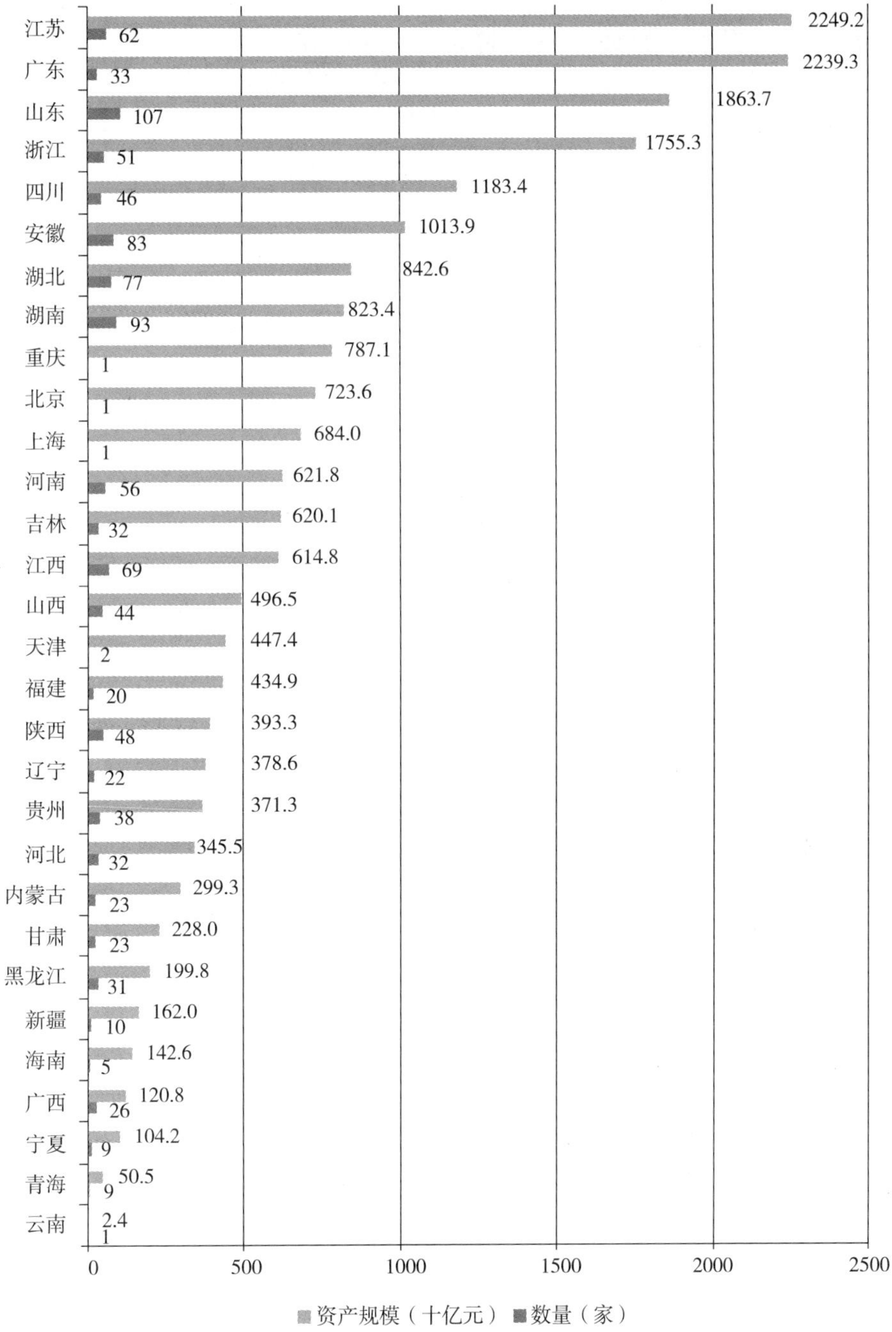

图 8　全国各省市区农商行资产规模及数量

（三）民营银行尚处于起步阶段

自2014年7月微众银行获批以来，目前全国民营银行获批数量已达14家，主要分布在全国13个省市，其中浙江省有2家，还有一半以上的省份呈空白状态（见表5）。河南省只有1家民营银行——“华贸银行”正在申报审批之中。

表5 全国14家民营银行统计情况

序号	民营银行	获批时间	注册省份	注册资本
1	微众银行	2014年7月	广东	42亿元
2	华瑞银行	2014年9月	上海	30亿元
3	民商银行	2014年7月	浙江	20亿元
4	金城银行	2014年7月	天津	30亿元
5	网商银行	2014年9月	浙江	40亿元
6	富民银行	2016年5月	重庆	30亿元
7	希望银行	2016年6月	四川	30亿元
8	三湘银行	2016年7月	湖南	30亿元
9	新安银行	2016年11月	安徽	20亿元
10	华通银行	2016年11月	福建	24亿元
11	众邦银行	2016年12月	湖北	20亿元
12	中关村银行	2016年12月	北京	40亿元
13	苏宁银行	2016年12月	江苏	40亿元
14	蓝海银行	2016年12月	山东	20亿元

资料来源：中商产业研究院。

（四）券商机构少、实力弱，成为明显短板

（1）河南省券商机构太少。全国共有券商机构约129家，其中：内地上市51家，境外上市24家，未上市77家。从全国来看，拥有2家以上证券机构的省份有22个，河南省只有1家券商，占全国的0.8%，券商总数与经济大省地位明显不相称（见图9）。

（2）河南省券商综合实力和影响力较弱。中原证券营业收入居全国第45位，处于中游水平，尚属于中小型券商机构。

（3）河南省上市公司较少，证券化率较低。河南省拥有上市公司 76 家，占全国的 2.28%，在全国居第 12 位，少于中部地区安徽省的 100 家、湖北省的 96 家、湖南省的 94 家（见表 6、图 10）。

2016 年底，河南省证券化率只有 21.95%，远低于全国 74.92% 的平均水平（证券化率是指股票总市值与 GDP 的比值）。

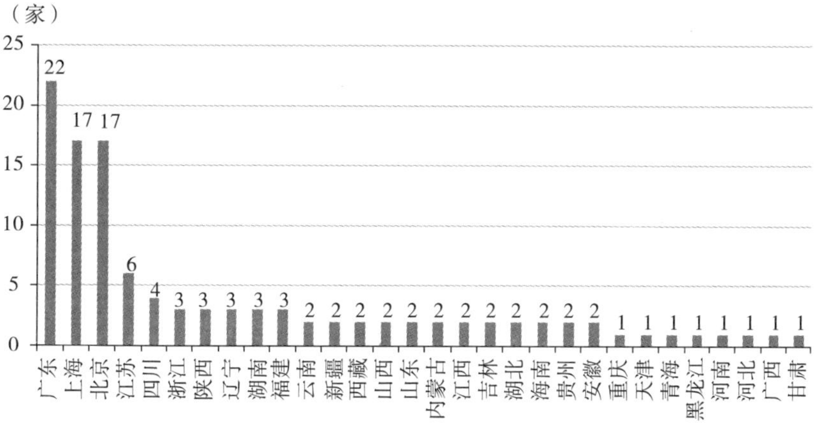

图 9　全国券商机构区域分布

表 6　2017 年份各省份上市公司数量排行榜

排名	省份	数量（家）	占比（%）	排名	省份	数量（家）	占比（%）
1	广东	541	16.26	13	辽宁	75	2.25
2	浙江	382	11.48	14	河北	54	1.62
3	江苏	359	10.79	15	新疆	51	1.53
4	北京	299	8.98	16	天津	48	1.44%
5	上海	264	7.93	17	重庆	47	1.41
6	山东	185	5.56	18	陕西	46	1.38
7	福建	127	3.82	19	吉林	42	1.26
8	四川	112	3.37	20	江西	38	1.14
9	安徽	100	3.00	21	山西	38	1.14
10	湖北	96	2.88	22	广西	36	1.08
11	湖南	94	2.82	23	黑龙江	35	1.05
12	河南	76	2.28	24	云南	32	0.96

续表

排名	省份	数量（家）	占比（%）	排名	省份	数量（家）	占比（%）
25	甘肃	31	0.93	29	西藏	15	0.45
26	海南	30	0.90	30	宁夏	13	0.39
27	贵州	25	0.75	31	青海	12	0.36
28	内蒙古	25	0.75				

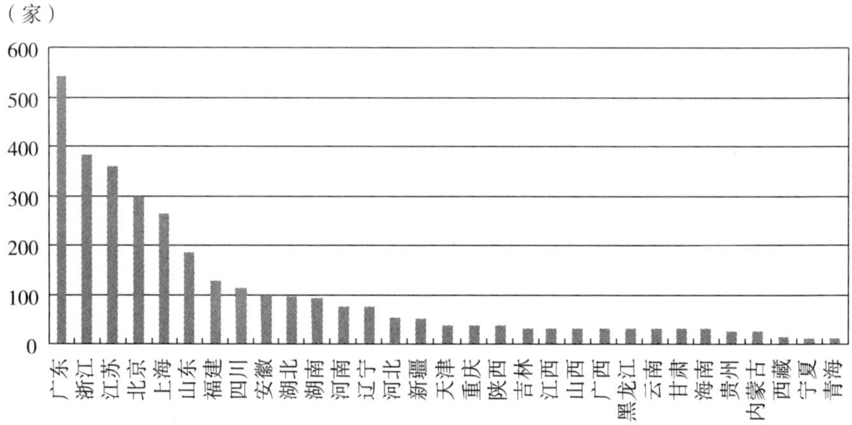

图 10　全国各地上市公司数量

(五) 保险行业明显滞后，成为严重短板

（1）河南省保险机构数量太少。据国家统计网站数据，2015 年全国有保险公司 194 家，财险与寿险约各占一半。河南省只有 1 家农险公司，占全国保险机构总数的 0.5%，寿险法人机构空白（见表 7、图 11、图 12）。

表 7　2015 年河南省与全国保险公司数量对比　　单位：家

全国保险系统机构数		194
其中	保险集团公司机构数	11
	中资保险公司机构数	126
	中外合资保险公司机构数	57
河南	**本土注册的保险公司数**	**1**

资料来源：国家统计局网站。

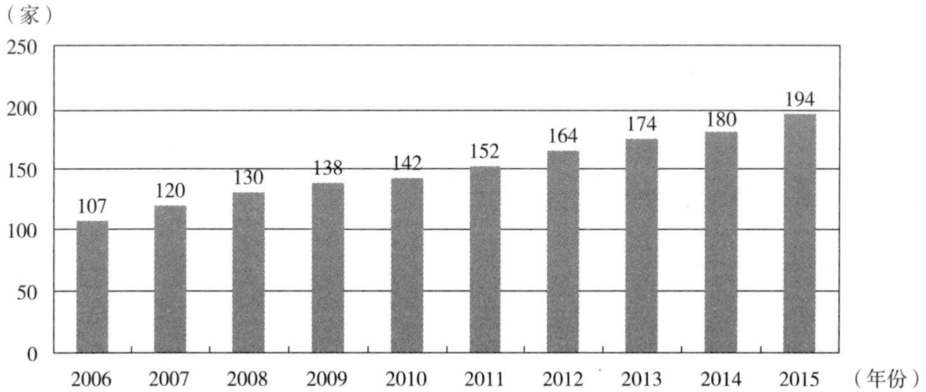

图 11 2006~2015 年全国保险公司数量变化趋势

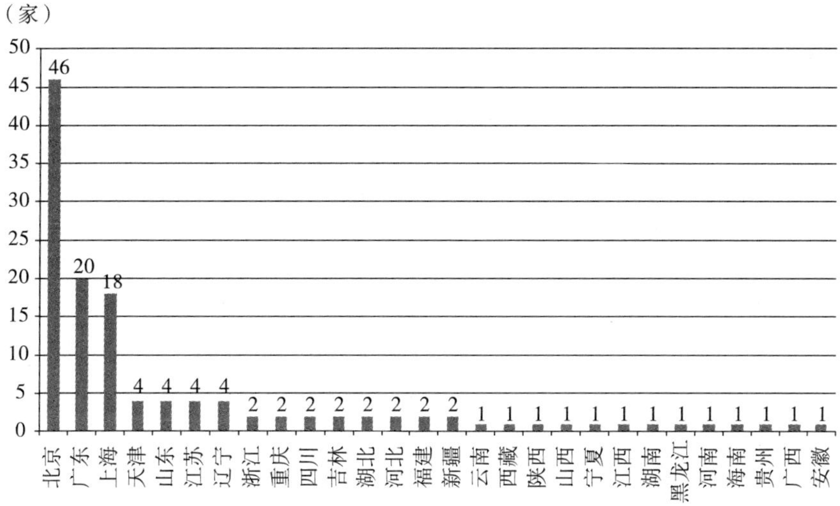

图 12 全国保险机构区域分布

（2）河南省保险业发展滞后，但潜力巨大。全国保险深度 4.16%，河南省保险深度 3.87%，在全国排名第 12 位；全国保险密度 2258 元，河南保险密度 1640 元，在全国排名第 21 位。保费收入占 GDP 的比重、人均保险费数额低于全国平均水平，说明河南省保险业发展滞后，但市场潜力巨大。

（六）信托业综合实力较弱

2017 年 68 家信托公司中，河南省有 2 家，百瑞信托排名第 28 位，中原信托排名第 30 位，属于中等水平（见表 8）。

表 8　2017 年 68 家信托公司综合实力排名

信托公司	排名	信托公司	排名	信托公司	排名
中信信托	1	中海信托	24	厦门信托	47
平安信托	2	华融信托	25	陆家嘴信托	48
重庆信托	3	五矿信托	26	光大信托	49
安信信托	4	渤海信托	27	国联信托	50
江苏信托	5	**百瑞信托**	**28**	方正信托	51
中融信托	6	华宝信托	29	昆仑信托	52
华润信托	7	**中原信托**	**30**	紫金信托	53
华能信托	8	长安信托	31	北方信托	54
上海信托	9	山东信托	32	中泰信托	55
建信信托	10	中建投信托	33	万向信托	56
中江信托	11	粤财信托	34	东莞信托	57
华信信托	12	西部信托	35	天津信托	58
兴业信托	13	新华信托	36	中粮信托	59
民生信托	14	金谷信托	37	国民信托	60
中铁信托	15	陕西国投	38	长城信托	61
中诚信托	16	杭州信托	39	吉林信托	62
中航信托	17	国投信托	40	大业信托	63
交银信托	18	爱建信托	41	云南信托	64
新时代信托	19	湖南信托	42	山西信托	65
西藏信托	20	英大信托	43	华澳信托	66
四川信托	21	国元信托	44	华宸信托	67
外贸信托	22	苏州信托	45	浙金信托	68
北京信托	23	华鑫信托	46		

（七）财务公司数量较少，资本实力较弱

全国共有255家财务公司，其中：有3家财务公司注册资本在100亿元以上，分别是中国石化财务有限责任公司、中国电力财务有限公司、中国铁路财务有限责任公司。50亿~100亿元的有7家，30亿~50亿元的有30家，10亿~30亿元的有57家，10亿元及以下的有157家。河南省拥有财务公司7家，占全国的2.8%，河南省财务公司规模总体属于中小型（见表9）。

表9　河南省拥有的7家财务公司的注册资本情况

公司名称	注册资本（亿元）	注册资本在全国的排名
河南煤业化工集团财务有限公司	30	37
河南能源化工集团财务有限公司	30	37
中国平煤神马集团财务有限责任公司	10	132
中国一拖集团财务有限责任公司	5	217
河南双汇集团财务有限公司	5	217
郑州宇通集团财务有限公司	5	217
天瑞集团财务有限责任公司	3	242

（八）基金管理业明显滞后，投资市场不活跃

（1）河南省私募基金发展明显滞后。中国基金业协会公布的数据显示：截至2017年9月底，已登记私募基金管理人21216家，已备案私募基金61522只，管理基金规模10.32万亿元。私募基金管理人员工总人数23.24万人。河南省已登记私募基金管理人94家（见表10），占全国的0.4%；已备案私募基金147只，占全国的0.2%；管理基金规模335亿元，占全国的0.3%。

（2）河南省公募基金处于空白状态。中国基金业协会公布的数据显示：截至2017年9月底，我国境内共有基金管理公司113家，其中，中外合资公司45家，内资公司68家；取得公募基金管理资格的证券公司或证券公司资管子公司共12家，保险资管公司2家。我国公募基金总数达到4732只，近五年累计盈利超1.5万亿元。以上机构管理的公募基金资产合计11.14万亿元，比2012年底的2.87万亿元增长2.86倍。河南省公募基金尚处于空白状态。

表 10 私募基金管理人按注册地分布情况

序号	辖区名称	私募基金管理人数量（家）	序号	辖区名称	私募基金管理人数量（家）
1	广东	5419	17	辽宁	148
2	上海	4404	18	新疆	142
3	北京	3989	19	河北	127
4	浙江	2199	**20**	**河南**	**94**
5	江苏	971	21	云南	92
6	福建	501	22	吉林	69
7	天津	448	23	广西	68
8	山东	404	24	贵州	65
9	四川	335	25	黑龙江	58
10	湖北	292	26	宁夏	52
11	西藏	216	27	山西	47
12	湖南	213	28	内蒙古	40
13	重庆	211	29	海南	34
14	江西	197	30	甘肃	25
15	安徽	181	31	青海	12
16	陕西	163			

（九）互联网金融明显滞后

根据国家互联网金融风险分析技术平台的监测数据，我国互联网金融平台一共有 1.9 万多家。其中，网络借贷平台累计有 6000 多家，互联网资产管理将近 3500 家，网络众筹有 800 家，累计违规平台已超 3200 家。中国的互联网金融行业数量和规模已经稳居世界第一。从业态上看，重点有互联网金融支付、个体网络借贷、互联网保险、互联网基金销售、互联网消费、互联网股权融资等七个主要业态。互联网金融行业正在发生深度跨界融合，实现产业链价值最大化，如供应链金融。2016 年中国互联网金融 20 强排行榜如表 11 所示。

表 11 2016 年中国互联网金融 20 强排行榜

排序	公司名称	排序	公司名称
1	蚂蚁金服	2	京东金融

续表

排序	公司名称	排序	公司名称
3	微众银行	12	分期乐
4	陆金所	13	工商银行直销银行
5	众安保险	14	安心保险
6	宜人贷	15	徽商有财
7	民生银行直销银行	16	兴业银行直销银行
8	泰康在线	17	易安财险
9	江苏银行直销银行	18	橙子银行
10	苏宁金融	19	趣分期
11	PPMONEY	20	人人贷

根据盈灿咨询发布的《2016 年 P2P 网贷行业年报简报》，截至 2016 年 12 月底，网贷行业正常运营平台数量达到了 2448 家（见图 13），正常运营平台数量排名前三位的是广东、北京、上海，分别为 473 家、461 家、331 家，三地占全国总平台数量的 51.67%；浙江、山东、江苏正常运营平台数量分别为 280 家、118 家、100 家。河南省正常运营平台数量为 40 家，约占全国的 1.6%，没有一家进入全国百强网贷平台中，发展明显滞后（见图 14）。

截至 2016 年底，网贷行业总体贷款余额已经达到了 8162.24 亿元，预计 2017 年底网贷行业贷款余额或超 1.3 万亿元。2016 年主要省市网络贷款余额如图 15 所示。

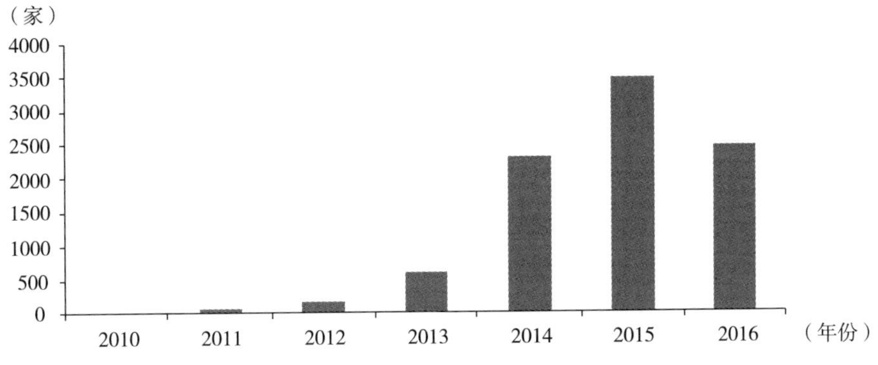

图 13　2010~2016 年全国网贷运营平台数量走势

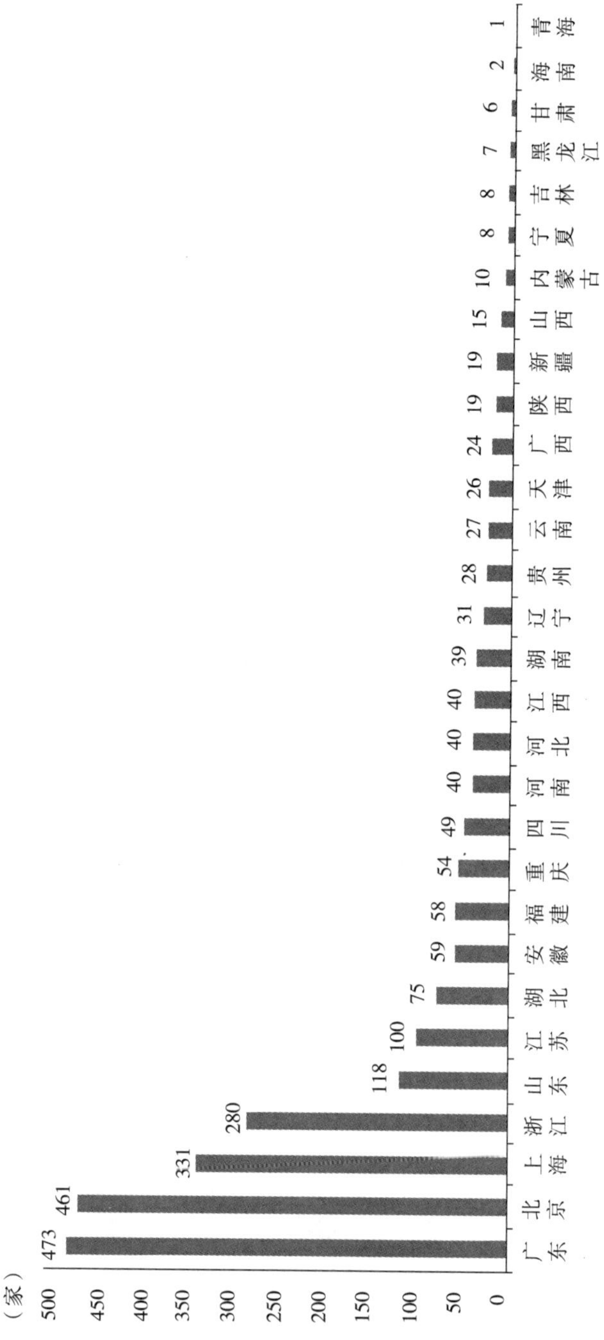

图14　2016年底各省份正常运营平台数量

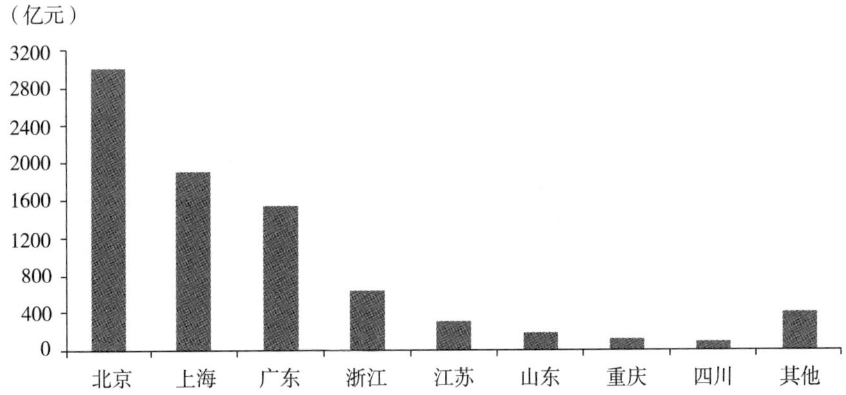

图 15　2016 年主要省市网络贷款余额

（十）消费金融公司处于起步阶段

2010 年中国银行业监督管理委员会批准成立首批四家试点消费金融公司。截至 2017 年 9 月，获得银监会批复的消费金融公司共 25 家（见表 12），有 22 家已开业，其中有 19 家为银行系持牌公司，提出申请的银行以中小银行为主，并且绝大部分的金融消费公司注册资金为 3 亿~5 亿元，只有 5 家消费金融公司的注册资金达到 10 亿元及以上。河南省只有中原银行拥有 1 家消费金融公司。

表 12　中国 25 家消费金融公司汇总（截至 2017 年 9 月）

公司名称	获牌时间	注册资本（亿元）	所在城市
北银消费金融	2010 年 1 月 6 日	8.5	北京
锦程消费金融	2010 年 1 月 6 日	3.2	四川成都
中银消费金融	2010 年 1 月 6 日	8.89	上海
捷信消费金融	2010 年 2 月 12 日	44	天津
招联消费金融	2014 年 8 月 28 日	20	广东深圳
兴业消费金融	2014 年 10 月 14 日	3	福建泉州
海尔消费金融	2014 年 12 月 3 日	5	山东青岛
苏宁消费金融	2014 年 12 月 11 日	6	江苏南京
湖北消费金融	2014 年 12 月 16 日	5	湖北武汉
马上消费金融	2014 年 12 月 30 日	13	重庆
中邮消费金融	2015 年 1 月 6 日	10	广东广州

续表

公司名称	获牌时间	注册资本（亿元）	所在城市
杭银消费金融	2015 年 7 月 7 日	5	浙江杭州
华融消费金融	2015 年 10 月 23 日	6	安徽合肥
晋商消费金融	2016 年 1 月 14 日	5	山西太原
盛银消费金融	2015 年 11 月 13 日	3	辽宁沈阳
长银消费金融	2016 年 6 月 16 日	3.6	陕西西安
哈银消费金融	2016 年 11 月 8 日	5	黑龙江哈尔滨
尚诚消费金融	2016 年 11 月 25 日	10	上海
中原消费金融	**2016 年 12 月 16 日**	**5**	**河南郑州**
包银消费金融	2016 年 11 月 8 日	3	内蒙古包头
长银五八消费金融	2016 年 12 月 27 日	3	湖南长沙
河北幸福消费金融	2017 年 1 月 22 日	3	河北石家庄
易生华通消费金融	2017 年 1 月 9 日	10	广东珠海
富滇消费金融	2015 年 12 月 11 日	5	云南昆明
冀银消费金融	2016 年 8 月 22 日	3	河北

四、未来金融业发展趋势及对河南省的影响

随着经济进入新常态，金融业高速增长所依赖的宏观经济环境不复存在，伴随利率市场化和金融“脱媒”趋势加剧，市场竞争环境日益复杂，不断挤占传统金融企业的市场份额，对金融业转型升级提出新的要求。

（一）金融业发展步入转型升级的新常态阶段

金融业增速趋缓。新常态下，金融业增速将理性回落，步入“中速增长”。2006 年全国金融业增加值增速为 23.7%，回落至 2010 年的 8.9%，再回落至 2016 年的 5.7%，2017 年上半年下滑至 3.2%，增速创 2004 年以来新低，金融业发展从前期规模扩张向提升质量效益转变（见图 16）。

金融结构升级加快。随着经济增速换挡、动能转换、结构调整的推进，金融业要坚持“脱虚向实”，加快完善金融市场、金融机构、金融产品体系，与经济转型升级无缝对接，促进金融各行业均衡发展，同经济社会发展相协调，提升金融服务实体经济能力。

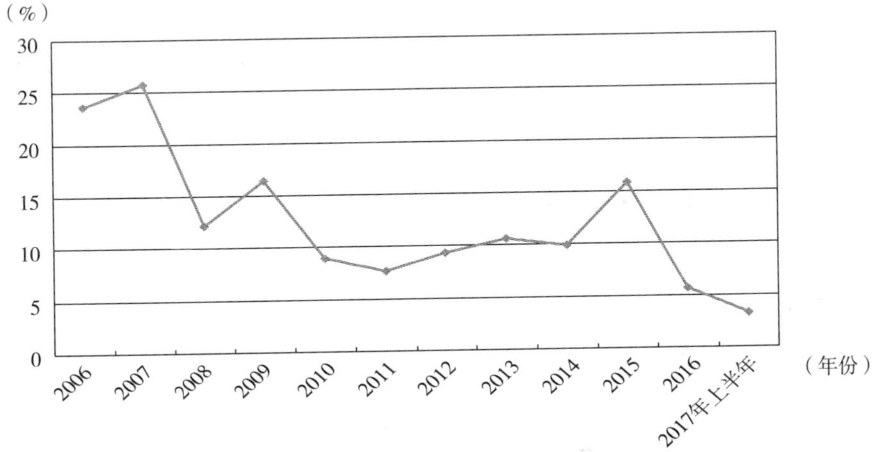

图 16 2006 年至 2017 年上半年全国金融业增加值增速趋势

去杠杆释放金融风险。伴随经济下行压力，信用风险持续积累，不良资产进入集中暴露期，去杠杆压力巨大，各类风险隐患较多，金融豫军的舒适区越来越小，扩大规模、盈利、创新同风控的矛盾日益凸显。

区域金融资源竞争加剧。随着区域经济竞争的白热化，对金融稀缺资源争抢更加激烈，各省会城市都在争先建设区域金融中心，河南省本土金融机构要面对区域性、全国性的金融机构竞争的多重压力，如果不加快发展做大做强，就可能会丧失之前取得的良好局面。

金融合规监管日趋严格。近年来我国金融机构综合化经营趋势加剧，金融创新加速，交叉性金融风险产生的可能性加大，金融风险逐步显现，金融业进入严监管、控风险时期。

（二）金融业以改革促转型持续深化

第五次全国金融工作会议提出必须紧紧围绕服务实体经济、防控金融风险、深化金融改革三项任务，强调通过深化金融改革增强金融服务实体经济的能力，预计会在以下几个方面深化金融改革：

金融机构市场化。完善国有金融资本市场化管理运营体系，推进混合所有制改革，引入战略投资者，优化股权结构，建立现代企业制度。金融机构要审慎创新、稳健发展，落实经营自主权和风险责任，建立激励和约束机制，避免短期化行为，真实披露信息、及时处理风险资产，完善风险管理框架，强化风险内控机制建设。

金融市场多层次。着力丰富金融市场层次，满足多元化经济主体多层次融资需求；大力发展资本金融暨多层次资本市场，拓宽直接融资，特别是股权融资和创业投资；改善间接融资结构，打破期限错配，满足准公益性产业和基础设施融资需求，提供中长期融资。

金融组织体系多元化。优化金融机构体系，实现传统银行业战略转型，发展中小银行和民营金融机构；以促进非银行类金融服务组织发展为突破口，着力健全大中小多层次金融服务体系，覆盖不同业务领域，满足多层次金融需求，促进金融业结构提升。

普惠金融体系趋向完善。加大对重点领域和薄弱环节的支持力度，以惠民为导向，支持小微企业、“三农”和扶贫事业，开发更多满足群众医疗、养老、教育培训等方面需求的金融产品；追求经济价值和社会价值统一，统筹商业性、政策性、开发性、合作性金融联动互补，以及金融政策和财政政策的协调配合。

（三）金融业综合化、集群化、差异化、国际化、智慧化发展趋势明显

我国金融混业经营、混合经营趋势明显，银行、保险、证券等金融机构加速融合发展，资产管理和财富管理发展进入黄金期，本土金融机构要适应新趋势，实现发展转型。

经营综合化。专业化基础上的多元化、综合化经营和集团化的发展趋势明显。以城商行为例，国内一流的城商行基本上实现了多元化经营，加快申领新业务牌照，不断开发新业务、新领域、新空间（见表 13）。

表 13　国内领先城商行的经营牌照多元化情况

城商行名称	多元化经营情况
北京银行	北银金租、中加基金、北银消费金融、中荷人寿、村镇银行
南京银行	江苏金租、苏宁消费金融、鑫元基金、村镇银行
上海银行	上银基金、上银（香港）、尚城消费金融、村镇银行
哈尔滨银行	哈银金租、哈银消费金融、村镇银行
江苏银行	苏银金租、苏银凯基消费金融、村镇银行
宁波银行	永赢金租、永赢基金、村镇银行

发展集群化。机构之间的多元化合作、协同效应不断提升，信息、技术、人

才、基础设施等要素加快共享，金融机构“抱团取暖”、行业联盟态势明显。

竞争差异化。坚持差异化、特色化竞争，从满足大批量、规模化需求，转向更重视满足个性化、定制化金融需求。坚持错位发展，积极推进差异化产品和服务体系落地，重视对客户细分，提供专属金融服务解决方案。

布局区域化、全国化和国际化。本土金融机构要下沉金融服务，精耕细作，开发适应创新型产业和中小微企业特点的金融产品；突出业务本地化，分支机构布局多层次化，加强营业机构和网点建设，推进经营业务向县域延伸。

服务智慧化。信息科技将从支撑业务发展转变为全面引领业务发展，本土金融机构要加强基于互联网、物联网、大数据的智慧型产品、服务和模式创新。

（四）科技与金融深度融合，金融创新加快

科技和金融的深度融合对传统金融生态、金融业运行模式产生了颠覆性的作用。金融创新加快，金融行业是运用高新科技最典型的领域，科技和金融的深度融合带来了金融产品、服务模式和专业市场的金融创新，产生了区块链金融、消费金融、直销银行等新金融业态。

大数据、人工智能、云技术、区块链等金融科技的运用会更加深入广泛，对改善客户体验、拓展客户渠道、创新产品模式、提升金融效率、防止金融风险的作用会更加明显。

（五）互联网金融强势崛起，金融互联网化快速普及

随着金融脱媒趋势的加速，发展互联网金融是适应环境的必然选择。近年来，互联网金融借助其不受地域限制，易获得、边际成本低、客户体验好的优点，不断改变着支付方式以及征信等传统行业模式。龙头互联网金控集团通过组合边缘性牌照，形成新的业务能力，打造“互联网+”金控生态圈，极大地提升了服务效率，对传统金融业的冲击巨大。主要互联网金融机构金控生态对比如图17所示。

截至2017年6月末，第三方移动支付金额增至58.8万亿元，余额宝规模已达到了1.43万亿元，超过招商银行2016年底的个人活期和定期存款总额；个人消费金融产品微粒贷，自2015年5月上线以来，截至2017年7月末，累计发放贷款超3600亿元，贷款余额超过1000亿元，接近郑州银行；支付宝支付、微信支付等互联网支付产品，以及众筹、互联网保险、证券等业务快速发展，在与传统金融机构争夺客户和业务的同时也深刻改变了人们对金融服务的需求，不断扩展服务客群广度，更好地推进普惠金融，服务小微企业等长尾客户。

集团	产业链增强		业务增强		收益增强		
	支付	征信	P2P	银行	股权众筹	保险	在线理财
蚂蚁金服	●	●	投资	●	●	●	●
腾讯金服	●	●		●		●	●
京东金融	●	筹备			●	●	●
百度金融	●	筹备		●	●	●	●
小米金融	●	筹备	投资	●	●		●
360	筹备	投资			●	●	●

图 17　主要互联网金融机构金控生态对比图

（六）去杠杆使金融风险逐步暴露，金融监管趋严

第五次全国金融工作会议强调金融安全是国家安全的重要组成部分，要加强金融监管，主动防范或化解区域金融风险。随着河南省地方金融规模越来越大，金融创新越来越活跃，急需理顺金融监管协调机制，分离发展和监管职能，按照权责一致原则，强化地方监管责任。构建统一的地方金融监管体系，健全风险监测预警和早期干预机制，加强对金融机构和金融活动的全流程、全链条动态监测预警，及时有效识别重大风险隐患，完善金融风险应急处置和问题机构退出机制。平衡金融创新和金融监管，实现本土金融机构依法依规经营，加强金融生态建设，保障区域金融稳定和金融业健康持续发展。

五、总体框架思路

（一）指导思想

第一，以经济强省建设目标统揽做大做强金融豫军全局，弥补短板，完善体系，强化特色，重点突破，强化优势，培育龙头，以点带面，集群发展，全面崛起。

坚持补短板和集群化发展，完善金融机构体系，打造一流特色金融产业集群。

坚持龙头带动发展，走差异化、“专业化+综合化”的特色发展道路，在专

业化的基础上积极推进综合化发展，打造一流综合金控集团和知名品牌。

坚持集中集聚发展，加快建设郑东新区国际金融中心。

第二，以做大做强金融豫军为目标，激发改革开放创新发展的动力和活力。

坚持改革推动，瞄准“市场化+商业化”改革方向，强化改革推动和体制机制创新引领，打造后发制度优势。

坚持创新驱动和网络联动，顺应“网络化+科技化”发展趋势，强化创新驱动和科技引领，创新金融组织、体系、模式、业态，大力发展互联网金融，加快金融互联网化，鼓励O2O发展模式，促进新金融崛起。

坚持开放带动，推动“本土化+国际化”布局，强化开放带动，深耕中原市场，立足河南，走向全国，大力推进国际化经营，不断拓展发展新空间。

坚持引金入豫与做大做强金融豫军“双轮驱动”，大力引进国内外一流金融要素和战略投资者，推进基因重组，实现弯道取直、赶超发展。

坚持人才强金和优化环境，着力建设开放型、创新型、专业化、综合化、网络化、国际化、现代化的“两型五化”金融豫军，打造具有国内国际一流水平的金融豫军，支撑“三区一群”国家战略、经济强省建设和中原崛起。

（二）战略目标

金融豫军做大做强的主要评价指标：①总量规模指标：龙头金融机构综合实力在全国同业居前列；②市场占有率指标：在本土同业的市场占有率居前列；③速度指标：发展速度居全国及本土同业前列；④上市指标：在国内外公开市场上市或已经具备上市条件。

中期到2020年，金融豫军的发展重点是做大规模、做大集群、做大龙头。力争龙头金融机构综合实力进入全国同业前10位，在本土同业市场占有率优势明显，发展速度居全国及本土同业前列，力争上市金融机构达到6家以上。

远期到2025年，金融豫军的发展重点是做强综合实力、做强集群、做强龙头。力争龙头金融机构综合实力进入全国同业的前5位，在本土同业市场占有率遥遥领先，发展速度居全国及本土同业前列，力争上市金融机构达到15家。

（三）战略思路

全面实施做大做强金融豫军“3、4、2”九大战略，即三项重点、四轮驱动、两大保障：

突出“三项重点”：实施集群发展、龙头带动、中心集聚战略，着力打造10大集群、8大龙头、1大金融中心增长极。

强化“四轮驱动”：实施改革推动、创新驱动、网络联动、开放带动战略，着力打造赶超发展新动力和新路径。

夯实“两大保障”：实施人才强金和环境孵化战略，打造环境和人才高地，保障赶超发展。

六、战略重点

（一）实施集群化发展战略，打造金融豫军十大集群

金融豫军是经济强省建设的重要支撑，必须加快做大做强，关键在于弥补短板、培育龙头、打造集群。顺应专业化、综合化、网络化、国际化发展趋势，着力实施龙头带动和集群化发展战略，打造证券、城商行、农商行、期货、保险、信托、资产管理、融资担保、投资和基金、互联网新兴金融这金融豫军 10 大集群，打造 10 个大型金控集团，带动行业集群化发展，建设开放型、创新型、专业化、综合化、网络化、国际化、现代化的“两型五化”金融豫军。

1. 打造全国一流的证券集群

资本市场是河南省金融业发展的最大短板。全国共有券商机构约 129 家，河南省只有 1 家券商，占全国的 0.8%，与其经济大省的地位明显不相称。无论是做大金融业、做强金融豫军，还是服务实体经济等，都须加快本土资本市场跨越式发展。

重点支持中原证券进入全国第一方阵。打造大型金融控股集团既是省政府对中原证券提出的战略要求，又是适应混业经营趋势的客观需要。加快申领新业务牌照，加快全国化和国际化布局，推进混业经营和综合发展，发挥 A+H 上市优势，引进国内外一流的战略投资者，鼓励关联行业兼并重组，创建或控股银行、保险、信托、租赁、投资担保、消费金融、小贷公司、互联网金融等高成长金融机构，实现综合实力的快速提升，实现跨越式发展。鼓励参与中原农商行改制，重组郑州农商行。构建“1+N”上市格局，加快打造现代化、国际化大型金融控股集团战略。力争五年内综合实力进入全国同行业前 10 位，进入全国第一方阵。

政策倾斜，支持中原股权交易中心成为中西部地区最大的区域资本市场。区域股权市场是资本市场的基础，应实施“一揽子”配套扶持政策，建立地方政府、股权市场、企业三方联动机制，建立省市县三级股权市场网络体系，建立奖补激励机制，完善税费减免制度，鼓励企业股权挂牌融资和交易融资；加快业务创新，完善股权托管融资功能；加快提升投资中心功能，集聚 1000 家基金等投

资机构。力争五年内10000家企业挂牌展示、5000家企业挂牌交易，位居中西部地区乃至全国前列，挂牌企业数和交易额进入全国同业前5位。

积极申请券商牌照，加快形成本土券商集群。充分利用自贸区先行先试政策，支持本土金融机构或龙头企业申领证券牌照，积极引进国际知名投行设立中外合资的证券经营机构，力争再创立3~5家本土券商。

2. 打造全国一流的城商行集群

城商行是金融豫军的优势之一，拥有五大银行牌照，两家已经上市，本土网点优势明显。我国城商行在各类金融机构中增长最快，是银行体系中最具活力和成长性的机构。河南省城商行有5家，占全国133家总量的3.8%；中原银行总资产居全国第14位、郑州银行居第20位，在全国处于中游位置。应进一步提升本土优势，深耕本土区域市场，立足中原，走向全国，走向“一带一路”沿线国家，推进上网下乡、全国化和国际化发展；提升主业特色优势，推进专业化和综合化发展，不断拓展发展新领域新空间。

重点打造中原银行大型金控集团。实施“传统业务做特色、创新业务找突破、未来银行求领先”“上网下乡”等战略，坚持“贴近市民、贴近‘三农’、无缝对接大中小微、服务区域实体经济、支撑重大国家战略和经济强省建设”的市场定位，积极发展市民银行、农民银行、社区银行、普惠银行、智慧银行、O2O银行。加快A股上市，引进国内外一流的战略投资者，推进综合化转型升级，积极拓展保险、证券、信托、租赁、投资、资产管理、消费金融等全牌照、多元化、综合化业务领域；鼓励对中小金融机构进行兼并重组，参与农商行改制；推进全国化和国际化发展。力争三年内，中原银行综合实力进入全国城商行系统前5位，五年内进入前3位，发展成为全国知名的大型金控集团。

重点支持郑州银行综合金控集团开疆拓土。支持郑州银行充分发挥全国城商行“领头羊”示范带动作用，加快A股上市步伐，尽早实现“A+H”上市；支持郑州银行围绕“三大特色定位”做文章，商贸物流金融2018年出形象、2019年树全国标杆，小微金融创河南典范，市民金融塑郑州品牌，带动金融豫军发展；加快A股上市，打造拥有N个金融牌照、N家控股公司的金融控股集团，综合竞争力保持在全国城商行第一梯队，力争五年内进入全国前列，为中原崛起提供动力。

倾力打造洛阳银行、焦作银行、平顶山银行三大特色精品银行。加大战略重组力度，引入战略投资者，扩充资本实力；鼓励攀“大”附“强”，借船出海，敢于与国内国际一流金融机构或互联网巨头展开股权或业务合作，优势互补，共同发展，力争3~5年进入全国一流城商行之列。

鼓励创办民营银行。支持首家民营银行“河南华贸银行”挂牌营业，带动本土民营金融机构快速崛起。

支持本土银行综合发展。加快申领证券、保险、期货、信托、消费金融、小贷公司、资产管理、直投、基金、互联网金融等新业务牌照，加快金融创新，不断开发新业务、新领域、新模式、新空间。

3. 打造全国一流的农商行集群

农商行是金融豫军最大优势，是农村金融的支柱，规模庞大，市场占有率高，网点全覆盖，但是历史包袱沉重、机制不活、系统网络功能缺失、效率效益较低、留不住人才，农村金融竞争日趋激烈，面临生存危机和发展困境，唯一出路在于市场化改革改制。2017 年河南省县级农村信用社联合社（以下简称农信联社）全部改制完成，达到近 120 家农商银行，总数全国第一。但是，全国平均每家农商行资产规模为 191.45 亿元，河南省农商行平均资产规模约为 111 亿元，仅为全国的 58%，约为江苏省的 31%，单体综合实力太弱。应加快农信社改制和农商行改革开放步伐，优化顶层设计，强化系统功能，建立现代商业银行制度和体制机制。

倾力打造服务“三农”的中原农商银行金融超市。支持河南省农信联社改制为具有全部银行牌照功能的中原农商银行。建议设立 100 亿元农信社改革发展基金，省财政出资 20 亿元，其余 80 亿元采取市场化融资渠道解决，基金全部注入中原农商银行，由中原农商银行控股县（市）农商银行，形成两级法人的农商银行体系，适时过渡为一级法人的农商银行，形成具有信贷、证券、保险、信托、投资、理财、租赁、消费金融、小贷公司、互联网金融等全功能的、以服务“三农”为主体的金融超市，力争 3~5 年中原农商银行进入全国农信社系统综合实力前 5 位。

试点组建郑州农商行和洛阳农商行。借鉴城商行改制经验和北京农商行、上海农商行、重庆农商行、成都农商行、广州农商行等地经验，由中原银行、中原证券、中原资产等骨干机构控股参股组建郑州农商行、洛阳农商行，为农商行多元化改制发展探路。

鼓励发展村镇银行、小贷公司等，完善服务“三农”的普惠金融体系。

4. 打造国内国际一流的期货集群

期货市场是资本市场的重要支柱之一，是金融豫军的最大优势领域。全国共有 4 家期货交易所，其中郑州、大连、上海的 3 家为商品期货交易所，呈三足鼎立之势。郑州商品交易所（以下简称郑商所）成立于 1990 年，是我国第一家商品期货交易所，是金融豫军最亮的一张名片。全国约有 150 家期货公司或持有期货经营牌照的金融机构。应进一步加强战略规划，实施“一揽子”配套扶持政策，扩张优势，龙头带动，集群发展。

重点支持郑商所进入世界前列。深度开发大宗农产品期货品种，不断将优势向矿产资源、能源、冶金、有色、化工、建材等工业品，运力等服务产品，指数等金融衍生品等新型期货品种领域扩展，突出特色，系列开发，力争五年内上市期货品种突破 20 个，主要期货品种实现期权工具上市。支持郑商所开发建设综合业务平台，持续开发场外市场，推进郑商所综合化、国际化、集团化发展，适时构建期货交易集团，力争成交量达到全国商品期货市场的 1/3、跻身全球期货及衍生品交易所前 10 位，把郑商所打造成为“领先行业的风险管理平台、享誉世界的商品定价中心”。

积极打造本土期货公司集群。大力扶持中原、万达等本土期货公司做大做强，利用自贸区优势，积极吸引国际国内期货经营机构设立总部，吸引 100 家期货公司或区域总部集聚郑州，集聚 1 万家机构客户。鼓励龙头期货公司综合性发展，积极拓展银行、保险、证券、理财、资管、租赁等创新业务，构建若干期货金控集团。

构建期货产业链生态体系。充分发挥郑商所的综合金融产业集聚功能，利用郑州国际综合交通枢纽优势，鼓励大宗商品贸易商、期货交易产业客户、仓储物流企业、供应链公司集群化发展，带动区域实体经济发展。

5. 打造全国一流的保险集群

保险是金融业和资本市场的重要支柱，是重要的金融增长点，同时也是金融豫军的最大短板之一。全国有保险公司 194 家，财险与寿险约各占一半，河南省只有 1 家农险公司，占全国保险机构总数的 0.5%，寿险法人机构空白。加快补短板、构建本土保险机构体系、实现跨越发展势在必行。目前我国保险密度与深度尚不及保险发达国家的一半，保费收入与美国相比仍有 5~7 倍的差距，未来保险业仍有巨大的增长空间。

重点支持中原农险集团做大做强。坚持高起点、全国顶端、国际一流，加快创新发展步伐，加快省内全覆盖网点布局，适时走向全国，实行农业保险与商业保险双轮驱动，坚持业务多元化、经营专业化、发展综合化，拓展寿险牌照业务，拓展新领域新空间，形成“1+N”组织架构，加快上市步伐，构建大型保险金控集团，力争三年内进入全国同行前 5 位。

政策倾斜，支持创立“中原寿险”。寿险中的“万能险”具有保险和投资理财双重功能，其“杠杆功能”可以撬动千万亿元的社会财富，对区域经济发展具有显著拉动作用。积极引进国内外一流战略投资者，以本土龙头金融机构和龙头企业为主导，加快组建“中原人寿”，加快进入全国同行第一梯队。

加快形成保险豫军集群化发展格局。积极申请保险牌照，支持众德人寿、中州财险、中原财险等保险机构的组建，发挥自贸区先行先试政策优势，鼓励设立中外合资的保险公司，力争再创立5~10家本土险企。

6. 打造全国一流的信托集群

信托或资管是金融业的重要支柱之一，是金融豫军的新增长点。全国68家信托公司综合实力排名中，河南省的百瑞信托排名第28位，中原信托排名第30位，属于中等水平。应顺应资产管理和财富管理快速发展的大趋势，大力推进专业化创新发展，形成核心竞争力；大力推进综合化发展，增强综合实力；大力推进全国化和国际化发展，拓展发展新空间。制定促进信托业发展的“一揽子”扶持政策，培育新的增长点，形成建设经济强省的重要支撑。

重点支持百瑞信托集团做大做强。支持百瑞信托加快上市步伐，引进战略投资者，增强资本实力，展开多元化综合经营，积极发展基础设施、房地产、私募股权、证券、并购、资产证券化、养老、家族等信托投资产品。构建“1+N”（专业子公司）集团化经营组织架构，通过控股、参股、业务合作等方式与银行、财务公司、证券、保险、基金、租赁、期货等金融机构建立战略合作关系，成为国际化综合金融解决方案供应商。大力发展实业投行，实现金融和实业的有机结合，更好地服务河南实体经济。力争五年内，百瑞信托在资本实力、业务多样性、财富管理能力和综合竞争力等方面进入全国前5位，为信托支持区域经济发展树立新标杆。

重点支持中原信托集团转型发展。加快中原信托改革、改制、重组步伐，引入战略投资者，构建现代企业制度和先进的发展模式，步入良性、健康、快速发展轨道，尽快实现做大做强。

加快构建信托或资管产业集群。支持实力强的金融机构或龙头企业申领信托或资管业务牌照，争取再创办5~10家信托或资管公司，发挥自贸区优势，鼓励创办中外合资信托或资管机构。

7. 打造全国一流的资产管理集群

随着我国经济进入转型升级的新常态，资产管理和财富管理进入黄金发展期，正在快速成为金融业的支柱，同时也是金融豫军的新增长点。广义的资管行业包括银行理财、信托理财、证券期货保险资管、基金公司、私募基金公司、专业资管公司（不良资产经营专业公司）；狭义的资管行业主要包括银行、证券、期货、保险、信托之外的专业资管公司。我国有长城、信达、华融和东方4家国家级专业资产管理公司，大都拥有金融全牌照，2014年以来全国各省市区陆续成立专业资产管理公司。中原资产管理公司于2015年成立，注册资本30亿元，两年时间发展到资产总额约687亿元，成立晚但发展快，发展速度在全国居前列，资产规模在全国居中上游水平，但是，亟待增加资本，实现新跨越。

重点支持中原资产管理公司进入全国前列。支持中原资产管理公司作为省政府资本运作的主平台，委托中原资产管理公司运营“金融豫军发展引导基金”，支撑河南省重大国家战略和经济强省建设。申请银行、保险、证券、信托等多元化金融牌照，完善独具特色的多元金融业务体系，形成不良资产经营、投资与资产管理、综合金融服务三大核心业务板块，构建“总部战略管控+功能性子公司协同运营”的“1+N”发展架构，加快构建“一体两翼”（以不良资产经营为主体，以股权投资与综合金融服务为两翼）的多元化金融控股集团。推进强强联合和“招大引强”战略，围绕河南省重大项目招商和承接产业转移，以资本为纽带引进上汽集团、中国国航、中铁工业、中国电建、顺风控股等国际国内一流企业集团，支持河南省先进制造、高端装备、现代服务、航空物流等战略新兴产业基地建设。积极参与信用社改制、地方投融资平台改造、基础设施PPP项目和国企改革。加大政府注资力度，引进战略投资者，扩充资本实力，力争3~5年综合实力进入全国同业前5位，逐步发展成为世界知名的大型金控集团。

加快构建资产管理和财富管理产业集群。鼓励有实力的本土金融机构和龙头企业申领资产管理牌照，鼓励创办中外合资机构，力争再创办10家资产管理公司。

8. 打造全国一流的融资担保集群

融资担保是一个新兴行业，融资担保作为政府发展普惠金融的重要手段，沟通资金供需双方，提供准公共产品，是金融豫军的重要组成部分。但是由于准入把关不严，监管缺位，运营不规范，涉嫌违规集资或违规放贷，无序发展，导致区域性和系统性金融风险多发频发，成为最大的金融风险源，影响社会稳定。河南省是融资担保机构挤兑风险的重灾区，应坚持规范、重组、优化、创新、综合发展，促进投资担保行业转型升级；对政策性普惠性融资担保机构加大财政奖补支持力度，促进行业健康发展；加强顶层设计，研究制定行业发展规划。

重点支持河南省担保集团龙头做强、做优、做大。进一步明确省级再担保机构的政策性定位，按照政府主导、专业管理、市场运作的原则，将“河南省中小企业担保集团”更名为“中原再担保集团”，发展壮大“中原豫军”体系。充分发挥行业龙头带动作用，突出再担保增信、分险和规范引导功能，提高融资担保机构的信用水平、服务能力和风险防控水平，不断提升河南省融资担保体系整体效能。整合市、县级财政出资的融资担保机构资源，增强资本实力，实施集团化经营，聚焦政策支持，支撑中小微企业和实体经济发展。力争三年内中原再担保集团实现对河南省政府性融资担保机构再担保全覆盖，公司注册资本金达到100亿元以上，主体信用等级达到AAA级，融资担保服务能力达到1000亿元以上。

支持河南省农业信贷担保公司发展，争取中央财政支持，扶持农业大县，支撑“三农”和精准脱贫。

引导行业优化重组，健全行业制度和监管体系，加强行业监管，规范发展商业性融资担保机构，按照“减量增质，做强做精”的要求，推动融资担保行业兼并重组，组建若干竞争实力强的融资担保集团。

鼓励融资担保公司综合化发展，鼓励行业金融创新，申领新的金融业务牌照，开展多元化金融业务，不断拓展领域新空间。

完善财税支持政策，研究设立政府性担保基金，建立和完善融资担保机构资本金补充、风险补偿和风险共担等机制，引导融资担保机构依法合规经营，聚焦主业，服务小微企业和“三农”发展。

9. 打造全国一流的专业投资和基金管理集群

投融资平台公司、基金管理和投资基金机构是资本市场最活跃的投资主体，是金融豫军的重要支柱。河南省基金管理业明显滞后，已登记私募基金管理人94家，占全国的0.4%；已备案私募基金147只，占全国的0.2%；管理基金规模335亿元，占全国的0.3%。全国基金管理公司约113家，河南省公募基金管理公司尚为空白，加快发展势在必行。

重点打造建投、航投、交投、水投、城投、土投、文投、创投等省级投融资平台公司。加快政府投融资公司市场化改革改制，建立现代企业制度，吸引社会资本和战略投资者，优化股权结构，完善法人治理结构，逐步改制为股权多元的控股投资公司。试点国有资本和股权择优委托管理运营，积极开展市场化资本运营。

组建一批大型国有资本控股公司。借鉴新加坡淡马锡集团经验，打造一批现代产融集团，支持国宏投资集团发展，积极探索产业、科技、金融协同发展和融合发展模式，整合区域金融要素资源，鼓励“1+N”控股模式，进军战略新兴产业，带动区域经济跨越式发展。

扶持发展私募基金和公募基金管理行业。鼓励私募基金和公募基金发展，做大做强区域股权投资市场，力争三年发展1000个私募基金管理人，发展3~5家基金管理公司。

扶持发展一批本土产业投资基金、创业投资基金、战略投资基金。建立若干政府投资引导基金，带动基金业蓬勃发展，助力产业转型升级，支持经济强省建设。

10. 打造全国一流的互联网金融等新金融集群

互联网金融代表未来金融的发展趋势，应鼓励发展互联网金融、供应链金融和产业链金融等新兴金融行业。全国 P2P 网贷平台公司约 2448 家，河南省约 40 家，约占全国的 1.6%，发展明显滞后。

培育一批本土互联网金融机构。鼓励互联网公司创办互联网金融机构，鼓励中外合资创办互联网金融机构，鼓励各大金融机构创办互联网金融机构，开展互联网金融业务。支持城商行、农商行创办 5~10 家网络直销银行。支持实体经济龙头企业创办 5~10 家供应链金融，支持鲜易网、世界工厂网等互联网平台公司开展互联网金融业务。力争五年内河南省 5 家网贷公司进入全国百强。

支持金融机构或骨干企业创办一批金融租赁公司。争取再创办 5~10 家金融租赁公司。

支持骨干企业集团创办一批财务公司等金融机构。开展综合金融业务，拓展增值服务。

支持金融机构创办消费金融公司。充分利用互联网和大数据，抢占规模巨大的消费金融市场，鼓励消费金融创新，争取创办 5~10 家消费金融公司，规范发展各类小贷公司等新兴金融服务，满足实体经济发展需要。

（二）实施龙头带动战略，打造“中原系”八大航母金控集团

当前，金融业进入转型升级的阶段，其显著标志是：行业龙头快速崛起，业务网络影响范围日益全国化乃至全球化，行业兼并重组步伐加快，规模效应更加凸显，行业集中度越来越高，竞争水平不断提高。在金融业组织体系中，行业龙头居中心和核心地位，对全行业发展具有辐射带动作用。从某种程度上来说，龙头金融机构做多大，金融产业就能做多大，龙头金融机构与金融产业相辅相成。做大做强龙头金融机构是金融豫军发展的第一要务，应实施龙头带动战略，坚持一企一策，集中力量打造金融豫军的“航空母舰”，倾力打造中原证券、中原资产、中原银行、郑州银行、中原农商银行、中原保险、中原再担保集团、百瑞信托八大全牌照全能型大型金控集团。顺应全球金融业综合化竞争发展大趋势，积极申请证券、保险、信托、租赁、消费金融、互联网金融等新牌照，加快推进八大龙头专业化、综合化、集团化、国际化跨越发展。

中原证券。打造大型金融控股集团既是省政府对中原证券提出的战略要求，又是适应混业经营趋势的客观需要。支持中原证券混业经营和综合发展，推进市场化兼并重组，积极创建或控股银行、保险、信托、租赁、投资担保、消费金融、小贷公司、互联网金融等金融机构，实现综合实力的快速提升，实现跨越式

发展。借鉴北京、上海、重庆、成都、广州等地经验，鼓励参与中原农商银行改制，建议由中原证券牵头重组郑州农商银行。参与投资担保行业兼并重组，快速进入保险、租赁、信托、互联网金融等高成长领域。深耕河南市场，快速辐射全国，抓住自贸区金融改革开放的机遇，形成立足中原、覆盖全国的网点布局。实施国际化战略，向海外进军，以香港子公司为立足点，加快构建“一带一路”境外平台和业务网络。充分利用资本市场谋求新跨越，加快推进子公司上市步伐，构建“1+N”上市格局。大力推进中原股权交易中心、中原期货、中鼎开源、中州蓝海、中州汇联等系列子公司挂牌上市。确立做大做强证券主业、积极发展混业经营的模式，加快打造现代化、国际化大型金融控股集团战略。力争五年内综合实力进入全国同行业前10位，进入全国第一方阵。

中原银行。支持中原银行实施“传统业务做特色、创新业务找突破、未来银行求领先”“上网下乡”等战略，坚持“贴近市民、贴近‘三农’、无缝对接大中小微、服务区域实体经济、支撑河南省重大国家战略和经济强省建设”的市场定位，积极发展市民银行、农民银行、社区银行、普惠银行、智慧银行、O2O银行。支持中原银行综合化转型升级，积极拓展保险、证券、信托、租赁、投资、资产管理、消费金融等全牌照、多元化、综合化业务领域，鼓励金融租赁、债转股、投贷联动等创新试点。借鉴上海的经验，将中原信托并入中原银行；鼓励中原银行对中小金融机构进行兼并重组；支持参与农商行改制；支持全国化和国际化发展。力争三年内，中原银行综合实力进入全国城商行系统前5位，五年内进入前3位，发展成为全国知名的大型金控集团。

中原资产管理公司。支持中原资产管理公司作为省政府资本运作的主平台，委托中原资产管理公司运营“金融豫军发展引导基金”，支撑河南省重大国家战略和经济强省建设。除借鉴信达、华融、东方、长城四大资产管理公司的发展经验，主营不良资产业务之外，支持其申请银行、保险、证券、信托等多元化金融牌照，形成不良资产经营、投资与资产管理、综合金融服务三大核心业务板块。积极拓展银行、保险、证券、信托、租赁、基金等全牌照、多元化、综合化业务领域，大力推进不良资产经营与股权投资“双轮驱动”战略，加快构建“一体两翼”（以不良资产经营为主体，以股权投资与综合金融服务为两翼）的多元化金融控股集团。支持中原资产尽快扩充资本实力，争取2017年将资本金由30亿元扩充到50亿元，两年内扩充到100亿元，五年内扩充到300亿元。力争三年内综合实力进入全国同业前8位，五年内进入全国同业前5位，十年内发展成为世界知名的大型金控集团。

郑州银行。支持郑州银行充分发挥全国城商行“领头羊”示范带动作用，加快A股上市步伐，尽早实现“A+H”上市；支持郑州银行围绕“三大特色定位”做文章，商贸物流金融2018年出形象、2019年树全国标杆，小微金融创河南典范，市民金融塑郑州品牌，带动金融豫军发展；支持郑州银行争取消费金融、投贷联动等资格，打造拥有N个金融牌照、N家控股公司的金融控股集团，综合竞争力保持在全国城商行第一梯队，为中原崛起提供动力。

中原农商银行。借鉴北京、上海、重庆等地经验，加快组建全牌照的中原农商银行，建立中原农商银行和市（县）农商银行两级法人，由中原农商银行控股市（县）农商银行，时机成熟时最终过渡到中原农商银行一级法人。支持试点筹建郑州农商行和洛阳农商行。建议设立100亿元农信社改革发展基金，河南省财政出资20亿元，其余80亿元采取市场化融资渠道解决，基金由中原资产管理公司代管，全部注入中原农商银行，由中原农商银行控股县（市）农商银行，形成两级法人的农商银行体系，力争五年内过渡为一级法人的农商银行，形成具有信贷、证券、保险、信托、投资、理财、租赁、消费金融、小贷公司、互联网金融等全功能的以服务“三农”为主体的金融超市，加快进入全国农信社系统综合实力前列。力争3~5年中原农商银行进入全国农信社系统综合实力前5位。

中原保险。目前我国保险密度与深度尚不及保险发达国家的一半，保费收入与美国相比仍有5~7倍的差距，未来保险业仍有巨大的增长空间。支持中原农险加快创新发展步伐，申请寿险牌照，拓展发展新领域新空间。坚持高起点、全国顶端、国际一流，加快组建中原寿险。支持未来中原农险与中原寿险重组为中原保险集团，使之成为大型保险集团、金控集团和资本运作平台，力争五年内综合实力进入全国前10位。

中原再担保集团。进一步明确省级再担保机构的政策性定位，按照政府主导、专业管理、市场运作的原则，将“河南省中小企业担保集团股份有限公司”更名为“中原再担保集团股份有限公司”（以下简称“中原再担保集团”），发展壮大“中原豫军”体系。充分发挥中原再担保集团在河南省融资担保行业中的龙头带动作用，突出再担保增信、分险和规范引导功能，提高融资担保机构的信用水平、服务能力和风险防控水平，不断提升河南省融资担保体系整体效能。支持中原再担保集团做强做优做大，力争三年内中原再担保集团实现对河南省政府性融资担保机构再担保全覆盖，公司注册资本金达到100亿元以上，主体信用等级达到AAA级，融资担保服务能力达到1000亿元以上。

百瑞信托。信托是财富管理和投资的重要方式，是建设经济强省的重要支撑之一。在信托业增资扩股的大潮下，支持百瑞信托引入战略投资者、增强资本实力，推进国际化综合经营。支持百瑞信托纵深发展，参股或控股银行、保险、证券、资管、基金等金融机构，升级公司金融业务结构，形成协同效应。支持百瑞信托转型升级，积极拓展家族（慈善）信托等财富管理类业务，大力发展实业投行，实现金融和实业的有机结合，更好地服务河南实体经济。力争五年内，百瑞信托在资本实力、业务多样性、财富管理能力和综合竞争力等方面进入全国前5位，为信托支持区域经济发展树立新标杆。

（三）实施集聚化战略，打造郑东新区国际金融中心

坚持服务、服从、支撑“三区一群”国家战略，抢抓郑州国家中心城市建设和河南自贸区建设机遇，大力推进郑东新区金融集聚核心功能区建设，打造中部地区国际金融中心，提升强化具有国际影响力的金融机构集聚中心、商品期货交易定价中心、金融要素市场集聚和交易中心、金融开放创新中心、金融综合配套服务中心五大功能。

着力加强集聚载体建设。优化“两圆、一带、一方块、一半岛”及金融智谷创新创业区综合体的空间布局。强化如意湖CBD的金融集聚核心功能；加快龙湖金融岛CBD国际财富管理和资本运营中心建设，力争内环、外环楼宇群项目2018年全部入驻企业，提升中原金融产业园财富管理和资本集聚功能；提升“一带”企业总部集聚功能，提升“一方块”金融后台服务集聚功能；完善龙子湖智慧岛基金业集聚核心功能，强化金融智谷创新创业综合体的孵化功能。

着力推动自贸区金融开放改革发展。以覆盖中原、辐射中西部、服务全国、对接国际为目标指引，有效提升郑东新区金融业发展的国际化水平。充分利用自贸区开放窗口和改革试验田的机遇，深化金融领域的对外开放和改革创新，先行先试，借鉴上海自贸区陆家嘴片区金融业开放创新发展经验，加大自贸区招商力度，加快集聚各类金融资源，推进开放创新跨越式发展。优化整体金融生态环境，加快金融机构总部和区域总部聚集、跨境与离岸金融服务功能聚集、综合金融服务功能聚集，建设国际金融服务功能聚集区；建设人民币国际结算中心，积极开展资本市场开放试点；积极探索普惠、消费、互联网金融创新发展，推进科技金融、供应链金融等领域试验先行，推进贸易便利化和投资自由化，建设面向中西部的金融改革创新区，建设总部经济、会展经济聚集区，商贸物流、跨境电商与投资中心。

着力健全金融机构体系。大力培育和引进内外资银行、证券、保险等各类金融机构，大力培育和引进消费金融、金融租赁、保理、财务公司等新兴金融机构，加强孵化和扶持，形成以创新金融业态为引领的多样化金融服务体系。

七、战略路径

（一）实施改革推动战略，打造赶超发展的制度优势

习近平在全国金融工作会议上强调指出：要坚定深化金融改革。要优化金融机构体系，完善国有金融资本管理，完善外汇市场体制机制。要完善现代金融企业制度，完善公司法人治理结构，优化股权结构，建立有效的激励约束机制，强化风险内控机制建设，加强外部市场约束。要加强金融监管协调、补齐监管短板。李克强在全国金融工作会议上指出：要把握好服务实体经济、防控金融风险、深化金融改革“三位一体”的金融工作主题，把服务实体经济作为根本目的，把防范化解系统性风险作为核心目标，把深化金融改革作为根本动力，促进经济与金融良性循环，共生共荣。实践已经证明，制度、体制、机制创新有力促进了金融豫军的群体性崛起，体制改革是金融豫军崛起的制度基础和前提条件，制度创新是金融豫军做大做强的重要动力。

以改革促进补短板。资本市场和新金融是河南省本土金融业发展的两大短板，应加大改革开放力度，鼓励传统金融机构开拓资本市场和新金融发展领域，积极创造条件申请证券、保险、信托、资产管理、互联网金融、消费金融等经营牌照，培育一大批本土新型金融机构，促进本土金融业跨越式发展。

完善国有金融资本市场化管理运营体系。建立国有金融资本运营基金或公司，提升国有金融资本经营效率和效益。推动国有控股金融机构“去行政化”，鼓励先行先试，必须加快市场化改革。

积极推进混合所有制改革，激发金融机构活力。对国有股占比过大的商业金融机构，应积极推进混合所有制改革，鼓励引进国内外一流战略投资者，探索员工入股持股制度，建立股权激励机制和制度，实现共建共享发展。

建立现代金融企业制度，打造知名品牌。“市场化+商业化”“专业化+综合化”“本土化+国际化”“网络化+科技化”是现代金融业发展的四大趋势。金融豫军要抓住机遇、迎接挑战、做大做强，在激烈的市场竞争中站稳脚跟，后来居上，快速崛起，就必须建立现代金融企业制度，建立一流的法人治理结构。一是对标国内国际一流金融机构，进一步完善提升法人治理结构，不断增强后发优势；二是吸引国内外一流金融机构战略投资者资本，加快提升金融豫军资本实力，优化股权结构，引入专业化、综合化、网络化发展新基因新模式；三是建立市场化的薪酬制度和用人制度，建立股权激励机制，用一流的薪酬和待遇吸引一

流人才，激励创新和干事创业；四是打造一流的金融豫军品牌和文化，对内增强凝聚力，对外扩大品牌文化的市场认知度和影响力。

加大财政资金注入度，增强金融机构资本实力。资本实力弱是做大做强金融豫军的首要瓶颈约束，金融属于高成长性战略新兴产业，为此，应扩大政府财政资金注入。增加政府财政资本金注入，既可以增强国有金融资本的实力、影响力、控制力和主导地位，又可以解决金融机构资本短缺难题，直接推动金融机构做大做强。建议成立“金融豫军发展专项基金”；省财政每年注入 10 亿元，吸引社会资本 40 亿元。该基金授权中原资产管理公司等机构进行商业化运营，落实做大做强金融豫军战略，重点投向本土行业龙头金融机构。

引进战略投资者，优化股权结构。引进战略投资者既可以解决资本短缺难题，又可以优化股权结构，带来新经验、新模式、新动力，开辟更加广阔的发展领域。建议将引进战略投资者作为做大做强金融豫军的一项战略举措。一是大力引进国内外同行业领军金融机构资本，尤其是国际国内一流银行、券商、保险、金控集团的资本，将最先进的金融基因注入金融豫军；二是大力引进阿里、腾讯、京东等国内外巨头互联网新金融资本，将最先进的互联网金融基因注入金融豫军，为其插上互联网金融腾飞的翅膀。力争每年引进 10 亿元以上的战略投资。

实施上市战略，加快后发赶超。上市不但要求高成长、高效益的良好业绩，还要求完善的法人治理结构，为长期可持续发展奠定基础。上市意味着进入国际国内资本市场融资平台，可以以最小的代价筹集稀缺的发展资本，通过再融资可以源源不断地补充资本金，还可以推进股权结构优化，不断引入发展新基因。所以，上市是金融豫军做大做强的重要标志之一，同时也是做大做强金融豫军、实现赶超的重大战略举措。为此提出建议：制定金融豫军上市战略规划；引入政府资本、社会资本、外部资本，优化股权结构，增强资本实力；完善法人治理结构，建立世界一流的现代金融企业制度。力争五年内实现 10 家本土龙头金融机构上市。

（二）实施创新驱动战略，打造创新优势

金融豫军整体上起步晚，规模相对较小，要实现弯道超车就必须强化金融创新引领和加强科技投入，以创新促进本土金融业结构升级，以创新促进本土金融机构跨越式发展。一般认为，金融创新主要包括金融制度创新、金融机构创新、金融市场创新、金融产品创新、金融科技创新。这几种创新是一个整体，对于完善和提高金融体系的综合效能缺一不可。

推进金融制度创新，主要任务是建立现代金融制度，推进股份化改造，完善法人治理结构问题；推进混业经营，走多元化发展道路；改革用工制度和分配制

度，建立激励约束机制。

推进金融机构创新，主要任务是促进多种所有制金融机构的集聚发展，大力培育本土金融机构，降低准入门槛，鼓励民营金融机构加快发展，同时吸引外资金融机构进入，鼓励设立中外合资金融机构。支持设立民营金融机构，鼓励地方商业银行、农村信用社开展跨区域的收购、兼并和重组，建立区域性金融战略联盟。推动银行、证券、保险等行业相互合作，交叉持股，综合经营，推进多元化，培育金融控股集团。

推进金融市场创新，主要任务是完善金融市场体系，完善货币市场和多层次资本市场，鼓励第三方支付平台发展，鼓励设立各类专业性的金融市场，做大做强期货市场、债券市场、区域股权交易市场、金融要素交易市场等。

推进金融产品创新，主要任务是积极借鉴和加强原创，面对国际金融业所创造出的上万种金融产品，可以通过分析、研究、比较、总结等方法，从中找出既符合国情又能规避风险并带来利润的金融产品，缩短在“黑暗中探索”的时间，直接进入较高阶段，同时大力发展符合国情的具有强大竞争力的原创性金融产品创新。积极引进和推广国内外金融创新产品，大力发展资产证券化、便利性结算工具、金融理财等金融创新，鼓励开办各类跨市场的金融产品。鼓励金融机构加快航空金融、物流与供应链金融、贸易融资及租赁、绿色金融、普惠金融等产品的创新，加强银企、银证、银保、银信等多金融业态的战略合作，联合研发组合型金融产品。推动金融豫军设立研发中心，吸引国有商业银行或股份制金融机构在河南设立研发中心，通过项目资助或设立专项经费的形式，鼓励金融机构研发部门、高等院校、科研院所加大金融研发力度。

推动金融科技创新，金融创新离不开金融科技支撑，应加大技术更新改造升级投入力度，加强金融服务中后台建设，构建服务网络体系，嵌入互联网金融体系，实现金融互联网化。

（三）实施网络强金联动战略，打造互联网化金融豫军

互联网技术日新月异，互联网金融爆发式发展，开疆拓土，势如破竹。互联网金融发展的时间窗口预计将会在未来几年内关闭，传统金融如不能实现转型发展，就可能被市场淘汰。河南省应实施网络强金战略，加快打造互联网化金融豫军，坚持“两条腿走路”的发展策略：一方面大力推进传统金融机构互联网化，另一方面大力扶持互联网金融发展。

大力推进传统金融机构互联网化。加快转型升级，实现弯道超车和跨越式发展。

创新发展。加强互联网金融的基础设施网络体系建设，完成传统金融业务的

互联网化，创新互联网金融产品体系，实现传统业务模式的转型升级。互联网突破了地域限制，要想在与巨头机构的竞争中取胜，必须发挥本土优势，创新发展，占领本土细分市场。

合作发展。互联网基础设施投资较大，中小型金融机构难以承担，鼓励金融豫军内部展开合作，共享基础设施、技术、人才网络体系，协同发展，合作共赢。

借力发展。互联网技术和人才的积累是一个长期的过程，完全依靠自力更生发展互联网金融对中小型金融机构而言的确力不从心。借助外力、外部合作是发展互联网金融的一条捷径。利用本土优势，嫁接阿里、腾讯、京东等互联网巨头，应该鼓励引进互联网巨头战略投资者，展开股权优化重组，推动业务深度融合。

大力扶持互联网金融发展。积极引进和培育互联网金融主体，推动互联网金融产业集聚发展。加强互联网金融监管，构建公共大数据征信体系，鼓励 OTO 金融创新。规范发展第三方支付、P2P 网络贷款、无抵押贷款、众筹融资、网络化金融机构、互联网金融门户网站等多元化模式。鼓励金融机构依托资金和客户优势开展多元化互联网金融业务，支持互联网金融企业实行子公司分业、集团综合经营的金融控股模式，扶持互联网金融综合服务平台上线运营。

（四）实施开放带动战略，打造开放型国际化金融豫军

推进国际化是拓展发展空间、抢占国际市场、引进高端金融要素资源、实现金融豫军跨越式发展的重大战略。应围绕服务经济强省建设实施开放带动战略，打造开放型金融体系，制定金融豫军国际化发展的战略规划，循序渐进，稳扎稳打，支撑和引领开放型经济建设。

支撑河南省改革开放创新发展的国家战略。一是推动金融豫军积极参与“一带一路”建设，在基础设施、产业转移、装备制造、商业贸易和文化交流等方面深化金融合作，为河南省企业参与“一带一路”倡议提供坚实金融服务保障。二是强化河南自由贸易试验区金融开放创新，鼓励金融豫军开展跨境投融资服务和离岸业务等国际化业务。三是支持郑州航空港经济综合实验区、郑洛新国家自主创新示范区建设，围绕企业跨境电子贸易、国际商贸物流、产业集群创新等提供综合化、国际化金融服务。四是支持郑东新区扩大开放，建设区域性国际金融中心，提升国内外金融机构集聚水平。

推进金融豫军国际化经营。实施“引进来、走出去”开放发展战略，依托境内外金融市场，加强金融创新，为省内外客户提供更多增加流动性、管理风险和降低融资成本的新型金融工具，全面提升金融豫军综合化、国际化的金融服务能力。

稳步推进海外机构建设。支持河南省本土骨干金融机构“一带一路”海外

网点布局，优先支持已在香港上市的中原证券、郑州银行、中原银行在中国香港、新加坡等地设立子公司，不断拓展国际业务的广度和深度，逐渐实现内外部市场的资源优化配置和资产组合管理。

服务省内外企业的国际化业务。金融豫军要做“豫商”走向世界的金融服务助推器，发挥开放型金融在支持企业“走出去”过程中的主渠道作用。积极支持省内外企业在全球范围的产能转移、项目投资和跨国并购，助力实体产业成长，促进金融豫军从国际化中获得发展优势，提高综合竞争力。

八、战略保障

（一）实施人才强金战略，打造金融人才高地

科技是第一生产力，人才是第一资源。习近平总书记在全国金融工作会议上强调：“要大力培养、选拔、使用政治过硬、作风优良、业务精通的金融人才，特别是要注意培养金融高端人才，努力建设一支庞大的德才兼备的高素质金融人才队伍。”李克强总理指出：“要加强对金融改革发展稳定的法治、信用、人才保障，创造优良金融生态环境，以优质高效的金融服务推动经济保持中高速增长、迈向中高端水平。”

建立一流的金融豫军人才队伍。金融豫军实现弯道超车、后来居上、做大做强，必须抓住人才这一重要因素，发挥关键支撑作用，应根据河南省金融中长期发展规划，制定金融人才培养引进规划，持续培养、培训、引进、交流、凝聚大批具有国际视野、精通国际金融市场规则、掌握金融科技核心技术、拥有丰富行业发展经验的创新型、专业型、复合型金融人才，建立结构合理、梯次分明的金融豫军人才专业队伍。

强化高层次创新型金融人才的培养。实施金融豫军人才专项培育工程，加快培养本地金融人才队伍。支持重点高校扩大金融专业招生规模，持续提升人才培养层次和水平。加强国内外一流经济金融高校合作，不断拓展人才培养渠道。积极探索产学研结合、校企合作和联合培养人才的新模式。大力培养互联网金融、金融科技、绿色金融等人才，优化人才结构。打造学习型、创新型金融机构，强化金融企业内部人才培训体系建设。支持金融机构建立金融博士后工作站，开拓人才培养的新模式。加强对河南省各级地方领导干部金融专业知识培训，不断提高各级政府运用金融支持实体经济发展的能力和水平，为金融豫军发展创造良好的支持环境。

强化高层次创新型金融人才的引进。引进高层次金融人才和金融管理团队，快速提升地方金融机构管理水平。加强职业化、市场化、专业化和国际化的金融人才引进体系建设，畅通人才流动渠道，打破人才流动壁垒，创新体制机制，优化人才环境，为高端人才引领行业发展创造良好环境。加强与国内外金融人才中介机构的合作，与海外留学生组织、金融社团、行业协会建立紧密联系，畅通人才引进渠道，大力引进急需的金融人才。争取从中央金融部门、金融机构以及金融发达地区引进一批优秀金融干部，到各金融豫军成员单位任职或挂职。

完善金融人才配套政策。制定"一揽子"解决方案，加强对金融人才服务保障，建立绿色通道，对符合要求的金融人才，在税收返还、户籍迁移、居住证办理、医疗养老、子女就学、住房保障、家属安置等方面提供相应便利，降低金融人才在豫生活成本，提高金融人才的综合收入。

完善金融人才激励体系。建立市场化的薪酬制度，完善绩效挂钩机制和股权激励机制；加大对做出突出贡献优秀金融人才的奖励表彰力度，授予相应的物质奖励和荣誉称号表彰。提高政治待遇。

（二）实施环境孵化战略，打造优越的政策软环境

加强组织领导和顶层设计。构建金融豫军发展的组织领导体系、金融政策体系、金融服务体系、金融机构体系、金融市场体系。建议由省主要领导任组长，相关职能部门参加，并成立做大做强金融豫军领导小组，负责制定中长期战略规划，明确做大做强金融豫军发展的战略思路、战略目标、重点任务和保障措施；出台扶持发展的配套政策；统筹、协调、推进和指导金融豫军做大做强的重大专项。领导小组办公室设在省金融服务（工作）办公室。将做大做强金融豫军列入省政府重点工作，制定年度计划，纳入目标考核，落实推进责任，完善金融豫军考评激励办法。建立行业协会，强化自我管理。

完善配套扶持政策。优化完善金融产业政策，研究出台《做大做强金融豫军的扶持政策》，在市场准入、经营牌照、财政、税收、土地、项目、资金、人才、科技等供给侧结构性改革方面给予扶持，确保政策的驱动作用得到充分发挥、各项奖补政策及时落实兑现，推动金融豫军机构跨越式发展。

建议设立"金融豫军发展引导基金"。引导基金是调控产业发展的有效政策工具。建议省财政出资 10 亿元种子基金，鼓励金融机构、国有骨干企业入股和社会募资，组建 100 亿元引导基金。通过发起设立、参股、控股等方式，推动现有金融机构改革开放创新发展、充实资本金、做大做强，推动资本市场、科技金融、互联网金融、产业金融、消费金融等领域补短板，创建新型金融机构，构建功能完善的金融机构体系。

实施引金入豫与做大做强金融豫军双轮驱动战略。金融豫军是地方政府调控金融资源最重要的载体和抓手，对地方经济发展具有辐射带动乘数效应，应积极推进引金入豫与做大做强金融豫军双轮驱动战略，为本土金融业发展注入新生力量。

探索产融一体化发展模式。鼓励省内大型骨干企业向金融领域延伸发展，参股控股金融机构，申请新金融牌照，创办新金融机构，积极推进产融一体化发展，拓展新金融新经济增长点，培育新型的产融集团，实现金融与实体经济良性循环。

积极申报国家级创新创业金融、普惠金融、农村金融、产业金融等发展试验区。开展先行先试，加快金融改革、开放、创新、发展步伐，降低门槛，放宽准入条件，打破“玻璃门”“弹簧门”，加快填补空白点，培育新的增长点和增长极。

（本章作者为河南省人民政府发展研究中心“做大做强金融豫军战略研究”课题组，成员：刘战国、张齐、张凯、王命禹、汪来喜。参加单位（排名不分先后）：中原证券、中原银行、中原资产管理有限公司、郑州商品交易所、河南省农信联社、郑州银行、河南省中小企业担保集团、中原农险、洛阳银行、百瑞信托、中原股权交易中心、洛阳国宏投资集团、平顶山银行、郑东新区金融服务局）

第二篇

分报告

中原银行：打造银行系综合金控集团

摘要：近几年，随着河南省本土金融力量的崛起和成熟，对金融豫军的调研分析具有很强的必要性。本书关于“做大做强金融豫军”的专项主题研究对于金融豫军的协同发展有着重要战略意义，中原银行是金融豫军中一支不可忽视的力量，在“做大做强金融豫军”中扮演着举足轻重的角色。本文首先对中原银行的基本情况进行了详细介绍，随后通过与省外同业的对比分析，以及发展过程中的优劣势分析，明晰当前本金融机构的发展战略，并提出相关政策建议，通过分析中原银行的发展路径以及今后的发展战略，从而为做大做强金融豫军提供有价值的参考。

一、研究目的与意义

本章的研究目的在于通过对中原银行的基本情况的介绍，与江苏银行的对比分析，中原银行发展中优劣势分析，以及战略分析和政策建议来透视中原银行的发展现状及未来趋势，并进而为“做大做强金融豫军”提供有价值的参考。

首先，中原银行作为河南省唯一一家省级城市商业银行，在中原豫军中有着一定意义的代表性地位。研究中原银行的成立和发展，对于整个金融豫军的经营与壮大有着一定的借鉴意义。

其次，作为全国为数不多的省级城市商业银行之一，同时也是截至目前成立较晚的城市商业银行，中原银行完成了最高效的上市进度。因此，对中原银行的研究分析将对其他类似城市商业银行的发展提供借鉴及参考意义。

最后，中原银行一直秉承“科技立行，科技兴行”的理念，顺应了金融科技发展的大趋势，也享受了科技运用带来的一些成果。因此，研究中原银行将为同业运用和对接金融科技提供一定的经验和价值。

二、中原银行基本情况

为整合区域金融资源，防范金融风险，提升金融对经济发展的支持能力，探索混合所有制经济改革，2013 年省委省政府决定将开封、安阳、鹤壁等 13 家城市商业银行以新设合并方式组建成为一家股权多元、独立经营、自负盈亏的现代化股份制商业银行。经中国银监会批准，中原银行于 2014 年 12 月 26 日正式开业。三年多来，中原银行在省委、省政府的领导下，在社会各界的支持帮助下，牢记使命、深化改革，坚持党建与业务并重，推进内部管理整合，努力化解资产质量、案件纠纷等历史包袱，积极应对经济下行、利率市场化和互联网金融冲击等多重挑战，以服务实体经济为己任，坚持风险防控，以创新引领转型发展，实现了持续稳定健康发展，成为金融豫军“领头羊”。2017 年 7 月 19 日，中原银行积极创造条件，成功在香港上市，踏上了新的发展征程。

中原银行实行“一级法人、统一领导、分级经营、授权管理”的经营管理模式。自成立以来，始终以“稳健、创新、进取、高效”的企业文化理念和市场化的经营理念为引领，坚持“传统业务做特色、创新业务找突破、未来银行求领先”三大战略，不断提高公司治理水平，着力推进业务结构、经营模式、体制机制改革创新，高起点建设信息科技系统，不断完善内控合规与风险管理体系，大力加强人才队伍建设，促进了业务经营快速稳健发展。在五大转型攻坚、“三区一群”等国家战略的指引下，结合河南省地区经济发展要求，提出“上网下乡”战略，以服务实体经济发展为核心，不断提升金融服务质效。

（一）合并重组的筹划与酝酿

作为中原地区的主体，一直以来，河南都是全国重要的经济文化中心，特别是近年来，随着国家粮食生产核心区、中原经济区和郑州航空港经济综合实验区等国家战略的实施，河南对大规模、多层次、多元化金融服务的需求与日俱增。但长期以来，河南都没有一家本土的省级商业银行。一方面，这与河南省的经济和金融发展不相称，金融对 GDP 的贡献度远低于全国平均水平，原有的 13 家省辖市城商行资产规模小、市场竞争力不强，对经济社会发展的支持力度有限；另一方面，原有城商行中有 5 家历史包袱长期未能得到有效处置，风险隐患较大。同时，放眼全国，在启动合并重组时，国内 31 个省级行政区（不含港澳台）中，已有 25 个省级行政区组建了 35 家全国性或区域性股份制商业银行，其中相当一部分是在城市商业银行整合基础上组建的。其他省份的经验已证明，以城市商业银行为基础组建的区域性股份制商业银行，能够较好地实现自身发展与经济社会发展的统一协调。因此，有效整合河南省内地方金融资源，组建一家资本实力和抗风险能力较强的区域性股份制商业银行，成为河南省优化金融资源配置、促进经济社会发展的必然选择。

（二）中原银行的组建历程

早在2006年，河南省政府就开始组织有关部门对城商行改革重组开展广泛调研。2012年5月，河南省政府金融服务（工作）办公室（简称“省金融办”）牵头，会同中国人民银行郑州中心支行（简称“人民银行郑州支行”）、中国银行业监督管理委员会河南监管分局（简称“河南银监局”）、财政厅、省政府研究室、省政府发展研究中心等部门共同赴安徽、湖北、湖南、山西、黑龙江等省开展专题调研，学习其他省份省级银行的组建经验。2013年6月26日，谢伏瞻省长（时任）主持召开组建省级银行工作会议，听取汇报组建省级银行相关工作，并研究组建方案、责任分工等事宜。至此，合并重组方案基本确定，中原银行组建工作即将拉开帷幕。

2013年8月5日，河南省政府召开第9次常务会议，审议通过了《河南省部分城市商业银行改革重组工作总体方案》，明确以开封、安阳、鹤壁等13家城商行为基础组建省级法人银行，正式启动了改革重组工作。8月9日，谢伏瞻省长（时任）召开13个省辖市市长改革重组动员会议，安排部署改革重组工作，强调改革重组五项纪律要求，统一思想认识。8月10日，省金融办、人民银行郑州支行、河南银监局召开13个省辖市城商行董事长座谈会。8月21日，李克常务副省长（时任）主持召开改革重组工作会议，听取河南省部分城商行改革重组工作情况汇报。会议研究了省政府金融办牵头起草的《河南省部分城商行改革重组工作方案》（草稿）和《河南省部分城商行改革重组总体方案》（草稿），并对城商行改革重组下一阶段工作进行了安排部署。12月9日，河南省部分城商行改革重组委员会成立会议召开。

2014年1月15日，河南省部分城商行改革重组工作领导小组办公室组织召开清产核资和资产评估项目开评标会议。经过评标委员会综合评审和13家城商行法人代表（或受委托人）投票表决，选定河南省部分城商行清产核资和资产评估项目的会计师事务所。同年2月10日，会计师事务所开始进驻12家城商行，开展清产核资和资产评估工作。6月14日，河南省部分城商行改革重组工作领导小组办公室召开5家城商行历史包袱处置工作座谈会，研究讨论城商行历史包袱处置具体工作。6月25日至8月4日，南阳银行、濮阳银行、信阳银行、新乡银行、安阳银行、周口银行、许昌银行、驻马店银行、开封市商业银行、鹤壁银行、三门峡银行、商丘银行、漯河银行13家城商行改革重组第二次董事会和股东大会会议全部召开完毕。8月28日，参与改革重组的13家城商行在《河南日报》刊登合并重组公告，宣布通过新设合并组建一家股份制商业银行。12月16日，中国银监会正式批准中原银行筹建。12月18日，中原银行召开成立大会，选举产生了中原银行第一届董事会、监事会，并分别召开董事会、监事会第一次会议，选举产生了董事长、监事长，聘任了行长等高级管理人员。12月23日，河南银监局正式批准中原银行开业，中原银行领取金融许可证、工商营业执照。12月26日，中原银行举行开业仪式，正式对外挂牌营业。至此，在反复论证、充分借鉴外省成功经验的基础上，河南省部分城商行改革重组按照依法合规、市场运作以及“做实做优资产，不把风险带入新的机构”“统筹兼顾相关地市政府、股东、高管人员、员工各方利益”等原则，经历了准备动员、清产核资、做实资产和股权折价、筹建开业四个阶段，历时一年四个月，最终圆满完成了组建任务。

中原银行的改革重组工作取得了诸多亮点：一是扎实开展清产核资和资产评估。通过公开选聘知名中介机构，按照“同一标准、同一时间、同一尺度”的原则，依法独立对13家城商行开展清产核资及资产评估，清产核资及资产评估结果的权威性和公允性获得了原13家城商行董事会和股东大会的顺利通过。二是创新处置思路，彻底化解历史包袱问题。按照“尊重历史、成本共担，新老股东和省市政府共同处置”的原则，通过市场化方式，以现金形式一次性买断历史包袱，实现了现金真实注入，获得中国银监会高度评价，成为全国城商行改制重组中处置历史包袱的一个样板。三是逆势完成增资扩股目标，合理搭建股权架构。在资本市场低迷的形势下，通过两次增资共募集股本50亿股，募集资金103.98亿元，大大增强了资本实力；同时遵循多方参与、适度集中、有效制衡的原则，设计了包含基础股东、主要股东、大股东三个层级在内的“天坛式”股权架构，进一步优化了股权结构。四是明确了市场化改革方向。河南省委、省政府深入贯彻党的十八大和十八届三中全会关于市场化改革的精神，要求中原银行建立市场化机制。九届河南省委第98次常委会形成了《关于中原银行市场化机制建设意见的决议》，明确了中原银行市场化的改革方向，包括治理结构的市场化、管理体制的市场化、去行政化和薪酬体系的市场化等，为中原银行发展奠定了良好基础，增添了无限活力。

（三）核心业务发展情况

自成立以来，中原银行坚持“贴近市民、服务小微、支持‘三农’，推进区域经济发展”的市场定位，紧紧围绕河南省六大国家战略，不断提升综合金融服务能力，切实履行好商业银行的社会责任，全力服务实体经济发展。

1. 加强银政合作

截至 2016 年 12 月末，中原银行先后与 16 个省辖市政府、10 个直管县政府签订合作协议，重点支持新型城镇化、综合交通、现代产业、支柱产业等重点领域和重点建设项目，三年内计划投放资金不低于 3000 亿元。积极响应国家建设新型城镇的号召，大力支持地方基础设施建设，通过在郑州、新乡、平顶山、许昌、安阳、洛阳、漯河等地设立新型城镇化发展基金、推进 PPP 业务模式等方式为城市基础设施建设、棚户区改造、城市环境治理等领域提供资金支持 189 亿元；推动设立 50 亿元河南省 PPP 基金、省投资集团 1000 亿元 PPP 基金、600 亿元河南现代服务业基金。

2. 拓宽融资渠道

截至 2016 年 12 月末，中原银行各项贷款余额 1611 亿元，较 2016 年初增加 262 亿元，同时，积极创新金融产品，不断拓宽企业融资渠道，通过直接融资、结构化融资、股权融资等多元化创新融资方式为省内企业提供融资支持 670 亿元。其中，以物业费收费权作为基础资产成功开展河南省首单物业费资产证券化业务，为企业开辟了新的融资渠道。在小微金融方面，中原银行充分发挥地缘优势和机制优势，逐步建立了一套符合小微企业特点的金融服务模式。截至 2016 年 12 月末，中原银行小微企业贷款余额 1004.03 亿元，较 2016 年初新增 199.55 亿元。通过优化小企业利率定价模式，实施科学合理的差别化、精细化定价，规范服务收费，实行减费让利政策，切实降低小微企业融资成本。

3. 完善市民银行

中原银行立足以人为本的发展理念，围绕客户日常生活、生产场景，打造线上线下服务。依托原有城商行较为完善的市民银行服务体系，不断丰富居家金融服务种类，持续向县域下延服务渠道的同时，强化线上渠道服务能力，形成了七大种类、六大渠道的市民银行体系，并以分类分级的产品树形式进行布局，丰富零售信贷产品体系，设计开发了“永续贷”“中原秒贷”“农贷 1+N”等产品，涵盖满足客户住、行、消费、经营等不同层次需求的贷款产品。中原银行将通过大数据分析，实现积分缴费的普惠服务以及线上信用融资服务。

4. 践行普惠金融

按照国务院《推进普惠金融发展规划（2016~2020 年）》要求，中原银行将进军农村市场纳入机构发展规划，并在商丘、驻马店试点乡镇支行，锁定“长尾客户”，以乡镇支行为抓手，大胆推进“上网下乡”战略，从而形成了以县域支行为新的战略中心的“县域支行+乡镇支行+助农取款点”的县乡村渠道体系，为传统业务求特色、机构战略转型和着力促进县域机构发展做出了有益探索。

（四）各项财务指标情况

截至2017年12月末，中原银行全行资产总额达到5125亿元，较成立之初翻了一番多，资产规模在全国城商行排名中由第20位上升到第14位；各项存款2985亿元，较成立之初增加84.5%；各项贷款1901亿元，较成立之初增加75.3%。在英国《银行家》公布的2017年全球1000家银行榜单中，中原银行一级资本总额位列全球第227名，在126家上榜的中资银行中排名第35位。在亚洲银行竞争力报告中，中原银行综合竞争力居全国城商行第7位。中原银行连续三年蝉联《金融时报》“年度十佳城市商业银行”，荣获（香港）中国证券“金紫荆奖”最具投资潜力上市公司、21世纪亚洲金融年会“年度卓越城商行”等称号。

三年多来中原银行实现了从无到有、从小到大的发展，业绩与品牌显著提升。一是机构体系建设完备。新设立郑州、洛阳、焦作、平顶山、济源5家分行，实现分支机构在河南省18个省辖市全覆盖。截至2017年7月末，拥有营业网点426家，员工1.2万余人。2016年底，经中国银监会批准设立了中原消费金融公司。此外，还在省内发起设立9家村镇银行。二是业务规模快速增长。中原银行作为河南省资产规模最大的法人金融机构，截至2017年7月末，资产总额达到4624亿元，较成立之初翻了一番多。各项存款2712亿元，较成立之初增加67.6%。各项贷款1825亿元，较成立之初增加68.2%。三是经营效益有效提升。2017年1~7月，实现营业净收入65.8亿元，同比增长8.9%；实现净利润19.2亿元，同比增长12.4%。成立以来，累计上缴税收81.39亿元。四是资产质量保持稳定。截至2017年7月末，全行资本充足率为11.71%，不良贷款率为1.86%，拨备覆盖率为205%，各项指标符合监管要求。五是品牌得到广泛认可。连续三年获得监管部门2C级监管评级，主体信用等级获得AAA级评级，跨入全国良好银行序列。被《金融时报》连续三年评为“年度十佳城市商业银行”，并荣获“最佳服务地方经济奖”“最佳服务实体经济银行奖”“最具贡献金融豫军”等。

2017年8月24日，中国银监会曹宇副主席来中原银行调研时表示，中原银行是中国银监会和河南省委、省政府共同努力推动金融改革的重大成果，他对中原银行成立以来的发展成绩给予了高度肯定。

（五）区域及行业影响力

中原银行牢记服务地方经济社会建设大局的重要使命，主动作为，创新服务，全力支持地方实体经济发展，赢得了广泛的社会赞誉。2015 年，中原银行先后被《金融时报》、中国社科学院金融研究所评为“2015 年度最佳城市商业银行”，被《当代金融家》杂志评为“最佳服务地方经济奖”，被人民日报社河南分社、河南大学、河南省银行业协会评为“最佳服务实体经济银行奖”，被《河南日报》评为“河南用户最满意金融机构”。2016 年以来，中原银行先后被《当代金融家》杂志评为“金口碑金融科技安全奖”，被河南省政府评为“金融支持河南经济发展优秀单位”。

（六）成功在香港上市

自成立伊始，中原银行就从战略层面对发展路径进行了科学合理的清晰规划，将重组整合、经营发展和发行上市三项任务相互统筹、共同推进。2016 年下半年，经过前期认真筹划和充分调研论证，中原银行启动了在香港 IPO 发行上市工作。面对重组时间短、历史遗留问题复杂、工作难度大的现实情况，中原银行制定了详细的上市工作方案，倒排工期、责任到人、扎实推进，有序开展各项工作。

主要工作包括：一是周密组织。认真进行调研论证，扎实开展前期准备工作，并积极向政府和监管部门汇报沟通，获得同意和支持。在此基础上，在行内成立领导小组，由董事长任组长、行长和监事长任副组长，将上市作为“一号工程”来抓。同时，建立起高效协同工作机制，实行“7×24 小时”全天候响应，确保总分支协调联动、部门间协调配合。二是有序推进。高效完成各项内部决策流程，组织召开股东大会、董事会、监事会等，顺利通过上市各项议案，依法依规履行公司治理程序。同时，按上市要求和市场惯例，通过招标等方式聘请保荐人、律师事务所、会计师事务所等 20 多家中介机构，为规范、有序开展工作奠定基础。三是夯实基础。严格按照上市标准逐户梳理核对，对全行 9881 户股东和 617 处自有房产集中开展股权确权与资产确权工作。同时，大力协调、稳步推进国有股转（减）持工作，派出专人逐户上门对接，推进转减持承诺函签署等事项，快速完成了 62 户国有股东的国有股转（减）持申报与批复。四是高效审批。对审批工作分条块、分层级认真梳理、同步推进，积极向有关部门汇报，加快各项审批流程。严格按照法律法规申请行政许可，顺利取得省政府 2 个支持性文件和银监部门 3 个批复文件，并高质量组织各类申报材料，通过了国务院国有资产监督管理委员会（简称“国资委”）、中国证监会非公部和国际部核准，为快速推进香港联交所审批赢得了宝贵时间。五是引进优质投资者。认真组织分析师大会、非交易路演、分析师路演、管理层全球路演等工作，并在香港举行新闻发布会、投资者午餐会、股评家晚宴等，积极向投资者推介中原银行。通过一系列扎实工作，全面展示了中原银行的良好投资价值和市场形象，成功引入中国民生投资集团、上海华信国际集团、中科创金融控股集团、北京凯恩博投资管理有限公司、Jane Street、Millenium 等一批国际和国内知名的优质投资者。

通过上述努力，中原银行高效完成财务审计、股权确权、国有股减持、法律、业务、第三方等各类尽职调查以及招股书撰写等诸多复杂工作，于 2017 年 4 月 18 日向香港联交所递交 A1 申请，6 月 22 日通过聆讯，7 月 11 日签署国际承销协议，7 月 18 日收到联交所同意中原银行上市的通知，7 月 19 日正式举行挂牌上市仪式。从递交 A1 申请到挂牌上市仅用时 3 个月，刷新了金融企业在香港联交所上市纪录。

此次，中原银行在香港联交所主板挂牌上市，使中原银行正式成为了全国第 9 家在香港上市的城市商业银行和河南省第三家在香港上市的金融企业，募集资金净额约 82 亿港元（“绿鞋”行使后），是 2017 年以来港股首发规模第二大企业，也是河南省所有在香港上市企业中募资金额第二大的 IPO 项目，同时创造了金融企业从成立运营到实现上市仅用时两年半的最快纪录，实现了具有里程碑意义的历史跨越。

中原银行成功在香港上市对于促进其自身发展和服务地方经济而言都有十分深远的战略意义，通过在香港上市，中原银行成功对接了国际资本市场并建立起顺畅的资本补充渠道，有助于增强资本实力、提高盈利能力和抗风险能力，有助于促进管理规范和透明，提升市场知名度与影响力，也有助于进一步壮大金融豫军，提升为河南省经济社会发展服务的能力。

三、与江苏银行的对比分析

（一）规模和增速

从规模和增速上看，江苏银行 2016 年末资产总额 1.60 万亿元，比 2015 年末增加 3079.59 亿元，增长 23.87%，其中本外币贷款余额 6493.80 亿元，比 2015 年末增加 875.96 亿元，增长 15.59%。负债总额 1.51 万亿元，比 2015 年末增加 2892.87 亿元，增长 23.62%，其中本外币存款余额 9074.12 亿元，比 2015 年末增加 1309.84 亿元，增长 16.87%。截至 2016 年 12 月末，中原银行资产总额 4326.03 亿元，较年初增加 1271.81 亿元，增幅达到 41.64%；自营存款余额 2453.53 亿元，较年初增加 399.82 亿元，增幅为 19.47%；各项贷款余额 1611 亿元，较年初增加 262 亿元，增幅为 19.5%。

江苏银行凭借先发优势，加上区域经济发达的有利土壤，在规模上领先中原银行，但是，中原银行相较于江苏银行，有着增速大、成长快的优势。

(二) 盈利能力

从盈利能力上来看，江苏银行 2016 年实现营业收入 313. 59 亿元，同比增长 11. 81%；扣非后净利润 105. 72 亿元，同比增长 11. 57%。

中原银行实现营业收入 110. 8 亿元，利润总额达到 44. 21 亿元，同比增加 3. 78 亿元，增幅达到 9. 34%，实现归属于母公司股东的净利润 33. 8 亿元，同比增长 3. 68 亿元，增幅为 12. 29%。

利润总额跟规模息息相关，因此相比江苏银行，中原银行的利润总额仍有较大的追赶空间。江苏银行的总利润增速略高于中原银行，而净利润增速则低于中原银行。

中原银行 2016 年推进机制落地，理顺经营秩序，推动条线建设，加强营销管理，强化战略执行，布局上网下乡，进一步提升了经营能力与盈利水平。一方面，中原银行积极响应支持中小企业的宏观指导方向，无论对私还是对公，都更关注长尾客户，以提高中原银行的持续增收能力。另一方面，中原银行积极发展普惠金融和绿色金融，提前布局未来发展着力点，关注可持续发展，践行金融支持实体的同时，也为自身的发展打下良好的基础。

(三) 资产质量

从资产质量上来看，江苏银行 2016 年的资产质量保持平稳状态，不良率与年初持平。2016 年末不良贷款余额 93. 18 亿元，比 2015 年末增加 13. 03 亿元；不良贷款率为 1. 43%，与年初持平，低于行业平均水平。关注类贷款总额 195. 42 亿元，较年初增加 20. 14 亿元，关注贷款比例为 3. 01%，较年初下降了 0. 11 个百分点。第四季度不良率为 1. 43%，环比持平；关注类贷款比例为 3. 01%，环比上升 5bp；逾期率为 2. 28%，比年初下降 41bp。2016 年不良净生成率为 1. 1%，同比增加 15bp；2016 年不良核销率为 60. 6%，较 2015 年增加 14. 0%。不良认定趋严：逾期 90 天以上不良占比 142. 36%，较年初下降 11%。

中原银行 2016 年不良贷款率为 1. 86%，较 2015 年的 1. 95%下降 0. 09 个百分点，拨贷比为 3. 72%，拨备覆盖率为 198. 75%。

2016 年，中原银行大力开展降旧控新工作，进一步完善风控体系，强调业务规模、盈利水平和风险承担相匹配，努力实现从控制风险到经营风险的转变。通过健全风险管理机构，制定风险偏好指引和信贷政策指引，动态调整差异化授权，实施分层审批，通过建立“一揽子”风险管理流程，使得风险管理能力进一步提升。中原银行通过对大数据和云计算的应用，利用金融科技加强风险控制，力图进一步降低不良率和不良资产，提升其资产质量。

（四）收入结构

从收入结构上来看，江苏银行非息收入快速上涨，占比大幅提升。营收方面，2016 年公司实现利息净收入 252.45 亿元，同比增长 5.31%，主要归功于生息资产规模上升；非息收入 61.14 亿元，同比增长 50.01%，占比由 2015 年的 14.53%快速上升至 19.50%。其中，手续费及佣金净收入 58.22 亿元，同比增长 49.30%，主要来自代理手续费和银行卡手续费收入的增加。手续费保持高速增长：2016 年半年度、前三季度和全年度手续费同比增长 76.6%、61.5%和 49.0%，由于季节性因素，净手续费环比下降 6.8%。增长较快的是代理业务和信用卡：2016 年代理服务、信用卡在手续费中的占比分别为 60%、15%，同比增加 80%、61%。净非息收入同比大幅增长 50.1%，公允价值变动贡献较大，由年初的 600 万元增至 6.03 亿元。

中原银行 2016 年实现净利息收入 112 亿元，较 2015 年增加 6.5 亿元，实现增幅 6.21%，手续费及佣金净收入 4.5 亿元，较 2015 年增加 3.1 亿元，实现增幅 232.93%。

尽管中原银行 2016 年手续费及佣金收入大幅度提升，但是占比只有 3.86%，非利息收入占比不足 4%，因此相比江苏银行，还有一定差距。中原银行 2016 年投资收益为 0.66 亿元，公允价值变动损益为-1.3 亿元，合起来是负值，这跟 2016 年末的债市大熊有较大关系。江苏银行 2016 年投行资管业务进展显著，有助于经营模式的改善。投行资管业务实现收入 36.7 亿元，增长 92%，实现各类资产投放 1843.26 亿元，是 2015 年的近三倍；报告期末理财资产余额 3476.97 亿元，较年初增长 50.78%。

整体来讲，中原银行的资产规模还需进一步提升，盈利能力尚可，资产质量有待提升，业务模式偏向传统，收入结构需要进一步转型。目前，中原银行除了布局“上网下乡”的战略外，对公条线还向着“交易银行+投资银行”的模式转型，为未来提高中间业务收入打下坚实的基础，也为应对银行业的转型提前布局。

四、当前发展过程中的优劣势分析

（一）发展环境的优劣势分析

当前河南省地域经济发展呈现出许多新的特点：从消费需求看，个性化、多样化消费渐成主流；从投资需求看，传统高能耗产业已经饱和，新商业模式如电商、物联网、大数据等投资机会大量涌现；从生产要素相对优势看，伴随人口老龄化日趋发展，农村富余劳动力减少，创新已成为驱动发展的新引擎；从市场竞争特点看，过去主要是数量扩张和价格竞争，现在正逐步转向质量型、差异化为主的竞争；从经济风险积累和化解看，伴随着经济增速下调，各类隐性风险逐步显性化，化解以高杠杆和泡沫化为主要特征的各类风险将持续一段时期；从资源配置模式和宏观调控方式看，全面刺激政策的边际效果明显递减，要全面化解产能过剩，就必须全面把握总供求关系的新变化，科学地进行宏观调控；从资源环境约束看，过去能源资源和生态环境空间相对较大，现在环境承载能力已经达到或接近上限，推动绿色低碳循环发展新方式的需求变得十分迫切。

（二）自身的优劣势分析

中原银行自诞生之日起就有一些得天独厚的优势。

首先，中原银行按照河南省委要求，不断深化改革，使企业成为真正的市场主体。一是推进产权多元化改革。在原有城商行资本结构上，积极引进战略投资者，经过两次增资扩股，形成基础股东、主要股东、大股东“天坛式”股权结构，以资本为纽带，实现国有与民营资本融合、混合所有的多元产权格局，确保市场化方向，保证平稳健康发展。截至 2017 年 8 月末，全行实收资本 200.75 亿元。持股股东中，国家股及国有成分法人股占比 26.16%，民营法人、自然人股及 H 股合计占比 73.84%。二是健全法人治理结构。构建了“三会一层”构架，即股东大会、董事会、监事会、高级管理层，建立了独立董事和外部监事制度，制定了完善的议事规则制度体系，建立了良好的内控治理机制，形成了有效制衡、运转高效的现代企业制度，大大提高了资源配置的效率。三是确立市场化用人机制。按照职业经理人制度要求，采取市场化的方式选聘高管层。将去行政化写入公司章程，全行干部不设行政级别，实行用人选人市场化，考核激励科学化，形成了“干部能上能下、收入能高能低、人员能进能出”的市场化机制。

其次，中原银行坚持贴近河南省情，将服务地方经济社会作为发展核心和立身之本。一是明确发展战略。确立了“传统业务做特色，创新业务找突破，未来银行求领先”的三大发展战略，围绕“上网下乡”强化战略落实，贴近政府与市民、服务小微、支持“三农”，深耕河南，辐射全国，不断提升服务实体经济能力，谋求从传统银行向未来银行转型，努力实现从行业“跟跑者”向“领跑者”跨越。二是全力服务实体经济。持续优化信贷结构，支持河南省经济转型和供结侧结构性改革，2017 年 1~7 月，累计为实体经济提供资金支持 1760 亿元。对接国家重大战略，紧密跟踪服务“一带一路”建设、“三区一群”等在河南省落地实施。深化与地方政府合作，与部分省直厅局和河南省 18 个省辖市政府签订战略合作协议，为产业调整、国企改革、城镇化建设等重点领域提供资金保障。提升民生保障和消费升级领域信贷支持，信用卡资质申请获批，中原消费金融公司成立仅 8 个月就为 72 万人提供资金 26.8 亿元。三是积极践行普惠金融。推动惠农业务下沉，设立 10 家试点乡镇支行，在河南省 1282 个村庄设立惠农服务点，填补农村金融服务空白，打通金融服务“最后一公里”。截至 2017 年 7 月末，涉农贷款余额 508 亿元，较年初新增 81 亿元，增幅为 19%。创新金融扶贫模式，探索开发金融扶贫产品，在河南省率先投放光伏扶贫贷款，与孟加拉格莱珉银行合作并引进国际先进经验，助推扶贫攻坚。扶持小微企业，截至 2017 年 7 月末，小微企业贷款余额 924 亿元，位居河南省第一，贷款户数近 4 万户，申贷获得率为 93.4%。

最后，作为河南省重要的区域性银行，中原银行着力坚守风险底线，严控区域性金融风险，维护金融稳定。一是切实提升风险防控能力。构建监测、预警、处置、监督和追责机制的规范化、稳健型风险管理体系，持续提高风险早识别、早预警、早处置的能力。作为主牵头行联合省内 5 家城商行建立流动性互助机制，提高区域流动性风险管理能力。二是加大风险化解力度。强力推动不良贷款“降旧控新”，实行银行领导分片包干、实地走访、进度督导、问责质询，采取清收、转让、重组、核销等多种措施，有效化解存量不良资产。严格落实信贷管理制度和责任，确保新发放贷款质量，中原银行成立后新发生贷款不良率仅 0.42%。三是扎实开展内控建设。强化合规管理长效机制建设，紧盯关键制度、关键岗位和关键人员，严格执行员工家访制度，加强对合规性和重要风险点的审计、检查，坚持监管问责到位，持续保持高压态势，树立自觉合规导向。

但是，中原银行因为历史原因也存在一定的劣势，一方面，老中原银行存在的部分历史包袱至今还有影响，对于其资产的不良累积有着不好的影响。另一方面，人员素质参差不齐，整体员工素养和能力有待提高。用人机制不尽完善，大部分引进的中、高层管理人员集中在总行或分行，造成支行基层员工综合素质偏低，人员流动性较大。此外，由于引进的中、高层人员在原工作单位工作的时间一般都比较长，在拥有经验的同时也积淀了原有企业浓厚的文化和工作作风。如何消除不同企业背景下的文化理念冲突，实现新环境下的企业文化融合，提高企业员工工作效率与凝聚力，也成为摆在中原银行面前的一个难题。

（三）面临的挑战与机遇

在经济变革的浪潮下，特别是处于转型期，中原银行作为中小银行面临诸多挑战：一是银行业的利润下降明显，以往高速增长所依赖的宏观经济环境不复存在；二是随着利率市场化改革的持续深入，存贷款业务利息差持续收窄，吸存放贷的盈利模式难以为继；三是近年来信用风险持续积累，不良资产进入集中暴露期，去杠杆的压力巨大；四是银行业监管日趋严格，随着《巴塞尔协议Ⅲ》的全面推行，监管对于资本充足性、资本质量等的要求不断提高；五是金融“脱媒”趋势加剧，不断挤占银行的市场份额，传统银行业以融资为主导的业务模式、市场份额面临很大威胁，银行存在被“边缘化”的可能。

当然，机遇往往与挑战并存，在巨大的挑战背后，发展中面临的机遇绝对不容忽视。尤其是随着互联网、物联网的不断成熟和发展，随着云计算、大数据等金融科技的广泛应用，新技术、新理念正在改变社会运行的一些底层规则。基于此，互联网带来低成本的交互，使高效的大规模聚合成为可能，新商业模式和机遇自然会显现，从而为中小银行发展提供新的战略机遇。对于未来银行来讲，基于社交的销售成本也可能趋零，以协同共享为基础的交换成本同样有可能趋零，体验经济、共享经济等新模式的迅速崛起正是得益于此。这些机遇对于中小银行来讲意义尤其明显，在未来银行领域，中小银行完全可以利用后发优势，借助新技术的应用和新商业模式的创新来颠覆传统银行模式，实现发展上的跨越和赶超。

综上所述，对于中小银行来讲，虽然转型期面临诸多不确定性、不明朗性，但是转型过程中所蕴藏的机遇不容忽视，如果哪家中小银行能够准确把握这一机遇，充分理解并利用好新技术提供的便利条件，那么，这家银行就很有可能打破壁垒，实现弯道超车，成为这一轮转型发展的真正赢家。

五、中原银行的发展战略

经济的转型必然孕育着行业的洗牌与变革，尤其是在严重同质化的前提下，走差异化、特色化发展道路成为了中原银行战略转型与长足发展的必然要求。在发展战略方面，中原银行提出了“传统业务做特色、创新业务找突破、未来业务求领先”三大战略，探索区域性银行的转型发展之路。

（一）精转型：抓住区域优势

地域资源优势一直是区域性银行发展过程中的最大筹码。区域性银行往往有当地政府的鼎力支持、有良好的客户基础、有当地百姓的情感共鸣，因此区域性银行应综合利用自身这些优势，扬长避短、因地制宜，长期专注于地区的经济发展，依托地区特色，深入挖掘客户需求，积极探索特色业务，这样才能真正形成自己独具魅力的竞争优势，才能真正形成“进入壁垒”，才能在大浪淘沙的金融市场中立于不败之地。河南省作为一个人口大省，人口基础决定了消费金融市场巨大。同时，作为龙头产业的食品加工业，长期在河南省六大高成长性产业中居首位。近年来，食品加工业增加值占规模以上工业增加值比重已升至15.7%，其中以双汇和三全为代表的冷冻食品加工行业在全国具有独特发展优势。将这些企业作为重点发展客群，认真分析其经营行为特点，为其提供专属金融服务解决方案，与企业互融共生，就能形成独特的竞争力。这是中原银行抓住区域优势转型发展的一个例证。

（二）勤创新：打造智慧银行

目前，国内几乎所有的传统银行都是以产品为中心布局的系统和网点，而新型的互联网金融机构则是注重客户体验，以客户为中心设计产品和服务方式。作为客户来说，哪里的服务更为舒适、便捷，哪里就是自己解决金融需求的第一选择。区域性银行想要吸引客户，增强客户黏性，就必须使自己的网点更加智能化、产品更加智能化、服务更加智能化，做智慧银行。智慧银行是指运用先进技术成果和银行经营管理经验，高效配置资源、敏锐洞察引领客户需求，并做出灵活快速反应的一种高度智能化的金融商业形态，其核心是做好数据管理，优势是渠道建设与客户管理的双重智能化。在金融大数据时代，商业银行之间的竞争将在网络信息平台上全面展开，说到底就是“数据为王”。谁掌握了数据，谁就拥有风险定价能力，谁就可以获得高额的风险收益，最终赢得竞争优势。

在智慧银行的发展层面，中原银行抓住机遇发挥自身优势，切实提高自己在大数据挖掘和智慧银行发展方面的硬实力和软实力。一是加大技术研发投入，真正运用好“大数据”。中原银行把各行以及各种线上线下的服务渠道整合起来建立客户数据库。通过对大数据进行分析，实现对客户的细分和价值精准判断，提供精准的服务。通过大数据来实现对客户的画像，确定是否符合我们的客户定位及风控要求。二是加强内部统一平台建设，增强客户体验。首先是科技创新深度融合，中原银行用互联网思维、互联网精神、互联网方法来开发新产品，实现线上融资，比如中原银行的直销银行，以及中原银行开发的“永续贷”产品，实现了客户坐在家里就可以申请贷款，随时随地都可以接到中原银行客服的电话，中原银行随时随地都可以给客户做一些线上的业务。树立以客户为中心的理念，通过内部各个渠道的整合，真正实现客户一点接入，全渠道响应，让客户在各个渠道都能体验到最好的服务，需求得到最大的满足。

（三）深挖潜：瞄准农村市场和空白城市

瞄准农村就是做普惠金融，开拓农村蓝海市场。将业务发展延伸到广阔的农村市场中去，这是中原银行的社会责任和使命，同时中原银行也具备独特的自身优势。

商业银行需要根据城乡金融生态环境的差异采取不同的物理网点布局策略。一方面，我国金融服务可得性具有典型的城乡二元特点，突出表现为县域和农村地区金融服务的可得性较低。另一方面，城乡居民文化水平的差异、金融业务办理频率的差异、对金融知识了解程度的差异，决定了电子渠道对物理网点渠道的替代性在城乡之间有差异，突出表现为城市地区电子渠道对物理网点渠道的替代性较高，而县域和农村地区较低。在县域和农村地区，中原银行选择通过物理渠道的下沉，通过网点与电子渠道的有机结合，拓展县域及县域以下市场，解决这些地区金融服务可得性较低和电子渠道不畅等问题。

其实，巨大的农村市场有巨大的发展机遇。银行以前多专注于传统“二八法则”中的“二”的部分，现在中小银行可以更加关注其中“八”的部分，使这部分人成长富裕起来，才是真正的普惠金融。比如，河南作为一个人口大省，共有 18 个省辖市，106 个县市，1821 个乡镇，46938 个村。假如银行进驻 10% 的村，就有可能拥有 500 多万农村客户，庞大的人口数量，特别是农业人口数量，意味着庞大的金融需求。伴随城镇化水平的不断提高，农村的劳动力大量转移向城市已成必然，这些新增的城市人口将带动如地产、医疗、汽车等行业的稳步发展，提前将他们发展为客户意义重大，因此农村市场可以是中原银行未来的主攻方向。特别是随着土地使用权抵押、林权抵押的进一步放开，中原银行作为区域性商业银行，可以结合河南省农业大省、农村大省、农民大省的核心优势，将业务发展的重点放在广阔的农村市场，这样才能实现银行和农村、农民的互利共赢。在普惠方面，中原银行下大功夫，一方面，中原银行设立了惠农金融部，另一方面，中原银行与孟加拉格莱珉银行合作在兰考县设立中原格莱珉银行，目的就是一定要把老百姓基本的金融需求解决好。

同时，对于组建之前 13 家城商行未覆盖的城市，中原银行进行积极的挖掘。之前存在空白的城市，目前中原银行大部分已经成功新设分行，比如郑州、洛阳、焦作和济源。分支机构设立是实现中原银行战略目标、完善区域布局的重要保障，是中原银行实现河南省辖市网点全覆盖的重要战略环节。

（四）紧抱团：促进战略合作

对外积极推动中小银行战略联盟建设。作为中小银行，共同打造战略合作平台已成必然趋势，可以在竞争越发激烈的金融市场中实现降低成本、短板互补、人才交流、地域延伸等一系列单打独斗所不具备的优势。中原银行自成立之初就对战略合作平台的搭建充满热情，在“公平、共建、共赢”的基础上有极高意愿与各中小银行展开积极合作。区域性商业银行可以在“商业模式+平台”的合作模式基础上，建立起相同或相似类型、区域内合作、基于投资银行等某项具体业务的不同类型的战略联盟，最后形成一个整体“参与度高、数据量大、辐射面广”的战略合作平台，提高联盟内各行的经营效率。

积极推动与政府、中介机构和高校科研的合作。区域性银行受地域、资金、人才等因素的限制，研发能力相对有限，更需借助政府、研究机构、高校的智力资源合作发展，通过合作弥补银行数据、科研上的缺失，银行也可帮助对方解决资金平台、人才交流等相关问题，从而实现共赢。

（五）重战略：助力科技立行

互联网改变了银行服务模式，拓宽了银行发展空间。中原银行坚持“科技立行、科技兴行”，把金融科技作为突破方向，积极探索数据银行、科技银行转型发展道路。一是夯实基础。在筹建之初即启动科技规划和数据大集中项目，历时18个月新建了一套满足商业银行经营管理需要、能够支持银行中长期发展的基础骨干IT系统群，并实现13家分行新老系统切换，在业内创造了同步建设系统最多、整合时间最短的纪录，为实现全行业务的集约化运营管理奠定了基础。二是强化保障。科技经费投入逐年增加，科技基础设施建设稳步推进。在郑州、上海搭建了数据和容灾备份“两地三中心”，确保业务连续运营。占地面积55亩、建设面积16万平方米的科技中心建设正在加速推进。三是加强研发。启动大数据平台建设，明晰了风险控制、精准营销、客户画像、精细化管理等开发方向，与华为、清华大学等联合开展大数据联合应用创新、区块链技术等研究。四是创新应用。手机银行不断迭代更新，部分功能处于行业领先地位。直销银行、信用卡、消费金融等领域充分运用大数据、人工智能等技术，实现业务在线申请、自动审批。在业内创新住房抵押个人贷款新模式，开发线上金融产品“永续贷”，上线近10个月为省内外1.3万客户提供信贷资金125亿元，并获得“中国金融行业最佳创新项目奖”。

（六）引人才：打造一流团队

落实人才强省战略，大力吸引和聚集高端专业技术人才，尽快改变成立之初员工整体学历偏低、年龄偏大的局面，构建河南省金融人才高地。一是引进高端人才。通过社会招聘、同业引进，先后从美联储、花旗银行、腾讯、阿里等中外知名金融机构和互联网企业引进高素质专业技术人才100余人，引进国内领军企业核心专业人才组建了投资银行、直销银行、消费金融公司团队，一大批北、上、广、深金融人才扎根中原，为中原银行创新业务的快速发展提供了保障。二是招聘优秀毕业生。每年面向全球前 200 名高校和国内“985”院校开展校园招聘，累计新引进优秀毕业生 2000 余名，为企业健康持续发展注入大量新鲜血液。三是建立梯次化培训体系。通过不断完善高管人员“领航”、中层人员“远航”和新进人员“启航”的分层人才培训体系，选拔优秀年轻后备干部开展“特种部队”培养计划，充实县域一线管理岗位等多种途径，建设梯次化人才队伍。四是加强人力资源开发利用。加大对老员工转岗分流、岗位培训力度，坚持“以人为本，业绩导向”的理念，充分挖掘人员潜能，激发工作热情，努力将“人多包袱”转变为“人才财富”。

（七）做特色：结合本土需求

中原银行专攻一些领域，力争做出自己的特色，避免同质化，但也不一味地追求综合化发展。中原银行一直以来就是针对当地的金融需求，打造特色服务，以特色化带动全行发展。基于“贴近市民、服务小微、支持‘三农’，推进区域经济发展”的市场定位，立足河南，深化与地方政府的合作，加大对中小微企业的支持力度，发展市民银行。深耕农村金融，加快实现县域、乡镇、农村的渠道体系全覆盖，争取在河南省 2000 人以上的村庄全部布设惠农服务点。大力开展精准扶贫，加快推进中原—格莱珉精准扶贫国际合作项目，服务河南省建设全面小康目标。

围绕省委决策和河南省一系列国家战略的部署实施，将有限的资源专注在擅长的领域，配置在当地供给侧结构性改革的重要部位，促进地方经济转型、推动地方产业结构升级，实现自身经营质效提高与地方经济转型升级的良性互动。结合互联网发展趋势，不断完善科技信息系统，大力发展移动金融、线上金融，在机制、队伍、制度、流程、风险管理上统筹安排，加快推进手机银行、投资银行、交易银行建设，围绕未来银行的战略定位，加强互联网金融发展研究，加大与互联网企业的合作，谋求由传统银行向未来银行的跨越，实现从“跟跑者”向“领跑者”的转变。

六、政策建议

建议要紧抓宏观机遇期，从战略高度推动金融豫军的快速发展。

（一）强化政策指引

建议从省级层面制定扶持金融豫军发展的政策，推动本土企业与本土金融机构合作，同时在机构的设立、人才引进、业务开展、金融创新等多方面提供配套支持政策，为金融豫军的做大做强提供条件。

（二）优化地区金融生态

继续强化社会信用体系建设，打击金融违法犯罪活动，优化金融司法环境，继续提高执行效率，维护金融豫军的合法权益。

（三）支持中原银行综合化经营

支持中原银行成为综合化金融服务集团，在金融租赁、债转股实施机构、投贷联动试点等方面加大申请牌照支持力度，支持中原银行的发展战略，鼓励中原银行在县域设立机构为中原百姓提供更好的金融服务。

（本章作者为中原银行课题组）

中原证券：打造现代化国际化大型金控集团

摘要：为了深入贯彻党的十九大报告中关于“深化金融体制改革，增强金融服务实体经济能力，提高直接融资比重，促进多层次资本市场健康发展”的战略部署，中原证券组建了以董事长牵头、研究所等部门参与的“做大做强中原证券”课题组。课题组深入公司各业务板块调研，结合海内外证券行业发展趋势及现状，剖析了公司发展中存在的问题，并根据公司打造现代化、国际化大型金融控股集团战略发展目标，提出相关思路与建议。

一、做大做强中原证券的战略意义

从我国当前政策目标、金融市场发展需求、经济转型发展需要等方面来看，做大做强中原证券对于实现河南省经济发展目标具有重要的战略意义。

（一）践行党的十九大等会议精神，引导企业优化融资结构

我国的企业融资渠道主要有以银行贷款为代表的间接融资以及以企业直接发行债券或股票为代表的直接融资，但是，企业间接融资比重过高会导致金融风险过于集中、系统性风险较高及资金配置效率低下等问题。当前我国直接融资比重仅30%左右，而美国直接融资市场占比高达70%，我国企业融资结构亟待优化，直接融资比重过低问题也有待解决。

鉴于此，习总书记在十九大报告中明确指出，要“增强金融服务实体经济能力，提高直接融资比重”。此前的2017年第五次金融工作会议上，习总书记也提出：“要把发展直接融资放在重要位置，形成融资功能完备、基础制度扎实、市场监管有效、投资者合法权益得到有效保护的多层次资本市场体系。”因此，国家大力发展直接融资的政策导向是一脉相承的，直接融资必将成为中国金融业未来发展的重要方向。证券公司可以提供包括股票、债券等在内的直接融资渠道服务，引导企业优化融资结构，降低经济运行的系统性风险，使金融业真正成为实

体经济发展的坚强后盾。因此，践行党的十九大等会议精神，做大做强中原证券，是河南省提高直接融资比重的必然选择。

（二）顺应多层次资本市场发展趋势，完善河南金融生态圈

在资本市场上，不同的投资者和融资者存在着对金融服务的规模、成本的需求差异。习总书记在 2017 年 4 月召开的中央政治局会议上明确提出："要为实体经济发展创造良好金融环境，疏通金融进入实体经济的渠道，积极规范发展多层次资本市场，扩大直接融资，加强信贷政策指引，鼓励金融机构加大对先进制造业等领域的资金支持，推进供给侧结构性改革。"

截至 2017 年 12 月底，沪深两市共有上市公司 3485 家，1~12 月累计筹资总额达 1.72 万亿元；新三板挂牌公司总数为 11617 家；区域性股权市场挂牌公司总数达 68078 家，我国初步建成了包括主板、创业板、新三板和区域股权交易市场等不同板块在内的多层次资本市场，股权交易基础无论是规模还是细分水平都有了明显的进步，可以满足企业不同层次的融资需求，并提供相应服务。

无论是政策主观推动，还是经济客观发展需要，我国多层次资本市场都将进一步完善和发展，并逐步形成一级和二级市场、不同层次资本市场之间联动的局面，以及银行、券商、基金、保险和信托等多种金融机构充分协同发展的崭新金融生态圈。其中，券商由于具有包括经纪、投行等在内的众多业务职能，可以提供基础性综合性的金融服务，在现代金融业态中扮演着不可替代的角色。因此，拥有一个强大的本地券商机构将对区域经济发展起到重要的作用。

河南省 2017 年经济总量为 4.49 万亿元，占全国 GDP 比重为 5.43%，稳居全国第五位。然而截至 2017 年底，河南省上市公司共计 78 家，1~12 月 A 股筹资额总计 382.82 亿元，在全国占比分别为 2.24%和 2.22%；新三板挂牌公司共计 377 家，在全国占比为 3.24%；在区域性股权交易中心挂牌共计 3343 家，在全国占比为 4.23%（见表 1）。

表 1　2017 年全年河南省企业在不同层次资本市场挂牌情况

单位：家，%

多层次资本市场	河南省挂牌家数	全国挂牌家数	占比
主板	78	3467	2.24
新三板	377	11630	3.24

续表

多层次资本市场	河南省挂牌家数	全国挂牌家数	占比
区域性股权交易中心	3343	79009	4.23

资料来源：Wind。

显然，河南省目前金融发展程度与其经济地位是极不相称的。河南省金融业规模亟待快速扩张，金融业内涵亟待丰富和完善。打造一个发达的本地金融生态圈，应当作为未来河南省经济发展的基础性工程来抓。因此，瞄准全国金融业发展制高点，充分利用多层次资本市场的发展契机，发展和壮大中原证券，是完成未来区域经济发展战略目标中至关重要的一环，有利于完善河南金融生态圈。

（三）促进省内小微企业发展，助力新兴产业崛起

发展和完善金融行业，是扶持小微企业发展的重要环节，也是我国新兴产业发展成败的关键因素之一。2017 年全国金融工作会议提出金融要拓宽渠道，助力中小微企业融资。新金融平台的建立为中小微企业的直接融资起到了积极的推动作用。如普惠金融体系借助科技公司的力量，通过大数据、云计算、区块链等技术缩短资金融通时间，扩展资金流动的空间和数量边界，将服务对象识别为更为细分的目标群体，为新兴产业发展提供更为精准和便捷的资金和技术支持。

因此，发展中原证券一方面可以打造一个区域性的新金融发展平台，为小微企业发展提供通道服务；另一方面利用中原证券下属的中原小贷公司、中州蓝海投资公司和中鼎开源创投公司及管理的产业投资基金等，可以直接帮助小微企业解决融资问题，多管齐下形成资本市场与小微企业的良好互动局面，助力河南省新兴产业的快速崛起和经济持续快速发展。

（四）降低实体企业融资成本，提高区域资源配置效率

多年来，由于缺乏健全的金融市场结构，我国资本市场容易出现区域割裂、信息不对称、运行成本过高、风险集中和资源配置效率低下等问题。针对这一问题，第五次全国金融工作会议提出“要完善金融市场结构，要坚持质量优先，引导金融业发展同经济社会发展相协调，促进融资便利化、降低实体经济成本、提高资源配置效率、保障风险可控”。

证券行业作为金融行业的重要组成部分，具备强大的信息匹配功能，能够充分利用多层次资本市场的价值发现功能，充分发挥市场机制在资源配置中的作用，解决信息不对称等问题，使资源由效益低的企业流向效益高的企业，实现资源的再分配。

因此，发展中原证券除了可以有机地整合河南省内主板、新三板和区域股权交易中心的挂牌上市公司等优质资源之外，还可以利用本地券商独有的信息和资源优势，充分发掘河南省潜在的股权交易需求，进一步提高资源配置效率，为区域经济建设做出贡献。

二、证券行业经营现状

我国证券行业起步较晚，发展时间不长，却取得了令人注目的成就。当前证券行业继续呈现出资产规模不断扩大、盈利水平不断上升、对外开放程度不断提高、人才队伍建设不断加强等良好的发展态势，但同时也存在着业务结构尚需优化、抗风险能力较差等亟待解决的问题。

（一）证券行业整体发展迅速，盈利能力不断增强

进入21世纪以来，不到20年时间里，我国股票市场发生了翻天覆地的变化。2000年底我国上市公司仅1088家，总市值仅4.81万亿元；2017年末上市公司已经达到了3485家，总市值为56.7万亿元，成为仅次于美国的全球第二大股票市场（见图1）。

伴随资本市场的快速发展，我国证券业也日新月异。尤其是2014年5月国务院发布了《关于进一步促进资本市场健康发展的若干意见》，更令证券行业发展驶入了快车道。2012~2017年，我国证券公司从109家增长到131家，证券行业整体营业收入从1295亿元增长到3113亿元，净利润从329亿元增长到1130亿元，年均增速分别为26.16%和39.14%，均显著高于我国GDP的年均增速。盈利能力不断增强的同时，我国证券行业的资本实力也在进一步壮大。2012~2017年，行业总资产规模从1.72万亿元扩张到了6.14万亿元，净资本规模从4971亿元增长到了1.58万亿元，净资产同步增长，从6943亿元增长到了1.85万亿元。年均增速分别达到35.14%和31.13%。证券行业已成为我国资本市场的重要组成部分（见图2~图5）。

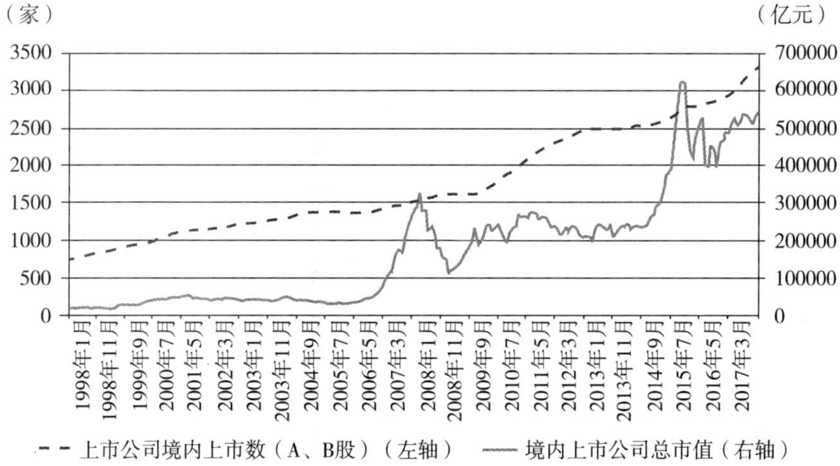

图 1 境内上市公司家数和总市值规模变化

资料来源：Wind。

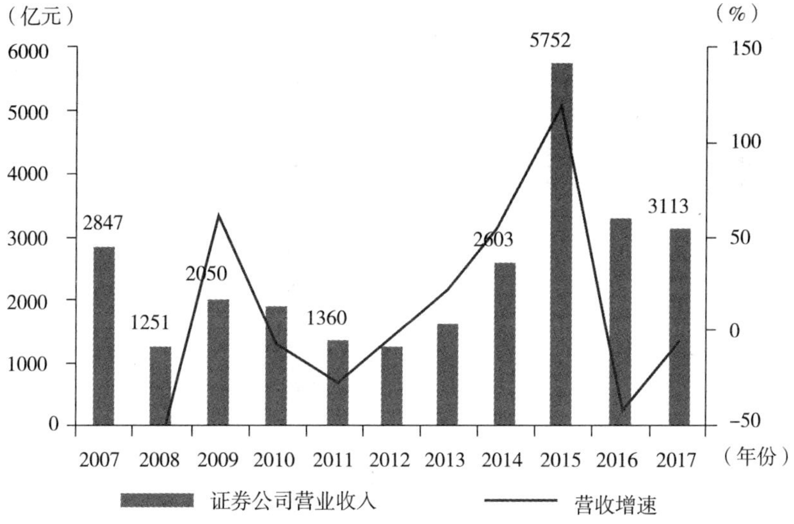

图 2 2007~2017 年证券行业总营收变化情况

资料来源：中国证券业协会。

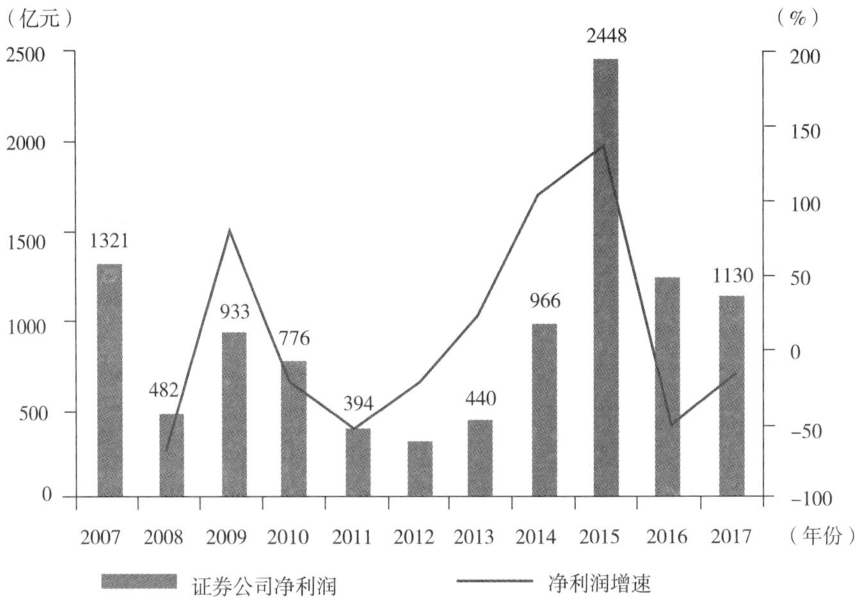

图 3　2007~2017 年证券行业净利润变化情况

资料来源：中国证券业协会。

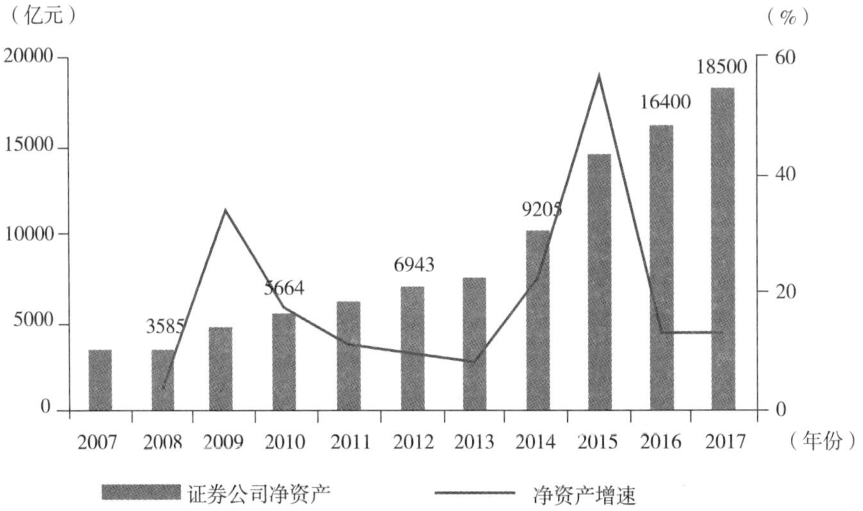

图 4　2007~2017 年证券行业净资产变化情况

资料来源：中国证券业协会。

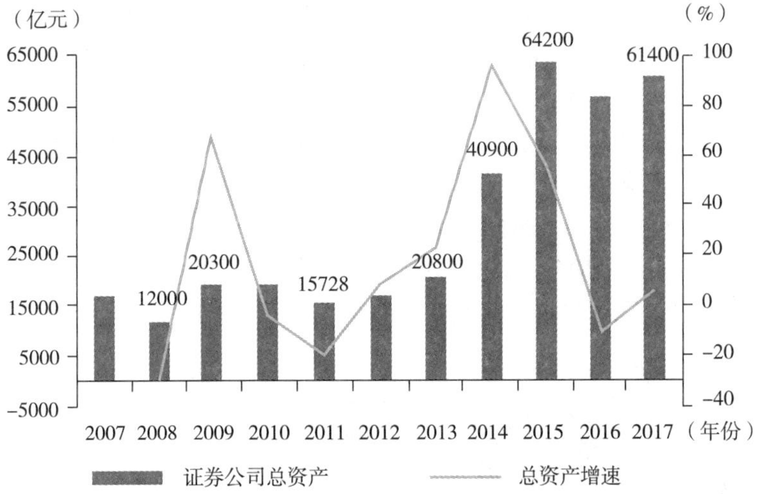

图 5　2007~2017 年证券行业总资产变化情况

资料来源：中国证券业协会。

（二）业务结构趋于多元，但相比海外同行仍有较大提升空间

伴随着规模扩张，我国证券行业的业务结构和收入结构也呈现出多元化趋势。2011 年我国证券业收入结构仍较为单一，主要构成为传统的经纪业务和投行业务，其在总收入中的占比分别为 50% 和 20% 左右；2017 年底我国证券行业已经形成涵盖经纪、投行、资管、自营、两融在内的多元化业务架构，其占总收入比重分别为 26%、34%、10%、28%、11%，传统业务与新兴业务并举，业务结构趋于多元，收入结构趋于均衡（见图 6）。

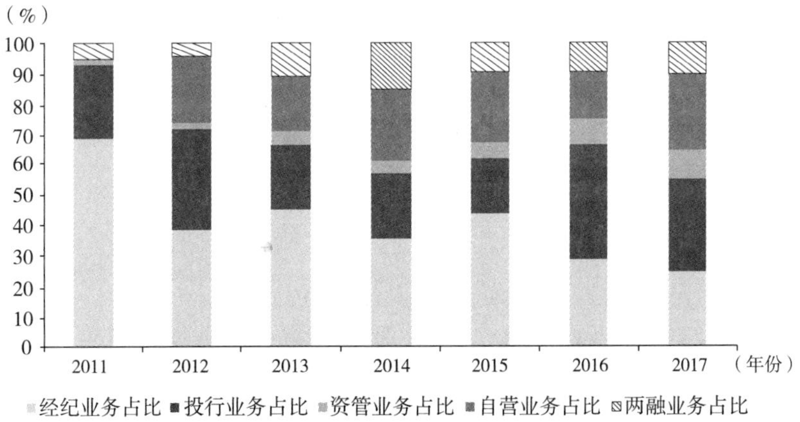

图 6　2011~2017 年证券行业业务结构变化

资料来源：中国证券业协会。

但通过与海外同行比较可以看出，我国证券行业收入结构仍有进一步优化的空间。如2016年世界著名的三大投行美林、摩根士丹利、高盛的经纪、投行、自营、资产管理业务收入占比的平均值分别为18%、17%、20%、24%，海外投行业务结构（见图7）与以上结构基本一致，而同期国内券商的传统经纪业务占比却达到32%，明显高于美国同行水平；资产管理业务收入占比仅为10%，明显低于美国同行水平，这一业务结构与40年前的美国证券市场相似（当年美国投行在上述各项业务中收入占比分别为56%、9%、10%和8%）。因此，中国证券业需要继续大力发展资产管理业务和创新业务，进一步促进业务结构优化。

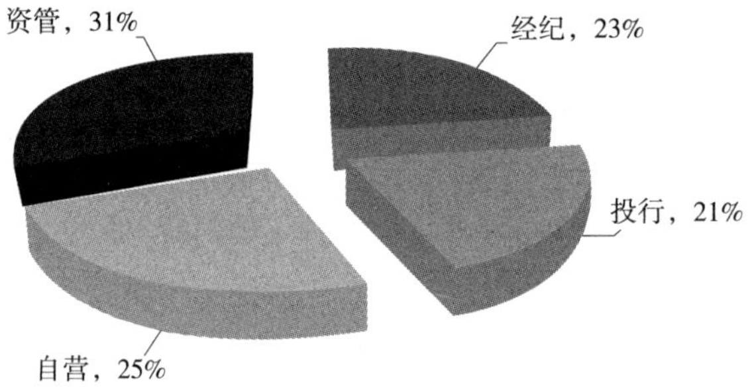

图7　海外投行业务结构

资料来源：Wind。

（三）行业盈利“靠天吃饭”，抗风险能力有待加强

随着证券行业业务创新的加快和混业经营趋势的日益明显，证券公司业务经营范围得到一定拓展，证券公司的收入结构正在走向多元化。但是，证券公司的主要收入和利润来源依然是传统的经纪业务、自营业务和投行业务，三者占比高达七成以上，而传统业务往往受到政策导向、市场行情的影响较大，如在市场行情大幅走高、成交非常活跃时，券商往往能赚得盆满钵满，反之则利润大幅下滑。因此，证券行业仍未打破“靠天吃饭”、经营业绩波动大的局面。

随着我国券商行业改革与创新的加快，将会有更多的业务牌照放开；另外，随着国民财富的快速积累，资本市场不断丰富和完善，财富管理和股权投资需求不断上升，券商资产管理、资本投资等相关业务都将迎来提速发展的良机，对证券行业收入的结构性和稳定性产生深远影响，抗风险能力随之将大大提高。

（四）政策推动业务创新，对外开放不断加快

在发展和巩固现有业务基础上，近年来证券行业在产品创新和对外开放方面取得了明显进步。2014年5月，国务院发布《关于进一步促进资本市场健康发

展的若干意见》，明确提出“促进中介机构创新发展，建设现代投资银行，提高证券期货服务业竞争力”。为贯彻落实“新国九条”精神，中国证监会发布了《关于进一步推进证券经营机构创新发展的意见》，明确了今后一段时期推进证券经营机构创新发展的总体原则、主要任务和具体措施。因此，自 2014 年以来，证券行业创新明显提速，如推出了股票期权，增加了股指期货交易品种。

在对外开放方面，近年来我国资本市场双向对外开放进程不断加快。继沪港通之后，2016 年 12 月 5 日国务院推出深港通，未来有望推出沪伦通；2018 年 A 股纳入明晟（MSCI）指数，成为全球投资者的标的。

在资本市场双向开放的基础上，我国证券公司通过 H 股上市、海外并购和在境外设立分支机构等途径，加快了海外布局。一是截至 2017 年上半年我国共有 10 家证券公司实现 A、H 两地上市。二是近期证券公司在海外并购方面频频出手，如 2015 年 2 月光大证券收购了香港老牌券商新鸿基金融 70%的股权；2015 年 5 月中信证券收购了知名外汇经纪商昆仑国际 59.04%的股权；2015 年 9 月海通证券收购了葡萄牙圣灵投资银行（BESI）100%的股权；2016 年 10 月华泰证券收购了 AssetMark100%的股权。三是东吴证券、中原证券等许多证券公司都选择在文化相近、金融市场发达的香港地区设立分支机构，或其他境外设立代表处，以拓展海外业务。

党的十九大后，我国按照自己的时间表，进一步加大金融业开放力度，未来银行业、证券业、保险业等迎来更大规模的对外开放。业务创新与对外开放的不断深化，将推动证券行业发展迈上新的台阶。

（五）监管逐步到位，防范金融风险

金融危机的爆发使得各国对金融监管工作高度重视。我国作为新兴市场经济国家，在当前金融市场快速发展阶段，更需要高度重视金融监管。证券行业作为金融业的重要组成部分，不可避免地成为金融监管的重点领域。近年来，中国证监会在不断推进金融改革的同时，逐步完善现行的监管体系。

2016 年 10 月 1 日修订后的《证券公司风险控制指标管理办法》正式实施。按照修订后的办法要求，资本杠杆率作为证券公司核心风控指标，取代了此前的“净资产/负债、净资本/净资产”指标，成为控制券商经营杠杆的首要指标。根据上述办法要求，境内证券公司资本杠杆率不得低于 8%，即证券公司资本杠杆不得高于 12.5 倍。中证协披露的 2017 年上半年 129 家证券公司（母公司）会员未经审计经营数据及业务情况显示，全行业资本杠杆超过 4 倍的仅 3 家券商，而其他券商杠杆率基本都处在 2~3 倍。在严监管下，证券行业处于历史低位的杠杆水平，行业整体风险水平得到有效控制。

（六）强者恒强，证券行业“马太效应”加剧

近年来随着证券行业的快速发展、监管政策的完善，以及行业竞争的加剧，证券公司的实力规模决定了公司的核心竞争力、风险控制能力和发展速度。

净资本是我国券商行业监管体系的核心指标，不仅直接决定着券商业务规模的大小与风险控制水平，还直接决定着业务开展的范围。为此，净资本已成为券商角逐的关键。近年来，各大券商均十分重视净资本的规模扩张，纷纷通过上市、增发、增资扩股等手段扩大净资本规模，以在未来的激烈市场竞争中占据先机，为做大做强奠定扎实的基础。

2017 年 7 月《证券公司分类监管规定》正式出炉，新规强化风险管理能力体系，引导券商突出主业、做优做强。分类评级结果对券商业务发展产生一定影响，如在公司营业网点扩张、创新业务和产品审批和试点、降低经营成本以及机构之间业务开展等方面都会产生不同程度的影响。评级越高，证券公司在上述方面越将获得较大优势和先发优势。从综合评价结果来看，大券商在分类评价方面优势越突出。

未来证券行业分化将日益显著，大型证券公司将凭借资本优势和丰富的资源优势，全方位拉开与竞争者的差距，竞争优势会更加突出，强者恒强；而小券商唯有在逆境中寻求突破，否则将被市场所淘汰，证券行业“马太效应”加剧。

（七）人才竞争加剧，激励机制成为券商发展核心要素

券商行业属于典型的人才密集型行业。人才是券商经营效率和发展前景的核心要素，其中高端人才是证券公司核心竞争力的重要组成部分。伴随证券行业的创新加快及竞争加剧，人力资本对券商发展的重要性被提升至前所未有的高度。为此，证券公司纷纷加大在人力资本上的投入，通过构建高水平的人才团队，形成强有力的竞争力，保障业务顺利开展和快速发展。

人才队伍建设的另一个重要方面是薪酬制度创新。传统以现金性收入和短期激励手段为主的薪酬设计模式已无法满足证券公司人才竞争需要。业内纷纷加大了对激励机制的重构与创新，股权激励计划、合伙人薪酬计划等长效激励机制正在试行与推广，人才与激励机制将日益成为关乎证券公司可持续发展的核心要素。

三、证券行业发展态势展望

2014 年 5 月，国务院发布《关于进一步促进资本市场健康发展的若干意见》，表明国家对资本市场与证券行业持续健康发展高度关注，预示着证券行业

将进入黄金发展时期。未来我国证券行业将在行业生态、业务结构、客户结构、对外开放和科技应用等方面实现全面进步。

（一）投资者去散户化，机构客户占比有望持续提升

我国资本市场投资者机构化趋势日益明显，证券公司对优质机构客户资源的争夺愈演愈烈。投资者机构化发展趋势的原因在于：首先，我国资本市场的发展在广度和深度上均有着明显的进步，跨市场、跨国界投资将成为未来资产管理的重要发展趋势。证券行业产品将随之呈现出多样化、专业化、复杂化的发展态势，一般散户难以适从，需要借助专业机构的力量从事投资活动。其次，我国国民财富的不断积累提高了社会和个人对财富管理的服务需求，境内公募、私募基金行业发展迅速，市场占比将逐步扩大。最后，通过沪港通、深港通以及未来的多种对外开放投资渠道，尤其是在 A 股被纳入明晟（MSCI）指数之后，海外优质机构投资者将加快进入中国市场，中国证券行业整体业态将逐步向海外成熟市场靠拢，机构投资者话语权和影响力日益加大。

在此背景下，券商业务的发展重心，尤其是中小券商必须适时向机构业务转变，通过提供综合化金融服务，大力开拓以实体企业为代表的产业资本市场，大力开发以公募基金、私募基金、QFII 为代表的二级市场机构投资者，抢占优质客户资源。

（二）证券行业经营重资产化，仍有加杠杆空间

长期以来我国证券行业业务模式单一，以通道类业务为主，资产结构“轻资产+低杠杆”特征显著。但过去几年，伴随券商经营模式的转型，即向“投资+投行”现代经营模式全面转型，资本中介业务的快速发展以及融资渠道的拓展，券商资产结构正日益呈现“重资产+高杠杆”和“规模为王”的特征，杠杆倍数已从 2012 年底的 1.61 倍提升至 2017 年的 3.31 倍。然而，与欧美成熟市场 10 倍以上的经营杠杆相比，我国券商杠杆水平仍显偏低。

长期来看，伴随券商业务范围的进一步拓展，全面转型的成功，以及融资渠道的进一步顺畅，券商经营加杠杆仍有较大的提升空间。

（三）混业经营趋势明显，证券公司经营集团化

当前我国经济进入了转型发展阶段，经济规模扩大、财富管理需求多样化等综合原因，导致客观上存在着混业经营的巨大需求。此外，随着证券行业的不断开放，外资投行加速了在中国市场的布局。而外资证券公司大多为“金融百货公司”和“金融超市”，业务门类齐全、资金实力雄厚，金融创新能力强，进入中

国市场后，能够运用各种金融工具和手段为客户提供全方位、多功能的金融服务。而我国证券业长期受分业经营制度的限制，业务单一、功能不全、竞争力较弱。因此，从内外因素来看，金融中介需要打破传统分业经营业务分割、单兵作战的发展模式，整合不同金融领域的资源优势，采用混业经营模式，为实体经济提供一站式、综合化金融服务。

2014 年颁布的“新国九条”首次对证券期货行业混业经营从政策层面上予以确认。“新国九条”要求，实施公开透明、进退有序的证券期货业务牌照管理制度，研究证券公司、基金管理公司、期货公司、证券投资咨询公司等交叉持牌，支持符合条件的其他金融机构在风险隔离基础上申请证券期货业务牌照。积极支持民营资本进入证券期货服务业。支持证券期货经营机构与其他金融机构在风险可控前提下以相互控股、参股的方式探索综合经营。可以说，证券行业混业经营时代已经到来。

在此背景下，业内部分券商已经开始涉足银行、保险、信托等非证券经营领域，走集团化道路，不断向现代金融控股集团演进，充分发挥混业经营的协同效应。这不仅可以大幅提升券商支持实体经济的能力，还会显著做大券商的经营格局，获取长期竞争优势。

（四）资本市场双向开放，证券行业业务国际化

随着人民币国际化进程加快，中国资本市场的双向开放已是大势所趋。沪港通、深港通以及债券通业务的推出标志着中国资本市场对外开放发展进入了新的阶段。目前证券行业还没有大规模地参与到国际资本市场，因此若放眼整个国际资本市场，我国证券服务机构的服务能力和国际竞争力与境外中介机构相比还是稍显落后。为了进一步参与国际市场，如前所述，目前我国已有部分证券公司开启国际化布局，这是其日后进军国际市场的第一步，只有具备国际化的人才团队、管理背景和专业化，才能在国际市场中真正具备竞争力。同时，只有一个完全开放和自由流动的资本市场，才能培养出国际化、一流的金融服务机构，这也在一定程度上倒逼我国对外开放的步伐进一步加快。

未来境内证券行业将不仅通过沪港通、沪伦通、深港通等机制设计间接开展国际业务，还会涌现出更多的证券公司通过并购重组、新设等方式在海外设立分支机构，以在更大范围开展国际业务。与此同时，国际投行也会加快布局中国证券市场，抢占市场份额。这虽然会加剧证券行业竞争程度，但引入外资投行为境内证券公司直接借鉴国际同行的先进理念与创新方式创造了条件，可以加快中国证券行业走向成熟。

（五）证券公司经营策略去同质化，逐步构建差异化竞争优势

由于创新类业务受限于市场成熟度等诸多因素，各证券公司的创新类业务开展尚处于初期阶段，不同证券公司之间的盈利模式差异化尚不显著，主要收入来源依旧为证券经纪、证券自营、承销与保荐三大传统业务，同质化竞争现象仍比较突出。但是随着证券公司纷纷寻求转型抢占市场，创新业务收入占比将有望提升，以资本中介、资本投资业务为代表的“重资本”业务占比不断上升，差异化经营策略将越发重要，证券公司正逐步发展以差异化服务为导向的业务模式。

证券公司依据自身的资本实力、服务特色、区位优势等情况，并结合各细分业务的竞争态势，积极推出差异化服务与特色服务，塑造品牌特色，在细分市场中确立自身的比较优势和市场定位。区域性证券公司更容易依托区域资源及市场优势，形成独特的业务模式与竞争优势。

（六）金融科技如火如荼，重塑行业生态

随着信息技术的不断发展，金融科技化正成为推动证券行业转型与发展的重要路径。2014 年初，国务院明确提出要“促进互联网金融健康发展，提高证券期货业务竞争力”，从政策高度确立了金融科技化在未来行业发展中的地位。

从技术角度看，金融科技的核心是全面重构金融业信息数据的处理方式，它有利于提升金融服务效率和促进金融服务实体经济。券商的清算结算、经纪业务、风险管理、客户服务等将以大规模的信息处理为基础，未来的区块链和分布式账本技术等将大幅提升现有金融体系的效率，增加其完整性和安全性。在直接的金融收益驱动下，券商收入利润的来源和重心势必将逐渐转向财富管理、资产管理、投资顾问和融资融券等业务。

金融科技还可帮助券商增加客户黏性和贡献度。证券公司可以通过打造一流的数字体验实现卓越的客户体验，为不同客群制定针对性的定价，紧抓客户关系、建立与客户的情感纽带，尽最大努力依靠科技手段增加投资管理配置，增加投资收益的稳定性，提高绝对收益，不断丰富投资产品，更好地提高客户满意度，以此赢得影响未来格局的客户之战。

此外，金融科技化还将打破传统经纪业务的地域分割，通过互联网金融的平台化运作思路，不断催生在线理财、大数据等全新业务模式，从根本上改变现有证券行业的业务竞争格局，重塑行业生态。尤其对于中小证券公司而言，这是实现弯道超车的重大战略机遇。

四、中原证券竞争态势分析

（一）公司在行业中的地位

中原证券成立于2002年11月，是河南省内注册的唯一法人证券公司。公司近年来快速发展，已成功实现在香港和国内主板上市，自2015年起连续3年被中国证监会评为A类券商，进入全国证券公司第一方阵，同时现代化、国际化大型金融控股集团的架构基本形成，已成为一家具有独特竞争优势的综合性证券公司。因贡献突出，公司2014年、2015年连续两年受到河南省委、省政府通报嘉奖。自2009年起连续被河南省主流媒体评为“中原十大最受尊敬企业”“助力中原十大金融企业”。2014年香港上市后，先后被香港大公报社等评选为中国证券金紫荆“最具投资价值上市公司”“最具品牌价值上市公司”、中国“最佳上市公司”和“‘十三五’最具投资价值上市公司”，公司董事长荣获“2015最具影响力上市公司领袖”大奖；2016年4月被香港财华社等评为“2015年度港股百强奖”。

近年来，公司各项业务也保持了良好发展势头。2012~2014年代理买卖证券业务净收入排名保持在行业中位数之上；承销与保荐和财务顾问等投资银行业务也有较好表现，2012年财务顾问业务净收入排名在行业中位数之上，2012~2013年承销与保荐业务净收入排名在行业中位数之上；融资融券等资本中介业务快速发展，已成为公司重要利润来源。2013~2014年融资融券业务（利息）收入位居行业中位数之上，2014年股票质押利息收入和约定购回利息收入位居行业中位数之上；证券投资业务审慎运作，业绩突出；资产管理、直接投资等业务以及各项创新业务也在稳步发展。根据中国证券业协会统计，目前公司主要经营指标位居行业中上游，已具备了进一步加快发展的较好业务基础。

（二）竞争优势分析

中原证券的竞争优势主要体现在：

1. 香港和内地两地上市公司，社会影响力和品牌知名度较高

公司已于2014年6月25日在香港联交所主板成功上市，募集资金15亿港元，是国内证券公司中的第4家在港上市券商，也是河南省首家在香港上市的金融企业；2015年8月圆满完成香港增发，募集资金25亿港元；2016年12月28

日完成 A 股发行、2017 年 1 月 3 日成功登陆上海证券交易所，募集资金 28 亿元，成为全国 131 家证券公司中第八家“A+H”两地上市公司，也是河南首家实现两地上市的金融企业。两地上市完成后，公司品牌知名度与美誉度大幅提升，成为公司重要的无形资产，为公司多个领域与业务条线带来众多发展机会。

2. 基本形成现代化、国际化大型金融控股集团的架构

目前中原证券已拥有和控股了九大板块：

一是香港子公司中州国际。成立于 2015 年 9 月，已成为企业开展国际业务的重要平台和窗口以及河南企业走向海外资本市场的战略通道，在郑州银行、中原银行等省内企业赴香港上市方面发挥了重要作用。2016 年作为成立后正式运营的第一个完整会计年度，盈利近 4000 万港元，2017 年盈利超过 1 亿港元，是香港地区发展最快的中资金融机构之一。

二是上海分公司。注册地和主要办公地在上海浦东陆家嘴商务广场，目前拥有 4 个自营投资部门、1 个资产管理部门、1 个投行部门、3 家营业部和证券研究所，是公司高端人才的主要集聚地。目前人员规模近 300 人，是公司未来省外三大业务重心和利润中心之一。

三是北京分公司。注册地和主要办公地在北京金融街，目前拥有 4 个投行部门、2 个资产管理部门、2 个营业部和 1 个综合管理部，员工 100 多人，也是公司未来省外三大业务重心和利润中心之一。

四是中原股权交易中心。作为河南省唯一的区域性股权市场，挂牌成立两年多来，挂牌企业已超过 2700 家，融资额突破 28 亿元，已成为河南省广大中小微企业进军资本市场的重要通道和全国区域性股权交易市场的样板。

五是中原期货公司。是河南本土两家法人期货公司之一，在帮助河南省内外钢铁、能源、化工、农业等领域的实体企业，通过期货市场进行风险管理等方面发挥了重要作用。

六是中原小额贷款公司。作为河南省资本额最大、唯一一家业务能覆盖河南省的大型小额贷款机构，对河南省小贷行业发展具有重要的标杆和引领作用。公司今后将进一步增强其资本实力，使其在支持河南省中小微企业发展方面发挥更大作用。

七是中州蓝海投资管理公司。目前注册资本 30 亿元，是河南省资本实力最强的股权类投资公司，已对济源钢铁等一大批企业进行投资。今后公司将按照做优投资的原则，进一步做大做强中州蓝海。

八是中鼎开源创业投资公司。是公司全资拥有的私募基金管理子公司，近年来通过严控风险，加强管理，深化与地方政府和先进投资机构合作，推动基金设立，有力支持实体经济发展，已累计投资 100 多家中小企业。下一步将加大基金

设立力度，做大做强基金管理规模，更好地服务实体经济发展。

九是中原人寿保险公司。2015 年 10 月，省政府决定由中原证券作为主发起人，牵头组建河南省大型法人寿险机构——中原人寿保险公司。该公司定位于“打造一家国内领先的、具有广泛社会影响力、强调社会责任感的人寿保险公司”，拟注册资本 30 亿元，主要股东包括双汇集团、宇通客车、建业集团等省内一流企业。

3. 区位优势显著，公司发展平台广阔

河南拥有中原经济区、郑州航空港经济综合实验区、国家粮食核心生产区、郑洛新国家自主创新示范区、河南自贸区、中国（郑州）跨境电子商务综合试验区六大国家战略，国家级大城市群之一的中原城市群建设也快速推进，GDP 总量持续稳居全国第 5 位，也是全国人口大省，为金融业发展提供了广阔空间。但河南省的资产证券化率与全国平均水平相比，尚有不小差距（见图 8）。中原证券是河南省内注册的唯一法人券商，已持续深耕河南市场 15 年，与地方政府机构及省内绝大多数优势企业建立了良好合作关系，各项业务发展在河南拥有独特的“根据地”优势，将明显受益于河南实体经济的快速发展以及区域资本市场的逐步崛起。

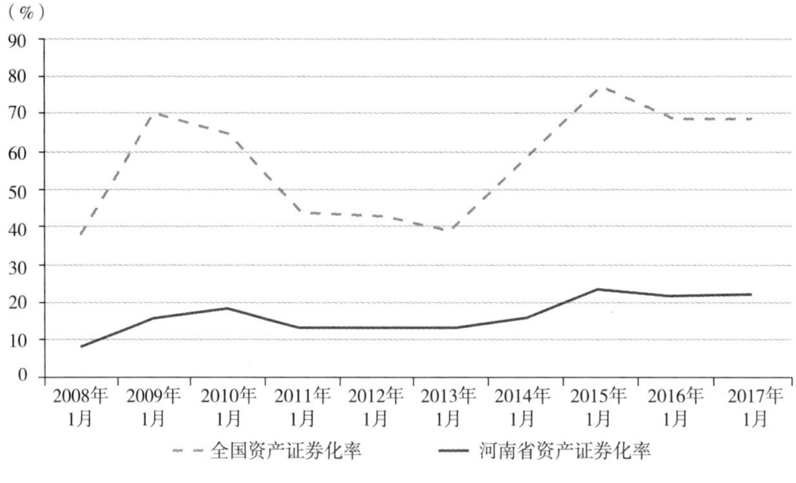

图 8　全国以及河南资产证券化率

资料来源：Wind。

4. 管理团队专业务实

公司董事长在国家财政部等综合经济管理部门工作过，对宏观经济走势和经济运行规律有着深刻认识与把握。董事长多年在公司担任要职，组织实施了公司香港上市、增发和 A 股上市等一系列重大经营管理活动，对公司的发展情况相当熟悉，引领公司战略发展方向。其他管理层成员也都具有丰富的经营管理经验，证券行业平均从业年限近 20 年。特别是公司管理层精诚团结，发展目标一致，思想认识高度统一，执行力强，保证了公司的长期稳定发展。

5. 重视履行社会责任，拥有良好企业文化

公司积极践行中国证监会关于上市公司的利润分配政策，2014 年香港上市以来已进行过 7 次现金分红，累计分红总额近 30 亿元。同时，公司持续对外捐赠，积极参与脱贫攻坚，定向帮扶国定贫困县兰考、上蔡、桐柏和固始等，树立了良好的社会形象。同时，公司在多年的经营发展过程中，逐步形成了以“朴实善良、诚信厚道、严谨执着、务求实效”为核心理念的企业文化，有力增强了公司的凝聚力和向心力，保障和促进了公司发展战略的实施，提升了公司的竞争力。

（三）竞争劣势分析

1. 净资本规模有待进一步扩大

经历香港上市及增发之后，公司的净资本规模大幅充实，资本实力显著提升，但与业内居于领先地位的证券公司相比，仍存在一定差距。面对证券业竞争格局的变化和证券监管环境的新形势，公司仍需要尽快弥补净资本规模不足的劣势，以便在以净资本为核心的监管体系下取得发展先机，进一步拓展创新业务，扩大竞争优势。

2. 收入结构有待进一步优化

公司近几年一直在加大业务转型力度，传统佣金收入占比持续下降，业务结构逐步走向多元化。但从公司 2017 年收入结构与行业横向对比来看，各项业务发展并不均衡。其中经纪业务占比为 38%，高出行业平均水平近 6 个百分点，但其他业务收入占比偏小（见图 9）。收入结构的不平衡，使公司业绩可能较易受市场行情影响，经营风险较为集中，业绩波动较大。

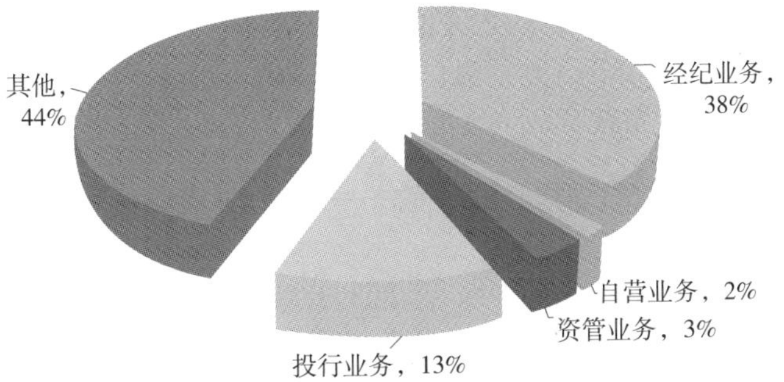

图 9　中原证券业务结构

资料来源：Wind。

3. 创新业务发展有待进一步提速

目前公司创新业务多数处于培育与导入阶段，收入占比较小，尚未成为支柱性或优势性业务。互联网金融、金融衍生品以及柜台市场等创新性业务虽然取得一定成绩，但创新步伐仍显滞后，与业内标杆企业仍有不小差距。

4. 中后台服务及管理支持能力有待进一步提升

近年来公司始终处于快速发展期，原有的一些管理模式、流程等已不能适应新形势要求，中后台服务支持职能有待进一步完善。此外，公司正致力于打造大型金融控股集团，众多子公司纷纷成立，需要集团层面构建起一套行之有效的管控模式，实现集权与分权的平衡，确保公司战略规划的顺利实施，这客观上需要公司进一步提升管理能力。

五、中原证券进一步做大做强的战略目标及保障措施

2018 年初公司在已实现沪港两地上市、完成“第一次腾飞”的基础上，又提出了“第二次腾飞”的发展目标，即：再用 3 年左右的时间，将中原证券打造成一个以证券主业为基础，横跨区域股权交易市场和保险业务等在内的“投行+投资”双轮驱动的现代化、国际化大型金融控股集团，综合实力和经济效益稳居全国证券公司第一方阵和河南省企业前列。

“二次腾飞”标志主要有三个：一是公司合规风控水平显著提高，二是干部员工专业能力显著提升，三是公司资本实力和盈利能力大幅提升，部分重要业务排名进入行业前列。

为尽快实现“二次腾飞”，2018 年中原证券提出了“一四三”工作思路，即：坚持“做强投行、优化投资、巩固经纪等基础业务、力求创新业务发展”这一发展战略，在发展和盈利的空间布局上牢牢抓住“河南总基地和上海、北京、香港利润中心”四个着力点，强化党建和党风廉政建设、合规风控和干部队伍建设三大保障。为此采取了以下重要措施：

（一）全面贯彻落实四大布局，打造多元化稳定利润中心

2018 年公司进一步明确了四大平台的核心定位：即以经纪和四板业务为核心，加强河南总部基地建设；以自营和资管业务为核心，加快打造上海中心；以投行和创新业务为核心，加快打造北京中心；以国际业务为核心，加快打造香港中心等，进一步做强做优各项业务、加强业务协同，以早日形成多元化稳定利润中心。

（二）打造一支优秀干部队伍，促进公司持续发展

一支优秀干部队伍是中原证券实现高质量发展的关键。为此，在河南省省委、省政府和有关部门的大力支持下，公司从 2017 年底陆续引进了一批高层次人才，特别是新任总裁常军胜同志曾任中国证监会发行部副主任，有 20 年的中国证监会工作经历，是证券行业的顶尖人才。这些高层次人才的加盟，不仅使公司管理团队力量显著加强，人员结构也更加优化、合理。

同时，中原证券各业务条线和管理部门也引进了一批紧缺的高端人才。如服务实体经济最为直接的投行条线，围绕进入行业前列的目标，重点引进了一批优秀的保荐代表人和成熟的业务团队，以及投行项目质量控制部门的负责人，补齐了公司投行业务发展的人才短板。

（三）大力提升各项能力，全力追赶行业发展步伐

打造强大的总部支撑能力。一是提高公司整体谋划能力。现代金融业的发展，需要前端对宏观和行业形势、各业务条线发展动态等有清晰认知，进而时刻对照公司发展予以提前谋划，切实做到“谋定而后动”，保证公司决策的规范性、科学性。二是打造 IT 支撑能力，为公司转型发展和各项工作开展提供强有力的 IT 支撑。三是打造资源配置能力，特别是资金统筹管理能力，为各项业务发展提供强大支撑和保障。四是增强综合保障能力。大力提升各业务条线专业能力。如：经纪条线重点提升财富管理能力、机构服务能力，投行条线提高项目承揽能力和高水平承做能力，自营投资和资管条线增强主动投资管理能力，投资类子公司提高项目筛选和项目风险管理能力等。

（四）发挥公司两地上市平台优势，力争实现超常规发展

防范化解重大风险、国内金融去杠杆等，将使国内资产价格显著走低，同时证券行业竞争形势的变化也使得拥有上市公司平台的券商更具竞争力，拥有实现超常规发展的机遇。对此，公司将充分发挥两地上市公司的优势，力争超常规发展。

（五）加强党建和党风廉政建设，确保公司健康发展

坚持党的领导，加强党的建设，是国有企业的“根”和“魂”。中原证券党委已提出新时代公司党建和党风廉政建设新要求，明确了公司党建发展新蓝图，将进一步加强党建和党风廉政建设，保证公司始终沿着正确的方向前行，形成抓党建和促发展的良性互动格局。

（本章作者为中原证券课题组）

中原资产管理有限公司：打造主权金控集团

2016以来，在省政府发展研究中心“做大做强金融豫军的战略与对策”研究课题组的支持和指导下，中原资产管理有限公司（以下简称“中原资产”）立足服务河南省金融业发展的大局，就实现做大做强的战略和对策进行了富有成效的研究探索，初步形成了以打造“一体两翼”多元金融资产管理公司为目标的思路和对策。下一步，中原资产将按照党的十九大报告中提出的“守住不发生系统性金融风险的底线”“增强金融服务实体经济能力”“发挥投资对优化供给结构的关键性作用”等具体要求，在省委省政府的指导和支持下，在金融豫军各兄弟单位的协同合作下，加快推进战略实施，着力提升化解不良资产、维护区域金融稳定，运用资本纽带促进招商引资和产业结构调整等核心能力，努力将公司发展成为一家符合河南经济社会发展需要的具有价值的现代金融企业，不断提升金融豫军的实力和影响力。

一、研究背景和意义

金融是经济的血液，是现代经济的核心。面对长期以来河南省地方金融发展速度缓慢，金融业机构数量、发展质量和总体实力滞后于经济发展需求、供给侧改革要求的情况，省委、省政府推动实施了“金融豫军”战略，拉开了现代金融凝聚发展合力助推中原崛起的序幕。2015年8月，中原资产应运而生。作为省属功能类国有企业和金融豫军的重要成员，中原资产肩负着维护区域金融稳定、服务实体经济转型发展、助推省委省政府重大战略实施和推动河南省金融业深化发展的重要职责，因此加快实现做大做强做优是中原资产责无旁贷的使命。

经过两年多“打基础、搭架子”的探索发展，当前中原资产已进入全面提速、加快升级的发展快车道，但要实现做大做强做优仍面临一定的挑战。一方面，伴随着我国经济步入“新常态”和“三期叠加”，区域性、局部性风险暴露增多，商业银行不良贷款增速加快，金融风险聚集趋势增强。习近平总书记在第五次全国金融工作会议上，把主动防范化解系统性金融风险放在了金融工作的重要位置，强调了防控金融风险的重要性。同时，随着我国由高速增长阶段向高质量发展阶段转变，加快推动供给侧结构性改革持续深化和产业结构优化配置关系未来经济发展新动能的培育。习近平总书记在党的十九大报告中提出要“深化投融资体制改革，发挥投资对优化供给结构的关键性作用”，这些新任务、新要求为中原资产切实履行职责担当、积极化解区域金融风险、服务河南省供给侧改革和产业优化升级等提出了更高的要求。另一方面，面对潜在的巨大市场，不良资产行业竞争日趋激烈，原来的“信达、华融、东方、长城”四大资产管理公司寡头市场分化为“中央资产管理公司+地方资产管理公司+银行系资产管理公司+未持牌民营资产管理公司”多元化局面。中原资产要加快发展壮大，不仅面临着进一步业务模式创新能力、资产包定价能力、尽职调查能力、风险控制能力等核心能力建设的重要任务，同时也面临着经济下行期资产质量低、价格高、回收周期加长、清收难度和风险加大等现实问题，短时间内实现做大做强将是一个不小的难题。

因此，针对当前中原资产发展中所面临的诸多挑战，及时启动战略谋划，为实现做大做强做优制定出一条切实可行的实施路径，对于公司发展意义重大，既有助于认清形势，及时查漏补缺，加强内部管理和能力建设，为实现做大做强奠定扎实基础。同时也有助于把握发展时机，乘势而上，打造中原资产“升级版”，为加快做大做优做强提供可持续动力。对此，公司高度重视，组建了专门的研究小组，由公司主要领导牵头，战略部全员参与，其他相关部门协同配合，为研究提供了人力支持和组织保障，使得研究成果得以顺利呈现。

二、发展现状评估

自成立以来，中原资产紧紧围绕立足河南省金融业大局发挥作用，科学把握发展方向，坚持合规发展、创新发展，打造一流法人治理结构和一流人才机制，初步搭建起不良资产经营和股权投资“双轮驱动”的多元协同金融业务体系。总体来看，公司治理结构相对完善，经营业绩良好，初步走在了全国地方资产管理公司发展的前列。

（一）发展历程

近年来，随着金融机构不良贷款余额和不良贷款率呈现双升态势，金融风险不断聚集，在财政部、银监会的政策支持下地方资产管理公司获批成立。2012

年 11 月，财政部和中国银监会发布通知，允许各省设立或授权一家地方资产管理公司，参与本省范围内金融企业不良资产批量收购和处置业务。2015 年，省政府批准筹建中原资产，在承担河南省金融不良资产批量转让职能的同时，向金融投资控股集团方向努力，促进河南省金融业深化发展和产业经济转型升级。8 月 31 日中原资产完成工商注册。10 月 12 日中国银监会核准中原资产不良资产收购处置业务资质，10 月 18 日公司正式揭牌运营。12 月 1 日，中原资产子公司中原股权管理有限公司正式设立，迈出了中原资产多元金融布局的重要一步。此后，中原资产按照服务实体经济发展，助推省委省政府重大战略实施和促进河南省金融深化发展的功能定位，先后推动组建了中原商业保理有限公司、中原航空融资租赁股份有限公司、中原金融资产交易中心、中原大禹资本控股有限公司等子公司，充实和完善了独具特色的多元金融业务体系，建立起“总部战略管控+子公司协同运营”的“1+N”发展架构，在与金融豫军和四大资产管理公司的“同场角逐”中崭露头角。

（二）取得的成绩

公司成立以来，在省委、省政府的正确领导和省财政厅、省金融办的科学指导下，在金融豫军各兄弟单位的合作支持下，中原资产按照贯彻落实省委省政府关于“做大做强金融豫军”的部署要求，提升管理水平和核心能力，实现三年三大步。2015 年，公司实现当年设立、当年盈利。2016 年，实现营业收入 6.8 亿元，税后净利润 1.35 亿元。2017 年末，公司资产规模预计达 769 亿元，全年实现净利润 4.49 亿元，同比增长 2.3 倍。2017 年 7 月 21 日，《经济参考报》以“中原资产构建另类资产管理平台”为题，专门总结了中原资产的模式和经验。

1. 社会影响力提升，资产规模与社会效应实现双丰收

公司资产规模从开业之初的 10 亿元增加到 2017 年底的 769 亿元，被国内四大评级公司排名前两位的中诚信和新世纪资信公司分别给予 AAA 级稳定的信用评级，发展速度与质量走在了全国地方资产管理公司的前列。同时，中原资产的金融创新研究和实践得到了中国银监会等政府部门的充分肯定，被推荐作为地方资产管理公司的唯一代表参加了国际货币基金组织和世界银行开展的评估访谈（FSAP）。2017 年 7 月，省人力资源和社会保障厅批准中原资产博士后创新实践基地建设申请，目前正在加紧筹建，未来将成为河南省引进金融高端人才的重要窗口。此外，公司的创新实践也得到了媒体的广泛关注，2015 年中原资产被《大河报》评为“2015 助力中原十大金融企业”，2016 年被第二届新豫商领袖高峰论坛（东方今报）评为“2016 新豫商十大影响力投融资服务机构”，2017 年

获得第六届中国财经峰会组委会评选的"2017 杰出品牌形象奖"，在深化河南省金融创新实践和服务经济社会发展中留下了浓墨重彩的一笔。

2. 主业发展突出，有效地化解了省内金融风险

县级农信社不良率高，在改制农商行过程中，四大资产管理公司参与积极性不高。中原资产切实增强担当意识，多措并举支持河南省农信社改制为农商行。在支持化解县级农信社不良资产的同时，积极稳妥拓展商业银行不良资产收购能力，并利用"非金债权收购+债务重组"化解支持省内重点企业债务风险。截至2017 年第三季度末，累计收购各类金融、非金融不良债权 301 亿元，业务规模位列全国地方 AMC 第一梯队。

按照推进河南省供给侧改革、降低企业杠杆率的工作部署，中原资产与省政府金融办联合举办了市场化债转股专题培训班，推动河南省市场化债转股工作。斥资 20 亿元化解河南能源化工集团债务风险，支持煤炭产业化解过剩产能，助推传统能源化工产业实现转型升级。

3. 业务模式不断创新，以资本为纽带服务重大招商战略

中原资产发起设立全资子公司中原股权投资管理有限公司，注册资本 20 亿元，实际到位 20 亿元。按照"大比例入股—产业落地河南—产业基金合作—金融合作"的链条化战略思路，抓住上市公司定增政策调整前单次定增额较大的机遇、国家金融政策调整前利率相对较低的机遇、国有蓝筹股价格稳步上涨的机遇，筹措 171 亿元投资于上汽集团、中国国航、中国电建、中铁工业、顺丰控股等大型上市公司，成为这些企业除国资委和证金公司之外最大的外部股东，通过投资建立起互信互融互促的关系，影响其决策，促使其产业向河南转移、业务资源布局向河南倾斜。目前，已成功助推上汽集团 60 万辆新能源汽车基地落地河南，与上汽集团完成了 60 亿元上汽中原投资母基金的设立，20 亿元中原上汽汽车产业子基金正在有序推进，对带动中原资产"走出去"和促进河南省汽车产业项目的培育具有重要的意义。

此外，联合顺丰控股参与中国国航货运板块混改并争取混改后在河南设立法人机构、与中铁工业合作设立 PPP 基金、参与中国电建勘探设计院混改等工作，正在进一步洽谈中；与顺丰合作设立特种物流产业基金已经顺丰内部决策通过。

4. 以金融回归实体经济为导向，发挥综合金融协同优势，助推"三区一群""制造强省"等战略实施

一是拓展航空融资租赁手段支持郑州航空港国家战略。郑州航空港经济综合实验区是国家战略。为促使国家战略落地，中原资产与省机场集团等企业合作设立了注册资本 15 亿元的中原航空融资租赁有限公司，打造支持航空经济的金融

支点。紧紧围绕先进制造业、交通运输、医疗卫生、社会公用四大领域开展业务，通过融资租赁这一新型金融服务手段支持省内企业转型升级。2016 年以来，中原航空融资租赁公司积极与航空公司、飞机制造商、金融机构以及各有关单位沟通协调，于 2017 年 12 月 28 日在新郑机场向祥鹏航空交付价值近 1 亿元的 A330-300 飞机一架，完成落地郑州航空港的第一单经营性飞机租赁业务。

二是推动千亿资本助力制造强省建设行动。坚持金融服务实体经济是做好金融工作的总体要求。为贯彻落实中央指示和中央部委相关政策，加快产业与资本对接，助力转型发展攻坚，中原资产联合省工信委于 2017 年 3 月联合启动了“千亿资本助力制造业强省建设”行动，为河南省先进制造业重点集群、重点企业、重点项目量身定制包括债转股、融资租赁、商业保理、基金投资等在内的一站式综合金融服务，围绕壮大主导产业、提升传统产业、培育新兴产业，积极探索“产业+资本”发展模式。该计划实施以来，中原资产已组织多场宣讲会和调研，对接 200 余家企业 300 多个项目，全年共向河南省工业制造企业投放资金 155. 53 亿元，引领银行、私募基金共同投资，撬动社会资本投向河南省制造业企业，带动社会资本投资 315. 22 亿元，取得了良好的经济效益和社会效应。同时，为响应国家“一带一路”倡议，中原资产同河南省工业和信息化委正大力推进埃塞俄比亚河南食品工业园的统贷统还项目。该项目是 2017 年 5 月 12 日在国家主要领导亲自提议下，由埃塞俄比亚与河南省政府达成的一个重大项目。中原资产拟以资本为纽带，建立海外统一运作平台，为河南省农业企业家抱团出海创业提供支持。该项目的运作，既是支持河南省农业食品畜牧企业“走出去”的重要举措，也是河南省贯彻落实“一带一路”倡议的务实行动。

三是积极推动省政府百城建设提质工程战略实施。提升县级政府融资能力，县级投融资平台改造提升，是百城建设提质工程的两个突出重点。按照省政府部署，2016 年，中原资产先后投资 9. 6 亿元，对项城、鄢陵两家地方投融资平台进行了重组改造，突出培育其投资、融资及与各类社会资本的合作能力，实现引领金融资源下沉。目前，中原资产正在以大禹资本为平台与国开行谋划搭建河南省 PPP 统贷统还平台业务，通过中原大禹资本为统贷平台，以项城市新区海绵城市建设、河道水域治理和九所中小学义务学校建设为切入点，探索新政策新形势下的运作模式。同时，我们充分发挥公司股东在产业、运营、团队等方面的优势和中原资产在资本运作、投融资等方面的优势，与重庆康达成立合资公司——中原康达环保产业投资公司、与华强集团成立中原华强投资发展公司，积极参与到河南省流域治理、城市黑臭水体治理、文化旅游等产业和建设中来，与国家开发银行河南分行互动协作，不断集聚政策、资金、信息和人才优势，提供全方位、多领域的金融服务，积极推动河南省百城建设提质工程建设。

四是下沉金融服务重心支持市县经济社会发展。公司先后与鹤壁、新乡、郑州等 8 家省辖市人民政府和巩义、孟州、鄢陵等 7 家县级人民政府签订战略合作协议，并按照省财政厅“构建‘五位一体’支农工作机制”的要求，作为“政银担保投联动支农联席会议”的成员单位之一，先后与孟津等 15 个县市政府签订合作协议，努力成为支持地方经济发展的“金融之手”和“金融之源”。积极谋划与部分省辖市政府合资设立公司，发挥双方优势开展不良资产处置和股权投资业务。目前，与新乡合资设立的中原豫北资产管理公司已成立运营，鹤壁等地合资公司正在筹备中。

（三）经验总结

1. 坚持党的领导核心和政治核心地位，不断加强党建

中原资产清醒认识党建工作的重大意义，切实发挥党委在公司发展中的领导核心作用。建立完善党委例会（每周一召开）、领导班子务虚会（每季度召开）、党支部书记工作例会（每月召开）等基础制度，为加强党建工作提供有力抓手，有效促进党建工作与公司治理的有机结合。同时，根据金融企业发展特点，公司党委把合规发展作为底线，将党风廉政建设制度机制、重点任务与公司业务全面布局同研究、同部署、同考核、同落实，做到负总责、负主责、负全责。党委书记、纪委书记对承担的党风廉政建设责任进行签字背书，并逐级签订《党风廉政建设目标责任书》，做到追求高线、严守底线。先后两次邀请财政厅纪检监察室人员对全体员工进行廉政教育，使廉洁意识内化于心、外化于行。

2. 按照服务省委省政府重大战略实施的功能定位，精准拓展多元协同的金融业务体系

中原资产之所以在短时间内能够取得经济效益和社会效益双赢的良性发展，得益于中原资产对于功能定位的坚守。“铺摊子，搭架子”时，中原资产始终立足河南省金融业发展大局，按照切实发挥维护区域金融稳定，服务实体经济，助推省委省政府重大战略实施等重要功能的要求，初步构建起具有鲜明业务特色的多元协同的金融服务体系。一是确立了不良资产收购处置和股权投资量大主业，运营创新的业务模式有效地支持金融机构化解不良资产和实体经济转型提质。二是会同省机场建设集团出资设立中原航空融资租赁股份公司，打造支持航空经济发展的金融支点。同时，按照中国人民银行等部委印发的《关于金融支持工业稳增长调结构增效益的若干意见》，设立中原商业保理有限公司，发展应收账款融资业务，引领示范省内商业保理行业发展。三是发起设立中原金融资产交易中心，服务多层次资本市场建设。

3. 把打造一流法人治理结构作为重中之重，构建现代法人治理体系

公司把打造一流的法人治理结构作为重中之重。董事长（兼任党委书记）、监事会主席由省委委派，党委副书记兼纪委书记由省财政厅党组委派，经理层全面实行职业经理人制度试点。党委共有5名委员，其中2人为董事会成员（董事长、总裁）。董事会共有9名成员，其中外部董事5人（全部是股东董事），职工董事1人。董事会下设战略、薪酬、审计、风险控制四个专门委员会。党委会和股东会、董事会、监事会、经理层之间的权责边界基本清晰。公司组建了工会，初步建立起以职工董事、职工监事、职工代表大会为基础的民主管理制度，充分发挥职工在企业重大经营决策和制定重要规章制度时的民主参与、民主管理、民主监督以及集体协商作用。

4. 高度重视人才培养，不断完善人才引进和激励机制

公司高度重视人才引进和培养工作，经理层实行职业经理人制度试点，中层及以下员工全部面向社会公开招聘，通过探索建立市场化的薪酬和考核机制，在员工成长、薪酬分配方面为优秀年轻员工提供充足提升空间。推动建立各部门之间、母子公司之间的人才内部多样化流动机制。优化现有人才晋升、内部流动和退出机制。推进实施分类考核。针对不良资产、股权投资、债权投资、财富管理等业务进行分类考核，设定不同的绩效考核目标和办法，全面建立KPI考核体系。目前，公司干部职工中博士、硕士学历人员占74.7%，40岁以下员工人数超过80%。

5. 营造“比学赶超”的学习氛围，加强研究和对标交流

为激发员工的创新锐气，运用创新的思维方法克服困难、把握机遇，中原资产谋划实施了“业务创新活动月”和“优秀投融资案例评选”等活动，营造公司全体人员“比、学、赶、超”的创新工作氛围，为公司业务模式优化和竞争力提升注入了新的动力。同时，针对地方资产管理公司发展所面临的新挑战、新问题、新情况，组织内部人员进行专题研究工作，并积极开展“走出去、请进来”的对标交流，先后前往山东资产等省外资产管理公司开展调研，接待浙商资产、陕西资产、内蒙古资产等来访座谈，学习经营管理和发展理念，为公司明确战略定位、制定发展策略提供经验借鉴。

（四）存在问题

1. 注册资本实力不足

目前中原资产注册资金30亿元（见表1），与上万亿元规模的银行不良资产

和国有企业债务相去甚远，加上监管部门对金融企业降杠杆的管理，压缩了对外融资空间，制约了公司各项业务的开展。截止到 2017 年 7 月底，公司总资产规模已达到 617 亿元，使得 30 亿元资本金放大了 20 多倍杠杆。目前，经省政府同意，中原资产正在推动将注册资本金从 30 亿元增加至 50 亿元。

表 1 地方资产管理公司注册资本金比较

企业	成立时间	注册资本金（亿元）
中原资产管理公司	2015 年	30
江苏资产管理公司	2013 年	50
山东金融资产管理公司	2014 年	101. 1
广西金控资产管理公司	2016 年	100
重庆渝康资产经营公司	2016 年	50
陕西金融资产管理公司	2016 年	45

2. 净资产收益率较低

相对于中国信达等四大资产管理公司和部分地方资产管理公司，中原资产净资产收益率较低（见表 2）。这不仅反映了现阶段公司核心业务盈利能力水平有待提高，同时也存在一定的客观原因，主要是公司处于初创期，资产规模快速提升，但可获得超额收益的股权类项目尚处于投入期，对现期利润贡献有限，加之参照中国银监会对于金融资产管理公司的管理要求，对已投资项目提取坏账准备，一定程度上影响了现期利润。如何进一步提升经营效率，在发挥功能职责的同时实现国有资本增值，是公司下一步发展的核心任务。

表 2 中原资产主要经营指标与中国信达、华融的比较

年份	营业收入（亿元）			净资产收益率（%）		
	中国信达	中国华融	中原资产	中国信达	中国华融	中原资产
2014	597. 9	510. 6	—	14%	19. 1	—
2015	787. 44	753. 86	0. 1	14. 4	17. 3	—
2016	916. 57	952. 08	6. 8	14. 12	18. 4	2. 58

注：2015 年 10 月 18 日中原资产正式开业。

3. 部分核心岗位人才缺乏

人才是金融企业做大做强的基本保障。近两年来，中原资产已初步构建起专业化的管理和业务团队，但由于资产管理行业的特殊性和公司薪酬、绩效考核体系以及人才引进和培育机制尚在完善中，存在中层部分核心岗位人员、业务骨干缺失的问题，影响了业务团队的组建和实力的提升。

三、发展环境评估

（一）公司的优劣势分析

1. 发展优势分析

一是与中国信达等四大资产管理公司相比，中原资产更接“地气”，更熟悉本省的发展和地域特色，能够准确把握重大战略方向和实体经济发展需求，有助于形成更有针对性的金融专业服务，更加高效地盘活不良资产，为地方政府解压，为地方金融机构解围，为实体经济解困。目前，公司已通过与地市合资设立资产管理公司，将不良资产处置业务重心下沉，打通了不良资产处置链条的“最后一公里”。

二是与金融豫军相比，中原资产以不良资产收购处置和股权投资为主业，融资租赁、商业保理、金融资产交易等类金融业务协同发展，构建起具有差异化发展优势的多元协同金融业务体系，既有助于完善河南省地方金融体系，也有助于与金融豫军各兄弟单位形成差异化竞争，发挥合力支持河南省经济转型发展和省委省政府重大战略实施。

三是作为地方资产管理公司新秀，中原资产“三会一层”治理机制相对健全，经营思路较为清晰，市场化的薪酬和考核机制逐步完善，全员谋事创业的积极性不断提升，现代金融企业在体制机制上的活力正逐步显现。

2. 发展面临的不利因素

一是有别于中国信达等四大资产管理公司，包括中原资产在内的所有地方资产管理公司不是金融牌照持有企业，不能享受同等的政策待遇，在业务类型、资金来源、跨区域经营上存在制度性瓶颈与障碍。如四大资产管理公司可以通过同业拆借、发行金融债券等方式获得低成本资金，参与不良资产处置，资金成本远远低于地方资产管理公司（见表3、图1、图2）。

表 3　中原资产等地方资产公司与中国信达、华融的经营范围比较

类别	公司	经营范围
地方 AMC	中原资产	1. 投资与资产管理 2. 不良资产收购、管理及处置 3. 私募基金管理 4. 财务咨询服务等
	重庆渝康	1. 金融（含类金融）不良资产的收购、营运和处置 2. 承接国有企业改制上市、战略重组、改组组建国有资本投资运营公司等剥离的非主业资产和低效无效资产 3. 以市场化方式收购、托管社会不良资产
	浙江浙商	1. 参与省内金融企业不良资产的批量转让业务 2. 资产管理，资产投资及资产管理相关的重组、兼并、投资管理咨询服务 3. 企业管理、财务咨询及服务
银行非金融机构	中国信达	1. 收购、受托经营金融机构和非金融机构不良资产，对不良资产进行管理、投资和处置 2. 债权转股权，对股权资产进行管理、投资和处置 3. 破产管理 4. 对外投资 5. 买卖有价证券 6. 发行金融债券、同业拆借和向其他金融机构进行商业融资 7. 经批准的资产证券化业务、金融机构托管和关闭清算业务 8. 财务、投资、法律及风险管理咨询和顾问 9. 资产及项目评估 10. 国务院银行业监督管理机构批准的其他业务

二是中国信达等四大资产管理公司在承担金融不良资产政策性剥离任务的特定历史阶段中，得到了诸多政策支持，包括政策性剥离以及不良资产清收过程中享受相关税收优惠政策等（见表 4）。而地方资产管理公司成立时间较晚，在承担本地区农信社改制等带有政策性特征的不良资产处置业务时，无法享受有关税收、行政事业收费减免、行政诉讼等优惠政策，一定程度上加大了处置不良资产的难度。

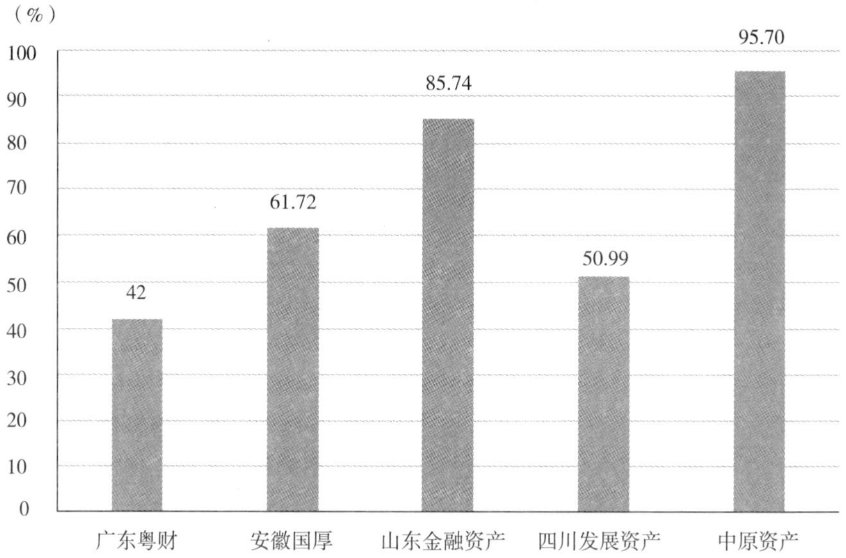

图 1　中原资产等地方资产管理公司融资中银行授信的比例

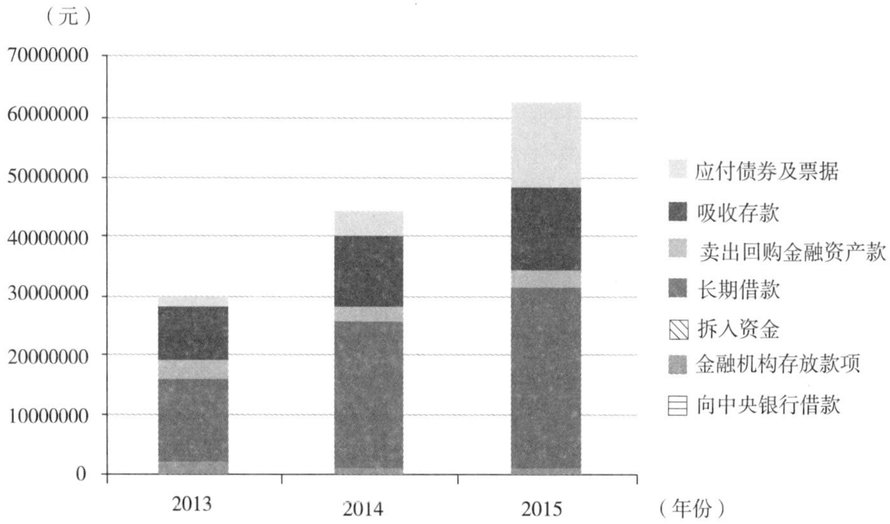

图 2　2013~2015 年中国信达融资渠道分布

表 4　中国信达等四大资产管理公司在发展中享受的税收等政策支持

类别	具体内容
税收优惠	四大 AMC 在收购、承接和处置政策性剥离不良资产和改制银行剥离不良资产过程中可执行《财政部国家税务总局关于中国信达等 4 家金融资产管理公司税收政策问题的通知》（财税〔2001〕10 号）、《国家税务总局关于中国信达等四家金融资产管理公司受让或出让上市公司股权免征证券（股票）交易印花税有关问题的通知》（国税发〔2002〕94 号）、《财政部国家税务总局关于 4 家资产管理公司接收资本金项下的资产在办理过户时有关税收政策问题的通知》（财税〔2003〕21 号）、《财政部国家税务总局关于中国信达资产管理股份有限公司等 4 家金融资产管理公司有关税收政策问题的通知》（财税〔2013〕56 号）规定的税收优惠政策 其中，以财税〔2001〕10 号文件为例，四大资产公司收购、承接、处置不良资产（政策性资产）可享受的税收优惠政策主要有： 1. 对资产公司接受相关国有银行的不良债权，借款方以货物、不动产、无形资产、有价证券和票据等形式抵充贷款本息的，免征资产公司销售上述资产或利用上述资产从事融资租赁业务应缴纳的增值税、营业税 2. 对资产公司接受相关国有银行的不良债权取得的利息收入，免征营业税 3. 对资产公司接受相关国有银行的不良债权，借款方以土地使用权、房屋所有权抵充贷款本息的，免征承受土地使用权、房屋所有权应缴纳的契税 4. 对资产公司成立时设立的资金账簿免征印花税。对资产公司收购、承接和处置不良资产，免征购销合同和产权转移书据应缴纳的印花税 5. 对各公司回收的房地产在未处置前的闲置期间，免征房产税和城镇土地使用税。对资产公司转让房地产取得的收入，免征土地增值税 6. 资产公司所属的投资咨询类公司，为本公司承接、收购、处置不良资产而提供资产、项目评估和审计服务取得的收入，免征营业税
行政事业性收费减免政策	依据"财综〔2001〕7 号"文件，四大资产管理公司收购和处置不良资产免收部分行政事业性收费（有效期 5 年），具体有： 1. 国土资源部门按照规定收取的土地登记费，包括土地权属调查及地籍测绘费、土地注册登记费、土地变更登记费，以及土地抵押登记费 2. 建设部门按照规定收取的房屋所有权登记费，包括登记费、变更登记费以及抵押登记费等 3. 工商行政管理部门按照规定收取的企业注册登记费，包括开业注册登记费、变更登记费、年度检验费等 4. 公安部门按照省、自治区、直辖市人民政府及其财政、计划（物价）部门有关规定收取的机动车辆检测费、过户费等

续表

类别	具体内容
司法优惠政策	依据《最高人民法院关于国有金融资产管理公司处置国有商业银行不良资产案件缴纳诉讼费用的通知》（法〔2001〕156号），四大资产管理公司享有如下费用优惠政策： 1. 凡属上述金融资产管理公司为处置国有商业银行不良资产提起诉讼的案件，其案件受理费、申请执行费和申请保全费，按照《人民法院诉讼收费办法》的规定计算，减半缴纳 2. 上述案件中，金融资产管理公司申请财产保全的，可以不要求资产管理公司提供担保 （四大资产管理公司政策性处置任务均已基本完成，上述诉讼费优惠政策已于2009年2月28日期限届满）

三是中原资产作为初创期的公司，在激烈的市场竞争面前仍面临着核心能力的不足，是做大做强首要克服的困难。如核心业务谋划和落地能力有待提升；公司融资依赖银行授信，融资渠道单一且融资成本相对偏高，压缩了利润空间；公司中层部分核心岗位人员、业务骨干缺失，业务团队整体实力不强；内部管理制度和关键管理流程有待优化等。

（二）机遇与挑战分析

1. 发展机遇

当前我国经济发展进入新常态，经济发展和可持续增长面临一定挑战。中原资产基于业务优势，可充分发挥“逆周期”金融救助和金融稳定器功能，在支持供给侧结构性改革和服务实体经济方面迎来新的机遇。

一是做大做强不良资产经营主业迎来新机遇。当前，我国实体经济累积了巨大的偿债压力，在压力传导之下传统金融机构持有的不良资产规模持续增加，预计2020年将达到约4.8万亿元人民币。2017年7月召开的全国金融工作会议上，习近平总书记提出了服务实体经济、防控金融风险、深化金融改革三大要求，同时会议特别强调要通过市场化方式来推进去杠杆问题。作为服务河南省金融稳定的重要力量，中原资产将在持续化解区域风险和推进市场化降杠杆改革中发挥不可替代的作用，公司的金融不良资产收购处置、债转股等业务将迎来更大的发展空间。

二是国企改革等持续推进催生新一轮特殊投资机遇。2013年11月，党的十八届三中全会通过了《中共中央关于全面深化改革若干重大问题的决定》，掀起了新一轮以积极发展混合所有制经济为核心的国资国企改革，在改制、主辅分离、清产核资等过程中催生了新一轮特殊投资机遇。作为省级地方资产管理公司，中原资产在持续推进自身改革发展的同时，可充分发挥专业优势和地缘优势，深入挖掘省内国有企业改革过程中的特殊投资机遇，凭借优秀的资本运作和项目落地能力，不断挖掘发展机遇，提升核心竞争力。

三是经济转型为实施综合金融服务创造有利条件。河南省经济转型和产业升级过程释放了大量的金融服务需求，这为中原资产实施综合金融服务创造了有利条件，可以通过打业务“组合拳”的方式，以“存量+增量”“金融+产业”“债权+股权”“自主资金+结构化融资”等全产业链金融服务模式，为企业提供全生命周期、全产业链金融服务，支持其转型升级，切实解决实体企业融资难、融资贵问题。

2. 发展挑战

一是不良资产行业竞争日趋激烈。随着金融改革深入和金融风险聚集，银监会等对于地方资产管理公司牌照管制有所放松。2016 年 10 月，中国银监会下发通知允许设立第二家资产管理公司。为推动债转股工作开展，2017 年上半年中国银监会批准建设银行、农业银行和工商银行成立专司债转股的资产管理公司。截至目前，地方 AMC 已经扩容至近 50 家，市场格局也由原来的“信达、华融、东方、长城四大 AMC”寡头市场分化为“4+2+N+银行系”多元化局面。与其他竞争对象相比，地方资产管理公司成立时间较短，团队经验和业务落地能力仍在培育之中，发展面临较大压力。

二是传统不良资产业务难度加大。一方面，资产价格面临下行趋势，而银行不良资产包中的担保物大部分是房地产类的，该类资产的交易有可能持续低迷，资产管理公司收购不良资产后处置收入有可能不达预期，或可成为一项沉重的压力。另一方面，企业债务风险成因十分复杂，并且风险会在上下游、行业内、金融机构之间传递和蔓延。由于多数深陷债务困境的企业的债权债务关系往往多重交织，相互联保形成互保圈，甚至牵扯到民间借贷，导致资产处置回收难度增大，仅靠单一手段很难达到预期效果。

三是监管趋紧、利率走高等新变化带来更大挑战。总体来看，包括中国信达等在内的资产管理公司的部分创新型业务容易受监管政策调整而出现较大波动。近期，在金融监管不断加强、房地产等行业政策持续收紧的影响下，多数资产管理公司的创新型业务发展空间大大压缩，给企业短期内的经营情况带来了一定的冲击，同时也对规范业务类型和提升核心竞争力提出了更高的要求。此外，由于地方资产管理公司成立时间普遍较短，发展初期资金主要来源于银行授信，导致业务发展规模受制于企业获得的银行授信额度，同时存在资金周期与项目周期不匹配、资金成本不断提高等问题，使发展面临更大挑战。

（三）行业发展的趋势

面对经济转型背景下业务空间巨大，但竞争和挑战仍十分严峻的复杂形势，地方资产管理公司要实现快速发展壮大离不开创新，而创新的关键是要转变以往被动式的资产管理方式为主动管理资产，把握金融业发展的整体趋势，充分利用资本市场，加快构建具有核心竞争力的创新业务体系，提升发展竞争力。总的来看，目前行业发展呈现以下趋势：

一是构建不良资产业务的核心生态圈。不良资产经营涉及法律、审计、评估、征信、交易、处置等方方面面。因此，地方资产管理公司面临的首要难题是处置经验不够丰富，处置能力不够突出。要解决这一难题并不能完全依赖于自身团队的培养，而是要建立以本企业为核心的不良资产处置业务生态圈。在这个生态圈内，应当包括在专业领域具有一技之长的不良资产智库机构、不良资产处置平台、不良资产信息服务商、不良资产数据服务商、律师事务所、交易服务商、征信机构、资产评估机构等各类型的机构，进而形成一个紧密合作、各有分工的服务商生态圈，地方资产管理公司可以利用这一生态圈，不断强化自身发展实力。

二是强化投行能力建设，与不良资产业务有机协同。诉讼追偿是地方资产管理公司传统的处置不良资产的主要手段，耗时耗力且回报率较低。结合当前经济转型之下的发展新机遇，地方资产管理公司在业务发展中出现了一些新的模式，如按照“产融结合”的要求加强投行能力建设，与不良资产业务形成有效互动，充分发挥地方资产管理公司的不良资产经营经验和良好的政府关系等收购银行资产包，并负责清洗债权债务关系，同时通过专业的投行团队，有效挖掘提升不良资产的附加价值，有效提高业务收益。

三是对接资本市场，拓展多元融资渠道。相比金融资产管理公司，地方资产管理公司由于不具备金融机构牌照，在筹资能力和筹资效率上相对较弱，这就需要资产管理公司通过创新融资模式，优化融资结构，多渠道筹措更多优质低廉的资金，为其业务发展提供充足的资金支持。目前主要渠道有发行债券和资产证券化，其中通过发行债券可建立直接融资与间接融资相结合，长、中、短期融资相结合的融资体系。例如，浙商资产 2015 年 7 月在上海证券交易所挂牌发行非公开公司债，发行总规模 20 亿元，为第一家成功发行公司债券的地方版 AMC 公司。2016 年 3 月，安徽国厚金融资产管理公司成功非公开发行 5 亿元额度的 3 年期公司债券。实施不良资产证券化，信达等四大资产管理公司已经进行了较好的尝试和积极的探索，发行了多款不良信贷资产证券化产品。但地方资产管理公司受政策限制，较多采用了私募发行收益权类证券化资管产品的方式筹集资金，尽管未实施风险隔离，但也起到了融资的作用。例如浙商资产发行了多款收益权证券化资管产品。

四是适度开展多元化经营，延长“资产管理”价值链。目前四大资产管理公司已实现多元化经营（见表5），除不良资产收购处置业务资质外，同时持有银行、保险、证券、信托等金融牌照，形成了不良资产经营、投资与资产管理、金融服务三大块业务体系。地方资产管理公司在发展中，为了进一步延伸“资产管理”价值链，加强业务协同，正在探索参股银行、保险、第三方支付等金融牌照，提升业务体系的竞争力。

表5　四大资产管理公司多元化经营布局

公司	银行	保险	证券	基金	期货	信托	金融租赁	投资	参股地方AMC
信达	√	√	√	√	√	√	√	√	√
华融	√		√		√	√	√	√	√
东方		√	√			√	√	√	√
长城		√				√	√	√	√

四、国内外同行发展的经验及启示

面对共同的发展挑战，各地资产管理公司纷纷加快探索和创新步伐，其中已经涌现出一批战略清晰、特色鲜明、发展势头较好的企业代表，如重庆渝富确立了“不良+股权投资”的战略定位，充分依托政府引导，将资产处置与股权投资相结合，在发展地方经济和获得财务回报之间取得了平衡。陕西金融资产积极响应国家债转股政策，谋划实施了陕西第一单债转股业务并成功发行债转股专项债券，在支持本地企业降杠杆的同时获取财务收益，实现双赢。从国际来看，也有一批以处置企业不良资产起家的多元化另类投资机构，例如橡树资本，专注于从困境企业高收益债券、垃圾债、夹层融资和有限债中发现投资机遇，并逐步推进多元化，实现了约23%的跨周期超高投资回报，从“美国不良资产处置机构”

转变为“全球另类投资基金”。总的来看，主要经验如下：

一是制定清晰的主业定位和发展思路。中国华融等金融资产管理公司制定了清晰的业务定位和发展思路，即以资产处置为主线，以最大限度回收资金、提升资产价值、减少损失为目标，以改革创新为动力，以债务重组、资产管理为重点，不断培育市场和聚集人才，确立资产重组和资产管理的市场专家地位，并通过适时谋取金融牌照，逐步发展成为以处置银行不良资产为主业、具备投资银行功能和国有资产经营管理功能的全能型金融控股公司。

二是加快同业合作和服务延伸提升不良主业竞争力。近年来，面对不良资产包处置难度加大，中国华融等资产管理公司加大与投资机构合作，通过打包、资产证券化等整体处置的方式，将部分不良资产包处置给包括国外投资者在内的其他投资主体，降低了资金压力并有效地转移了投资风险。同时，通过合资设立资产管理公司，加快由投资型向服务型转型，构建起拥有评级、尽职调查、投资顾问、后期处置等不良资产全产业链服务的金融公司，挖掘不良主业潜力。

三是积极开拓投资银行业务。为了提升资产质量，挖掘资产的潜在价值，培育公司的核心竞争力，中国华融全方位开拓以证券承销、企业重组、辅导上市、管理咨询和财务顾问等业务为重点的投资银行业务板块，先后采取多种形式完成了一批上市公司的债务重组工作，为经营陷入困境的上市公司实质性改善运行质量创造了有利条件。

四是紧贴国家发展战略搭建新兴金融服务平台。以中国华融为例，在发展中坚持紧跟“一带一路”、自贸区建设、京津冀一体化等发展战略，充分发挥资产管理公司独特作用和辐射全国的网络优势，搭建了华融消费金融、华融福建自贸区投资、华融创新投资、华融新兴产业投资等多个新型金融服务平台，深化与地方政府、国有企业合作推进产融结合，既扩充了公司金融服务手段，完善了金融服务功能，更有力地支持了供给侧结构性改革和实体经济转型升级。

五、未来发展战略框架思路

（一）战略方向

面对复杂多变的内外部环境所带来的机遇和挑战，中原资产围绕维护区域金融稳定、支持实体经济发展和服务省委省政府重大战略实施的功能定位，通过科学研究和多方论证，进一步明确公司的战略方向，即以“一体两翼”（不良资产和特殊机遇投资为主体，股权投资与金融服务为两翼）的多元金融控股集团为目标，积极培育金融服务能力，提升公司治理水平，强化自身能力建设，认真贯彻和服务省委省政府决策部署，充分发挥功能职责，实现国有资本增值。

（二）战略目标

在业务布局上，中原资产近期主要以成功实现不良资产与股权投资“双轮驱动”，打造国内领先的另类资产管理集团的战略目标，远期则以成功实现以不良资产经营为主体，以股权投资和综合金融服务为两翼的多元金融资产管理集团为战略目标。在公司实力上，近期增资扩股到 50 亿元，争取两三年内资本金规模达到 100 亿元，成功实现上市。

（三）战略布局

一是大力发展不良资产与特殊机遇投资，切实履行好地方金融“稳定器”的功能职责，维护区域金融稳定，服务降杠杆供给侧结构性改革，促进产业优化整合。

二是大力发展股权投资，以股权投资建立产业与资本的纽带，促进汽车、航空、物流等领域的重大招商引资和产业结构调整，服务河南实体经济发展。

三是稳步培育综合金融服务板块，通过控股（参股）持牌金融机构，与不良资产和特殊机遇投资、股权投资形成协同效应，服务省委省政府关于金融业发展战略的实施。

六、突破口及重点任务

为实现打造“一体两翼”多元金融控股集团的战略目标，中原资产将按照“稳中求进”的发展原则，把深化功能类国有企业改革与推动中原资产做大做强相结合，做好战略落地实施，重点做好以下工作：

（一）加快推进战略业务落地，服务河南省经济转型大局

一是加快上汽集团等战略合作落地。加快推进与上汽集团、中国电建等大型企业的合作，服务河南省重点产业转型发展。重点做好中原上汽汽车产业基金落地工作。

二是加快市县合资公司建设。推进地市合资的资产管理公司设立与运营，与集团资产管理部形成协同联动，促进不良资产处置、综合金融服务资源下沉，服务市县经济发展。

三是加快推动重点业务取得实质性突破。集中优势资源，加快体育产业基金、环保产业基金、飞机租赁等重点业务取得实质性突破。通过推进中原金融资

产交易中心对外战略合作，助力河南省多层次资本市场建设。配合省工信委推进“千亿资本助力制造业强省建设行动”。

（二）精心谋划做好业务创新，着力构建核心竞争力

一是探索不良资产经营新思路。按照《河南省推进供给侧结构性改革总体方案（2016~2018年）》提出的“做大做强中原资产管理有限公司，加快不良资产处置”要求，把握国企混改、“三去一降一补”供给侧改革以及金融风险催生的债转股、并购重组、破产清算等业务机会，不断探索以新型不良资产业务服务金融业和实体经济发展的路径。推动与中金公司等国内领先投行联合设立产业优化基金。尽快申请取得破产清算管理人等业务资质。

二是推动股权投资新模式。以入股上汽集团、中国电建、中国国航、中铁工业、顺丰控股等大型企业集团并成为重要股东为契机，以资本运作为纽带，打造“省级主权投资基金”，增强对省级重大招商引资和产业结构调整的支撑作用。

三是积极谋划参股控股金融机构。按照中央和省委、省政府政策导向，积极在河南自由贸易区发起设立证券、银行等相关金融机构，提高中原资产综合性金融服务能力，推进不良资产多元化处置体系建设。

（三）稳妥推进公司增资扩股，不断提升发展实力

根据功能定位和战略发展需要，科学谋划，按照省政府的意见，在省财政厅支持下，在2018年内将公司实缴注册资本由原有的30亿元增至50亿元，并逐步在未来两年内增加到100亿元，壮大公司资本金实力。

（四）科学组织金融创新研究，服务河南省金融改革深化

把做大做强金融豫军、促进河南金融深化发展以及省属功能类国有企业改革等有机融合，充分发挥中原资产博士后创新实践基地的平台优势，联合省内外知名高校招收博士后研究人员，会聚全国优秀人才加强金融业务创新、深化企业改革等专项研究工作，为公司发展提供科学支撑。

七、保障措施

（一）提高思想站位，增强责任意识

加快推动公司做大做强具有重要的战略意义。通过持续学习和引导，统一思

想认识，提高政治站位，切实增强责任感和主动性，把做大做强公司的发展目标与公司各部门职能、各岗位职责有机统一，确保各项工作持续深入地开展。

（二）细化工作方案，加强组织保障

做大做强公司管理、业务等方方面面，各项工作安排相辅相成、相互关联、互为因果，牵一发而动全身。因此在工作推进过程中，应根据发展改革的要求和工作目标，进一步细化工作方案和具体措施手段，依托公司持续改革办公室，统筹协调各部门、各子公司持续推进各项工作，确保工作结果的及时性、完整性和有效性。

（三）严肃纪律要求，落实主体责任

在推动公司做大做强的工作过程中，要求各相关责任单位和部门坚持实事求是原则，如实汇报存在的问题，不得虚报、瞒报，不得拒绝配合工作的开展。对违反上述纪律的部门、单位和个人，公司将视其情节和影响，追究违纪责任。

八、政策建议

（一）支持中原资产参控金融机构

银行等传统金融业务与中原资产的不良资产处置、股权投资业务间具有较强的协同性，也是打造“一体两翼”业务格局的重要举措。建议支持中原资产在农信社改制过程中，入股或收购改制后的农商行，提高中原资产资金统筹能力，加强与现有业务板块的协同。同时，支持中原资产联合战略合作伙伴，利用河南自贸区关于鼓励金融创新等政策支持，共同发起设立专业保险机构。

（二）支持中原资产开展问题企业托管

为进一步做好国有企业改革过程中企业层级压缩、剥离非主业等改革任务，拓展公司不良资产业务发展空间，建议支持中原资产拓展问题企业托管功能，并同意将中原资产纳入省高院批准的破产清算管理人清单，鼓励各地市优先将出现资金流动、经营管理等问题的困难企业交由中原资产统一托管，依托公司的并购重组、破产重整、投资投行等业务功能盘活企业资源。

(三) 支持中原资产深度参与省内国企深化改革工作

目前，河南省国企深化改革工作正朝纵深领域推进，中原资产作为河南省第一家地方资产管理公司，有着先发的牌照优势、制度优势和业务优势，与国企混合所有制改革、“三去一降一补”、企业降杠杆业务等工作具有高度的契合性和相关性。因此建议省政府支持由中原资产牵头，发起设立河南省产业优化基金，服务省内国企改革和企业降杠杆工作。

（本章作者为中原资产课题组）

中原农业保险股份有限公司：打造保险系金控集团

一、基本情况

中原农业保险股份有限公司（以下简称“中原农险”）是河南省委、省政府从中原经济区建设、打造金融豫军、维护国家粮食安全、解决“三农”问题的战略高度出发，积极推进设立的河南省首家国有地方保险法人机构。中原农险由河南省农开公司、中原高速等17家机构发起成立，注册资本11亿元，于2015年5月8日获中国保监会批准开业，于2015年12月1日获得财险经营“全牌照”，成为覆盖全部财产保险业务的财险公司。2017年，实现保险业务收入11.31亿元。种植险保费在河南省排名第1，农险保费排名第1。已经在河南省开设115家分支机构，做到了县级机构全覆盖。在未设机构的市和县，派驻了服务组，保证必要的服务能力。目前全系统在编员工1000余人，平均年龄30.9岁，本科以上学历占比74.15%，初步建成一支年轻化、专业化的员工队伍。公司成立两年多来，秉承合规经营的理念，大力推行创新驱动战略，农险市场规模跃升河南省第一位，发展成为河南省农业风险保障体系的主力军。

二、发展状况

（一）发展过程中取得的成效

中原农险成立以来，围绕突破规模、夯实基础、规范经营三大任务，发扬艰苦创业精神，攻坚克难，奋力进取，各项工作取得了一定的成效；公司发展成为河南省农业风险保障体系的重要建设者，农险市场主力军的地位进一步奠定，对“三农”发展的作用得到深化。

1. 经营效益有效提升

中原农险紧跟农业供给侧结构性改革方向，始终围绕服务河南农业现代化这一大局，围绕创新、服务、合规提升核心竞争力，在保证业务质量的前提下，迅速扩大市场份额。2016 年，实现保险业务收入 5.35 亿元，完成年初预算的 178%。种植险保费在河南省排名第 1，农险保费在河南省排名第 2，总保费在河南省 40 家财险公司中排名第 11 位，较上年上升了 19 个位次。其中，种植险通过积极推动小麦、水稻高保障产品，大力推进整县统保，稳步开展指数类产品试点，积极开展特色经济作物保险等，实现保费收入 4.21 亿元，市场份额达 21%。经营范围扩大到 95 个县（市、区）、757 个乡（镇）、9675 个村，覆盖 193 万户。养殖险以规模养殖场和养殖大户为主抓对象，向优质客户要规模、要效益，加大养殖业务的推动，实现保费收入 4826 万元，与 16 个龙头企业建立合作关系，规模养殖场在投保户中占比 96%。围绕地方名优产品创新模式，开展固始鸡保险，实现保费收入 122 万元，为经营户提供 2439 万元风险保障。商业险通过扶贫合作，以意外险、涉农财产险为突破口，迅速打开商险发展局面，实现保费收入 6842 万元，其中，意外险保费收入占商险比例为 71.6%，成为商险的“明星”险种。2016 年，在第一个完整经营年度即实现盈利，利润 487.7 万元，打破了财险公司开业 3~5年后才能盈利的一般规律，为公司今后的发展奠定了坚实基础。

2. 推进保险扶贫战略

中原农险紧密结合政府扶贫攻坚部署，以收支平衡、保本运行为底线，探索通过保险机制助力精准扶贫的新路子，找准了政府作用和市场作用的结合点，使保险扶贫成为当前带动公司发展的强大引擎。2016 年，为河南省经济社会发展提供风险保障 581 亿元，赔款达 3 亿元，受益农户超过 100 万户。公司经营区域已覆盖河南省 73%的县（市区），覆盖的乡镇是上年的 5.7 倍，覆盖的农户超过河南省农户的 1/10。一是形成“兰考模式”强大示范效应。公司通过与兰考县政府共同实施“脱贫路上零风险”的保险扶贫项目，推动 15 个险种，实现保费收入近 1000 万元，使全县 7.7 万扶贫对象获得 84 亿元保障。通过政府、银行、保险、担保联动，帮助 78 个新农主体获得 4500 余万元贷款。2016 年底，为确保贫困户安心过冬，紧急承保政府重点扶持的种植业大棚 5400 余亩、畜牧养殖大棚 1700 余座。“兰考模式”成为全国保险扶贫的典型经验，得到国务院扶贫办、保监会和省委省政府的关注和肯定，成为全国保险扶贫的典型模式之一，公司被保监会纳入保险业助推脱贫攻坚工作领导小组成员，在保险业助推脱贫攻坚工作电视电话会议、兰考普惠金融改革试验区推进会等重要会议上，被反复肯定宣传，有力提升了公司的地位和社会影响力。二是有效调动了公司上下的创新发展积极性。各分支机构结合“兰考模式”经验，积极加强和地方政府沟通，围绕扶贫工作开展了各种创新。光山县在政府支持下推行“第三层健康保险”，为群众兜底新农合、大病保险之外的合规医疗费用。汝州市政府把为贫困村、文明村购买人身险、农业保险作为帮促手段，实现“抓两头、带中间”。固始县借鉴互助保险模式，化解水产养殖风险。总公司也完成保障扶贫产业分红、土地流转履约的保证保险开发，在帮助农民增收致富上进一步拓展功能。三是有效带动了公司业务全面突破。公司参与扶贫开发的做法，得到各级党委政府的认可。截至 2016 年底，河南省先后有 9 个省辖市和 54 个县（区）政府与公司签署战略合作协议，对公司参与保险扶贫和其他业务给予全方位支持。目前，已有 23 个县落地实施合作协议，公司通过扶贫合作和全面战略合作实现农险保费收入 1.38 亿元，商险保费收入 5066 万元，在业务领域上也从单纯的农业保险、财产保险、人身意外险拓展到信用保证保险、团体健康险、特色养殖险，形成公司独特的竞争优势。

3. 增强内生发展动力

一是加快推进产品创新。成立中原保险研究院，搭建研发平台。大力开展产品研发工作，中原农险产品线的深度和宽度大幅提升。二是积极探索业务模式创新。积极发展“保险+互联网”业务，与村村乐、冷链马甲、万庄集团等 10 家平台签署了合作协议，顺利上线意外险、货运险、家财险等多款产品。积极参与兰考水利设施保险共保体试点。与固始县政府合作探索开展水产养殖互助保险模式。探索“农资+农险”的营销模式，在驻马店与登海种业合作，试点拓展服务渠道。三是持续推动技术创新。利用卫星遥感技术、精确承保系统，实现了“看图投保、看地投保”，比传统使用 GPS 验标、手工绘制保险标的坐落图节省时间达 60%以上。上线农险移动查勘系统，利用地勘采集评估系统开展精确查勘定损。整体上看，公司创新带动战略稳步推进，差异化的优势不断积累，为下一步发展奠定了良好基础。

4. 加强服务能力建设

一是加快完善服务体系支撑。在加快机构建设的基础上，在行业内率先实施对协保员的信息化管理，在河南省签约协保员 4000 余人。在 2016 年自然灾害频发的情况下，第一时间启动应急预案，使案件得到妥善处置，其中，部分种植大户在 3 天内收到了预赔款。二是参与农村金融服务体系建设。针对新农主体融资难的问题，加强与部分地方政府合作，推进农业贷款保证保险，积极参与融资支农平台和体系建设，与 40 家次政府签订了三位一体、四位一体、五位一体合作协议。将涉农融资成本从 10%左右降低到 7%左右，已帮助 2580 户涉农企业和新型经营主体实现融资 5.12 亿元，开创了金融支农的新路子。三是抓好救助基金承办服务项目。在短短两个月内完成河南省 128 个道路救助基金服务站的建设，组建了一支近160人的服务团队，实现河南省救助基金服务网络全覆盖，全年垫付资金量突破前五年总和，有效地发挥了救助基金“解危救急、雪中送炭”的作用。公司经办道路救助基金以来，媒体进行了大量报道，收到锦旗33面。

5. 推进混合所有制改革

为有效满足偿二代监管要求，落实五年战略规划，开展大型非车险等业务以及保险扶贫项目需要，中原农险2017年开展首轮增资扩股工作。本次增资将在保持国有股权绝对控股及河南省农业综合开发公司保持第一大股东地位的前提下，引进在河南省或国内有一定影响力，并具备持续的增资能力或战略协同价值的投资人，优先选择与公司价值理念趋同，在相关产业链上具有客户等资源的大型投资公司、涉农类公司、IT或互联网公司以及上市公司等机构入股，积极引入社会资本实现股权多元化。本次增资扩股增发不超过19股，力争完成注册资本金增资至30亿元规模。目前，《中原农业保险股份有限公司增资扩股方案》已经公司董事会、股东大会审议通过，并经省政府批准。按照计划，中原农险在与老股东、新意向投资人对接的基础上，于5月23日在中原股权交易中心进行了路演，7月10日在河南省公共资源交易中心进行挂牌公告。12月20日增资申请已提交保监会。

6. 实行总公司大集中、扁平化管理

一是实行业务、财务、人力、资产、再保、投资、单证、客户服务总公司集中管理和集中处理。二是实行经营目标引导下的全面预算管理。对保费收入、赔款、费用、资金、再保、资产、人力成本、投资、利润等核心经营指标实行全面预算、考核。三是实行业务、财务、再保、资产、单证、行政、人力等经营管理全领域、全流程信息化和系统集成、数据总公司集中，取消和避免任何游离于IT系统之外的经营管理行为，实现对经营管理各环节、节点风险的实时监控、分析识别和及时处置。

7. 深化合规和风险管理

一是协同抓好合规三道防线。首先，各条线部门和分支机构在业务开展过程中，严把核保核赔关，切实发挥第一道防线作用，较好保证了业务品质。其次，加强合规监督检查，组织开展秋粮承保理赔合规第三方调查工作，先后开展两轮“两两”自查、两轮承保理赔档案专项自查，各机构针对承保理赔档案存在的问题，做了大量整改工作。最后，加强内部审计监督，对5家县支公司农险业务进行现场审计，圆满完成内控评价、经济责任审计等16个审计项目，推进审计发现问题的整改，公司内控水平得到提升。二是加强偿付能力风险管理。积极推进“偿二代”管理工作，形成比较健全的“偿二代”风险管理体系，建立了风险导向的管理传导机制。在第三季度风险综合评级中，公司由第二季度的 B 类上升为 A 类公司；在 2016 年偿付能力风险管理能力监管评估中，公司得 69.68 分，较 2015 年自评估的 54.40 分提高了 15.28 分。稳妥开展资金运用，在“资产荒”的大背景下，投资收益率达到 5.44%，高出行业平均水平。利用再保险手段和加入农业保险共保体分散业务风险，在应对夏粮作物灾害超赔风险方面发挥了积极作用。

8. 建立现代公司治理机制

一是建立了公司治理的制度基础。根据《公司法》《保险法》等法律法规要求，公司制定了《章程》《股东大会议事规则》《董事会议事规则》《监事会议事规则》《总裁工作细则》等制度，确立了公司法律地位，切实维护公司、股东和债权人的合法权益，规范公司的组织和行为，使之形成自我发展、自我约束的良好运行机制。二是建立包括股东大会、董事会、监事会及经营层的“三会一层”现代企业法人治理结构，确立公司的运行机制。严格规范股东大会、董事会、监事会及经理层的权责，明晰各自权责边界，“三会一层”按照相关法律法规及公司制度行使权利、履行义务，形成权力机构、决策机构、监督机构和执行机构的制衡机制，并实现高效运转。

9. 建立职业经理人制度

按照河南省政府常务会议纪要〔2015〕2 号，中原农险隶属于省政府，由财政厅代表省政府履行出资人职责，按照省属骨干企业模式进行管理。董事长、监事长、党委书记按照省管企业正职管理，人选由省财政厅推荐，按干部管理权限办理任免手续并按公司章程选举产生。董事长兼任党委书记。坚持党管干部原则和发挥市场机制作用相结合的原则，公司作为河南省首批职业经理人制度试点单位，在经营层全面实行职业经理人制度，总裁、副总裁及其他高管实行全员市场化聘任制。实行市场化薪酬制度，公司董事会制定了公司经营层成员考核评价办法，确立了公司激励机制以及配套的财务审计、延期支付和追索扣回等约束机制，建立了绩效考核导向的薪酬制度，以业绩和贡献为核心构建经营绩效和岗位绩效考核体系，将考核结果作为主要的薪酬调整因素。坚持公开透明、竞争择优的录用原则，全面实行劳动合同管理和岗位管理，建立了公司内部管理人员选聘、考核、奖惩和退出机制，确立了干部员工能上能下、能进能出、收入能增能减的制度安排。

10. 确立党的政治核心地位

根据《关于在深化国有企业改革中坚持党的领导加强党的建设的若干意见》及上级党委的有关要求，中原农险在组织建设和重大决策上，确立了党的政治核心地位。一是建立了党政交叉任职的治理结构体系。根据省委组织部任命，公司党委书记担任董事长，公司党委配备2名副书记，公司总裁及1名副总裁兼任党委副书记，促进了业务工作与党建工作同步布置。各支部书记均由总公司各部门、各分支机构负责人兼任（个别机构负责人为非党员的情况除外）。在公司董事会，有2名公司党委委员任董事，其中党委书记担任董事长。二是建立了党对公司重要和核心事项的领导与决策机制，通过党委会集体研究审议党务事项、“三重一大”事项、公司重要制度、向股东大会和董事会提请的重要事项、监事会行使职权中的重要事项等。三是全面落实党建工作责任制。通过制定《党委工作制度》和《党支部工作制度》，明确各级党组织党建工作责任，各级党组织书记承担党建工作全面责任，同时明确公司党政领导承担分管领域党建工作和党风廉政建设第一责任人责任。通过党政交叉任职，落实党建工作一岗双责，各级党政领导同时承担党建工作和业务工作两个主体责任，在布置业务工作时，同步布置落实相关党建工作和党风廉政建设工作。当前，公司成立了21个党支部和1个党小组，转入党员225名；创新党建教育平台，设立党建微信公众号；成立公司工会，发挥党组织与职工的桥梁纽带作用；深入开展“两学一做”学习教育，制定和落实学习方案，开辟网站党建专栏，组织演讲比赛、知识竞赛、专家授课，营造了浓厚的“学党章党规、学系列讲话，做合格党员”的氛围；深入推进党风廉政建设，围绕落实“两个责任”，制定完善制度，从党政领导班子到各部门、各机构逐级签订《党风廉政建设责任书》，开展党风党纪专题教育工作。通过党建活动的开展，较好发挥了党对公司发展的政治引领作用，实现了党建工作与公司发展同频共振。

（二）发展过程中的主要问题及原因分析

经过中原农险总公司上下的通力协作，实现了良好开局，但在取得成绩的背后也暴露出一些问题，主要集中在“四个难点”上：

1. 农险市场不规范现象依然突出

目前河南省的市场竞争主体已达十多家，面对激烈的市场竞争，“不收费返还保费、收费加倍返还、垫付超倍返还”的违规手段依然存在，严重扰乱了市场环境，农业保险的合规经营面临着严重威胁。

2. 地方政府的主导作用有待强化

一方面，部分地方政府对经营主体的规范和管理力度不大，对经营主体进出市场的政策尚需明确，缺少优胜劣汰的良性循环机制。另一方面，对农业保险的重视和支持力度需要进一步加大。

3. 农业保险的顶层设计落后于实践需求

随着农业的重大发展，现行农险产品的保障程度低、保障范围窄，地方特色产品紧缺，无法满足农民日益丰富的保险需求，一定程度上制约了农业保险的发展。

4. 公司自身发展瓶颈需要突破

作为一家新成立的公司，中原农险存在关键人才缺口，尤其是关系到业务推动的县支负责人急缺；受监管政策限制，机构建设与预期有偏差；因人才匮乏，创新的想法和思路落地缓慢；还面临着管控力度不足、发展方式转换等一些问题。

三、发展环境评估

（一）优势环境

1. 后发优势

作为新公司，不存在历史包袱，可以充分借鉴行业其他公司在机构管理、经营模式、技术创新、产品研发、客户服务等方面的优秀经验，同时总结行业发展过程中的教训，为己所用，避免公司走更多的弯路，以便能够实现弯道超车。

2. PPP 合作和参与政府扶贫项目

PPP 合作模式是指政府为增强公共产品和服务供给能力、提高供给效率，通过特许经营、购买服务、股权合作等方式，与社会资本建立的利益共享、风险分担及长期合作关系。河南省存在大量的 PPP 合作机会，公司作为目前河南首家地方保险法人机构，可以通过金融支农的方式在多个领域和政府合作，利用责任险、意健险等保险产品不断探索 PPP 合作机会，如开发安全农业、生态农业试点，防灾减汛等，与政府合作打造新农村生态建设。

河南省是我国人口大省，受人均农业产值低等因素影响，贫困人口也较多。中央明确表示未来几年将重点开展精准扶贫工作，河南省是开展此项工作的重点省份之一。公司以参与扶贫项目为契机，为省委省政府的重大决策提供保险和投资助力，在做大业务规模的同时回馈社会。

3. 创新优势

作为目前河南首家地方保险法人机构，中原农险可以加强与政府财政合作，探讨将部分科技创新、经济转型升级活动的财政补贴资金转化为保费补贴的可能性，为科技创新活动、科技创新贷款、经济转型升级活动提供更高程度的风险保障，放大财政补贴资金效应，促进经济转型升级。

在农业保险领域，中原农险将以产品创新的形式促进公司业务规模快速增长，同时加快农业适度规模化发展进程。公司计划以农业新型经营主体为主要客户群体，将目前经营多年的成本保险逐步升级为产量保险和价格保险，之后向美国等发达国家农险模式看齐，最终将向市场提供收入保险产品。

4. 决策优势

作为法人机构，中原农险在河南当地市场有一定的地缘优势，有较大市场潜力。区别于同业公司在河南省的分公司经营，中原农险在经营管理模式、业务选择、风险防控、指令传达和执行结果评价等关键环节具有较大的决策效率优势，故应充分发挥优势快速占领市场。

5. 平台优势

作为省内首家保险法人机构，中原农险在市场上有一定品牌号召力，能够吸引优秀人才加盟。公司具有优良的股东背景，在总部管理、业务发展等方面，均能为有能力、事业心和进取心的人才提供充分发挥专业才能的平台，从而吸引和培养更多的人才与公司共发展，实现多赢。

（二）劣势分析

1. 队伍整体素质需要进一步提高

中原农险机构批设步伐在不断推进，队伍不断壮大，但是现在队伍的整体素质还有待提高，部分同志缺乏攻坚克难的精神。

2. 管理能力需要进一步提升

管理工作的精细化程度还不够，一些管理机制还处于调整期。

3. 风险意识需要进一步加强

中原农险从成立之初就把合规当作一个高压线，从目前的实践来看，部分人员的合规意识有待加强。

（三）未来机遇

1. 国家连续出台利好政策

国务院办公厅《关于加快转变农业发展方式的意见》，财政部、农业部《关于调整完善农业三项补贴的指导意见》，财政部《关于加大对产粮大县三大粮食作物农业保险支持力度的通知》等，都明确提出了加快发展农业保险的意见。此外，中央财政正在协调实施“15+X”的保费补贴模式，即除了15种全国性的补贴品种外，各地还可以选择一类或者几类特色农产品和支柱农产品，享受中央财政保费补贴或以奖代补政策。

与此同时，《国务院关于印发推进普惠金融发展规划（2016~2020年）的通知》中提出“力争使农业保险参保农户覆盖率提升至95%以上”和“支持保险公司开拓县域市场，对其在中西部设立省级分公司和各类分支机构适度放宽条件、优先审批”，可以预期，随着农业保险参保率的快速提升和保险机构铺设难度降低，中原农险有着广阔的市场潜力。

2. 地方政府的大力支持

在持续大力支持农业产业的基础上，2015年初中共河南省委发布了《关于加大改革创新力度加快转变农业发展方式、加强农业现代化建设的实施意见》，文件明确提出“加快制定农业保险的支持政策，开展精准保险。发挥中原农业保险公司地方法人机构优势，稳步提高农业保险承保服务能力，鼓励发展各类地方特色农业保险。加大省财政对产粮大县三大粮食作物（小麦、玉米、水稻）保险的保费补贴力度，逐步降低或取消产粮大县三大粮食作物县级财政保费补贴比例”。2016年初，省政府发布了《河南省人民政府关于印发河南省加快转变农业发展方式实施方案的通知》，再次提出“发挥中原农业保险股份有限公司的作用，鼓励商业保险机构开发适应新型农业经营主体需求的多档次、高保障保险产品。从2016年开始，探索开展产值保险、目标价格保险等试点，逐步提高省财政对产粮大县小麦、玉米、水稻保险的保费补贴比例。”

3. 农业规模化经营趋势明显

无论种植业还是养殖业，河南省优势地位明显，是我国农业产业最重要的组成部分。

种植业方面。相关资料显示，河南省耕地面积约1亿亩，截至2014年底土地流转面积已经超过3393万亩，新型农业经营主体种植小麦约1435万亩，占流转面积比分别约为42%，占总耕地面积比分别约为14%。随着土地确权工作的展开，土地流转将加速进行，可以预期的是政府对合作社、农企、家庭农场、种养大户等新型主体的扶持力度将更大，预计到2020年新型经营主体播种面积占耕地面积比有望突破30%。

养殖业方面。随着市场经济发展，河南省养殖业规模化趋势明显。以生猪为例，2014年规模化养殖存栏量已经超过80%，同比增速高达53%。肉鸡、奶牛等品种规模化养殖比重也超过了70%，同比增速超过30%。

4. 农村保险市场潜力巨大

目前，无论是政策性农业保险，还是纯商业保险，在农村的渗透均存在不足。以政策性种植险保险为例，其参保率不足40%，远低于全国平均水平。由于本地农户对于保险的认识还比较浅薄，市场位于起步初期，远未达到成熟。截至2014年底，全国保险密度为1479元/人，保险深度为3.18%。河南省保险密度为1100.69元/人，保险深度为2.97%。随着河南省经济的高速发展，无论保险密度，还是保险深度，保险市场仍有很大的发展空间。

与此同时，受制于农村客户保险需求较低、搭建销售渠道比较难以及应对商车改革给城市客户带来的冲击，一定程度上影响了几大商险巨头拓展农村市场进度，为公司留出了较大的发展空间。

5. 商业保险可拓展领域众多

目前，行业绝大部分公司均以车险为主要产品，轻型化经营是众多公司的选择，行业竞争日趋激烈。与其他公司不同的是，为了更好地服务农村市场，中原农险将根据市场的不同情况采取差异化铺设分支机构的策略，一定程度上有条件掌握大量的客户资源，进入商险的细分市场领域。

在行业特别重视的销售渠道方面：中原农险股东背景优良，可以依托股东或者类似股东渠道协助销售保险，如各级政府的保险服务采购项目和各级政府主导推动社会多方参与的保险服务项目等；利用自身地方法人优势和拳头产品优势，中原农险也可以与大量的第三方平台合作，借力发展。针对农村的蓝海市场，着力开展车险、家财险、责任险、意外险和保证险等相关小保额商险业务。

6. 投资领域可选择的机会更多

目前，随着经济新常态的到来，国家明确提出淘汰落后产能，集中发展现代化和高科技领域的新产业方向。与此同时，多方已经达成共识：保险资金在支持经济发展和国家战略转型等方面正在发挥越来越重要的作用，可以预判的是，随着资本市场规范化发展，保险公司投资监管政策也将越来越宽松，保险资金可投资领域在逐步拓宽，资金的安全性和收益性将有显著提高。

（四）面临挑战

1. 人才缺口较大

中原农险地处河南，受工作地点、薪资等条件影响，目前仍存在较大的人员缺口，主要集中在高级管理人才，综合型人才，总部管理经验人才，投资、精算、信息技术等专业型人才。与此同时，在分支机构专业领域领军人才队伍方面，公司也存在一定的缺口。短期内，高端人才不足成为公司发展面临的首要难题。

2. 创新能力不足

随着业务领域竞争的加剧，行业各成熟型公司均加大了对创新的投入，以期通过创新占领市场。中原农险起步阶段即面临业务的激烈竞争，基础工作量较大，无论农险还是商险，在经营模式、营销渠道建设、产品开发、技术更新等方面均存在着创新能力不足的问题，一定程度上制约着公司的发展。

3. 投资基础工作有待完善

开业初期，由于中原农险人员配置、风控体系、系统建设和制度建设等支持保障措施方面尚未建设完善，按照监管要求，公司不具备直接投资资格，只能采取委托投资形式开展业务，投资渠道相对单一。同时，由于投资专业人才较少，暂时无法实现前、中、后台岗位分离，以及投资、研究、交易、风控的制衡机制。

4. 农户保险理念有待加强

由于政府救济、农业收入占家庭总收入比较低等主要因素，导致农户参保率低。与此同时，种植险农户在选择投保的过程中，往往会投保风险较高的地块；出险后，农户可能会虚报、夸大损失。养殖险方面，由于信息不对称，难以查明存栏数量等情况，农户存在不足额投保心理，公司面临严重的道德风险。

5. 非农险竞争白热化

随着我国的保险业市场内经营主体逐渐增加，竞争日趋激烈，各家公司价格竞争趋势明显，保险代理商在市场竞争中占相对主动地位，导致了行业展业成本居高不下。

（五）发展方式与发展方向

1. 服务河南农业现代化建设

主动适应河南省农业发展的新常态，认真研究和开发适合农业现代化发展的需求保险产品。服务河南金融体系建设，助力河南经济发展。注重协同发展，与金融豫企、各地政府建立合作关系。通过合作共赢实现自身发展，在中原金融系统建设中发挥应有的作用，努力成为“金融豫军”中一支不可或缺的重要力量。

2. 恪守合规经营底线

合规经营是农业保险的本质要求，也是公司行稳致远的重要保障，由此，公司确立了“宁可损失业务规模也要坚持合规”的展业原则，通过规范业务操作，总公司统一核保，加大投保大户验标验险力度，建立合规督查机制，确保业务操作层面的依法合规，始终保持农业保险惠农利民的本质。

四、国内外同行发展经验及启示

（一）保险行业发展趋势

（1）2016 年全国保费收入约 3.1 万亿元，行业年均增长 15%以上；保险业资产规模、保费收入、利润都呈快速增长趋势。保费收入从 2010 年的 1.5 万亿元增长到 2015 年的 2.4 万亿元，年均增长 13.4%（见图 1）；保险总资产从 2010 年的 5 万亿元增长到 2015 年的 12 万亿元；行业利润从 2010 年的 837 亿元增长到 2015 年的近 2824 亿元，增加了 2.4 倍。

（2）我国目前保险需求尚未得到有效释放，潜力非常巨大，相比美国，仍有十倍增长空间。我国保险密度与深度尚不及保险发达国家的一半，保险业发展大有可期（见表 1）。

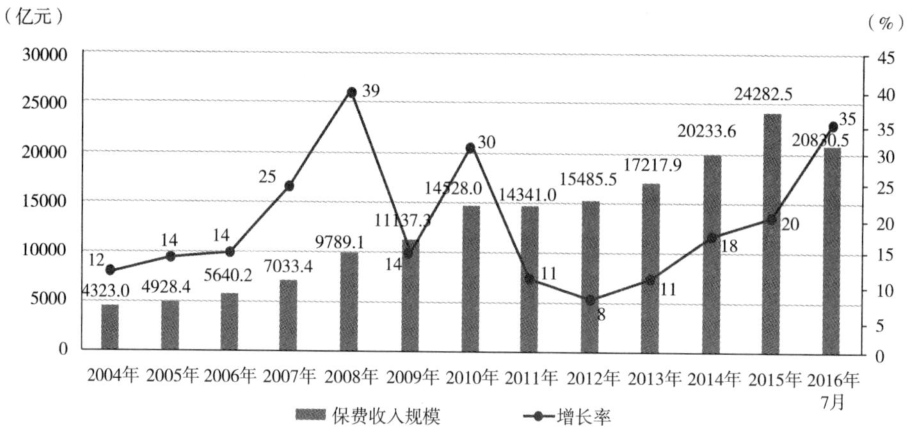

图 1　2004 年至 2016 年 7 月中国保险行业保费收入规模及增长率

资料来源：原中国保险监督管理委员会网站。

表 1　2014 年全球主要国家或地区保险密度与深度

国家或地区	保险密度（美元/人）	保险深度（%）	国家或地区	保险密度（美元/人）	保险深度（%）
瑞士	7934	9.6	日本	3778	10.8
荷兰	5689	11	韩国	3163	11.3

续表

国家或地区	保险密度（美元/人）	保险深度（%）	国家或地区	保险密度（美元/人）	保险深度（%）
法国	3902	9.1	中国台湾	4072	18.9
英国	4823	10.6	中国香港	5647	14.2
美国	4017	7.3	中国大陆	235	3.2
加拿大	3532	7.0	全球平均	662	6.2

2016年中国保费收入3.1万亿元，位列全球第二，但与美国相比仍有5~7倍的差距，美国保费增速较为平缓（见图2），市场较为饱和，未来中国保险业规模有望在5~7年内赶上美国，也就是说，未来中国保费仍有5~7倍的增长空间。

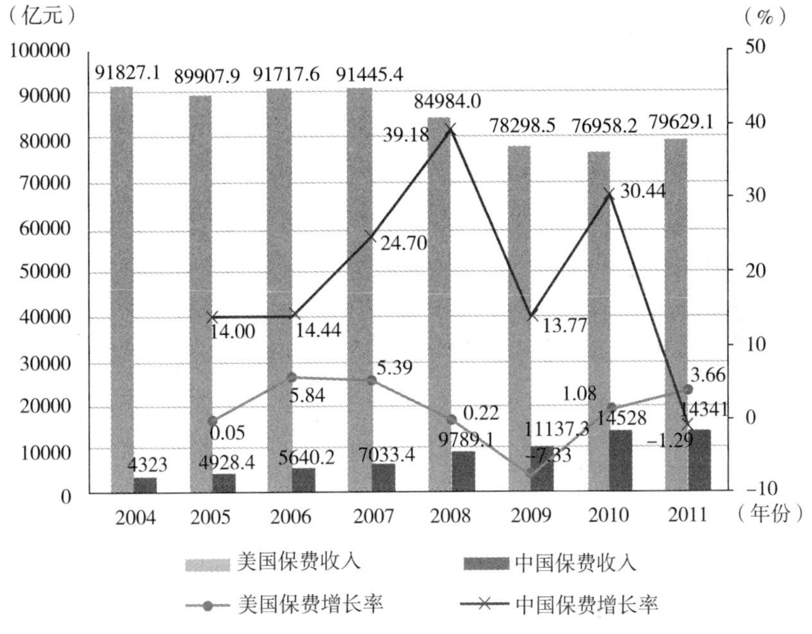

图2　2004~2011年中美保费收入规模对比

（3）“新国十条”勾勒保险业新蓝图，将推动保险行业下一个五年仍维持15%以上高速增长。“新国十条”提出，在2020年基本建成保障全面、功能完善、安全稳健、诚信规范，具有较强服务能力、创新能力和国际竞争力，与中国经济社会发展需求相适应的现代保险服务业；“新国十条”从国家层面设计、铺展保险业发展宏图；5年时间实现年5万亿元保费规模；保险大时代来临。2020

年中国保险行业保险密度及保险深度预测如图 3 所示。

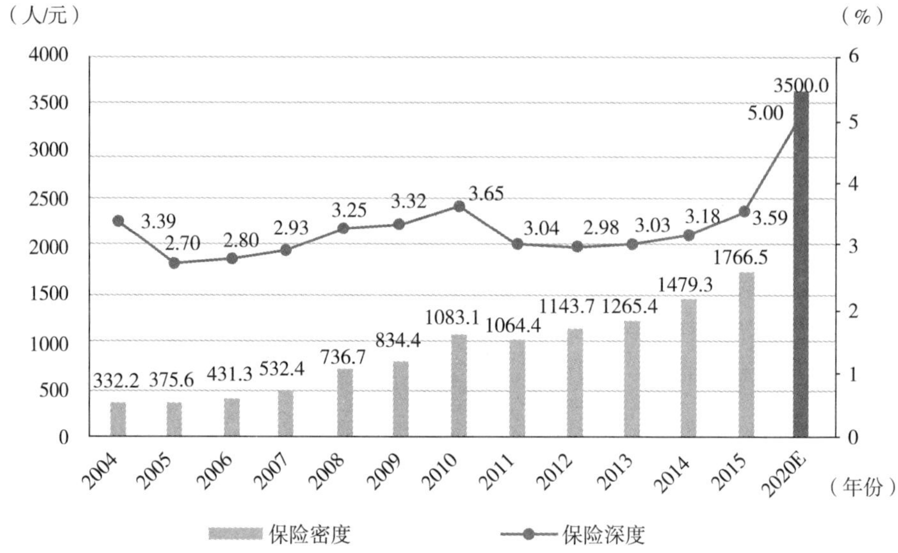

图 3　2004~2020 年中国保险行业保险密度及保险深度

（4）互联网巨头+传统产业巨头纷纷进军保险行业，不惜重金，获取保险牌照。2016 年 10 月 13 日，2016 年胡润百富榜发布，前 10 名的企业家都进入保险行业，排名前四的企业家均已将保险作为旗下重点发展的业务。如万达集团控股的百年人寿、阿里巴巴集团控股的众安保险、腾讯集团控股的和泰人寿、恒大集团控股的恒大人寿等。

（5）保险行业的竞争格局将从“二八原则”向“八二原则”转变，更好地服务于具有庞大保险需求的中小微及“三农”客户。未来竞争格局：将从“二八原则”转变为“八二原则”，中国保民数量有 3. 3 亿人，人数是股民的 3 倍，未来保险会覆盖所有人，达到 14 亿，可见市场之大。保险市场中还有 80%的中小微、“三农”等没有得到良好的保险服务或产品，而通过互联网保险可以更好地服务于中小微、服务“三农”。

（二）河南保险市场分析

1. 河南省是我国农业大省、人口大省，农险市场规模将近 50 亿元，未来可发展 1 亿保户

河南是我国农业大省，粮棉油等主要农产品产量均居全国前列，是全国重要的优质农产品生产基地。2015 年，河南省粮食总产量突破 1200 亿斤，比上年增

产58.96亿斤，连续12年增产，圆满完成粮食生产核心区中期目标。

初步核算，2014年河南省粮食播种面积14378.3千公顷，比2013年增长0.38%（见图4）。按每亩地15元保费计算，河南省保费规模估计在32.35亿元；按每亩地20元保费计算，河南省保费规模估计在43.15亿元。

河南是我国第三大人口大省，2015年河南省总人口为10722万、常住人口9480万。

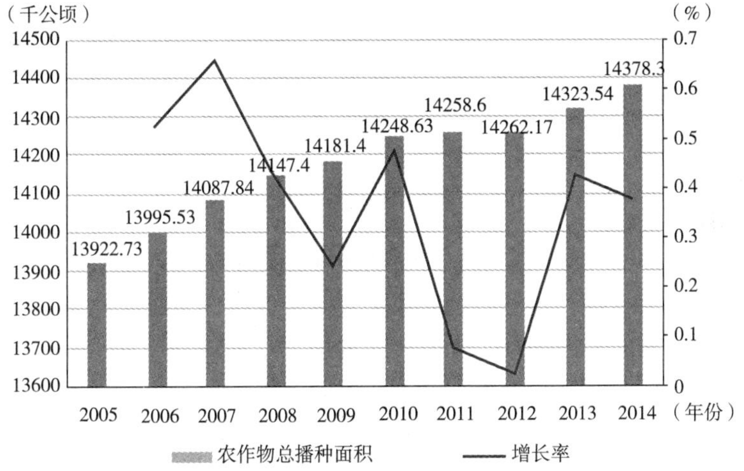

图4　农作物播种面积趋势

2. *河南保险行业起步较晚，但财产保险已超过全国增速水平，未来财险市场规模将超500亿元*

2015年河南省保险行业保险深度为3.4%、保险密度为1330元/人，均低于全国水平。

近年来河南省保险行业保费收入接近全国保险行业保费收入增长速度，截至2016年7月增速达到34%（见图5）；占全国保险保费收入比例为5.11%。

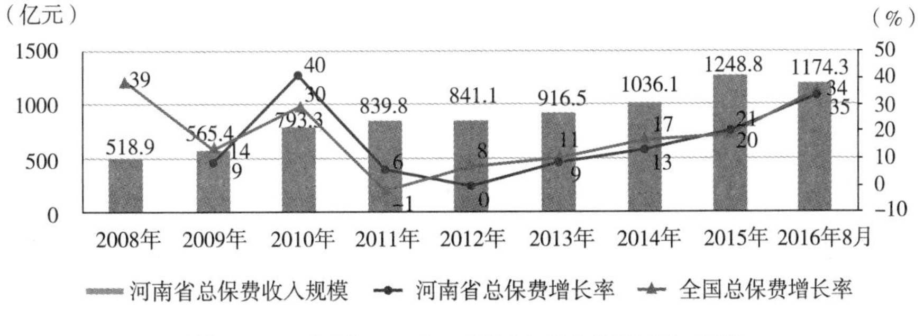

图5　2008年到2016年8月河南省总保费收入规模

河南省财产保险保费收入增长率高于全国财产保险保费收入增长水平，近年来增速均达到15%以上（见图6）；占全国财产保险保费收入比例为4.01%；按年均10%的增速测算，预计2020年财险规模可达516亿元。

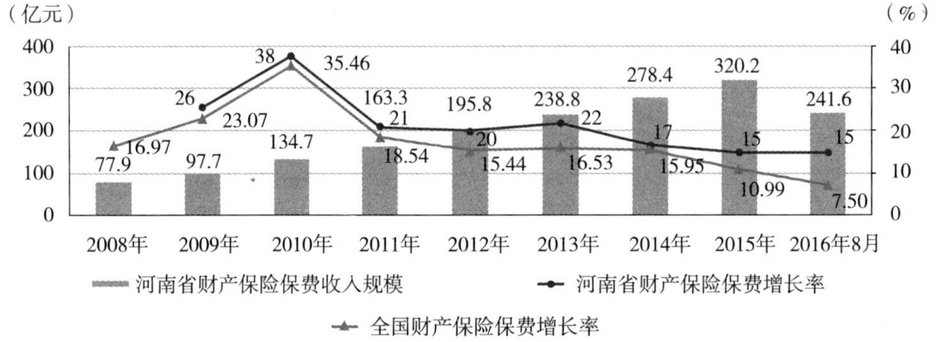

图6　2008年到2016年8月河南省财产保险保费收入规模

3. 规模较大、发展迅速、未来潜力巨大是河南农业保险的基本面

近两年河南省农业保险保费收入高速发展，2016年第一季度增速达到84%，远高于河南省财产保险保费增速及全国农业保险保费增速。河南省农业保险保费和覆盖面同比均大幅增长，实现保费8.0亿元，规模居全国第一位（见图7）。

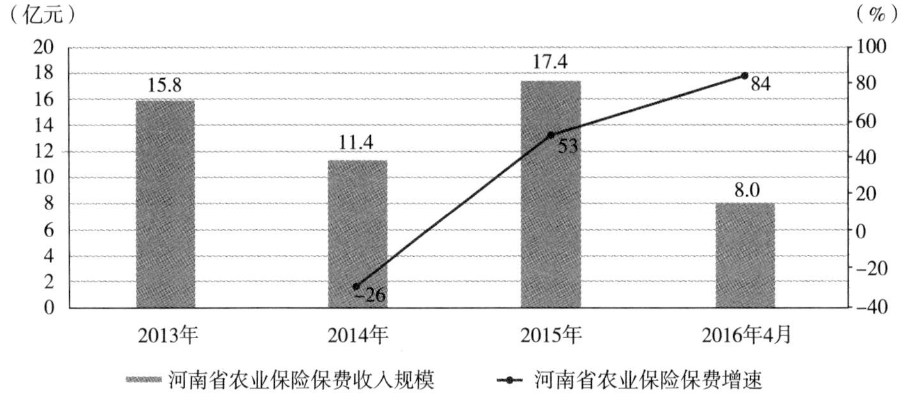

图7　2013年到2016年4月河南省农业保险保费收入规模

河南处在农业生产集聚集约步伐快速推进的转折时期，农业规模化经营将提高对农业保险服务质量的需求。河南省现在已有1.6万个家庭农场，3.9万个种粮大户，经营耕地3216万亩，占总面积的29%。农业规模化经营对农业保险的

需求更加强烈。

2014 年河南省能繁母猪保险的承保率只有 28%，水稻、玉米、小麦三大口粮作物保险覆盖率为 27.8%，落后于全国平均水平 34.5 个百分点。未来发展潜力巨大。

4. 各级政府在"三农"工作中越来越重视农业保险，加大保费补贴力度

分业务性质看，2014 年，享有中央财政保险费补贴的农业保险业务保费收入 317.09 亿元，占总保费收入的 97.36%。其中，中央财政补贴 128.95 亿元，占财政补贴型业务的 40.67%；省级财政补贴 77.5 亿元，占比 24.44%；地市县财政补贴 41.27 亿元，占比 13.96%；农民自缴 63.06 亿元，占比 19.41%；其他来源 3.32 亿元，占比 1.05%（见图 8）。

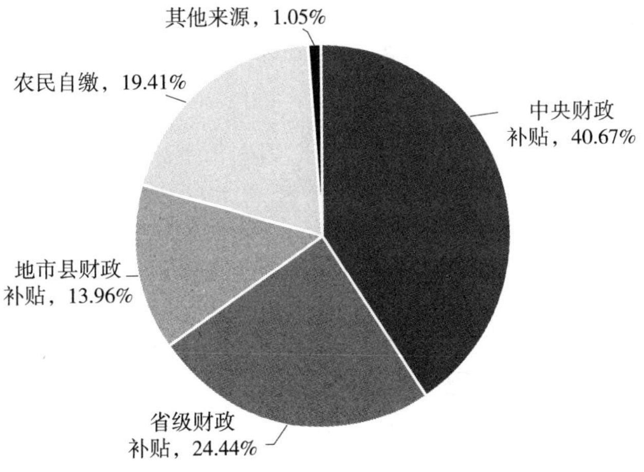

图 8　2014 年农业保险保费收入结构

近年来，中央财政不断加大支持力度，提高补贴比例，增加补贴品种，扩大补贴区域。目前我国农业保险保费补贴比例接近 80%，居全球较高水平。

五、未来发展框架思路

（一）指导思想

以促进国家粮食安全生产为重点，以保障"三农"持续发展为己任，助推农业供给侧结构性改革，立足中原、面向全国，坚持市场化、合规化、科技化的

发展理念，采用专业化、差异化、特色化的经营方式，努力将公司打造成客户信赖、社会尊重、政府满意、员工幸福的一流保险企业。

（二）基本原则

1. 惠农利民

充分利用国家惠农政策，高度重视利用政策性和商业性保险手段服务社会大众，充分发挥保险在灾害救助、资金融通、社会管理等方面的优势，切实做到惠农利民，保障农业及相关产业的可持续发展，服务社会大众。

2. 统筹协调

根据股东期望以及保险市场的实际情况，采取农业保险与商业保险并重、两大板块协调发展的策略，充分调动业务一线的积极性，合理进行资源配置。同时，根据业务发展速度和结构变化及时开展资本补充计划，提升资本回报率。

3. 创新发展

以创新为重要手段，在激烈的市场竞争中实现突破，赢得发展机遇。公司将在经营模式、销售渠道、产品研发、信息技术和客户服务等方面进行全方位创新，争取利用较短时间打造各板块的核心竞争力，为后续更好的发展蓄力。

4. 政策发力

积极进行保险相关理论研究，加强宏观经济形势分析和保险相关政策研究，充分发挥保险理论的引领作用，为保险相关政策的制定提供实践依据，进而推动政策的改善与实施，促进行业与客户共赢。

5. 专业合规

坚持业务多元化发展，专业化经营，合规化管理，合规与业务发展并重，实现合规创造效益。以“偿二代”为风险管理抓手，在监控保险风险、市场风险和信用风险等量化风险的同时，重点关注操作风险、战略风险、声誉风险和流动性风险等非量化风险。

6. 规模为先

在坚持保险业传统销售模式的基础上，通过创新理念建立多元化的销售渠道，在风险可控的前提下，追求农业保险和商业保险保费规模快速增长，以摊薄费用率，显著降低成本率。扩大公司的市场影响力，快速积累客户资源。

（三）未来 10~20 年的战略目标

统筹推进，协调发展。充分发挥党的领导力与政治保障作用，使公司核心价值观和独特的企业文化得到确立，公司治理结构完善，经营规范。以信息化为引领，充分利用大数据、互联网形成创新发展模式。坚持农业保险做精做专，商业保险打造品牌，投资领域创造效益，在行业内成为知名品牌并具有一定影响力的专业型、创新型现代化保险公司。

1. 争取上市

以上市保险公司为标准，创新理念、加强管理、调整结构、强化内控、提升管理水平和盈利能力，择机开展上市“助推”工程。

2. 健全治理结构

深化公司治理体系改革，按照监管要求和现代保险公司运行规律，建立科学高效、激励相容的治理制衡机制和治理运行机制，完善公司治理的制度体系、决策机制、信息沟通机制，确保各治理主体独立运作、制衡有效、相互合作、协调运转。

3. 强化基础建设

一是完善队伍建设。人才队伍建设是公司发展的重要基础，公司未来发展要建立一支素质优良、数量充足、结构合理，与公司发展相适应的人才队伍，为公司发展奠定坚实的人才基础。二是机构建设走出河南，以自身发展优势为基础，力争在国内重要的省市建立分支机构。三是投资业务效果显著，通过积累资金池创造投资效益。投资收益率不低于行业平均水平，投资业务成为公司利润的重要来源。

4. 提升全面风险管理水平

“偿二代”标志着中国的保险公司偿付能力监管进入以风险为基础来监管的新阶段，将推进保险公司风险管理变革，构建和完善全面风险管理体系。对此，公司将按照相关标准实施准备规划，一是以全面性、专业性、独立性、制衡性为原则，建立起覆盖公司的风险管理组织架构，正确认识和准确把握经营中产生的所有实质性风险，确保将整体风险控制在资本可承受范围之内；二是以风险管理战略和风险偏好为指导，构建清晰连贯的风险管理政策体系和独立、专业、高效的风险管理流程，力求所有风险管理节点与业务流程实现良好契合；三是以全面、准确识别和管理风险为目标，通过搭建完整、强大的风险管理数据和技术基础平台，提高风险识别、优化资产结构。

5. 有效开展结构优化和经营转型

进一步深化管理体制机制改革和业务创新，优化业务、产品、渠道结构。推进综合化经营和资本节约型业务发展。不断完善政策、制度、流程、规则及系统建设，推动管理创新，深入开展专业化经营、系统化管理和集约化控制的“三化”建设，充分发挥后发优势，强化核心竞争力。同时，将自身资源与能力边界作为第一考量要素，延伸发展空间，做好随时抓取外部发展机会的准备。

六、突破口及重点任务

（一）聚焦贫困县扶贫工作

利用保险在扶贫中的精准效应，结合各县的特色需求，量身定制个性化的保险扶贫方案，充分发挥保险的风险保障和资金融通作用，助力贫困县加快脱贫摘帽进程。一是扩大保险扶贫的范围，加快推动项目的实施，针对各地实际和特色，力争实现“一县一策，一县一模式”。二是拓展保险扶贫的深度，在保险精准扶贫的基础上，重在建立保险扶贫的长效机制，通过农业贷款保证保险、短期意外险和农村居民小额人身保险，增强农户脱贫的自我“造血”功能，带动脱贫人口创业致富，有效防止“刚脱贫又返贫”现象，实现真正意义上的脱贫。三是扩大保险扶贫的广度，除农业保险外，还将从民生、社会管理方面加强研究，制定切实可行的“一揽子”保险方案支持各地市社会经济全方位发展。

（二）坚持创新不动摇

紧紧围绕服务实现农业生产专业化、社会化、区域化和企业化，促进农业现代化这一目标，以创新产品，提供综合性服务方案为抓手，促进河南省现代农业的发展。一是围绕种养大户和新型经营主体，研发设施农业和高保障的保险产品，满足其消除高风险的需求，在小麦高保障产品的基础上新增温室大棚保险、高保障的水稻保险、规模化养殖能繁母猪、育肥猪、肉牛保险和家禽保险，为其敢投入、敢上规模解除风险顾虑。二是加快研发价格保险、收入保险等产品，应对当前粮食价格日益下降的趋势，激发农户种粮积极性，目前，已研发蔬菜价格保险、生鲜乳目标价格保险。三是加快研发特色产品，实现“一县一品”“一品一策”的目标，促进地方特色产业的发展，已研发出苹果、辣椒种植保险产品。四是为克服传统产品的违规问题，提高整个县域的农业风险保障水平。

（三）积累商业险发展动力

一是加强研究，认真谋划商业险的发展模式。二是加快人才队伍建设，储备一批专业能力强的人才队伍。三是搭好信息系统，打造一个运行顺畅、反馈及时、决策分析能力强的信息系统。四是健全产品体系，研发食品安全、养老、社会治安保险、农村居民小额人身保险、农村责任保险、农村医疗保险补充保险等产品，满足农村和城市居民的不同需求。通过做扎实这些基础工作，为商业险的大力拓展奠定基石。

七、政策建议

当前，中原农险处在初创阶段，除自身努力外，还需要省政府和各有关部门关心、关注和支持中原农险的发展。

（一）研究优化农业保险补助结构

进一步加大农业保险投入，重点加大对新型经营主体、特色优势产业和贫困地区的保费补贴投入，更好地发挥保险服务对规模化经营和农业供给侧结构性改革的推动作用。优先支持中原农险积极探索研发有地方特色的新险种，增强保险服务的针对性和有效性。

（二）建立再保险机制和超额赔付财政补偿机制

引导农险经办公司加大资金、设施和防灾防损投入，控制合理利润，改革大灾准备金提取办法，逐步建立巨灾风险准备金。

（三）优化农险市场环境

重点建立市场主体竞争性准入机制和优胜劣汰机制。强化政策激励，完善引导机制，促进中原农险加快发展成为全方位服务“三农”的保险服务商，带动提升河南省农险服务水平。

（四）加强农险市场监管

推动建立监察、审计、保监、财政等多部门合作执法机制，加强农险市场检查，严肃处理违法违规行为，切实维护良好农险经营秩序。充分运用土地确权成果，通过政府购买服务提高农险基础数据信息化管理水平，运用卫星遥感技术对公司理赔情况进行监控，促进保险公司规范经营。

（五）明确对中原农险“协办农险带脱贫”的支持政策

由省扶贫办、财政厅、金融办等部门联合出台政策，以文件的形式明确中原农险公司在河南省农业保险工作中的主渠道地位，在河南省范围整合农险市场资源；明确支持中原农险在河南省范围内与各级地方政府联合开展“协办农险带脱贫”工作；明确河南省“协办农险带脱贫”工作的组织领导和部门分工职责。

（六）加强“协办农险带脱贫”工作的组织推动

强化“协办农险带脱贫”工作在省级层面的组织发动，建议召开由各市县政府参加的河南省“协办农险带脱贫”工作动员大会，要求各市县政府积极与中原农险公司对接推动“协办农险带脱贫”工作。

（七）进一步加大政府对农业保险的支持力度

完善河南农业保险运作模式和政策框架，在建立以中原农险为主渠道的市场资源整合机制的基础上，加快推进农业保险“扩面、提标、增品”，除推动中央补贴险种“应保尽保”外，加大对创新型农险产品和特色农业保险品种的省级财政补贴力度。同时进一步明确和强化基层政府对农业保险的组织、推动作用，切实提升农业保险覆盖面和投保率，通过做强做大农业保险规模，保证中原农险“带贫”能力和效果。

（本章作者为中原农险课题组）

中原股权交易中心：走在全国前列

摘要：区域股权市场是金融市场的重要组成部分，处于多层次资本市场的“塔基”。河南省区域股权市场成立以来发展迅速，态势良好，但是由于成立时间短、推动力度小、政策不配套等诸多原因，导致与全国先进地区仍有较大差距，在中部六省中排名靠后。我国多层次资本市场发展的顶层设计基本完成，区域股权市场快速发展的大格局已经形成，当前河南省区域股权市场基本具备跨越式发展的有利条件，理应规划远大的战略目标，及早确立“融资服务功能完善、运营规范、国内一流、走在全国前列”的战略目标定位。要强化行政推动，优化环境，完善激励配套政策，加强股权质押融资功能，引导私募基金等投资机构集聚发展，建设郑东新区龙湖国际财富投资管理中心，构建多层次资本市场“互通立交桥”，创建中小微商学院，拉长服务链条，构建生态圈体系，力争实现弯道超车，后来居上，走在全国区域股权市场的前列。

为了深入贯彻河南省十次党代会“建设经济强省”“突出发展现代金融，做大做强金融豫军，支持企业境内外挂牌上市”的战略部署，河南省政府发展研究中心联合郑州大学、河南工业大学、中原证券、中原股权交易中心等单位的相关专家组成“区域股权市场走在全国前列”研究课题组。经过近五个月的协同研究，课题组多次深入中原股权交易中心等单位调研，总结了其成立一年多快速发展的显著成绩，对比分析了其与先进省市的巨大差距，剖析了制约发展的短板，最后提出了河南省区域股权市场做大做强并走在全国前列的思路与建议。

一、河南省区域股权市场走在全国前列的意义重大

邓小平曾明确指出：“金融很重要，是现代经济的核心。金融搞好了，一着棋活，全盘皆活。”金融是现代经济的血液和中枢，而资本市场是现代金融的核心。

2017 年 10 月，中共十九大顺利召开，习近平总书记在十九大报告“贯彻新发展理念，建设现代化经济体系”部分中强调：“深化金融体制改革，增强金融

服务实体经济能力，提高直接融资比重，促进多层次资本市场健康发展。”

区域性股权市场是主要服务于所在省级行政区域内中小微企业的私募股权市场，是多层次资本市场体系的重要组成部分，是地方人民政府扶持中小微企业政策措施的综合运用平台。经过二十多年的发展，我国资本市场已经形成了多层次结构，区域股权市场正是多层次资本市场的“塔基”，是撬动数以万计中小微企业发展壮大的杠杆“支点”，是支撑经济转型升级的“基石”。加快发展河南省区域股权市场，走在全国前列，是做大做强“金融豫军”、支撑创新驱动、建设经济强省的必然战略抉择。

（一）推进供给侧结构性改革和“四大攻坚”的需要

当前，加快经济转型升级的重点是深化供给侧结构性改革，推进“三去一降一补”。区域股权市场的核心功能是解决企业资本生成机制，作为本土企业直接融资平台，通过企业挂牌，可拓宽股权融资渠道，盘活存量资产，优化债务结构，降低债务杠杆和成本，又可通过市场培育和规范，完善挂牌企业法人治理机构，逐步建立现代企业制度。因此，区域股权市场是区域经济转型发展的“助推器”。

2017 年，河南省提出推进农村脱贫、国企改革、环境治理、转型发展“四大攻坚”战。要解决深层次的结构矛盾，实现经济转型升级，其关键是打好转型发展攻坚战，集中力量推动产业向高端化、绿色化、智能化、融合化转型。其中，产业扶贫、金融扶贫，科技创新，绿色环保项目、大数据、云计算、人工智能、物联网等新经济、新产业，必须借助先进的资本市场实现产业、科技和资本高度融合。

（二）建设“四个强省”的需要

河南省十次党代会提出建设先进制造业强省、现代服务业强省、现代农业强省和网络经济强省的“四个强省”战略目标，为此，必须加快发展高成长性的新经济、新产业、新业态、新模式。新兴产业具有原创性、创新性和风险性等特点，在发展初期急需风投资金孵化支持，“最先一公里”资金来源往往决定着创新型企业的发展存亡。区域股权市场是风投资金的集聚地，是中小微企业孵化和加速发展的融资平台，更贴近地方政府、中小企业和股权投资机构，服务中小企业和区域经济的针对性和契合性明显优于公开资本市场，因此，区域股权市场走在全国前列是支撑四个强省建设的客观需要。

（三）建设郑州国家中心城市金融中心的需要

2016 年 12 月国务院批准支持郑州建设国家中心城市，进入国家战略。为此必须提升郑州市的功能定位，加快建设国际化的经济中心、金融中心、交通物流中心、科创中心。金融中心在“四大中心”中处于核心和基础地位，区域股权市场作为区域金融要素聚集的平台，是金融中心建设和资本市场发展的“塔基”。可见，区域股权市场走在全国前列，是建设郑州国家中心城市和国际金融中心的重要支撑。

（四）创新驱动转型升级的需要

河南省经济总量全国第五，连续二十多年经济增速高于全国平均水平，但产业结构失调，层次低端，质量效益较低，其根本原因在于创新能力和创新投入不足，2015 年河南省创新研发投入占 GDP 的比重为 1.19%，比全国低 0.91%，仅为全国的 57%。创新是新常态下推动经济发展的“先手棋”，“大众创业、万众创新”已经成为推动经济转型升级的引擎，而创业创新则需要区域资本市场直接融资的鼎力支持。区域股权市场是地方金融要素资源集中交易的综合平台，是中小微企业和社会资本对接的桥梁，可以通过风险投资、私募股权投资等建立融资方和投资方风险共担、利益共享的机制，为创新型中小微企业发展提供融资保障，培育“专精特”高成长性科创企业群，推动新兴产业快速成长，带动经济转型升级。

（五）弥补资本市场短板的需要

从金融业增加值占 GDP 比重来衡量，全国 2015 年金融业增加值占 GDP 的比重为 8.39%，而河南省仅为 4.86%，低于全国 3.53 个百分点，全国排名 25 位；截至 2016 年底，河南省证券化率低于全国平均水平 20 个百分点，这与新兴经济大省地位很不相称。由于资本市场是一个没有边界的全国统一市场，河南省资本市场发育不足意味着大量稀缺资金资源持续外流。企业上市需要一个漫长的培育过程，需要抓早抓小，做大基数，做强基础，形成梯队，依次推进，区域股权交易市场具有培育上市公司梯队的功能，需要从最基础的区域股权交易市场起步，拓宽企业融资渠道，持续培育上市公司后备力量。因此，河南省区域股权市场走在全国前列是弥补金融和资本市场短板的重点。

（六）解决中小微企业融资难的需要

截至 2017 年底，河南省在主板市场有 78 家上市公司，新三板挂牌公司 378 家，对比河南省 46 万家中小企业数量相去甚远，远远满足不了河南省经济快速发展的需要。由于交易所上市和新三板挂牌的准入门槛高和成本费用大，绝大多数中小微企业很难达到要求。而区域股权交易市场的准入门槛和成本较低，更贴近企业和机构投资者的需求，基本可以满足大多数中小微企业的直接融资需求。发展区域股权市场，通过直接融资可以压低中小微实体的融资成本，使金融市场更加有利于资本的形成，促进新的实体经济快速发育。因此，河南省区域股权市场走在全国前列是解决中小微企业融资难的重要渠道。

二、中原股权交易中心成立两年取得的成绩值得肯定

2015 年 9 月，中原股权交易中心开业开市，标志着河南省区域股权市场载体平台成功运行，填补了河南省金融业态的一项空白，标志着河南省多层次资本市场框架体系日趋完善，为持续推进跨越式发展奠定了坚实基础。

（一）初步搭建了区域股权市场发展新平台

中原股权交易中心在省政府金融办和河南证监局的监管指导下，定位于河南省中小微企业私募证券发行与交易市场，遵循“公平、诚信、创新、高效”的经营理念，以“服务实体经济、服务中小微企业，推动产业、科技和资本的融合”为宗旨，一年多来运转顺畅，主要从事股权、债权及其他权益类资产的登记、托管、挂牌、转让及融资等相关业务，发挥了汇聚资本要素、孵化中小微企业、服务实体经济的平台功能，河南省区域股权市场快速发展环境基本形成，做到了开拓创新，按照国务院《关于规范发展区域性股权市场的通知》要求规范管理，为河南省区域股权市场跨越式发展奠定了良好基础。

（二）初步探索出区域股权市场融资新渠道

着力服务实体经济、服务中小微企业的效果初步显现，成立两年的时间，已经为 60 多家挂牌企业通过股权、债权等多种方式融资超过 20 亿元，而这些资金大多是通过传统融资渠道无法实现的融资，其中一半以上是长期股权融资；帮助 2 家挂牌企业成功转板至新三板，未来会有更多的企业转至新三板甚至创业板，为河南省创新型中小微企业拓展了新型融资渠道，逐步成为河南省中小企业走向更高层次资本市场的孵化器。其中，为以“郑州大河智信科技股份公司”为代表的 10 家企业实现股权融资 8940. 9 万元，其中大河智信融资 2300 万元，为企业加速成长提供了平台支撑。

（三）初步形成了区域股权市场跨越发展的良好态势

中原股权交易中心成立时间较晚（在全国 40 家区域股权市场中开业时间倒数第五），但发展势头迅猛，截至 2017 年底累计挂牌企业 2395 家，其中 2017 年新增 1354 家，第四季度新增 782 家，增速在全国排名第 1 位；会员总数为 355 家，行业排名第 5。

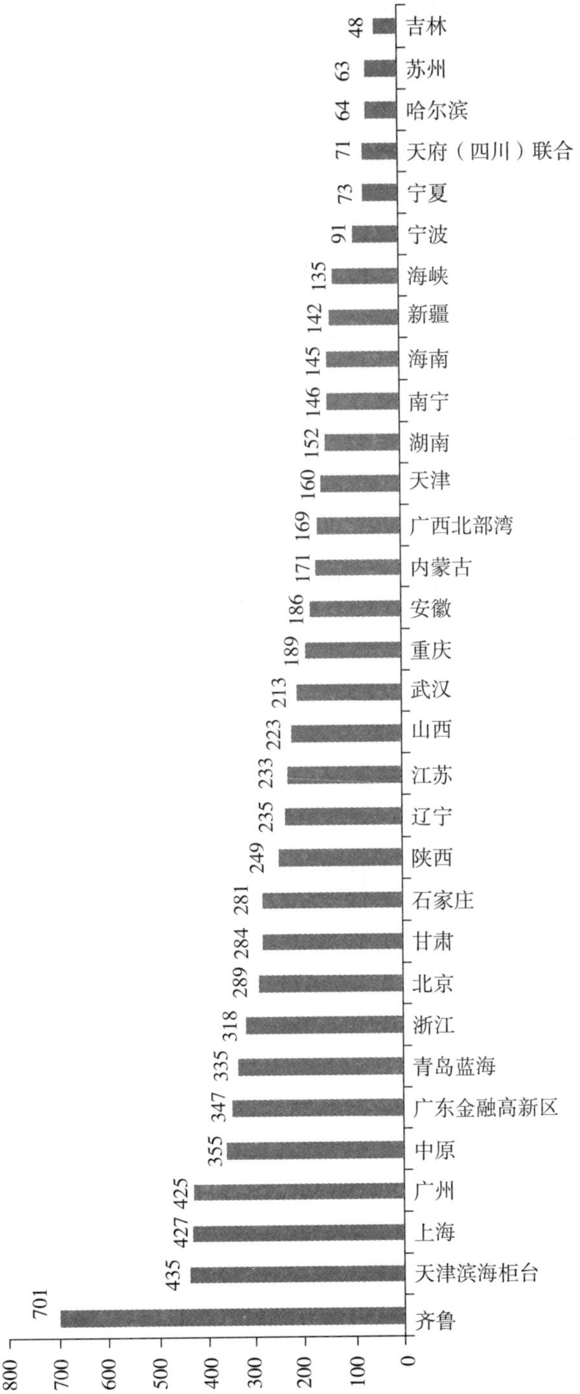

图1　2017年全国区域股权中心会员数量

河南省服务企业融资的中介会员发展迅速，为中小微企业融资和加速孵化打好了基础。在可查询会员信息的32家交易中心中，2017年第四季度会员数量排在前三名的分别是齐鲁股权交易中心、天津滨海柜台交易市场和上海股权托管交易中心，会员数量分别为701家、435家和427家（见图1）。中原股权中心会员规模较大，会员业务能力和水平不断提高。

（四）初步形成了河南省区域股权市场有效发展新模式

2015年9月，省政府金融办联合八厅局共同出台《关于推进中原股权交易中心建设，支持中小企业发展的意见》（豫政金〔2015〕106号），提出对进入中原股权交易中心挂牌的企业，由企业所在地政府比照当地对企业在境内外上市或新三板挂牌的奖补政策给予适当支持。

中原股权中心与河南省各地市紧密联合，推动多个地市出台鼓励企业到中原股权中心挂牌奖励政策，有力调动了当地企业利用区域股权市场加快发展的积极性，探索形成了区域企业“集中挂牌的模式”。一次性集体挂牌数量屡创新高，先后有新密市、滑县、兰考、民权、周口市、博爱、汝州、焦作市等十余县市举办了企业集中挂牌仪式，一次集中挂牌企业数量创造了20家（汤阴）、36家（新密市）、72家（周口市）和246家（焦作市）的新纪录，区域股权市场对企业挂牌的吸引力逐步增强，“政府支持”和“集中挂牌”成为推动中原股权交易中心崛起的有效发展模式。

三、河南省区域股权市场在全国的落后状况及原因分析

中原股权中心发展速度很快，但是与全国区域股权市场总体情况相比差距较大，挂牌数量、融资额等数据在中部六省分别居倒数第三、倒数第二。

（一）与先进地区相比差距较大

1. 挂牌企业数量与先进地区仍有较大差距

表1 2017年全国主要区域股权市场挂牌企业数量

序号	省份	交易中心名称	挂牌企业数量（家）		
			总数	展示板	交易板
1	广东省	前海股权交易中心	18142		

续表

序号	省份	交易中心名称	挂牌企业数量（家）		
			总数	展示板	交易板
1	广东省	广州股权交易中心	8018		
		广东金融高新区股权交易中心	2530		
2	上海市	上海股权托管交易中心	9912	9052	860
3	山东省	齐鲁股权交易中心	8183	5988	2195
		青岛蓝海股权交易中心	1069		
4	湖北省	武汉股权托管交易中心	6256	2387	3869
5	浙江省	浙江股权交易中心	5311		
		宁波股权交易中心	1059		
6	江西省	江西联合股权交易中心	4665	3852	813
7	北京市	北京股权交易中心	3935		
8	甘肃省	甘肃股权交易中心	2874		
9	湖南省	湖南股权交易所	2681		
10	**河南省**	**中原股权交易中心**	**2395**	**2265**	**130**
11	江苏省	江苏股权交易中心	1897		
		苏州股权交易中心	345		
12	福建省	海峡股权交易中心	1824	1754	70
		厦门两岸股权交易中心	1836		
13	安徽省	安徽省股权托管交易中心	1751		
14	内蒙古自治区	内蒙古股权交易中心	1560		
15	河北省	石家庄股权交易所	1548		
16	山西省	山西股权交易中心	1526		
17	天津市	天津股权交易所	1415		
		天津滨海股权交易市场	564		
18	四川省	天府（四川）联合股权交易中心	1410		

续表

序号	省份	交易中心名称	挂牌企业数量（家）		
			总数	展示板	交易板
19	海南省	海南股权交易中心	1409		
20	广西壮族自治区	南宁股权交易中心	1369		
		广西北部湾股权交易所	1295		
21	贵州省	贵州股权金融资产交易中心	1333		
22	辽宁省	辽宁股权交易中心	1331		
		大连股权交易中心	722		
23	陕西省	陕西股权托管交易中心	1285		
24	宁夏回族自治区	宁夏股权托管交易中心	813		
25	黑龙江省	黑龙江绿地股权金融资产交易中心	865		
		哈尔滨股权交易中心	495		
26	重庆市	重庆股份转让中心	582		
27	吉林省	吉林股权交易所	431		
28	青海省	青海股权交易中心	350		

注：由于数据来源不全，所以本表只统计了 28 家股权交易中心的情况，本表的序号并不是实际排名。

截至 2017 年底，全国可统计的 38 家区域股权市场共有挂牌企业 10.5 万家，中原股权交易中心挂牌企业 2395 家（见表 1），数量占比为 2.28%，排名居全国第 12 位，全年挂牌企业数新增 1354 家，增速居全国第 9 位（见图 2）。2017 年第四季度挂牌企业数新增 782 家，增速居全国第 1 位（见图 3）。

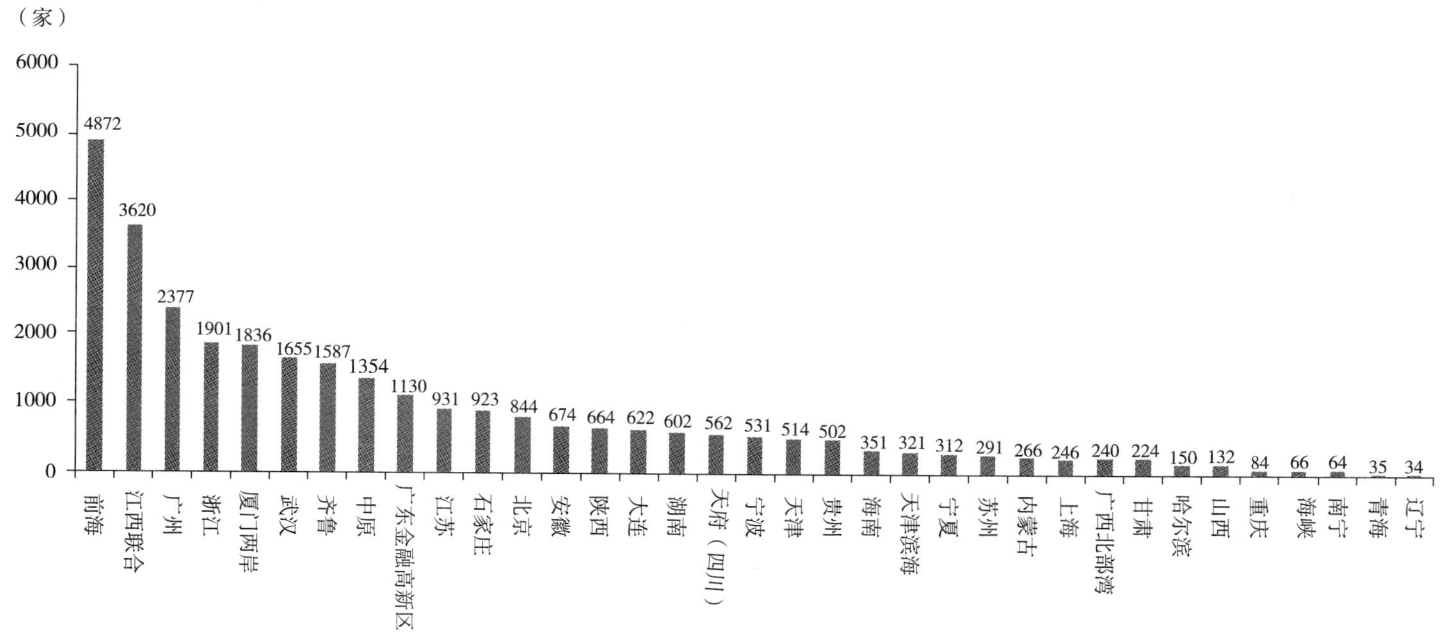

图2 2017年挂牌企业增量

注：由于数据来源不全，所以本图只统计了35家股权交易中心的情况，本图的排名并不是全国实际排名。

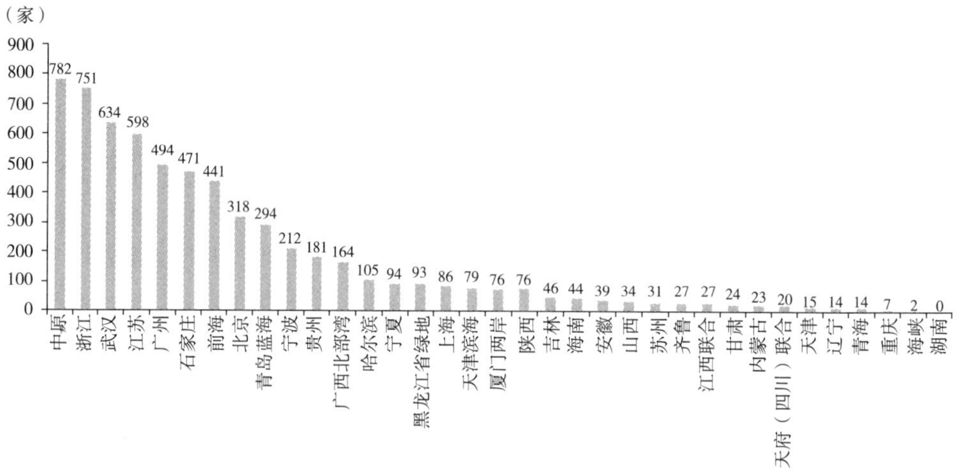

图 3　2017 年第四季度挂牌企业数增量

2. 融资规模居全国落后位次（见表 2）

表 2　全国主要股权交易中心累计融资规模排序（截至 2017 年底）

序号	区域股权市场名称	累计融资规模（亿元）
1	甘肃股权交易中心	996.06
2	广东金融高新区股权交易中心	946.30
3	武汉股权托管交易中心	742.43
4	湖南股权交易所	602.19
5	浙江股权交易中心	418.33
6	海南股权交易中心	412.64①
7	江苏股权交易中心	360.86
8	齐鲁股权交易中心	341.78
9	辽宁股权交易中心	325.64
10	天津股权交易所	307.79②
11	上海股权托管交易中心	269.32

① 其中，传统融资 4.64 亿元，创新融资 408 亿元。

② 数据截至 2017 年 11 月底。

续表

序号	区域股权市场名称	累计融资规模（亿元）
12	江西联合股权交易中心	212.28
13	安徽省股权托管交易中心	141.31
14	北京股权交易中心	136.26
15	天津滨海柜台交易市场	134
16	内蒙古股权交易中心	82.40
17	哈尔滨股权交易中心	36.69
18	**中原股权交易中心**	**20.22**
19	山西股权交易中心	19.24
20	厦门两岸股权交易中心	14.49
21	苏州股权交易中心	6.51
22	广西北部湾股权交易所	4.68
23	宁夏股权托管交易中心	1.50

根据可查询信息，2017 年第四季度融资增量居前三位的为甘肃股权交易中心、海南股权交易中心和武汉股权托管交易中心，分别增 95.46 亿元、54.44 亿元和 37.19 亿元（见图 4）。中原股权交易中心第四季度融资增量为 5.66 亿元，全年增加 17.16 亿元（见图 5）。在有数据可查的 23 家区域市场中排名全国第 18 位。

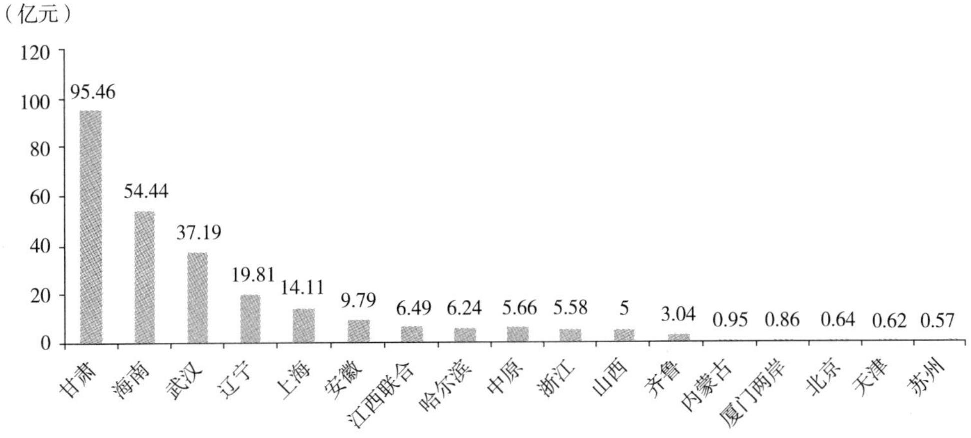

图 4 2017 年第四季度融资增量

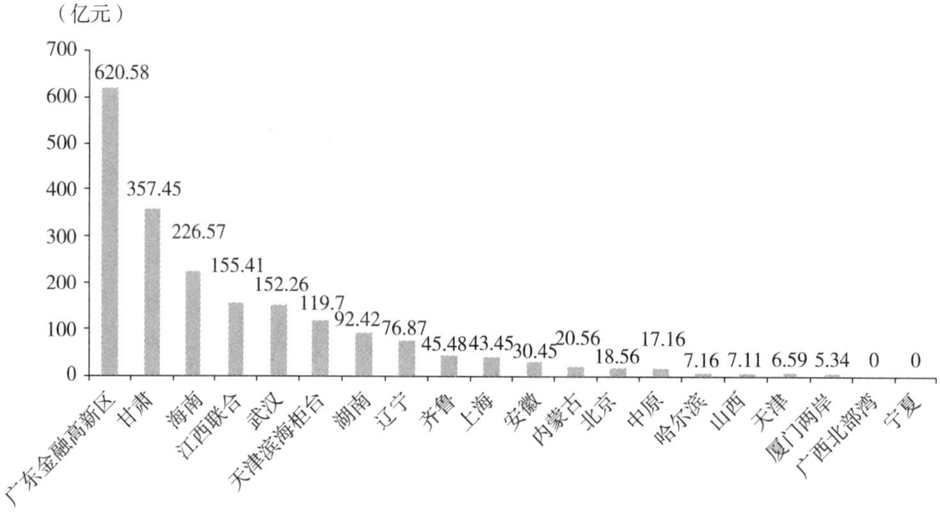

图5　2017年融资增量

（二）挂牌企业数量和融资规模居中部六省后位

表3　中部六省区域股权市场主要统计数据（截至2017年底）

公司名称	成立时间	挂牌企业数（家）			累计融资规模（亿元）
		总数	展示板	交易板	
武汉股权托管交易中心	2011年11月	6256	2387	3869	742.43
江西联合股权交易中心	2015年12月	4665			212.28
湖南股权交易所	2010年12月	2681			602.19
中原股权交易中心	**2015年9月**	**2395**	**2265**	**130**	**20.22**
安徽省股权托管交易中心	2013年8月	1751			141.31
山西股权交易中心	2013年9月	1526			19.24

由表3可以看出，中原股权交易中心在成立时间（2015年9月）、挂牌企业总数（2395家）、累计融资额（20.22亿元）等数据排名在中部六省靠后，整体融资能力较差。但截至2016年底，中原股权交易中心挂牌企业数量、累计融资规模已超过山西股权交易中心，摆脱中部六省末尾排名，证明了河南省区域股权市场发展潜力巨大。

(三) 原因分析

1. 成立时间较晚

资本市场的发展是需要一个过程的。全国范围内发展规模大的区域股权市场成立都比较早，已经经过了比较好的市场开发和培育，社会认知度较高，特别是近几年发展加快，如重庆股份转让中心、上海股权托管交易中心、湖南股权交易所、武汉股权托管交易中心分别成立于 2009 年 12 月、2010 年 7 月、2010 年 12 月、2011 年 11 月，河南省中原股权中心于 2015 年 9 月开业，成立时间在全国属最晚的几家之一。

2. 部分地方政府认识不到位、行政推动力度较小、财政支持力度较弱

河南资本市场整体上发展滞后，部分地方政府对资本市场特别是区域股权市场缺乏了解，还没有认识到区域股权市场对挂牌企业规范、培育、孵化等方面的作用，还没有充分认识区域股权市场对创业创新和产业转型升级的意义，政策扶持力度小，政府推动力度弱，很难形成后发优势。

目前，全国多个省市针对区域股权中心挂牌企业出台了财政奖补政策，挂牌奖补金额一般在 50 万~200 万元，融资奖补一般为融资规模的 1%~2%。河南省只有部分地市出台了挂牌奖补政策，而且奖补标准较低，部分地市尚未出台挂牌奖补政策。

3. 目标功能定位需要提升

先进省市对建设和发展区域股权市场都非常重视，也对当地区域股权市场的功能定位提出了更高要求和长远规划。例如，深圳前海股权交易中心被广东省委省政府、深圳市委市政府定位为“第二深交所”；上海股权交易中心的建设得到上海市委、市政府大力支持，将建设上海股权中心作为建设上海国际金融中心的内在要求和重要平台。山东齐鲁股权交易中心作为省管金融机构，按照山东金融改革总体规划部署，齐鲁股交中心近期目标是建设好中小企业投融资平台，中远期目标是建成以资本要素为特征的金融综合交易平台。河南省应该学习先进省市的经验做法，明确中原股权交易中心在河南金融体系中的定位和长远发展规划。

4. 企业股权托管和融资功能缺失

股权登记托管是非上市股份制公司进行公开信息披露、股权质押融资、股权转让交易的前提，在区域股权市场发展中起着至关重要的作用。而目前，河南省中原股权交易中心尚未被明确赋予股权托管功能，导致股权质押融资业务开展缓慢，融资总额低。

周边省份中，湖北、山东、重庆等省市在企业股权集中登记托管方面进行了有益尝试，取得了积极效果。2012 年，湖北省出台《关于规范开展企业股权集中登记托管工作的意见》（鄂政办发〔2012〕31 号）；山东省出台《关于规范开展改制企业股权登记托管工作的指导意见》（鲁金办发〔2016〕5 号）、《山东省非上市股权质押融资指导意见》（鲁金办发〔2014〕19 号文件）；重庆市出台《重庆市股权登记托管管理暂行办法的通知》（渝府发〔2010〕69 号）。此外，安徽、河北、吉林、江西等省也出台了股权集中托管政策，有力地推进了非上市公司的股权质押融资。

5. 本土私募投资机构少，管理的基金规模小

目前，全国私募投资机构 2.25 万家，认缴基金规模突破 11 万亿元。而截至 2017 年 2 月底，河南省注册的私募基金管理机构只有 204 家，基金认缴规模 1077 亿元，分别为全国的 1.17%和 0.9%。私募基金是中小微企业股权融资的主要来源，本土私募基金发育不足，严重影响了区域性股权市场融资功能的发挥。

另外，政府政策性引导基金没有发挥配套作用。河南省虽然也成立了多只产业引导基金，但真正投向中原股权中心挂牌企业的基金还十分有限，与先进省份相比差距较大。如山东省委山东省人民政府《关于深化科技体制改革加快创新发展的实施意见》规定：在“新三板”和省内区域性股权交易市场挂牌的科技型企业，省市引导基金可直投参股，可联合央企、民企成立联合基金进行跟投，发生损失时省财政给予 30%~60%的补偿。《推动资本市场发展和重点产业转型升级财政政策措施》（鲁政发〔2016〕20 号）提出促进区域资本市场加快发展，省级引导基金设立直投基金，委托山东财金投资集团、山东发展投资控股集团采取股权投资方式运营，凡 2016 年 7 月 1 日至年底前在齐鲁股权交易中心新挂牌的企业，直投基金给予每户 300 万元支持。

6. 企业自身素质有待提高

区域股权市场主要服务于当地中小微企业，但企业家素质已成为河南省中小微企业社会融资和持续发展的“短板”。实际调研发现，大多数中小微企业负责人观念落后，知识陈旧，缺乏对宏观经济和行业发展趋势的了解，缺乏对金融体系和资本市场的认识，缺乏对公司治理和现代企业制度的理解，缺乏市场经济所推崇的诚信意识和契约精神，企业管理不规范，透明度低，很难获得资本市场和投资机构的信任。

四、河南省区域股权市场具备加快发展的有利条件

（一）全国多层次资本市场体系日趋完善

经过二十多年的发展，我国多层次资本市场体系初步成形，主要分为四个层次，主板市场即沪市和深市中小板、深市创业板，新三板即全国中小企业股份转让系统，四板即指区域股权交易市场。这四个板块与不同成长阶段和规模的企业对接，以满足其融资和发展需要（见图6）。

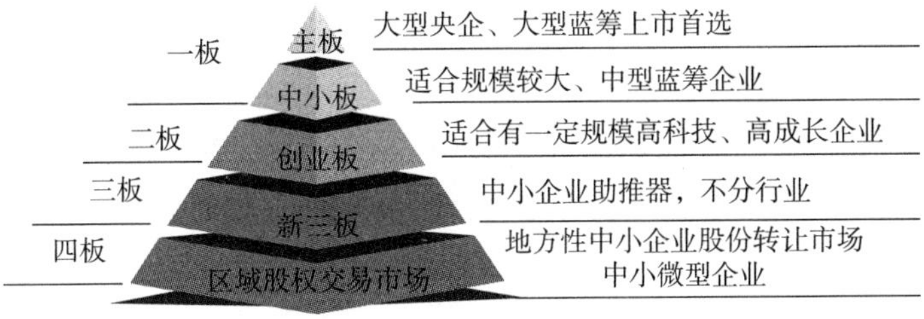

图6　多层次资本市场结构与功能

（二）中央关于多层次资本市场发展的顶层设计趋于完善

2011年开始，国务院清理整顿各类交易场所；2013年党的十八届三中全会《中共中央关于全面深化改革的决定》指出，健全多层次资本市场体系，多渠道推动股权融资；2013年，国务院办公厅发布关于金融支持小微企业发展的实施意见，明确指出“将区域性股权市场纳入多层次资本市场体系”；2015年6月中国证监会《关于规范区域性股权交易市场的指导意见》发布；2017年1月26日，国务院办公厅印发了《关于规范发展区域性股权市场的通知》，提出夯实多层次资本市场“塔基”；2017年国务院《政府工作报告》指出“规范发展区域性股权市场”。正在修订的《证券法》正式将区域股权市场作为中国资本市场体系的重要部分纳入调整范围。总之，国家对区域性股权市场规范发展的政策框架体系和顶层设计渐趋完善。

（三）河南省经济社会发展的急迫需要

当前，河南省已进入全面建成小康社会的决胜阶段，建设“四个强省”、打

造“三个高地”、实现“三大提升”、打好“四大攻坚战”，客观上迫切需要健康、成熟、先进的区域资本市场提供支撑。同时，重振实体经济，促进经济“脱虚向实”，激活民间资本，解决中小微企业融资难，全力发挥资本市场对实体经济的服务作用，必须赋予区域股权市场更高的功能定位和发展目标。

省委省政府也非常重视区域股权市场发展，近两年，凡是涉及河南省经济改革、结构调整、创新战略及支持中小微企业发展的文件，大都提到发展区域股权市场问题。2015 年中原股权交易中心筹建曾作为政府工作报告的一项重点工作，中原股权交易中心开业后也呈现出了良好的发展势头。

五、河南省区域股权市场走在全国前列的战略框架

（一）提升功能定位

将河南省区域股权市场高标准定位为：服务“一带一路”倡议及各项国家区域战略，支撑经济强省建设，服务经济转型升级，做大做强金融豫军，服务郑州金融中心建设，力争建成国内一流、功能强大的区域股权市场。

基本发展框架思路是：

构建功能完善的平台。主要功能包括企业股权、债权等私募证券的登记、托管、交易、结算功能；股权融资、债权融资、股权质押融资和其他创新产品融资功能；管理咨询和财务顾问功能；以信息披露为核心的企业监管功能。

培育相融共生的投融资生态圈。以投融资为核心，最大限度聚集相关市场主体，发挥市场聚集效应，并通过金融产品创新和利益分享机制，培育相融共生的生态圈。

打造一体化的产业链。形成基于企业生命周期的全产业链。为挂牌企业提供前期股份制改造服务，企业培训、咨询、推介服务、增信服务、兼并重组服务、财务顾问服务、现金管理服务和财富管理服务等，促进企业规范化成长、提升公司治理水平和品牌影响力，发挥中小微企业“孵化器”作用，为高层次资本市场输送优质上市和挂牌后备企业。

（二）提升发展目标

近期目标：力争 2018 年实现挂牌交易板企业数量、展示板企业数量、融资规模分别达到 200 家、3000 家、50 亿元，进入全国前 10 位，成为中西部地区重要的区域股权交易中心。

中期目标：力争 2020 年挂牌交易板企业数量、展示板企业数量、融资规模

分别达到 1000 家、5000 家、200 亿元，进入全国前 8 位，成为中西部地区规模最大的区域股权交易市场。

远期目标：力争 2025 年挂牌交易板企业数量、展示板企业数量、融资规模分别达到 2000 家、10000 家、500 亿元，进入全国前 5 位，成为全国规模最大的区域股权交易市场之一。

（三）优化发展路径

坚持政府引导、政策支撑。区域股权市场作为一种新兴的金融业态，主要服务于广大中小微企业，具有一定的公益性，要想使河南省区域股权市场发展后来居上，就必须加大政府推动、政策支持。在国家从其市场定位、服务功能、法律地位明确原则性规定的基础上，河南省既要通过扶持政策鼓励企业积极参与区域股权市场，同时要从资金供给、资源整合、部门协调、产品提供和信息渠道等方面给予大力支持，积极为该市场配置资源，提高服务地方经济和中小微企业的能力。

坚持稳中求进、重点突破。对区域股权市场发展而言，良好的金融生态环境是发展的根基，市场“活”的前提是市场“稳”，要创造良好发展环境，加强监管，确保平台规范健康发展。根据省情设定多个阶段的发展目标，重点提高企业挂牌数量、质量和直接融资规模，逐步提升区域股权市场的影响力、公信力，完善政府配套措施、优化发展环境，延伸后期服务链。

坚持监管规范与发展并重。坚持风险可测、可控原则，及时弥补监管短板，保护投资者合法权益，营造良好的融资环境；加强监管部门之间的协调，形成统一监管；完善相关法律法规，严格打击违法行为，确保市场主体依法合规运营；坚持金融服务实体经济，加强能力建设，确保平台健康发展。

坚持创新驱动和开放带动。建设区域股权交易市场是加快产业转型升级的一个“牛鼻子”，应增强危机意识、机遇意识、大局意识，以市场化取向、开放带动思维，“走出去、请进来”，学习先进省市成功经验，推动跨越发展。

六、保障措施及政策建议

我们应以时不我待的紧迫感、舍我其谁的责任感，从建设经济强省大局全局的战略高度，推进区域股权市场的发展，力争在基础层资本市场建设方面走在全国前列，在认识、组织、责任、政策上保障到位。

(一) 强化行政推动，营造良好环境

加强组织领导。建议成立区域资本市场暨区域股权市场工作领导机构，制定长期规划，出台配套政策，统筹协调，落实责任，将区域资本市场建设纳入部门和地方考核，加强宣传和培训，提高认识，形成合力，尽快形成区域股权市场的后发优势。

优化配套服务。①运用政府基金引导企业在中原股权交易中心挂牌、托管。②设立挂牌后备企业资源库。实施中小企业“百千万”工程，储备一批、培育一批、改制一批、申报一批、挂牌一批。③落实“绿色通道”。企业在改制、资产重组、挂牌申报等过程中涉及的土地、房屋、税务、工商、环保和项目立项等各项审批或备案确认，各相关部门要按照“一企一议”的办法，简化手续，特事特办。

促进规范发展。落实2017年中央经济工作会提出的“把防控金融风险放到更加重要的位置，全面加强对金融业的协调监管”。围绕企业信息披露，加强对区域股权市场的协调监管。督促中原股权交易中心建立健全规章制度，严格打击违法行为，坚定治理市场乱象，规范市场行为。

(二) 完善激励配套政策，激发企业上市积极性

加大企业挂牌融资奖励力度。各地市应制定支持企业到股权中心挂牌、融资的奖励办法，比照先进地区经验提高奖励标准，激发企业挂牌积极性。

加大对中原股权交易中心激励力度。鉴于政府对中原股权中心挂牌企业的数量、融资金额等提出了更高标准，应加大财政奖补力度。建议从2018年到2020年，每年给予1000万元财政奖补，用于中心加强专业队伍建设，减轻运营费用负担；同时，基于中原股权中心免费培训中小企业的工作具有公益性特点，每年对中原股权交易中心支持企业培训经费1000万元，专门用于支持对中小微企业及证券中介机构培训，每年培训2万人次。

(三) 完善股权质押融资办法，提升股权市场融资功能

为规范股份公司股权管理，扩大股权质押业务开展，扩宽企业融资渠道，应借鉴山东、重庆等地经验，建立工商登记部门与中原股权中心的股权登记对接机制。出台非上市股份公司和国有控股企业到中原股权中心进行股权集中托管的规范文件，促进中原股权中心的股权质押融资业务发展。

(四) 重视政策性引导基金发展，支持创新发展

探索建立多层级挂牌企业债务融资风险补偿基金，由政府财政筹集，实行专

户管理，各类金融机构为挂牌企业提供融资担保增信服务出现损失的，按实际发生损失额给予一定比例的风险补偿；推动政策性信用担保机构为挂牌企业的各类债务融资提供担保等增信服务；由市、区、县政府安排专项财政资金对商业性信用担保机构为挂牌企业各类债务融资提供的增信服务进行贴息和奖励。

建议政府支持中原股权中心通过适当方式参与河南省涉及中小企业各类基金的运营管理，以更好发挥基金领投领贷作用。

（五）强化区域股权市场融资功能，开拓中小微企业融资新渠道

推动银行、证券、保险等金融机构加强与中原股权交易市场的对接合作，促进挂牌企业通过股权质押融资、知识产权质押融资、应收账款质押融资、供应链融资、私募债、集合债、绿色债、可转债、项目收益债、投贷联动、股权众筹、资产证券化等创新型金融工具进行融资。

推动在河南省设有分支机构的证券公司全面参与市场的挂牌辅导、融资顾问、交易经纪、投资咨询等业务，提升服务机构的执业水平。

推动登记备案、运作规范的天使投资、VC、PE 等机构投资市场，增加区域性股权交易市场企业的资金供给。

（六）引导私募基金等投资机构集聚发展，建设郑东新区国际财富管理中心

私募股权投资机构是区域股权市场发展的重要主体，是投资中小企业股权的主要力量。由于河南省近几年基本上禁止私募股权投资机构注册，严重影响了私募投资机构发展。截至 2017 年 9 月底，河南省只有私募基金 130 多家（全国 1.7 万家），管理资产仅 50 多亿元（全国认缴资金 9.1 万亿元），远低于河南经济占全国经济总量的比重，严重影响了河南中小企业股权融资规模和数量。

为了实现弯道超车，河南省发改委发布《郑州龙子湖智慧岛投资基金注册与管理工作方案》，鼓励产业投资基金、私募股权投资、私募基金、股权投资基金等管理企业登记注册。各地市应出台配套支持细则，积极组建产业引导基金，培育私募股权投资机构，服务中小企业融资。

打造郑东新区龙湖国际财富管理中心，规划建设股权交易大厦和园区，吸引创业投资、产业投资、战略投资、私募、公募等各类基金公司，各类证券、投资、期货公司及资产管理公司入驻。加快郑东新区由单一的银行和保险机构集聚向资本市场和财富管理运营集聚转型升级。

（七）构建多层次资本市场“互通立交桥”，促进企业做大做强

构建多层次资本市场的衔接、转板机制，提高区域股权市场吸引力、活力和融资能力，完善定价功能，实现资源优化配置，应探索建立区域性股权交易市场与新三板、创业板、中小板相衔接的机制和通道。①在区域性股权市场中按照统一标准对企业进行信息披露，且挂牌满两年，可在新三板挂牌审核中免排队、简化审核流程。②为中原股权交易中心挂牌展示及交易企业建立“成长档案”和“诚信档案”，及时掌握动态发展情况，先行规范，提高发展质量，为企业转板创造条件。③省级新增拟上市重点后备企业，应主要从全国中小企业股份转让系统和中原股权交易中心挂牌企业中遴选产生。

（八）创建小微商学院，拉长中原股权交易中心服务链

河南省中小微企业融资难，除了产业偏传统、本土投资机构少等客观因素外，一个非常重要的原因就是企业规范程度差，企业负责人基本素质难以适应资本市场规则要求，在调研过程中我们深刻感受到：发展资本市场要从转变观念着手，培育企业要从培养企业家开始。因此，建议支持中原股权交易中心创建小微商学院，对广大中小微企业负责人免费进行系统化的“职业教育”，提高其对金融体系和资本市场的认识，规范企业治理体系，提高资本运作能力，厚植资本市场发展基础，提升经济发展内生动力。建议对中原股权交易中心在师资、场地、人力等方面给予支持。

总之，发展资本市场是一个复杂的系统工程，需要首创精神，需要持续推动，需要协同推进。推进服务中小微企业的区域资本市场建设，既关系到就业、民生，也关系到双创和经济转型，关系到经济强省建设大局，必须站在战略层面定位，加快推进区域股权市场跨越发展，彻底改变河南省资本市场发展滞后的被动局面。

（本章作者为河南省人民政府发展研究中心、中原股权交易中心联合课题组）

郑州商品交易所：打造世界商品定价中心

一、研究目的及意义

（一）研究目的

为深入贯彻落实河南省十次党代会“做大做强金融豫军”的战略部署，积极配合参与河南省政府发展研究中心组织开展的“做大做强金融豫军的战略思路与对策建议”课题研究，谋划郑州商品交易所（以下简称郑商所）未来一段时间发展的战略规划，为河南省地方经济发展和“金融豫军”协同发展做出应有贡献，郑商所组织精兵强将，开展此次“做大做强郑商所的战略思路与对策建议”专项研究，为郑商所中长期发展提供战略指引，为地方经济发展做出更多新的贡献。

（二）研究意义

“做大做强金融豫军的战略思路与对策建议”课题研究意义重大，影响深远。在宏观层面上，为“做大做强金融豫军”，金融豫军协同发展创造新机遇，开拓新局面，为河南省从经济大省向经济强省迈进，实现区域经济又好又快发展提供智力支持。在微观层面上，为推动郑商所与“金融豫军”各单位、组织之间开展合作提供机会和平台；促进郑商所站在“金融豫军”的战略高度规划未来发展路径，为郑商所更好地融入地方经济发展，拓展服务实体经济的广度和深度提供更大空间。

二、发展历程回顾

郑州商品交易所起源于 1990 年 10 月 12 日成立的中国郑州粮食批发市场，

是经国务院批准成立的我国首家期货市场试点单位，隶属中国证券监督管理委员会垂直管理，是全国四家期货交易所之一，也是中西部地区唯一一家期货交易所。郑商所遵循公开、公平、公正和诚实信用的原则，为期货合约集中竞价交易提供场所、设施及相关服务，对期货交易进行市场一线监管，防范市场风险，安全组织交易。

自成立以来，郑商所始终得到河南省委省政府、郑州市委市政府的高度关注和大力支持，在粮食生产核心区、中原经济区、中国（河南）自由贸易试验区等国家战略方案中，以及河南省、郑州市“十三五”发展规划纲要和省市相关专项发展规划中，均明确提出支持郑商所发展，为郑商所的发展提供了良好的外部条件。近年来，郑商所紧紧围绕服务实体经济发展的根本宗旨，锐意进取、开拓创新，稳步推进品种研发、业务创新、市场培育等各项工作，取得了良好的发展成效。

（一）发展情况

市场规模不断扩大。截至 2016 年底，共上市期货品种 16 个；2016 年，郑商所总成交量达 9 亿手，占全国市场的 21.78%，成交额 31 万亿元，占全国市场的 15.86%，成交量在全球主要期货及衍生品交易所中稳居前 14 位，棉花、白糖、动力煤、菜籽粕、菜籽油等品种成交量稳居全球前 2 位；指定 13 家期货保证金存管银行；指定的 246 家交割仓库分布在全国 28 个省（自治区、直辖市），基本覆盖上市品种重要物流节点和产销区。在河南省的郑州等八个地市指定了 16 家交割仓（厂）库，在有效促进当地仓储行业业务拓展的同时，显著提升了当地仓储企业的知名度和管理水平，不少交割库已经发展成为行业标杆，有力地带动了河南省仓储行业整体水平的提高。

市场结构不断优化。截至 2016 年底，共有分布在全国 26 个省（自治区、直辖市）的会员 196 家；客户总数约 137 万个，其中法人客户 3 万余家，法人客户日均交易量占比 30%以上，日均持仓量占比 50%左右；上市期货品种类别丰富，农产品涵盖粮棉油糖等关键门类，工业品涉及化工、能源、建材、冶金等重要领域；白糖期权成功上市，标志着衍生工具的新突破。

功能作用不断增强。主要品种期现货价格相关性显著提高，“郑州价格”影响力日益增强；依托强麦、普麦期货逐渐探索出的“公司+合作社+农户”和“订单+期货”的“延津模式”，提高了农民的组织化程度，带动了农民的收入增长，有效提升了小麦产业的发展水平。棉花期货为农产品目标价格改革提供服务，白糖、菜籽油等品种的期货价格成为政府决策重要参考，PTA 期货成为全球贸易定价重要依据，动力煤期货成为产业链企业定价参考，白糖、棉花、菜籽粕、PTA、甲醇等行业企业普遍利用期货价格进行点价交易；90%的PTA生产和贸易企业、80%以上的白糖生产和贸易企业参与期货交易，利用期货管理风险；金粒麦业、瑞茂通、中原大化、思念食品等一大批河南省内利用期货市场的典范企业相继涌现。

创新能力不断提升。郑商所在国内率先制定期货交易规则，率先开发期货集中电子化交易系统，率先推出仓单电子化、仓单通用、套利组合指令、买方自主选择配对、中转仓单、仓单统一保险等业务，充分展示了业务创新能力；小麦、绿豆等期货品种的挂牌，拉开了新中国期货市场发展的序幕；棉花期货上市，标志着我国期货市场进入规范发展新阶段；PTA期货挂牌，实现了郑商所“农转非”的夙愿；甲醇期货上市，填补了我国危化品期货的空白；动力煤期货挂牌，成就了我国目前市值最大的能源品种；PTA、甲醇、玻璃、硅铁、锰硅5个世界独有期货品种的相继推出，标志着郑商所创新能力迈上新台阶。

发展基础不断夯实。制度规则不断完善，业务流程更加科学。监察指标体系不断丰富，监察系统进一步优化，市场监察和风险管控能力持续增强；系统开发及运维管理水平不断提高，研发一期、测试一期、运行一期的良性发展机制已经形成；“两地三中心”数据中心和基于大数据的企业数据平台建设完成；易盛公司、研究所公司、物业公司和未来大酒店，为郑商所发展提供技术、研究和后勤保障支持；党的建设持续加强，组织机构不断健全，内部治理更加规范。

服务成效持续提升。郑商所作为中西部地区唯一的期货交易所，长期以来不断发挥资金聚集中心作用，常年吸引数百亿元期货交易保证金聚集郑州，吸引70余家期货公司在郑州设立总部或营业部；郑商所举办中国（郑州）国际期货论坛等国际性高端会议期间，国内外政府机构高级官员、诺贝尔奖获得者、期货行业知名人士等齐聚郑州，大大提升了郑州的知名度和影响力；近10年来，郑商所累计纳税55.8亿元，其中2016年纳税9.8亿元，名列郑州市地税局纳税百强榜单第1位、河南省地税局纳税百强榜单第8位；郑商所积极履行社会责任，自2013年以来，在桐柏县共投入帮扶资金869万元，为桐柏县教育、基础设施、生态环境等社会事业的条件改善做出了切实贡献；郑商所大力开展“智力扶贫”项目，设立的“郑州商品交易所助学奖学金”累计资助贫困学生2486人，捐助金额达399万元，为贫困家庭和学子铺就了梦想和希望之路。

（二）主要经验

深入贯彻落实国家政策。长期以来，郑商所始终坚持贯彻落实国家相关方针政策，特别是进入21世纪以来，国家中央一号文件13次提及要发挥期货市场的积极作用，国务院《关于进一步促进资本市场健康发展的若干意见》（新“国九条”）提出要把“推进期货市场建设”作为促进资本市场健康发展的一项主要任务，为期货市场发展提供了有利的政策空间。郑商所认真贯彻落实党和国家发展期货市场的重大部署，抓住有利时机，加快创新步伐，不断拓展服务实体经济的广度和深度，实现了平稳较快发展。

坚持服务实体经济宗旨。长期以来，郑商所牢牢把握服务实体经济的根本要求，坚持市场化、法制化、国际化的发展方向，不断研发推出新品种，完善上市品种体系，丰富风险管理工具；优化完善制度规则，加强技术系统建设，确保市场平稳高效运行；大力培育和开发市场，深入开展投资者教育，促进期货市场功能持续发挥；服务实体经济发展的能力和水平不断增强。

注重创新与监管协调发展。郑商所始终坚持创新发展，在推进技术系统、市场监管、客户培育、制度规则建设等方面开展了一系列卓有成效的工作。郑商所长期坚持技术优先发展战略，在不断完善交易、交割、结算、风控和仓单管理等技术系统的基础上，持续优化完善交易系统，交易系统应对高效交易的能力大幅提升；深入开展“三业”活动[①]和“点、面基地”建设，交易所与实体企业的联系更加密切，服务实体经济的广度和深度不断拓展；贴近市场需求，不断创新交割方式，升级“银期通”系统、推出保证金实时测算和模拟结算系统，投资者参与市场更加便利；郑商所高度重视市场风险监管工作，持续加强市场监测、交易监控、风险预警和应急处理系统建设，创新监管模式，丰富监管手段，加强监管执法，严厉打击违法违规行为，牢牢守住不发生系统性、区域性风险的底线，切实保障市场稳定健康发展。

（三）存在问题

品种结构有待完善。目前，郑商所已上市品种结构不够合理，突出表现在：一是品种仍然较少，部分重要的产业链品种依然不完备；二是交易工具单一，只有期货，期权仅有一个品种，没有指数期货、期权等新型交易工具，一定程度上导致投资者参与期货交易积极性不高；三是部分已上市品种受现货市场变化、国家政策调控等影响，相关制度规则已不能充分满足市场需求，制约了期货功能的充分发挥。

投资者结构有待优化。近年来，虽然整体上投资者结构不断优化，但法人客户参与程度仍然偏低，需要进一步做好市场培育工作，创新理念、优化机制，不断吸引法人客户参与期货市场。

---

① “三业”活动：郑商所从2009年开始实行的“走进产业、贴近行业、服务企业”市场服务活动项目。

人才队伍有待加强。近年来，虽然郑商所已拥有一批经验丰富、业务能力强的业务骨干，但仍缺乏具备国际视野、掌握前沿业务的高层次、创新型领军人才，新近入职人员较多，培养任务较重，部门人才梯队仍需进一步健全。

三、发展环境分析

（一）发展机遇

政策环境持续向好。国家持续完善期货市场法规体系，明确金融服务实体经济的宗旨，深入推进“一带一路”建设，加快实施创新驱动、自贸区、脱贫攻坚、乡村振兴和区域协调发展等战略，为郑商所提供了政策保障和发展机遇。地方政府深入推进粮食生产核心区、中原经济区、河南自贸区等国家战略，加大支持郑商所力度，为郑商所提供更大发展空间。相关品种产业政策不断完善，为促进期货市场功能发挥、提升郑商所地位和影响力创造了更好的市场条件。

市场需求日益扩大。我国经济保持平稳增长态势，经济结构持续优化，为市场持续健康发展奠定坚实基础。市场在资源配置中决定性作用的体制机制确立，重点领域价格改革稳步推进，为郑商所上市及活跃相关品种提供了有利条件。对外开放深入推进，经贸往来日益频繁，相关企业的定价与风险管理需求增加。市场参与群体不断扩大，投资者结构日趋优化，有利于郑商所扩大市场规模。

技术创新持续加速。互联网、大数据、云计算如火如荼，物联网、区块链、人工智能日新月异，并与实体经济深度融合，有助于在市场监管、技术开发、舆论引导等方面提升工作效率。境内外交易所大力研发全球性、定制化技术系统，通过技术创新引领业务发展，为郑商所技术系统创新指明了方向。

舆论环境不断改善。近年来，我国政府加大期货市场舆论监管力度，社会各界对期货市场功能和运行机制的认识日趋理性；信息传播工具不断推陈出新，微博、微信等自媒体工具相继涌现，在宣传模式创新等方面为郑商所提供了新载体。

（二）面临挑战

市场不确定性增加。世界经济增长动能不足，金融危机深层影响依然存在，“黑天鹅”事件频繁发生，大宗商品走势错综复杂，对郑商所的稳定健康发展构成挑战。

市场复杂程度提高。随着市场结构深刻变动、市场主体更趋多元、创新产品业务不断推出、境内外联动日益增强、新型违法违规行为滋生蔓延，期货市场发展环境日趋复杂，对郑商所加强监管、发展市场提出了更高要求。

市场竞争日趋激烈。CME 集团、ICE、Eurex 等欧美国际交易所巨头大力推行集团化、全球化发展战略；印度、新加坡、中国香港等新兴市场的交易所创新发展成效显著；国内期货交易所在新品种、资金、投资者等方面的竞争日趋激烈；部分商品现货市场、金融机构纷纷推出类期货交易业务、清算服务，对郑商所形成一定的竞争压力。

技术系统压力增大。期权、互换等新工具持续研发推出，仓单交易、组合保证金等创新业务不断涌现，程序化交易、高频交易等新型交易模式层出不穷，对技术系统健壮性、安全性、稳定性提出了更高要求。

（三）自身优势

一是作为新中国第一家期货市场，历史悠久，积累了较为丰富的发展经验；二是产品研发、业务创新、技术开发、市场服务等各项工作深入推进，奠定了较为扎实的发展基础；三是作为中西部地区唯一的期货交易所，腹地广阔，在上市相关品种、推出特色业务方面具有较大潜力；四是已经培养出一支爱岗敬业、勤勉踏实、经验丰富、精通业务的干部员工队伍。

（四）自身劣势

一是上市品种国际化程度不高，一些品种市场化程度较低，主力品种的交易规模及稳定性与兄弟交易所相比仍有差距。二是区位优势不突出，政策扶持力度、高端人才吸引力等方面与其他交易所相比仍有较大差距。三是复合型、领军型、国际型人才较为缺乏，尚未形成合理的人才梯队，人才队伍建设有待进一步加强。四是企业文化建设尚显薄弱，创新氛围还不浓厚，工作精细化程度有待进一步提升，制度机制及工作流程需要进一步优化。

四、国际国内同行发展经验及启示

（一）国际期货交易所发展经验

近年来，国际主要期货交易所发展态势呈现出以下特点：

一是品种、工具日趋丰富，不断推出涵盖多种资产类别的交易品种及工具，例如，目前在 CME 集团交易平台交易的场内衍生品共 2101 种，包含 1341 种期货合约及 760 种期权合约，上市品种体系涵盖金属、能源、农产品、利率、外汇、股指等多个领域，其中有欧洲美元期货、电子迷你标准普尔 500 指数期货、WTI 原油期货、黄金期货等多个成交量大、全球关注度高的明星产品。

二是服务、业务多元化发展，在传统的交易业务稳步发展的同时，做大做强清算业务，注重开发数据服务等新型业务，例如，ICE 目前的业务项目包括交易和清算、数据服务、上市业务、农产品定级和检验等。

三是场内外市场协同发展，两者呈现出互相融合、互相补充、共同发展的趋势，如 HKEX 在深圳前海建立了前海联合交易中心，该中心是大宗商品现货交易、仓储及融资平台，同时也是安全、可信和高效的交易、结算、交割与风控管理中心。

四是实现集团化发展，通过收购兼并迅速扩大组织规模，成为大型化、综合性的交易所集团，如 ICE 从 2001 年收购英国国际石油交易所开始，通过不断的兼并扩张，目前已成为拥有 5 家期货交易所、6 家清算所、3 个 OTC 市场和 1 家证券交易所的交易所集团。

五是稳步推进全球化发展，通过日益密切的国际交流与合作，不断开拓海外市场，提升自身国际影响力，近年来，国际主要交易所通过在境外设立办事处，参股境外交易所，与境外交易所开展结算价授权合作、合约互挂合作、共同开发新产品等方式实现了在地域和规模上的扩张，以及功能和业务范围的拓展。

（二）国内期货交易所发展经验

目前国内四家期货交易所在业务和发展路径等方面与郑商所较为相似的是大连商品交易所（以下简称大商所），大商所近年来发展呈现出如下特点：

一是品种工具不断丰富，品种创新力度不断加大，持续维护已上市品种，不断健全品种管理机制。目前大商所共上市 16 个期货品种，1 个期权品种，基本形成了覆盖油脂、塑料、煤焦矿、林畜等产业链的品种体系，逐步实现了从单一农产品期货交易所向综合性期货交易所，由区域性期货市场向全国性期货市场的转型。

二是场外市场不断拓展，大商所在豆粕、豆油和棕榈油三个品种上推出了仓单串换业务，解决交割地点不确定问题，便利企业就近接货，降低交割成本；大商所还努力探索场外市场服务实体经济新模式，大力推进场外期权、“保险+期货”试点，有效拓展了期货市场更好服务实体经济的路径。

三是稳步推进铁矿石期货的对外开放。铁矿石作为一个国际性品种，国内进口量大、对外依存度高。我国是世界铁矿石最重要的消费国和第一大进口国，但却长期不掌握产品定价权，我国相关实体企业缺少风险规避手段。大商所在 2013

年10月挂牌上市铁矿石期货。目前，铁矿石期货国际化试点方案已基本成熟，保税交割、货币政策已经落地，技术系统已上线测试，铁矿石期货对外开放步伐不断加快。

四是深化对外交流与合作，持续扩大对外交流合作领域，强化与境外产业客户和机构投资者的沟通和联系。近年来，大商所通过与境外交易所签署合作谅解备忘录、与境外交易所合作举办国际油脂油料大会、与行业协会合作举办品种产业大会等形式，不断拓宽合作交流范围。

五是持续开展市场培育，通过“千村万户”和“千厂万企”工程持续深化市场服务。大商所通过“千村万户”和“千厂万企”工程培训相关产业企业、工厂期货相关人员，东北种粮大户，粮食企业人员和农村基层干部超过6万人，有效提升了东北地区产业发展和农业生产的期货市场参与度，为相关产业企业和农户规避风险提供了广阔的空间和平台。

五、未来发展战略框架

（一）指导思想

以习近平新时代中国特色社会主义思想为指导，深入领会“四个全面”战略布局和“创新、协调、绿色、开放、共享”的发展理念，牢记“让实体看见方向、助经济稳健运行”的使命，秉承“崇实、守正、拓新、致美”的核心价值观，深入发挥市场功能，大力服务实体经济，将郑商所建设成为“领先行业的风险管理平台、享誉世界的商品定价中心”。

（二）发展目标

品种工具丰富。进一步梳理产品研发思路、优化新产品研发工作机制，不断完善并拓展上市品种及工具系列，形成覆盖国民经济主要行业、符合建设现代化经济体系要求的多元化、系列化产品体系。

场内场外协同。拓展市场培育、宣传和推广渠道，进一步扩大市场规模，不断提升市场地位；稳步推进综合业务平台建设，更好地满足企业个性化风险管理需求，增强服务实体能力，初步形成场内场外协同发展的综合性业务体系。

运行安全高效。逐步建立全面风险管理体系，加强对各类风险的排查、化解和管控；持续优化各项业务技术系统，探索利用大数据、区块链等新技术改造交易所业务模式，在切实保障安全稳定运行的基础上，不断提升市场运行效率。

功能发挥充分。健全市场运行及品种功能评估体系，完善合约与制度规则，优化投资者结构，推进市场对外开放。涌现一批利用郑商所品种管理风险的行业知名企业，“郑州价格”在全球大宗商品定价中的影响力进一步增强，期货市场功能发挥的广度和深度显著提升。

（三）发展路径

通过坚持不懈的努力，实现“四个发展转型”：从期货向期货及期权均衡发展转型；从场内市场向场内场外市场协同发展转型；从境内市场向境内境外市场兼顾发展转型；从期货交易所向期货及衍生品交易所发展转型。

力争把郑商所打造成品种工具丰富、场内场外协同、运行安全高效、功能发挥充分，位居世界前列的期货及衍生品交易所。

六、重要举措

（一）创新品种工具

明确品种研发理念。发挥郑商所现有品种与“三农”和民族地区、边疆地区、贫困地区关联度高的优势，利用扶贫绿色通道等优惠政策，推进区域性、特色产品上市。推进易盛农产品期货价格指数衍生品的开发，探索运力期货、价格指数等新型产品上市交易。

完善品种研发机制。设立新品种研发委员会，统筹品种研发上市工作。根据建设现代化经济体系的要求，梳理品种发展逻辑脉络，探索新形势下品种遴选标准，做好品种开发规划、研发和推进工作。依托国家和地方支持政策，借助外部优势资源，提升品种研发上市效率。

丰富期权工具体系。根据市场运行情况，不断优化期权业务的保证金收取、涨跌限制、限仓模式等规则制度。在白糖期权成功试点的基础上，继续推进其他主要期货品种期权上市。探索推出价差期权、系列期权等期权衍生产品。

（二）发展场外市场

推动场外业务落地。积极推进综合业务平台建设，尽快上线一期仓单回购业务系统，根据市场需求进一步研究上线其他场外业务的可行性。探索设立场外业务子公司或场外清算机构，推出场外清算业务，有效满足产业客户由场内业务衍生的个性化需求。

密切期现货市场联系。加强与运作规范的大宗商品现货市场的业务交流，积极探索在产品研发、实物交割、仓储物流、市场培育等方面的合作。探索场外平台，作为中央对手方为其他交易市场提供结算服务，为产业客户提供更广泛的延伸服务。

（三）加强品种维护

跟踪市场运行动态。健全市场运行分析工作机制，完善市场运行监测指标体系。密切关注期现货市场变化，深入剖析市场运行质量，为合约制度优化、市场服务改进提供参考。

完善品种维护机制。加强与产业客户沟通及现货市场调研，顺应市场变化及时优化合约规则，促进已上市品种功能更好发挥。健全上市品种功能评估制度，优化功能发挥情况评价指标。探索引入第三方评估机制，进一步提升品种功能发挥情况评价的客观性。

（四）推进业务创新

探索交易制度创新。在主要品种中试点并推广做市商交易机制，建立健全做市商管理及评价体系。借鉴国际经验，探索大宗交易制度和净价交易制度。建立并完善多种客户类型、多重持仓属性的多层次客户管理体系，进一步满足投资者需求。

开展交割业务创新。跟踪现货市场发展动态，及时优化交割仓库布局。建设交割仓库升贴水动态评估系统，进一步完善升贴水设置机制。加强与相关司法、行政机关沟通，争取确立交易所标准仓单登记地位。探索利用物联网、虚拟现实等新技术，加强对交割仓库的管理及监控。探索现金交割制度、集团交割仓库模式的可行性，适时在部分品种开展试点工作。探索建设新一代交割仓库及仓单业务管理系统。

深化结算业务创新。优化保证金收取模式，丰富保证金质押品类型，探索组合保证金管理制度。顺应市场对外开放需求，适时推进会员分级结算体制以及多币种、跨境结算机制。探索成立独立清算机构，为场外市场提供清算服务。

做实做深数据业务。加强信息数据产品研发，探索为客户提供多样化、高质量的数据增值服务。结合市场发展趋势，通过并购相关公司，满足金融机构在定价、估值、连接、风险管理、监管合规等方面的信息和服务需求。

（五）做好市场培育

创新市场服务模式。进一步增强服务意识，在经济发达城市和产业集聚城市建立综合性市场服务与发展中心，构建网络化的市场服务体系。形成持续有效的工作机制，鼓励会员开展业务创新、市场拓展和投资者培育等方面的活动，并在业务费用、新闻宣传、评优评先等方面给予相应支持。进一步丰富“保险+期货”内容，积极探索“保险+期权”等新型服务模式。探索期货与银行、基金等金融机构协作的市场推广模式。打造专业的投资者教育网站，探索利用人工智能、虚拟现实等新技术，开展形式更加生动、活泼的市场培育活动，激发投资者兴趣，提高培育成效。

打造市场服务品牌。创新开展“三业”活动，继续加强“点、面”基地建设。做好期货市场典型案例、模式及经验的挖掘、宣传和推广，以标杆效应促进市场培育工作深入开展。以中国（郑州）国际期货论坛、品种产业大会为核心，办好系列高端交流平台，吸引国内外知名产业客户、机构投资者、相关高层人士参与。

（六）强化市场监管

优化监管制度规则。对监管制度规则进行评估，研判市场新情况、新风险，有针对性地完善套期保值审批制度、客户限仓标准等监管规则，严防利用业务创新规避监管，进一步提高监管措施的精准度。

健全风险监测机制。针对新产品、新业务、投资者行为新特点，全面排查风险隐患，摸清风险底数，优化监管指标体系，完善应急处置措施。加强实控组管理，有效识别、防范可能存在的各类风险隐患，提高对异常交易行为的监控能力。建设新一代监管系统，探索基于大数据、人工智能等技术的实时监控，实现异常交易线索和疑似实控关系客户智能化识别，提高市场监测效率。

打击违法违规行为。坚持依法、从严、全面的监管理念，加强对异常交易、违规交易、实控关系账户的跟踪排查，强化对资管客户的穿透式监管。进一步完善自律监管机制，优化违规行为处置流程，做到违法违规行为及时发现、及时处理，提高一线监管效率。建立交易所违法违规案件数据库，加大对相关机构和人员的跟踪监管力度。

深化市场监管协作。建立与证监会稽查局、地方证监局、期货市场监控中心、期货业协会等外部监管机构的经常性沟通机制，拓展舆情监测和违法违规线索渠道。加强跨产品、跨市场、跨国别监管制度体系的研究，做好跨境监管的各项准备工作。

（七）加快对外开放

夯实对外开放基础。密切跟踪国际市场发展动态，大力引进培养国际化人才，积极加入重要国际组织，适时与境外交易所签署合作备忘录，推动与境外机构的合作交流，做好境外参会、设展、研修工作。积极推动取消政策、制度的限制或障碍，将更多境外商品纳入郑商所期货交割体系。持续推动保税交割常态化，不断增大保税交割品种覆盖面和扩展保税交割区域范围。适应相关期货品种国际化需求，适时在境外设立代表处，积极探索设立境外交割仓库。

积极“引进来”。推进特定品种对外开放，配合国家金融开放政策，做好合格境外机构投资者（QFII/RQFII）参与郑商所品种的相关工作。探索以结算价授权等形式引入境外产品，不断提升国际影响力。探索引入境外会员，不断优化会员结构。

探索“走出去”。研究将郑商所产品以结算价授权等形式提供给境外交易所，实现产品“走出去”。服务“一带一路”建设，探索设立、并购境外交易所，借此拓展产品覆盖范围及领域。

（八）深化发展研究

加强战略性、方向性及理论性研究。加强期货市场服务实体经济、服务国家战略的理论及实践研究，为交易所切实担当、发挥功能提供支持。加强期货市场与宏观经济、区域经济、产业经济的对接研究，为在宏观、中观层面彰显市场功能、服务经济社会发展提供实据。加强新经济、新业态对期货市场发展的影响研究，加强新技术在交易所层面的应用研究，为交易所发展提供新理念、新路径、新举措。加强期货市场发展理论、交易所发展战略研究，总结发展规律、探索发展方向、提出对策建议。

推进业务创新研究。借鉴境内外市场经验，结合业务开展实际，持续开展产品、交易、交割、结算、监察、市场培育等业务领域的创新研究，探索新的业务模式及工作机制，为优化制度规则、完善流程体系、提升业务效率提供支撑。

注重期现货市场研究。密切跟踪上市品种期现货市场运行情况，做好各类信息的收集整理与分析研究，及时把握市场基本面变化及发展趋势，及早预研预判市场运行风险，为完善合约及制度规则，做好风险防范及化解提供支持。

七、保障措施

（一）党的建设

加强党的政治建设。坚定执行党的政治路线，严格遵守政治纪律和政治规矩，在政治立场、政治方向、政治原则、政治道路上同党中央保持高度一致。尊崇党章，严格执行新形势下党内政治生活准则，营造风清气正的良好政治生态。加强对交易所党员干部的党性锻炼，使其不断提高政治觉悟和政治能力，永葆共产党人政治本色。

加强党的思想建设。自觉运用习近平新时代中国特色社会主义思想武装头脑，弘扬马克思主义学风，推进“两学一做”学习教育常态化制度化，以理想信念教育为核心、以严格党内政治生活为重点，不断丰富党建工作方式方法，教育和引导广大党员增强“四个意识”，营造坚定信念、努力奋斗的工作氛围。

加强基层组织建设。完善部门及下属公司党组织建设，加强基层党组织带头人队伍建设，夯实党的组织基础。坚持“三会一课”制度，不断丰富和创新党员教育管理方式，提升广大党员干部参与党建工作的积极性。

加强党风廉政建设。坚持把纪律挺在前面，不断完善党风廉政建设的相关制度，巩固拓展落实中央八项规定精神成果，继续整治“四风”，运用监督执纪“四种形态”，抓早抓小、防微杜渐。强化落实党委主体责任和纪委监督责任，深入推进廉政风险防控体系建设，着力构建不敢腐、不能腐、不想腐的长效机制。

（二）技术支撑

持续优化技术系统。顺应交易所业务发展需求，跟踪技术系统发展趋势，不断完善五期交易系统，超前规划建设六期交易系统，不断提升技术系统对交易所发展的支持保障能力。深入研究大数据、区块链、人工智能等新技术与交易所业务的融合发展，加强新技术在业务领域的应用研究，为交易所创新发展不断注入新动力。

提升运维管理水平。加强运维管理系统建设，完善多层次全覆盖的技术监控系统，提高运维管理自动化和可视化水平，密切跟踪智能化运维发展趋势，持续优化技术系统运维管理模式，切实保障系统安全稳定运行。强化“两地三中心”运行管理，健全技术故障和灾难灾害应急机制，全面提升系统应急处置能力。适时对技术中心机房进行扩容升级，打造证券期货行业有重要影响力的专业托管和灾备服务中心，形成技术集聚效应。

（三）内部治理

优化法人治理结构。健全交易所治理机制，不断完善“三会一层”治理架构，形成符合自身发展特点的现代交易所体制。逐步完善理事会及其专门委员会工作制度，不断优化专门委员会设置，吸收优势会员入会，拓展会员单位参与交易所决策和管理的渠道。

完善会员管理制度。改进会籍管理方式，提高产业客户比重，探索引入外籍会员，健全会员入退会工作流程。建立会员评价管理机制，督促会员做好客户培育、风险管理、市场推广等工作，加强对会员业务发展、内部治理情况的研究分析，更好地发挥会员在推动市场发展中的作用。

健全内部运行机制。根据业务发展情况，不断推动内部组织结构优化，建立分工明确、协同高效的组织架构，密切部门之间的沟通协作。树立全面风险管理意识，系统梳理业务关键风险点，构建全面风险管理框架。统筹建立全面系统的业务制度规则体系，建立健全合规审理工作的规范化流程。优化管理制度及工作流程，精简办事手续，强化督查督办，提高工作质量和效率。完善信息报送机制，为决策提供有效支持。

加强企业文化建设。弘扬“崇实、守正、拓新、致美”的核心价值观，创建“全员驱动型组织”和“研究型交易所”。不断丰富和拓展企业文化载体，树立践行企业文化的楷模人物和组织。加强工会等群团组织建设，丰富员工精神文化生活，增强员工的归属感、自豪感，提升交易所凝聚力。

（四）人才队伍

优化人才发展环境。建立人岗匹配、激励有力、约束有效的人力资源管理制度，形成有利于人才脱颖而出的发展环境。针对骨干人员建立优于相近行业待遇水平的薪酬机制，充分调动员工积极性，不断提升工作效能。

建立招才引智机制。明确引才方向，以富有创新精神和国际视野、熟悉境内外衍生品市场业务的领军型、创新型人才为重点，有针对性地制定优惠政策。拓宽引才渠道，加强与期货相关学科优势明显的高校、科研院所和金融核心企业、智库的合作，建立持续稳定的人才储备补充机制。

健全人才培养机制。与党校、高校、资本市场学院等机构合作，构建内容丰富、形式多样的分层次、分类别、全方位干部培训和持续教育课程体系。加强人才智库建设，以具备创新能力、熟悉核心业务和技术、实践能力较强、发展潜力较大的高素质中青年业务骨干为重点，打造一支德才兼备、结构合理的专家型人才队伍。

（五）财务管理

提升财务管理和保障能力。建立健全与业务发展相适应的制度完善、管理科学、技术先进、服务高效的财务管理体系。提高财务分析和管理水平，增强对业务决策的支持能力。全面提升财务工作电子化、信息化水平，升级整合预算管理、财务核算、报账、分析、资金竞价等系统，持续提高财务工作效率和服务水平。加强资产管理，优化资源配置，提高资产保值增值率和资金收益率。加强集团内财务监督，探索集团财务管控新模式、新方法。

（六）集团发展

加强交易所集团建设。围绕交易所长远发展，建立集团化组织架构。明确业务定位、增强核心能力，把易盛公司建成国际知名的衍生品领域技术平台，把研究所公司建成国内一流的期货及衍生品行业智库，改革后勤管理模式，打造有力支持交易所发展的专业化后勤保障平台。

（七）新闻宣传

提升新闻宣传水平。增强品牌意识，开展品牌规划，制定品牌战略。与国家权威媒体、行业内主流媒体及相关品种现货行业网站建立并增进良好合作关系，巩固郑商所宣传工作阵地，提高受众精准度和宣传效果。加强与期现货相关领域的社会知名专家、协会及企业代表、意见领袖的合作，利用“专家效应”提升社会、行业及市场对郑商所的关注度和认可度，为市场健康发展营造良好氛围。完善舆情监测机制，增强舆情应对能力。高度重视传播手段建设和创新，利用微博、微信等互联网新媒体，不断丰富宣传形式，提升宣传的传播力、引导力、影响力和公信力。

（八）公共关系

积极承担社会责任。深入开展脱贫攻坚，认真做好对口扶贫、专项扶贫工作，通过干部互挂、期货培训等方式，促进扶贫同扶智相结合，提升扶贫工作质量和效果。加大服务供给侧改革、乡村振兴和区域协调发展等战略的力度，强化市场服务、金融集聚、人才培养等功能，更好地发挥期货市场在服务国家战略和地方经济社会发展中的积极作用。开展“期货进高校”活动，设立“郑商所奖学金”，深化产教融合、校企合作。积极参与各类公益慈善事业，大力服务当地社区，履行社会责任，彰显广受社会尊重的外部形象。

八、政策建议

不断提升自身发展水平，做大做强河南期货市场，更好地发挥期货市场在河南经济社会发展中的作用，这既是郑商所一以贯之的发展目标，也是一项需要各方共同协作的复杂系统工程。做大做强郑商所需要地方政府加大帮扶和支持力度，共同推动郑商所的发展。

（一）吸引高端人才和期货经营机构

一是为郑商所及下属公司高管人员、业务骨干提供人才支持政策，借鉴上海、大连等地经验，出台“一揽子”优惠政策，在税收、住房、公积金、医疗保障、子女就学、家属安置及落户等方面给予便利；二是在引进期货经营机构上，充分发挥河南自贸区的优势，不断改善营商环境，在工商注册、税务登记、政策扶持等方面提供便利，吸引各类期货经营机构在豫设立机构总部和功能性机构，提升期货行业人才聚集度，增强郑商所的期货行业集聚效应，为郑州建设区域性国际金融中心贡献力量。

（二）加大期货知识培训教育力度

一是加强党员领导干部期货知识教育，争取省委党校等部门协助郑商所对河南自贸区、金融办、农业厅等相关部门领导干部，国有大中型企业负责人开展期货知识培训，提升领导干部这一“关键少数”对期货市场的认识和理解；二是争取教育厅等部门积极鼓励和引导河南高等院校开设期货及衍生品相关课程，支持省属院校筹设期货专业，逐步实现期货人才培养系统化、专门化。

（三）优化期货市场发展环境

一是在地方政府的支持下，加大在省属企业中对期货市场的宣传力度，大力推广思念、瑞茂通等企业利用期货市场进行风险管理的经验，争取省政府有关部门制定省属企业开展套期保值业务管理办法，从制度上支持国有企业利用期货市场管理风险，消除企业参与期货市场的顾虑。二是建立有效的信息交流机制。争取实现郑商所与省发改委、金融办、工信厅等部门就政策发布动态、市场发展趋势、企业经营情况等信息的定期交流共享，并将郑商所重点品种信息纳入产业预警体系和政府决策信息体系，提升期货市场在服务经济发展和决策支持中的作用。

（本章作者为郑州商品交易所课题组）

河南省农村信用社：组建中原农商银行

摘要：长期以来，河南省农信社一直承担着河南省普惠金融和服务“三农”的主要任务，在背负沉重历史包袱的情况下不断求生存、谋发展。目前，银行同业竞争愈演愈烈，市场环境日益复杂，河南省农信社生存压力越来越大，生存空间越来越狭小。河南省农信社的深化改革已经刻不容缓，加快推进河南省农信社创新转型，组建企业化程度更高、市场化竞争能力更强、行业管理水平更有效的省级农村商业联合银行不仅可以为河南省农信社注入新的发展活力，而且对提升河南省普惠金融服务能力和做大做强“金融豫军”具有十分重要的战略意义。

一、加快推进河南省农信社改革转型的重大意义

（一）符合党中央、国务院以及省委省政府的要求

近年来，党中央、国务院、省委省政府、中国银监会相继对农村信用社改革转型工作提出了明确要求。2014 年，国务院 30 号文件提出“加快推进省联社去行政化，实施企业化改革，强化服务职能”。2016 年，中央一号文件提出“开展农村信用社省联社改革试点，逐步淡出行政管理，强化服务职能”。2017 年中央一号文件强调“抓紧研究制定农村信用社省联社改革方案”。河南省委省政府在市县农商银行、省农信联社改革“两步并作一步走”的基础上，明确了“启动省农信联社改革，加快省辖市城区农信社改革和县级农商行改制”的要求。

（二）符合“金融豫军”做大做强的战略要求

河南省由“农业大省”向“农业强省”转型的战略定位决定了河南省农信社改革转型在“金融豫军”做大做强战略中的关键作用。截至 2016 年末，河南省农信社涉农贷款余额 5372.03 亿元，占全部贷款总额的 89.26%，占河南省银行业金融机构涉农贷款余额的 36.50%，可以说“农信强则涉农军团强，涉农军

团强则金融豫军强，金融豫军强则河南省经济更强”。

（三）符合普惠金融和更好服务“三农”的发展要求

李克强总理在2017年政府工作报告中明确提出“强化农信社服务‘三农’功能”。河南省农信社是河南省最大的地方性银行业金融机构，在推动建设现代农业强省、全面建成小康社会的过程中发挥着不可替代的作用。随着经济社会发展，河南省农村金融需求日益多元化，需要农信社系统提供更优质、更高效的金融服务。但各基层行社（包括市县农村商业银行、市县联社）作为小法人，在治理结构、体制机制、科技支撑、产品研发、业务拓展、抵御风险、自我发展等方面与先进地区和银行相比，问题多、差距大、力量弱。建立新的管理体系、搭建新的服务平台、解决小法人势单力薄的劣势、提升服务“三农”质效已迫在眉睫。

（四）符合防范化解区域性、系统性金融风险的要求

河南省农信社系统摊子大、人员多，历史包袱重，管理链条长、基础管理薄弱，潜在风险大。伴随着我国经济发展进入“三期叠加”“降速换挡”的新常态，银行业不良贷款反弹压力不断加大，非法集资以及担保链、担保圈向银行传递的外部风险日益显现，防范区域性、系统性风险的形势更加严峻。进一步深化农信社改革，有利于提高风险防控能力，包括消化存量包袱、控制增量风险、促进河南省农信社系统稳健运行、维护地方金融稳定。

（五）符合河南省农信社自身转型发展的要求

河南省农信联社自2005年成立以来，在省委、省政府的坚强领导下，认真履行国务院赋予的“管理、指导、协调、服务”职能，推动了河南省农信社系统健康持续发展。但随着形势的变化，省农信联社履职方式需要调整和改进，特别是根据省委、省政府关于农信社改革三年行动计划，2017年市县农商银行改革工作将基本完成，客观形势倒逼省农信联社按照市场化、企业化的要求，实现自身职能转型，更好地服务市县银行法人机构，提高农信社系统整体运行质量。

二、河南省农信社整体发展状况

（一）基本情况

2005年2月，在省委省政府领导下，省农信联社经银监会批准成立，代表省

政府履行对河南省农信社的“管理、指导、协调、服务”职能，并承担防范和处置辖内系统金融风险的责任。2009 年，在完成央行票据兑付的基础上，实现河南省农信社县级联社统一法人，将原来 2198 个乡镇法人农信社合并改组为 145 家县级联社，形成“省县两级法人、省市县乡四级机构”的格局，并不断健全内控制度，建立自上而下的行业管理体系，逐步展开农商行改制工作。截至 2016 年末，除省农信联社外，河南省农信社系统共有 139 家法人机构（其中，农商银行 75 家，县级联社 64 家），网点 5300 个，员工 6 万多人。

（二）发展过程中取得的主要成效

各项业务取得快速发展。截至 2016 年末，河南省农信社各项存款余额达到 10551.59 亿元，是改革前（2004 年末，下同）的 7.27 倍；各项贷款余额达到 6017.89 亿元，是改革前的 5.17 倍，存贷款余额均占河南省银行业金融机构的 1/5。目前，大部分市县行社的贷款规模已占当地银行业金融机构的一半以上，部分县市达到 70%以上，各项业务得到了快速发展。

支持地方经济建设及服务“三农”。一是支持“三农”力度持续增强。截至 2016 年底，河南省农信社涉农贷款余额 5372.03 亿元，占全部贷款总额的 89.26%，占河南省银行业金融机构涉农贷款余额的 36.50%。二是普惠金融效果显著。河南省农信社以金融服务进村入社区、阳光信贷、富民惠农金融创新“三大工程”为抓手，承担了河南省 85%以上的农村基础金融服务。截至 2016 年末，河南省农信社金燕卡存量 5943.61 万张，农民金融自助服务点 11967 个，惠农支付服务点 13239 个，自助设备存量 8246 台，网银、手机银行客户数达到 609.75 万户，农户贷款余额占河南省银行业金融机构农户贷款余额的 90%以上。三是金融扶贫成效明显。截至 2016 年末，河南省农信社累计投放各类扶贫贷款 34.37 亿元，支持贫困村 4930 个，支持建档立卡贫困户 4.18 万户，支持产业脱贫企业 381 家，带动了 15.9 万贫困人口就业。目前，农信社扶贫贷款投放量占农业银行、邮储银行、农信社三家金融扶贫主责任银行的 91%。

风险防控能力明显提升。省联社积极推进合规知识普及系统建设，推进涵盖三大类包含存款、贷款、成本收入比、资本充足率等在内的 11 项指标的目标管理新体系建设，组建了 9 个区域审计中心，加强对基层业务的审计监督。2016 年，河南省农信社资本充足率 10.31%，贷款不良率 6.44%，盈利能力持续增强，不良贷款率持续下降，资产质量持续改善，抗风险能力不断提高。其中开封、三门峡、济源、洛阳、许昌、郑州、驻马店、濮阳、焦作、周口、新乡 11 市统算的资本充足率达到 10.5%以上；河南省拨备覆盖率达 97.71%，洛阳、许昌、开封、濮阳、郑州、济源、三门峡、焦作 8 市拨备覆盖率达到 150%以上。

法人治理进一步完善。省联社指导河南省农信行社按照现代企业制度要求，结合自身实际，形成了“三会一层”各尽其责、协调运转、有效制衡的管理机制。截至 2016 年末，河南省 57 家农商行挂牌开业、3 家获准开业、15 家获准筹建、32 家达到组建标准，河南省完成改制和达到农商银行组建标准的市县行社达到 107 家。洛阳、驻马店农商行成功组建，安阳、许昌获准筹建农商行，郑州、新乡等 9 个省辖市的城区行社整合工作稳步推进。

外部环境进一步优化。一是化解不良贷款。协调政府帮助农信社清收不良资产，政府通过注入优质资产置换农信社不良贷款。二是取消对农信社的歧视性政策。如取消限制在农信社开户、存款等规定。三是政策支持及费用减免。如对改制中农信社当年税收地方留存部分予以返还，政府控股企业参与农信社改制，对土地确权、资产处置等环节费用减免等。四是优化金融生态。与政府联合开展信用工程建设，打击逃废债行为，为农信社经营营造良好的信用环境。五是系统性客户开发。从省联社层面开展系统性、集团客户营销，为县级行社业务拓展提供支持。如电力系统、烟草系统、铁路系统等。

构建网络科技服务平台。省联社牢固树立科技强社理念，优先满足科技建设的人力、物力、财力需求。研发推广了风险实时预警、远程集中授权、网点指纹验证、非信贷资产管理等 60 多个应用系统。通存通兑、大小额支付、农信银资金清算、农民工银行卡特色服务等业务全面开通，拓宽了结算渠道，完善了服务功能。仅 2016 年，河南省农信社就办理各类支付清算业务 45963 万笔、清算资金 201645 亿元，大小额支付业务笔数位居省内各金融机构第 3 位，农信银业务笔数和金额分别居全国 30 个省级成员机构第 1 位。

加强人才队伍建设。一是制定了《河南省农村信用社市县行社高管人员选拔任用管理办法（试行）》（豫农信党〔2016〕102 号），明确高管人员选拔任用的原则条件、选任程序和工作纪律。二是不断优化员工年龄、文化结构。省联社成立以来，河南省农信社共计招录大学生 17000 人。三是积极创建学习型农信社，着力拓宽教育培训平台，建立中原三农金融研究院，不断加大员工培训力度，提高了教育的针对性。自 2005 年以来，省联社共组织各类业务培训班 281 期（次），参训人员 1.4 万多人次。

农信社整体形象进一步提升。一是加强人本书化建设。广泛开展柜面业务知识竞赛、法律知识、优质文明规范服务风采展示、职工技能练兵比武等集体活动，为员工提供了施展才华的机会和平台。二是加强视觉文化建设。组织河南省农信社开展网点标准化建设工作，统一视觉标识，整体提升农信社外在形象。三是提升农信社的品牌认知度和市场影响力。2016 年，河南省有 2 个基层网点被中国银行业协会评为“中国银行业文明规范服务千佳示范单位”，分别有 21 人、54 人荣获省、市级劳动模范称号。四是加强中央“扶贫攻坚”政策落实，推动“普惠金融”工作，以高标准、严要求履行应尽的社会责任，提升河南农信整体社会形象。

基层党建工作进一步加强。省联社始终坚持党建工作与改革发展工作同部署、同考核、同落实，认真落实党风廉政建设“两个责任”，按照“一岗双责”要求，积极推进预防和惩治腐败体系建设，严厉查处各类案件，规范经营，严肃纪律，整顿作风，提升行业形象。自省联社成立以来，共受理信访举报件 2122 件，已办结 2118 件；连续多年被省纪委、省监察厅、省人社厅授予“查办案件先进单位”。并有 55 家县级行社被评为“省级文明单位”、47 家县级行社被评为“市级文明单位”，297 家基层行社被评为“群众满意基层站所”。

（三）现阶段发展中存在的问题

河南省农信社改革的道路并不是一帆风顺的，取得成绩的同时也存在一些问题，结合河南省农信社当前的改革发展现状，存在的主要问题如下：

省联社自身体制问题。自成立以来，省联社集多重身份、多样职能和多种组织于一身。首先，省联社是由省政府行政授权的行业管理机构，代表政府对辖内社员机构行使行业“服务、指导、协调、管理”职责。其次，省联社是由辖内社员机构入股、社员大会赋权的行业服务机构，具备行业服务和自律管理职能。最后，省联社还属于具备独立企业法人资格的地方性金融机构，具有部分银行业经营服务职能，依法接受人民银行、银监会金融监管。

监管部门对省联社职能定位要求的矛盾。省联社是省委省政府赋权管理河南省农信社系统的行业管理机构，对省委省政府负责，但是监管部门对省联社的职能定位和要求往往矛盾。一方面要求省联社尊重县级法人行社的内部治理，实行去行政化管理；另一方面却又强调省联社对县级法人行社的内部治理风险承担领导责任。职能定位要求的矛盾性造成省联社履职边界不清，基层法人“思想活跃”，管理能力难以得到有效发挥。

县级行社小法人管理问题突出。首先，县级农信行社小法人在治理方面存在随意性，管理难度大，监管易缺失，市场经营能力完全取决于领导班子的整体素质，特别是一把手的素质，很容易发生道德风险。其次，小法人参与整个市场竞争的能力受限，不仅缺乏相关业务经营的资质，而且很容易受到各种市场风险的影响，整体抗风险能力较弱。

现代企业治理机制需要进一步建立完善。省联社在企业治理方面建立了“两会一层”的治理架构，但在运行过程中，存在行政化、运行不规范等问题，现代企业化治理水平有待提升。社员代表大会作用较弱，不能充分体现和表达社员意志，理事会召开次数达不到规定，内容流于形式，下设专业委员会作用得不到充分发挥。

三、河南省农信社未来发展 SWOT 分析

（一）优势分析

网点及人员优势。河南省农信社长期立足农村，5300 多个服务网点覆盖河南省所有乡镇，拥有庞大的网络，最贴近基层，也最贴近农民。大部分基层员工都与当地存在十分紧密的工作和生活联系，人熟、地熟、环境熟的特点为他们提供了工作便利，这些都是其他金融机构所无法比拟的。

长期服务“三农”的优势。由于农村信用社和广大农村、农民之间天然的情感联系，河南省农信社积极践行普惠金融，承担了河南省县域 85%以上的农村基础金融服务。一直以来，河南省农信社都坚守在服务“三农”的第一线，广大员工知农、懂农，涉农贷款客户和贷款余额都在整个市场中占有绝对优势，支农服务成效和作用得到各级地方政府的广泛认可。

历史发展形成的品牌优势。半个多世纪以来，农村信用社已经在广大农村金融服务领域积累了丰富的经验和资源，享有良好的农村金融市场信誉，具有较高的品牌认知度和客户忠诚度，在推动河南省县域经济发展过程中发挥着积极作用，是农村金融市场一面长期飘扬的旗帜。

（二）劣势分析

小法人治理问题突出。县级法人行社由于现代企业制度改革不到位，参与市场竞争的能力偏弱，社会信誉度不高，在市场准入、财政扶持、监管要求方面容易受到各种歧视性、约束性政策影响，应对经济下行压力的能力不足。集团性客户少，服务网点多，业务约束严形成的经营成本高，管理难度大，整体收益低，使农信社发展缓慢，应对风险能力明显不足。

学习创新能力不足。农信社主体客户多数分布在广大农村，金融需求具有一定局限性，加之自身缺乏危机感，造成农信社创新能力不足、业务品种开发不够，现形势下与专业商业银行相比处于弱势，难以应对高层次的金融业务竞争。

综合型金融人才匮乏与老龄化。互联网金融时代，传统银行市场竞争的领域已经发生了翻天覆地的变化，市场对计算机互联网技术、法律、市场营销等领域的综合性人才需求越来越明显。随着城市化进程的加快，广大农村基层网点人才招聘难度大，稳定性差，基层员工老龄化趋势明显，各项新技术新业务的推广难

度与日俱增。

（三）未来机遇

国家加大“三农”投入力度。未来几年，河南省将处于城市化快速发展、由农业大省向农业强省跨越发展的关键时期，广大农村将成为实现河南省崛起的主战场，各级财政对“三农”的投入力度将会不断加大。农村金融市场潜力巨大，河南省农信社将会在未来的农村市场迎来新的机遇。

“三区一群”国家战略。目前，河南省正处于“三区一群”国家战略推进的关键时期，国家赋予河南省诸多优惠政策，为河南省全面崛起带来重大机遇，也为整个“金融豫军”转型发展提供了战略机遇，加快农信社改革正逢其时。

农信系统重大改革。2017 年中央一号文件提出要加快省联社改革的步伐，省联社顶层改革的推进，将会为河南省农信社未来的改革发展开辟一条崭新的道路，由农信社改制成为农商银行，将会推动河南省农信系统进一步提升市场竞争力，为中原崛起做出更大贡献。

（四）面临的挑战

同业竞争加剧。随着城镇化推进速度的加快，越来越多的商业银行主体业务开始下沉，大型商业银行设立普惠金融事业部，将重返农村金融市场，股份制商业银行纷纷在县域设立网点。此外，村镇银行的蓬勃发展对各地农信社的业务发展带来激烈的市场挑战，农信社生存压力将会越来越大。

历史包袱过重。经过农信社半个多世纪的发展，几经体制变革和政策影响，加之缺乏有效管理，堆积了大量的呆账坏账，长期没有得到有效解决，仅靠自身经营又难以消化。长期以来，农信社背负着沉重的历史包袱，在艰难的市场竞争中蹒跚前行，面对互联网金融时代的到来，缺乏必要的应战准备和实力。

改革方向有待进一步明确。河南省农信社到底应该走什么样的改革之路，这不仅取决于农信社自身，也取决于国家的监管导向和省委省政府的整体发展思路，历史与现实、内部与外部各种矛盾相互交织，造成农信社改革难度越来越大，政策不明朗，改革进度慢，成为农信社发展又一重大挑战。

互联网金融的冲击。互联网金融的快速发展将使传统银行业的发展格局发生重大改变。在这种大环境下，合作共赢已经成为不争的事实，但是如何开辟一条适应河南省农信社自身特色的合作之路，将成为河南省农信社参与互联网金融市场成败的关键。而专业化人才的匮乏，也成为影响农信社发展互联网金融的重要因素。

（五）发展趋势和发展方向

历经十余年的改革发展，河南省农信社系统已成为河南省最大的银行业金融机构，目前河南省农信社正在朝着筹建农商联合银行的目标，按照“农信社—农商银行—标杆银行—上市银行”四步走的战略向着现代商业银行的方向迈进。

坚持三个“不变”。按照国务院、银监会关于省联社改革发展的基本要求，坚持服务“三农”宗旨不变、维护系统完整性不变、坚持县级法人地位不变，做好省联社和河南省农信社现代企业化改革，增强河南农信社市场竞争力。

深化农信社改革。在地级市农商行和县级农商银行组建完成的基础上，省联社将按照省委省政府的要求，组建联合商业银行，通过现代企业机制的建立，进一步降低经营风险，提升经营水平，加大服务“三农”力度，朝着现代商业银行的目标前进。

积极参与互联网金融市场。互联网金融是未来发展的大趋势，河南农信社在自身信息科技水平不断提升的基础上，正在积极探索适合自身发展的互联网金融之路，加大科技投入，加强横向联合，注重综合型人才的培养，打造河南省农信社自己的互联网金融平台。

四、全国省联社改革模式分析及对河南省的启示

河南省联社改革没有统一标准的模式，目前主要存在统一法人、联合农商银行、金融控股集团和金融服务公司四种模式（见表 1）。其中，统一法人模式、金融控股集团模式和金融服务公司三种模式已经有成熟的实践经验，而联合农商银行模式目前正处在探索当中。

表 1　省联社改革模式对比分析表

模式	优点	缺点	区域
统一法人	1. 法人治理结构进一步完善 2. 整体抗风险能力进一步提高 3. 服务河南省经济的综合能力进一步提升	1. 县级行社法人资格消失，自主决策能力弱化 2. 资金流向非农产业或流出本辖区的可能性增大，服务县域能力弱化 3. 执行难度较大	北京、上海、天津、重庆

续表

模式	优点	缺点	区域
联合农商银行	1. 维护农信社系统完整性不变，县级行社法人地位不变，服务“三农”、服务小微、服务地方经济的宗旨不变 2. 提升整体抗风险能力、经营管理水平和服务地方经济的综合性能力 3. 改革成本低，便于实际操作	1. 股权管理关系仍然难以理顺，联合银行对县级行社的管理依然需要省政府的授权 2. 联合银行改制仍需要大量资金支持	省级层面尚无成功案例，河南、湖南、江西等地都在探索推行
金融控股集团	1. 通过股权投资实现对河南省行社的控股管理，理顺省联社与市县行社的关系 2. 县级行社法人地位不变 3. 以股权纽带维护农信系统完整	1. 改制难度大 2. 协调难度大 3. 对高层管理能力要求更高	宁夏
金融服务公司	1. 金融服务公司与各县级行社成为平等市场主体，产权关系明确 2. 金融服务公司专注于本省农信系统的金融服务供应，有利于激发金融服务公司创新动力，对农信系统整体发展是有利的	1. 农信系统完整性消失，单一小法人行社抗风险能力下降 2. 缺乏经营管理实践，服务的针对性及服务质量有待检验 3. 对县级行社没有足够的约束力	陕西

（一）统一法人模式

统一法人模式是将省联社与辖区内县级行社整合，并以此为基础组建一级法人的省级农商银行，原县级行社法人资格消失，成为省级农商银行的分（支）行。

优势分析。一是法人治理结构进一步完善。省联社转型为统一法人的省级农商银行，理顺了目前省联社与市县行社之间的关系问题，符合现代企业制度要求。二是整体抗风险能力进一步提高。统一法人后，整个农信社系统融合为一个整体，资本实力增强、管理更加规范、经营范围进一步拓展，系统性抗风险能力将会明显增强。三是服务河南省经济的综合能力进一步提升。在大法人模式下，随着金融牌照种类增加、业务范围拓宽、创新能力的增强等，必将提升农商银行服务河南省经济，特别是农业产业化龙头企业及重大项目的能力。

劣势分析。一是银监会目前要求维持县域法人地位不变，不允许河南省统一法人。二是服务县域的能力可能弱化。在统一法人模式下，原县级行社法人资格消失，自主决策能力弱化，在资本逐利的驱动下，资金集中流向非农产业或流出本辖区的可能性增大，可能与服务“三农”的职责相背离。三是统一法人的执行难度较大。由于各县级行社发展水平不均衡，风险程度不一，管理水平参差不齐，统一法人需要协调的事项多、难度大。

（二）联合农商银行模式

联合银行模式是通过县级行社入股将省联社组建为联合农商银行，联合农商银行在做好自身经营的同时，对县级行社行使管理职能，并为其提供综合性服务。国内尚无实践先例可循，目前湖南、江西等省正在积极探索中。

优势分析。一是在维护农信社系统完整性的同时，保持了县级行社立法人地位不变，服务“三农”、服务小微、服务地方经济的宗旨不会改变。二是通过联合农商银行的专业化服务和规范化管理，可以提高县级行社整体抗风险能力和经营管理水平，提升服务地方经济的综合性能力。三是省联社转型为联合农商银行，县级行社变身为联合农商银行的股东，这种改革方式成本最低，还可以根据发展需要，逐步向统一法人模式转变。

劣势分析。一是股权管理关系仍然难以理顺，联合银行对县级行社的管理依然需要省政府的授权。二是联合银行改制需要大量资金支持。

（三）金融控股集团模式

金融控股集团模式是省联社通过增资扩股或与系统内具有明显优势的县级行社牵头整合组建农商银行，并以此农商银行为母体，通过控股方式实现对系统内其他县级行社控股，整个农信系统形成一个以资本为纽带的金融控股集团。

优势分析。一是母公司通过股权投资实现对河南省县级行社的控股管理，以市场方式理顺目前省联社与县级行社的关系。二是保留了县级行社的独立法人地位，保持了县级行社服务县域经济的决策权和灵活性。三是以股权纽带维护了农信系统的完整性，通过系统内协同合力，服务“三农”、服务小微、服务地方经济的能力将进一步增强。同时，县级行社可以借助控股公司全金融牌照优势和专业化的服务，不断提升自身的综合性服务能力。

劣势分析。一是改制难度大。中央对省联社直接转型为金融控股集团没有明确的政策，需要中国银监会、中国人民银行等相关部委协调并报国务院审批，难度很大。二是协调难度大。省政府、省联社、银行控股公司、其他投资者等之间的利益关系难以平衡，更难以确保转型改制后的支农定位不变。三是对高层管理能力要求更高。省联社转型为金融控股集团，对县级行社的管理方式将由行政授权的行业管理转变为市场化管理，管理模式必须进行大幅调整，对省联社自身的管理能力要求更高。

（四）金融服务公司模式

金融服务公司模式是将省联社转型为专业化的服务公司，以市场化机制为辖内县级行社提供战略咨询、人才培训、产品研发、审计稽核、资金结算、信息系统建设等服务。

优势分析。一是金融服务公司与各县级行社成为平等市场主体，产权关系明确。二是金融服务公司专注于本省农信系统的金融服务供应，有利于激发金融服务公司创新动力，对农信系统整体发展是有利的。

劣势分析。一是维系河南省农信系统完整性的纽带消失，单一小法人行社抗风险能力明显下降。二是金融服务公司不开展银行业务，缺乏参与银行业经营与管理的实践，服务的针对性及服务质量有待检验。三是金融服务公司是单纯的服务供应商，对县级行社没有足够的约束力，如果再没有政策方面的支持，金融服务公司处境将极为尴尬。

（五）对于河南省农信社改革转型的启示

顺应转型发展需要。就市场化发展的趋势和河南省农信社“做大做强”的战略目标而言，统一法人模式是省联社改革的终极目标，组建省级农商银行是最彻底的转型方式。

遵循“三个不变”原则。根据银监会关于省联社改革“三个不变”的政策要求和河南省农信社目前的状况，采取省联社组建省级联合银行的模式更符合河南省农信社改革转型的实际需要。联合银行模式不破坏农信社系统完整性，企业化程度更高，防控系统性风险的能力更强，一旦条件成熟，再次转型升级为河南省统一法人的阻力会更小，可操作性更强。

五、河南省农信社改革创新转型发展思路

（一）指导思想

按照“淡出行政管理、强化服务职能、实施企业化改革”的要求以及国务院和中国银监会对省联社的职责定位，坚持“保持县域独立法人地位不变，服务‘三农’、服务小微、服务地方经济发展的宗旨不变，维护农信社系统完整性不

变，防范系统性风险的责任不变”的原则，进一步强化“省联社为市县法人机构服务、市县法人机构为客户服务”理念，注重运用市场化、非行政化的手段改进和强化对市县行社的管理，积极构建“小法人+大平台+大服务”的发展模式，真正做到寓管理于服务之中，着力在深化改革中强化管理、规范经营、激发活力、改善服务，更好地支持地方经济和社会发展。

（二）基本原则

切实加强党的领导。坚持省联社党委对河南省农信行社党的系统垂直管理，地市级农商银行党委对辖内市县农商银行党委进行领导，实现“两级法人、三级党委、三级管理”的新体制。

坚持市场化导向。遵循金融业发展规律，适应基层行社发展需要，实现省联社职能转型，逐步淡出行政管理，增强服务功能。指导市县法人机构按照建立现代商业银行制度的要求，转换经营机制，创新金融产品，改进金融服务，提高市场竞争能力。

坚持依法合规审慎履职。加强对辖内行社落实相关政策的行业监督，做好政策引导。充分考虑辖内行社发展状况、区域环境等因素，实施差异化管理，统筹解决发展不平衡问题，提高全系统整体发展质量和水平。

（三）战略目标

河南省农信社的改革转型是一个长期而持续的过程，目前河南省农信社正在朝着筹建农商联合银行的目标，按照“农信社—农商银行—联合银行”三步走的战略向着现代农村商业银行的方向迈进。

近期发展目标。2017 年，河南省尚未组建农村商业银行的县级联社已经全部达到组建标准，2018 年的工作重点在于完成河南省地级市农信办改革，整合地级市城区资源，组建地级市农村商业银行。由省农信联社授权地级市农商银行相应的职能，充分发挥其区域牵头行、示范行的作用，重点做好区域党建及相关协调服务等工作。同时，加快县级联社完成农村商业银行改制，实现河南省县级农商银行企业化运作。

中期发展目标。争取全国农信社省联社改革试点，到 2020 年前，实现在银监会、省委省政府领导下完成自身改制，在省农信联社基础上组建河南省农村商业联合银行，具有一定的经营职能，主要从事批发业务和新金融业务，不经营存贷款等零售业务，进一步提升河南农信社企业化、市场化程度。

远期发展目标。河南省农村商业联合银行建立健全完善的现代商业银行企业体制机制，企业化程度更高，参与市场竞争的能力更强，沿着全国农信系统“双一流银行”的目标前进，并逐步实现国际化，参与到全球化的市场竞争，为做大做强“金融豫军”做出应有的贡献。

（四）改革转型的重点任务

河南省农信社坚持不断总结、适时调整发展方式，提升服务县级行社的能力水平，严防各类风险，以适应河南省改革发展的需要。

加快市县农商银行组建工作。省农信联社将严格按照省委省政府的要求，依法合规快速稳健推进市县联社改制工作。对于达到组建标准的县级联社，年内要获准筹建。未达到组建标准的县级联社也要加快改制进度，年底前达到组建标准。同时，积极推进已改制农商银行转换经营机制，加快建立现代银行制度。

加快推进市农信办与城区农信社整合组建地级市农商银行工作。撤销市农信办，整合城区农信社，组建地级市农商银行，2018 年底前完成 17 个地级市农商银行组建任务。同时，由省农信联社授权地级市农商银行相应的职能，充分发挥其区域牵头行、示范行的作用，重点做好区域党建及相关协调服务等工作。

省农信联社改制为农村商业联合银行。省级农村商业联合银行，其性质为省级地方性银行业金融机构，为非全牌照银行业金融机构，具有一定的经营职能，主要从事批发业务和新金融业务，不经营存贷款等零售业务，由省政府直接管理，并接受中国银监会及其派出机构监管。

构建河南省农信社系统新秩序。河南农商联合银行成立后，形成河南农商联合银行参股地级市农商银行，地级市农商银行参股县级农商银行，逐步实现相对控股或绝对控股，构建起以资本为纽带、股权为联结，用市场化方式履行管理职能的自上而下的新型管理关系。

六、政策建议

（一）加强组织领导

省联社加快推进企业化改革进程，只有在省委、省政府的坚强领导下才能顺利完成。建议省委、省政府强化对省联社改革工作的领导，成立以省委、省政府主要领导为组长、省直相关部门参与组成的深化省联社改革领导小组，并设立改革工作办公室，具体负责制定规划并协调推进各项工作任务落实，确保改革工作稳定有序进行。

（二）继续给予改革配套政策扶持

自2015年7月底，豫政〔2015〕46号关于农信社改革三年专项方案出台后，省法院、省检察院、省公安厅、省财政、省国税局等部门相继出台具体落实意见，给予了大力支持。建议有关部门继续做好相关扶持政策的落实和延续，并研究给予新的政策支持，如将农信社所缴税收的地方留成部分用于河南省农信社改革等。

（三）必要的资金支持

组建农村商业联合银行，处置化解河南省农信社长期形成的历史包袱需要大量的资金支持。经河南省相关部门初步测算，河南省组建农商联合银行，达到监管资本金要求并化解现有存量不良贷款尚有较大的资金缺口。建议省政府及各地政府以分批次注入资金等方式给予解决，不断增加省联社及各地行社资本金，切实化解历史包袱，为推进改革创造条件。

（本章作者为河南省农村信用联社课题组）

郑州银行：打造国际一流、国内领先的精品银行

一、研究目的和意义

习近平总书记在全国金融会议上指出，要大力发展中小金融机构，不断增强金融服务实体经济的可持续性。郑州银行作为银监会支持率先发展的全国 12 家“领头羊”计划城商行之一，在服务“四个强省”建设和支持地方经济发展上，应有所担当，积极作为。做大做强郑州银行，对于更好地服务河南省实体经济、提升创新驱动和增强金融豫军协同发展具有重要意义。

（一）更好地服务河南地方经济发展需要

当前，河南省正在深化供给侧结构性改革，深入推进“三去一降一补”，推动经济转型和结构升级。郑州银行按照建设先进制造业强省、现代服务业强省、现代农业强省和网络经济强省的“四个强省”战略目标，累计为河南省投放信贷资金逾万亿元，服务小微企业客户 66000 余户，成为支持产业结构升级和“双创”事业发展的重要金融支撑力量。进一步加快郑州银行发展，壮大其资本实力，是推动河南省经济结构升级的内在需要，将为农村脱贫、国企改革、环境治理和转型发展“四大攻坚”战略提供更加有力的金融支持。

（二）建设郑州国家中心城市等战略需要

近年来，河南省喜获多项国家级区域规划战略，郑州航空港经济综合试验区、中国（河南）自由贸易试验区、郑洛新国家自主创新示范区、中原城市群“三区一群”等国家战略及郑州建设国家中心城市的实施，在城镇基础设施建设、商贸物流交易及创新创业等领域将产生重大而迫切的资金需求。郑州银行根植本土，服务城乡，是落实河南省和郑州市各项国家战略实施的重要金融力量，做强做大郑州银行，提高其综合化竞争实力，有利于以金融服务实体经济，为区

域发展更好地提供建设资金，助力郑州在城市化建设竞争中实现弯道超车，助推中原经济区的加速发展和崛起。

（三）实现“金融豫军”协同发展需要

无论是资产和盈利规模，还是金融市场影响力，城商行都是“金融豫军”的绝对“主力军”，综合实力远超其他金融板块。郑州银行2016年实现净利润排名省内五家城商行之首，是名副其实的城商行军团“排头兵”，综合竞争实力已进入国内城商行第一梯队，其差异化、特色化、综合化的经营探索引领着省内城商行的发展和创新。做大做强郑州银行既是迅速壮大“金融豫军”整体实力的重要途径，也是推动“金融豫军”协同发展的内在需要。

二、基本情况与发展现状

郑州银行前身郑州市城市信用社成立于1996年11月，2000年2月更名为郑州市商业银行，2009年12月正式更名为郑州银行。2015年12月23日，郑州银行在香港联交所主板挂牌上市，是河南省首家、全国第十家上市的城市商业银行。作为一家河南本土金融机构，郑州银行立足服务中原，确立了“商贸金融、小微金融、市民金融”的三大特色定位，秉持“中意你我他”的价值主张和“服务到心”的品牌理念，坚持走差异化、特色化发展之路，积极服务城乡实体经济发展。

截至2016年末，郑州银行资产规模3661.48亿元，其中存款总额2163.90亿元，贷款总额1110.92亿元，资本充足率11.76%，不良贷款率1.31%，拨备覆盖率237.38%，各项主要监管指标均达到监管要求。郑州银行有在职员工3700余人，分支行132家，其中省内分行10家（安阳分行、洛阳分行、漯河分行、南阳分行、平顶山分行、濮阳分行、商丘分行、新乡分行、信阳分行、许昌分行），发起成立了河南九鼎金融租赁股份有限公司，以及5家村镇银行。

在省、市政府正确领导，监管部门指导支持下，依托于近些年良好的区域经济社会环境，郑州银行取得了较好的发展成效。各项业务取得了快速的发展，市场竞争力和综合实力不断增强，为实现加速发展、建设国内领先的综合化银行集团奠定了坚实的基础。

（一）服务河南省经济发展能力有新的提升

郑州银行在实现自身发展的同时，通过业务联动和综合发展，采取多种措施，不断加大对地方实体经济发展的支持力度。一是创新投融资手段，充分利用投行、债务融资、PPP 合作等业务模式，支持省市重点项目的落地实施，2016 年累计向省内各地市投放各类贷款 915 亿元。二是通过多种金融工具和产品，提升金融服务水平，在信用卡、利率定价自律机制基础成员行、意向承销商、尝试做市商、同业存单业务、跨境人民币业务、国际结算业务、外汇拆借业务、B 类债券承销、利率互换交易等方面拿到了多个金融豫军的“第一”。三是下沉金融服务，支持农业现代化发展，目前已设立县域支行近 20 家，研发涉农贷款 10 余种。2006 年以来郑州银行通过多种手段累计向地方投放资金超过 6000 亿元，重点支持了省内多个城市的道路拓宽、棚户区改造、环城快速路建设、城中村改造、保障房建设等重点项目和众多的小微企业、个体工商户，为中原经济区建设和河南富民强省贡献着力量。

（二）经营质量不断提升

郑州银行作为上市公司，建立了较为科学规范的现代公司治理结构，各项业务经营质量和风险防控水平不断提升。2016 年底表内资产规模突破 3600 亿元，较 2009 年增长了 7.6 倍，资产规模在全国城商行中排名第 20 位，在省内五家城商行中仅次于中原银行，实现净利润 40.45 亿元，在全国城商行中排名第 15 位。2017 年在中国银行业协会组织的“陀螺”评价体系综合评价中，位列全国城市商业银行第 4 名，被《银行家》杂志社评价为“2017 年资产规模 3000 亿元以上城市商业银行竞争力第 2 名”。在麦肯锡公司“2017 年中国 TOP40 银行价值创造排行”中，按照 RAROC（风险调整资本收益）指标，郑州银行在国内商业银行中排名第 4 位，经济利润排名在城商行中居第 2 位。作为全国“领头羊”城商行，获准在产品和服务创新等方面先行先试。

（三）综合化经营初步实现

郑州银行围绕银行业务，初步探索了综合化的发展，旗下控股有九鼎金融租赁公司，控股和参股了中牟、新密、鄢陵、扶沟、新郑 5 家郑银村镇银行，2017 年又新发起设立了确山和浚县 2 家郑银村镇银行，同时也是中国人民银行公开市场业务一级交易商成员，河南省首家获得信贷资产证券化发起机构资格，发行了全国城商行首单贸易融资资产支持证券化产品。2016 年底郑州银行表内外及附属机构并表资产总额约 5000 亿元，其中金融租赁资产规模 84.2 亿元，村镇银行资产规模合计 145.3 亿元。在营业收入构成中，中间业务收入占比逐步提高，2016 年手续费及佣金收入占比 12.17%，轻资产转型初步推进，各项主要监管指标均达到监管要求。下一步，将积极为消费金融公司筹办做好准备，丰富金融服务的广度和宽度。

（四）差异化特色化经营逐渐发力

郑州银行服务实体经济，坚持走特色化、差异化发展之路，和国际知名咨询公司合作，确立了“商贸物流银行、中小企业融资专家、精品市民银行”的差异化市场定位和战略发展方向。截至 2016 年 6 月末，郑州银行拥有商贸物流类客户 1.25 万户，商贸物流类信贷业务余额 377.48 亿元，较年初增长 27.71 亿元，占比 38.91%，商贸物流产品链条不断扩展和丰富。新增小微贷款在河南省排名第一，小微贷款余额占各项贷款的 53%，拥有 47 款小微金融产品，服务小微企业 23000 多户，累计投放小企业贷款 2199 亿元，连续 6 年完成小微贷款“三个高于”目标，获得“全国银行业金融机构小微企业金融服务先进单位”等荣誉。郑州银行在河南省银行业系统中的差异化、特色化的市场定位和产品服务初步形成，市场品牌效应不断显现。

三、发展壮大中的制约因素

随着金融改革深入，利率市场化和金融脱媒加速，郑州银行面临的市场竞争环境日益激烈，虽然前期成长较为迅速，但是放在全国层面，规模和资本实力都还亟待加强。

（一）规模较小影响了竞争实力的发挥

放眼全国，郑州银行资产规模和盈利规模在全国城商行排名在 15 名以后，和领先城商行相比规模相差悬殊。全国 GDP 排名前列的省份都拥有规模较大的本土法人银行，广东省有平安银行、广发银行及广州银行，江苏省有江苏银行、南京银行，山东省有恒丰银行，浙江省有浙商银行、宁波银行及杭州银行，服务地方经济发展的规模和实力明显较强。作为资本依赖性行业，在以获取利息差为主营业务竞争模式下，郑州银行资产规模和核心资本规模偏小，作为河南省城商行的骨干，其金融服务能力与郑州国家中心城市地位和河南省的经济地位还不相匹配。

河南也理应有和自身经济实力相适应的本土法人银行，虽然 GDP 总量排名全国第五，但河南省五家本土城商行资产规模加总起来也只是刚过 1 万亿元，仅为城商行龙头——北京银行规模的一半。同时，河南省没有一家城商行走出省外，经营区域受限，不能很好地利用外部资金来反哺河南省的经济建设，而规模排名靠前的城商行都实现了跨省域的发展。本土城商行的规模和实力限制了对河南省实体经济发展的有效支撑和服务作用。

2016 年末全国主要城商行的资产规模排名见表 1：

表 1　2016 年末全国主要城商行的资产规模排名

排名	城商行	省份	总资产（亿元）	净利润（亿元）	核心一级资本净额（亿元）
1	北京银行	北京	21000	223	1118.1
2	上海银行	上海	17500	143.1	922.7
3	江苏银行	江苏	16000	106	653.5
4	南京银行	江苏	10600	105.1	472.5
5	盛京银行	辽宁	9054.8	68.78	415.6
6	宁波银行	浙江	8841	78.1	399.7
7	徽商银行	安徽	7547.7	68.7	414.5
8	杭州银行	浙江	7204.2	47.2	317.6
9	天津银行	天津	6573	45.2	330.2
10	哈尔滨银行	黑龙江	5390.2	49.6	335.3
11	锦州银行	辽宁	5390.6	81.3	257.8
12	厦门国际银行	福建	5635.3	42.3	270.9
13	广州银行	广东	4445	31.6	197.9
14	中原银行	河南	4331	33.6	330.5
15	包商银行	内蒙古	4315	42.1	260.8
16	吉林银行	吉林	4200	—	200.4
17	长沙银行	湖南	3742.3	32.5	177.6
18	重庆银行	重庆	3731	35	212
19	贵阳银行	贵州	3722.5	36.5	141
20	**郑州银行**	**河南**	**3661**	**40.45**	**175.3**

（二）股权结构的稳健性有待提升

2016 年，我国资本市场上出现了多起借助金融杠杆的恶意举牌事件，目前徽商银行依旧面临港股的股权纷争问题。郑州银行已在香港公开上市，回归 A 股市场后将成为“A+H”上市公司，其金融牌照和优良业绩容易引起各路资本的关注，同样面临着被恶意举牌的风险。郑州银行股权结构相对分散，作为郑州市管国有金融企业，郑州银行的股权结构还有进一步优化的空间。通过提升股权结构的稳健性，一方面可以保障郑州银行经营的稳定性，为扩大经营规模创造良好环境，另一方面有利于增强现有股东结构的稳定性，防止今后资本市场的恶意举牌和收购。

（三）新监管政策带来发展的压力

在2017年新监管环境下，郑州银行作为中小银行，面临较大的资产负债管理压力，急需补充资本金，以满足监管评级要求。同时由于同业负债和同业资产业务受到较大限制，郑州银行的规模增长受到了较大的直接影响。在央行MPA考核的执行标准上，目前监管的尺度不一，省外有些地方尚未将城商行与地方政府合作的PPP项目等纳入MPA考核，而在河南省则被纳入MPA考核，对省内城商行的资产投放业务造成了一定的影响和限制，支农支小和对河南省重点项目的介入和服务能力有待继续提升。

（四）经营牌照少、综合化竞争实力不强

综合化经营提升了城商行的抗风险能力，有助于对冲利率市场化带来的不利影响，壮大综合化经营实力。相比国内发展领先的城商行，郑州银行综合化经营的步伐相对较慢，多元化业务开展的领域有限，目前获得的多元经营牌照只有金融租赁和村镇银行，具体见表2。在做大做强的过程中，郑州银行综合化的金融产品服务能力以及业务板块的协同有待加强，在消费金融公司和基金公司等设立上，需要加快进度，以更好地支持和服务于河南省经济发展。

表2　国内领先城商行的经营牌照情况

城商行	多元化经营
北京银行	北银金租、中加基金、北银消费金融、中荷人寿、村镇银行
南京银行	江苏金租、苏宁消费金融、鑫元基金、村镇银行
上海银行	上银基金、上银（香港）、尚城消费金融、村镇银行
哈尔滨银行	哈银金租、哈银消费金融、村镇银行
江苏银行	苏银金租、苏银凯基消费金融、村镇银行
宁波银行	永赢金租、永赢基金、村镇银行
郑州银行	**九鼎金租、村镇银行**

另外，在当前经济下行环境下，小微信贷等不良率反弹，也拖累了郑州银行信贷投放和利润增长等。上述问题既需要郑州银行提升自身管理水平，更需要得到政策层面的大力支持，共同推动郑州银行实现快速发展。

四、加快发展面临的有利条件

一是河南省经济社会发展的巨大机遇。“一带一路”建设、打好“四张牌”、建设“三区一群”等为“金融豫军”发展壮大提供了极为有利的政策环境、经济条件和发展机遇，面临“天时、地利、人和”的契机，也为郑州银行“商贸金融、小微金融、市民金融”的差异化竞争提供了广阔的市场空间。省委省政府高度重视“金融豫军”的发展，将其列入政府工作的一项重要内容，郑州银行和其他四家本土城商行的抱团发展也取得了成效。

二是保持了良好发展态势。郑州银行作为地方法人城商行，在服务河南省经济社会发展中起到重要作用，在本地金融业中的市场份额稳定，其中在郑州市存款市场份额排名第一。受益于已经建立的经营网络，在商贸物流领域及小微贷款领域保持着领先优势，差异化竞争的市场定位明确。目前，郑州银行各项业务发展迅速，发展质量不断增强，各项主要监管指标均达到监管要求，综合化经营和在河南省的网点布局正有序展开，呈现稳健快速发展的良好势头。

三是面临着回归国内 A 股市场上市的有利时机。目前，国内城商行上市面临着有利的政策窗口期，郑州银行的 A 股上市工作已经进入反馈阶段，后续各项准备工作都在有序推进中。实现“A+H”股上市，对于郑州银行补充资本金，进一步壮大规模实力和提升市场知名度都具有重要作用，在公司治理、内部控制、风险管理以及信息透明度等方面，都要接受来自资本市场的严格监督，有助于巩固客户资源和市场优势，顺利推进国际化、综合化、差异化经营，发挥业务协同效应。

五、国内同行发展的经验及启示

（一）北京银行和南京银行的发展经验

北京银行依托于首都的区位优势，充分发挥北京作为我国政治中心、经济中心、文化中心的市场地位，一方面深耕细耕北京市场，另一方面及时抓住了跨省域经营的机遇，成长迅速。目前已发展成为国内城商行梯队中规模最大的一家，资产规模2.1万亿元，直逼全国股份制商业银行规模。北京银行目前还是全国城商行系统获得综合化经营牌照最齐全的城商行，已经形成了集团化、综合化发展的协同效应。

南京银行在2016年成功突破了1万亿元的资产规模，从2007年国内上市时的760亿元扩大到万亿元规模只用了9年，成长效应显著。其经验在于：一是借助于国内资本市场增资扩股，2016年公开发行金融债券200亿元，非公开发行优先股募资49.75亿元，公开发行二级资本债券100亿元，迅速扩大了资本规模；二是大力借助同业业务创新助推资产规模快速扩张，2016年末资金业务收入占营业收入的47.01%，超过贷款收入规模；三是实现了在上海、浙江和北京等地的异地经营。

(二) 贵州银行的发展经验

为支持贵州银行做大做强，贵州省充分发挥了政府的主导作用，省政府层面先后出台《支持贵州银行加快发展的意见》（黔府办发〔2012〕49号）、《贵州省促进金融加快发展的意见》《支持我省地方金融机构“五个全覆盖”工程实施方案的通知》（黔府办函〔2016〕78号）、《贵州省金融机构发展（2015~2017）三年行动实施方案》等地方政府文件，从经营业务、机构设置、财政补贴等方面明确支持贵州银行的发展，产生了较好的政策效应，5年间贵州银行资产规模增长了4倍。

(三) 启示

总结而言，实现做大做强既需要郑州银行做足内功，提升管理能力，更需要政府加大政策扶持，在扩充资本金和获取综合化经营牌照等方面给予支持。

一是地方政府重视，给予政策支持。在业务开展、机构设置和产业扶持上给予政策倾斜，如贵州省出台多项专门政策，扶持本地城商行扩大机构网点和经营业务规模。

二是立足所在城市，深度开发区域市场。地方经济是城商行发展的基础，北京银行正是依托于首都的独特优势，针对央企总部和国家部委集中的特点，大力发展对公客户和高端理财业务等。

三是抢抓机遇，积极通过多种渠道有效补充资本金。争取通过并购实现在省外的机构和网点布局，扩大业务覆盖范围。国内规模排名靠前的城商行基本都实现了在全国的跨区域经营布局，有效扩展了业务覆盖面。

四是注重创新，大力推动创新发展。机制创新是动力，通过综合化经营布局，加快业务创新步伐，顺应混业化经营趋势，为本土城商行综合化经营创造有利条件。

六、未来发展战略及重点任务

（一）战略定位

根植河南、深耕郑州、拓展中原城市群，发展成为一家客户导向、创新驱动的综合金融服务提供商，加快向国际化视野、综合化服务、差异化经营、智慧化发展方向转型。

（二）战略目标

打造成为一家国际化、综合化、多元化、品牌化的精品银行。以银行业务为主、非银行金融机构为辅，综合发展各项业务。坚持差异化、特色化定位，持续做大做强做优，保持在全国城商行第一梯队，经营网点覆盖河南省 18 个地市。郑州银行的金控模式见图 1。

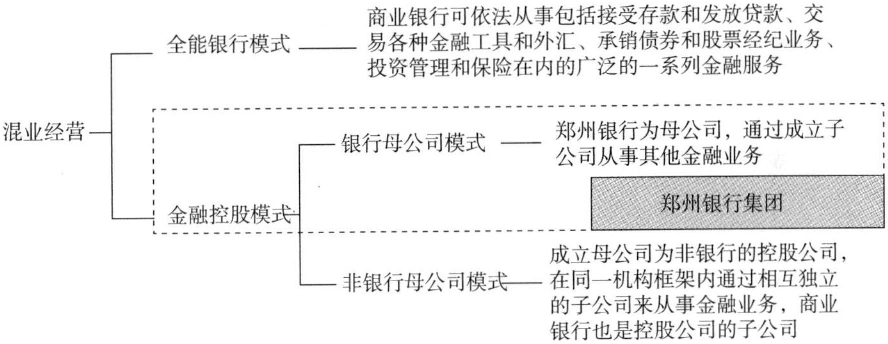

图 1　郑州银行的金控模式

（三）重点任务

紧抓城商行新一轮发展改革的宏观机遇期，紧守金融风险防范底线，增强推动城商行高质量发展的责任感和紧迫感，从做大做强做优“金融豫军”的整体战略高度，推动郑州银行加快发展。

国际化开拓。依托“一带一路”郑州航空港综合经济实验区与河南省自由贸易区建设，发展跨境贸易金融、跨境现金管理与跨境投融资业务，积极开拓国际国内物流金融服务。

综合化发展。加大综合化经营和集团化的发展探索，积极推进消费金融公司的牌照申请工作，并适时筹建。与其他银行、非银同业合作，逐步搭建以郑州银行为核心的金融控股集团，构建管理高效、业绩优良的集团决策和职能体系。

差异化竞争。坚持差异化、特色化竞争，力争商贸金融树全国标杆、小微金融创河南典范、市民金融塑省会品牌，与世界知名咨询公司合作，积极推进差异化产品和服务体系的落地实施，实现转型发展。

创新性驱动。建立创新中心，加大产品和服务创新，围绕差异化市场定位，完善产品研发组织，重视产品创新的体制机制建设，针对客户多样化需求，不断提升企业创新发展能力。

智慧化引领。信息科技将从支撑业务发展转变为全面引领业务发展，实现在城商行中的领先地位，依托新一代核心系统建设，加强基于互联网、物联网、大数据的智慧型产品、服务和模式创新，构建网络综合金融服务平台。

区域化布局。加大在省内的营业机构和网点建设，继续筹建省辖市分行，完善布局，最终实现在省辖市的网点全覆盖。推进向县域的经营业务延伸。

七、政策建议

（一）强化政策引导和推动

制定扶持包括郑州银行在内的城商行整体发展壮大的专项规划。从省级层面，完善支持城商行发展的优惠政策和激励措施。促进省内法人金融机构间的协同与合作，形成城商行抱团发展的“拳头”合力。对 5 家城商行实行差异化引导，一行一策，支持郑州银行巩固经营，围绕“商贸金融、小微金融、市民金融”定位，重点研究，专项支持，巩固和提高“领头羊”位置。加强政府、银行和企业的三方联动，围绕河南省重大战略推动企业与郑州银行加强合作，在机构设立、金融创新、国际业务、先行先试、人才引进等方面给予更大支持。

（二）加大对创新发展的政策宽容度

支持郑州银行更好地服务实体经济。在金融去杠杆的过程中，既要强化金融监管，弥补政策短板，防范违规经营，也要坚持鼓励创新，鼓励通过多种方式支持河南省实体经济发展。用活用足监管政策，营造良好的宽容性政策环境，在 MPA 指标考核、不良债务处置等方面加大对郑州银行的政策支持力度，支持通过资产证券化、信贷资产转让等方式，降低不良资产率。

（三）支持郑州银行加快综合化经营

支持郑州银行打造综合化金融控股集团，在消费金融、公募基金业务等方面应加大对郑州银行申领牌照的支持力度，加快推进回归 A 股上市进程。鼓励郑州银行在地市设立分支机构，开拓县域新市场、发展新业务，支持发起设立郑银村镇银行，面向科技、社区、小微、创业等不同行业和对象设立专营金融服务机构。

（四）支持多渠道扩大资本

从省、市政府层面加大对郑州银行的资本金注入，鼓励现有股东合理增资，提升郑州银行股权结构的稳健性水平。支持郑州银行多渠道充实资本，缓解资本压力，在定向增发、二级资本债发行、优先股发行、绿色金融债券发行等方面加大支持力度，加大对郑州银行 A 股上市和增设机构网点的奖励力度。

（五）支持开展跨区域的收购、兼并和重组

在有效防范风险的前提下，鼓励郑州银行通过收购、兼并和重组，扩大经营规模。待条件成熟时，支持郑州银行在省外开设分支机构。

八、保障措施

郑州银行将结合自身特点，深挖区位优势，不断完善管理体制机制，加大人才、科技、创新等建设投入，为做大做强提供有效支撑和保障。

（一）机制保障

一是建立科学的资本管理机制。充分学习借鉴其他商业银行的先进经验，研究制定中长期资本管理规划，强化动态资本充足管理，分步实施资本补充计划，确保资本稳定充足。

二是完善风险管理机制。严格风险控制管理，建立完善内部稽核机制，加强对关联交易的监控，强化对非信贷资产和表外业务的风险管理，有效控制贷款风险和道德风险，构建科学的风险管理长效机制。

三是建立激励约束机制，统筹发展速度与质量、收益与风险、投入与产出的关系，按照现代管理制度，建立权责统一的绩效管理机制，加强领导班子和员工

绩效考核奖励，激发员工的积极性和创造性。

（二）战略保障

一是强化战略管理。适应经济新常态，加强战略规划管理，完善顶层设计，优化战略目标设定和动态调整，有效推动战略规划的落地实施，提升市场核心竞争能力。

二是优化流程与业务转型。推进流程再造，依据客户需求，不断优化业务流程和管理流程，提高服务效率。推进业务和盈利渠道的多元化，完善产品和服务链条体系。

（三）科技保障

优化网点布局。进一步完善物理渠道，推动传统网点转变成为客户体验平台、交流平台及产品展示平台。全面实现电子银行服务。利用网上银行、电话银行等渠道突破地域限制，打造线上线下交融的全渠道服务体系，提升一体化服务能力。

（四）人才保障

健全人才培养机制。重视人才队伍建设，加强内部金融专业人才培养与公开招聘社会人才相结合，为发展壮大提供充足的人力资本保障，增强竞争活力。加强郑州银行核心价值体系建设。塑造适应一流金融控股集团的团队文化和团队精神，大胆创新，积极作为。

（五）环境保障

优化金融生态环境。加强社会信用体系建设，严厉打击各类金融违法犯罪活动，优化金融司法环境，提高执行效率，加大打击逃废金融债务的力度，有效保护金融债权，维护银行业的合法权益。

（本章作者为郑州银行课题组）

洛阳银行：打造中原经济区特色化创新型银行

一、洛阳银行基本情况

洛阳银行是1997年11月在洛阳市25家城市信用社的基础上改制成立的一家具有独立法人资格的股份制商业银行，设立时的名称为“洛阳城市合作银行”，1998年更名为“洛阳市商业银行股份有限公司”，2009年更名为“洛阳银行股份有限公司”。洛阳银行成立时注册资本为1.07亿元，经过多次增资扩股，目前，注册资本26.5亿元，其中，国有股10.51亿股，占比39.66%；其他法人14.82亿股，占比55.93%；自然人持股1.17亿股，占比4.41%。洛阳市财政局为第一大股东，持股4.54亿股，占比17.12%。

自成立以来，洛阳银行始终坚持“服务地方经济、服务中小企业、服务城市居民”的市场定位，持续改进服务模式、创新金融产品、提高服务效率、提升服务质量，实现了与实体经济共赢发展，在洛阳本地逐渐树立起了良好的品牌优势。截至2017年9月30日，洛阳银行机构网点总数161家，其中，洛阳区域管理行5家、省内分行10家、小企业金融服务中心1家，支行149家（包括35家异地支行和45家社区支行），在职员工达2358人，其中本科及以上学历员工占比为78.5%，在深圳、栾川、孟津控股设立了3家村镇银行，并于2014年在洛阳市设立了洛银金融租赁股份有限公司。

近年来，洛阳银行先后进入河南省100强企业、全球1000家大银行的行列，多次入选河南地税纳税百强企业、国税纳税百强企业。2013年，被中国银监会评为“全国银行业金融机构小微企业金融服务优秀团队”，连续多年被洛阳市委、市政府授予“服务地方经济先进单位”等荣誉称号。

二、发展现状评估

（一）发展历程及近年来重要发展举措

1. 洛阳银行发展历程

回顾洛阳银行的发展历程，大体可分为三个阶段：

第一阶段（1997~2007 年）为化解历史风险，打好发展基础阶段。在洛阳市委、市政府的大力支持下，洛阳银行逐步消化历史包袱，走上良性发展的道路。

第二阶段（2008~2012 年）为抓住政策机遇，实现跨越发展阶段。洛阳银行提出“三步曲”发展战略，相继实现更名、设立异地分行和启动上市，各项业务发展取得了质的飞跃，监管评级达到二级，并设立河南省首家村镇银行。

第三阶段（2013 年至今）为适应行业趋势，推进发展转型，探索差异化、特色化经营阶段。洛阳银行大力推进综合化、特色化经营，积极拥抱互联网金融，保持了持续较快增长。截至 2017 年 9 月 30 日，洛阳银行总资产 2078 亿元，近十年复合增长率 26%；净资产 178 亿元，近十年复合增长率 31%；各项存款 1214 亿元，近十年复合增长率 22%；各项贷款 727 亿元，近十年复合增长率 23%；实现净利润 24 亿元，近十年复合增长率超过 39%，连续 8 年监管评级为二级。

纵观洛阳银行发展历程，要实现持续稳健发展，必须要顺势而为，抓住机遇，敢于创新，把创新作为自身发展的主要驱动力。

2. 近年来重要发展举措

（1）推进综合化经营。2013 年，随着金融改革深化，董事会认真分析经营环境变化和行业发展趋势，提出发起设立金融租赁公司。2014 年 12 月，洛银金融租赁公司获准正式开业。金融租赁公司的设立不仅对于洛阳银行长远发展具有里程碑式的意义，同时，也实现了河南省在该领域零的突破。金融租赁设立以后，不断开拓创新，加强与洛阳银行的协同，大力支持地方经济发展，截至 2017 年 9 月末，洛银金融租赁总资产 196 亿元，实现净利润 1.93 亿元，租赁款投放近一半在河南省内。

（2）创新金融服务模式，探索特色子品牌。2015 年 11 月 26 日，洛阳银行与世界银行集团的国际金融公司正式签订合作协议，合作开展女性金融项目。洛阳银行是世界银行在中国的第一家女性金融项目合作银行。在 IFC 的帮助下，洛阳银行大力推进女性金融项目的落地，发布专属品牌，并积极开展产品创新。近两年来，全行女性客户贷款新增近2亿元，女性客户数量新增近500户，并带来更多的交叉销售。女性金融项目不仅是特色经营、打造特色子品牌的积极探索，更重要的是通过该项目，为洛阳银行引进在细分市场基础上的专业化、精细化服务的理念、方法和技术，使得洛阳银行在专业化、精细化金融服务理念、方法技术和能力水平方面得以快速提升，积累了经验和人才，为下一步洛阳银行推进科技金融、养老金融等特色子品牌建设，打下坚实基础。

（3）积极拥抱互联网金融。通过建设独立于现有业务系统的互联网金融平台，开发上线手机银行、微信银行、移动营销系统，洛阳银行正式迈入移动金融服务的新阶段。在推进自身互联网金融服务渠道建设的同时，洛阳银行加强与外部先进互联网金融机构的合作，引进理念、技术和产品，加快自身互联网金融的发展。与微众银行合作的微粒贷业务，自上线一年多来，截至2017年9月末，累计发放贷款117亿元，发放笔数超过169万笔，贷款余额超过26亿元，占新增个人贷款的97%以上；实现手续费净收入超过1.25亿元；不良率仅为0.38%。与微众银行的合作开创了洛阳银行互联网金融合作发展的新模式。

（4）积极申请新业务资格，丰富业务种类。2014年，正式获得国际业务资格，提升了对本地企业“走出去”的服务能力。先后加入市场利率定价自律机制基础成员、获得大额存单发行资格，依托在银行间市场的良好表现和丰富经验，抓住政策机遇，顺利获得银行间债券市场做市商资格和非金融企业债务工具承销商资格，对洛阳银行创新业务发展具有积极意义。

（5）推进大零售战略。聘请专门咨询机构，制定大零售专项规划，完善管理体系，倾斜资源，支持零售业务发展。对全行零售客户进行细分，划分客户层级，发现不同层级客户的需求痛点，并针对需求痛点提供多样化服务。通过创新获客渠道、提升服务质量和客户体验增加客户数量和客户黏性，有效夯实银行的基础客户群体。同时围绕居民的衣食住行，大力支持相关行业，推动小微、个人公私联动，打造一站式便捷服务的精品社区生态圈。

（二）落实省政府重点工作、支持实体经济发展情况

洛阳银行在“十三五”规划中提出“以科技引领金融创新，支持‘大众创业、万众创新’；促进地方产业升级；引领地方普惠金融，便利城乡新生活”的企业使命。洛阳银行践行自身使命，围绕省、市重点工作，大力支持五大转型攻坚、“三区一群”国家战略，长期以来，贷款余额居洛阳市银行机构首位，有力支持了本地经济发展。

增加重点领域有效信贷投放，助力实体经济增长。大力支持“中原经济区建设”等国家战略实施，围绕重点领域，加大信贷投放力度。针对战略新兴产业企

业市场金融需求的特点，在完善业务流程、提高内部控制和风险管理的基础上，加强和改进金融服务质量和水平，创新服务产品，以有效信贷投放来满足其金融需求，促进企业自主创新、转型升级，促进产业做大做强。2017 年前三季度，洛阳银行重点支持河南省优势产业、重点项目和骨干企业，在装备制造、机器人、新材料等高端制造业以及研发设计、电子商务、服务外包、旅游、生物医药、基础设施建设等行业，新增贷款投放 45 亿元。

积极支持发展转型攻坚，推动产业升级。坚持有进有退、有扶有控、有保有压的授信原则，围绕经济结构实际和产业转型升级的需要，采取灵活、差别化的授信政策，将有限的信贷资源重点投放在新兴产业和本地优势行业。对钢铁、煤炭等产能过剩行业，实施“区别对待、有扶有控”的差异化信贷政策。对符合行业政策，有市场、有效益、资产质量良好、环境保护和安全生产持续达标的企业和技术改造项目，继续支持其合理信贷需求；对长期亏损、失去市场竞争力的“僵尸企业”，或者未依法取得合规手续的新增和落后产能，在做好资产保全的同时，坚决压缩退出相关贷款。截至 2017 年 9 月末，产能过剩行业贷款 19. 27 亿元，较年初减少 3 亿元。

大力发展绿色信贷，支持环境治理攻坚。将绿色信贷作为发展战略的重要内容，制定并不断完善绿色信贷制度体系，优先支持低碳、节能环保、新能源等绿色产业，严格限制高耗能、高污染等与国家产业发展政策不符的行业授信。积极开展专项绿色金融债的发行工作，并于 2017 年 5 月成功发行 10 亿元的绿色金融债券，提升了对绿色产业的支持力度。截至 2017 年 9 月末，绿色信贷贷款余额 27. 8 亿元。

大力支持创新示范区建设，服务“大众创业、万众创新”。为支持“双创”企业发展，洛阳银行设立专门的伊滨科技支行，并更名一家支行为军民融合科技支行，组织专门人员，针对“双创”企业的特点，优化业务流程、创新服务产品，提升服务水平，支持“双创”企业发展。

服务“一带一路”建设，支持企业“走出去”。招聘专业人才，丰富国际业务种类，为企业“走出去”提供了更加便利化、多元化的服务；加深部门间合作，将产品打包组合，为客户量身打造“一揽子”金融服务。截至 2017 年 9 月末，洛阳银行支持“一带一路”贷款 14. 49 亿元；服务“走出去”客户 155 户，累计结算金额 4. 17 亿美元。

（三）当前发展中面临的主要问题

体制机制不能适应市场需要。洛阳银行市场化改革相对滞后，对市场反应相对迟缓，体制机制不能适应市场化竞争的需要，已成为制约发展的瓶颈。

高素质人才缺乏。银行业的竞争关键在于人才，与发达地区相比，洛阳对高层次人才的吸引力仍然不强，人才聚集效应尚未发挥，洛阳银行引进高素质人才的能力相对较弱。

信息科技水平需要提升。随着互联网技术的发展和大数据应用的日益广泛，信息科技对银行业务发展由传统的支撑作用向引领作用转变，这对科技能力提出更高的要求。洛阳银行信息技术能力不足，需要快速提升和积累。

三、发展环境评估

（一）外部挑战

宏观经济“三期叠加”，GDP 增速跌破 7%。我国现在正处于“三期叠加”特定阶段，2015 年中国 GDP 增速 6.9%，是自 1990 年以来中国全年 GDP 增速首次跌破 7%，2016 年 GDP 进一步下滑至 6.7%。经济发展步入新常态，对银行经营管理水平提出更为严格的要求。

银行不良双升。受国内经济形势影响，银行业不良贷款规模快速增加、不良贷款率持续升高。全国商业银行不良贷款余额 1.51 万亿元，近三年增长 1.6 倍，不良贷款率 1.74%，近三年上升 0.74 个百分点；城商行不良贷款余额 1498 亿元，近三年增长 1.7 倍，不良贷款率 1.48%，近三年上升 0.6 个百分点。不良双升的压力对银行的风险管控能力带来了严峻的挑战。同时，为应对资产质量恶化，商业银行加大拨备计提或者使用利润进行核销，银行的经营及利润增长面临巨大压力。

利率市场化进程加速。自 2013 年 7 月 20 日开始以中国人民银行决定全面放开金融机构贷款利率管制为标志的利率市场化改革以来，商业银行净息差已由 2013 年末的 2.68%下降到 2016 年末的 2.22%，而随着金融改革、利率市场化改革的不断深化，对银行的定价能力、内部管理的精细化水平提出了更高的要求。

盈利水平下降。在信用风险加剧，银行业经营环境不断恶化的环境下，银行业整体盈利水平受到显著冲击。近三年，商业银行资产利润率下降 0.29 个百分点至 0.98%，城商行资产利润率下降 0.36 个百分点至 1.08%。

民营银行的冲击。2015 年，我国首批试点的 5 家民营银行天津金城银行、深圳微众银行、上海华瑞银行、温州民商银行和浙江网商银行全部拿到开业批复，截至目前民营银行数量已达 17 家。民营银行凭借全新的经营理念、业务模式、服务渠道，对传统银行的经营模式带来巨大冲击。2016 年末，首批设立的 5 家民营银行总资产合计已超过 1500 亿元。虽然对民营银行的定位是服务实体、服务中小微、服务“三农”、服务社区、服务双创，但是，民营银行在设立之初都有着清晰的战略，积极借助自身产业与技术背景，在供应链、小微、市民等领域精准发力，聚焦长尾客户。深圳前海微众银行、浙江网商银行是没有线下网点的互联网银行，投贷联动10家试点之一的上海华瑞银行力求打造中国的“科创银行”，温州民商银行则根据温州当地经商的特点设计贷款产品。

互联网金融的迅猛发展。互联网金融及金融科技迅速崛起，与传统银行的跨界融合，再加上其不断创新的运营模式与合作方式，形成了新的金融业态，也给传统银行业务模式带来了革命性变革。例如，网商银行推出的电商体系内贷款产品，基于大数据、云计算对借款人进行预授信，无须抵押，无须人工调查，“一分钟申贷、一秒钟放款、零人工介入”，大幅降低了放贷成本，提高了放款效率。

（二）外部机遇

紧随国家战略，发展新兴、双创产业。随着国家战略的不断实施推进，服务战略新兴行业，支持双创、“走出去”企业，支持地方经济产业升级，为银行业务转型和快速发展指明了方向。2016年全国新设6个国家自主创新示范区，科技进步贡献率上升到56.2%，全年新登记企业增长24.5%，各类市场主体每天新增4.5万户，双创作为新动能正在撑起发展新天地。新设12个跨境电子商务综合试验区，7个自贸试验区，支持企业“走出去”。

金融脱媒带来的直接融资业务机遇。利率市场化改革促使金融脱媒加速，为银行发展资产证券化、债券投资、证券抵押贷款等新型业务带来机遇。2016年全年公司债券发行额累计3.17万亿元，同比增长47%，全年共发行2454只公司债；发行企业债券498期，规模5926亿元，与2015年相比分别大幅上升64.90%和73.21%。

城镇化建设带来的消费升级和巨大的投资需求。新城镇化建设使得城镇群体不断扩大，仅2016年就有1600万人进城落户，预测2017年将有1300万人进城落户。随着城镇化的推进，居民消费潜力不断释放，对金融产品和服务需求更加迫切，同时也带来城市基础设施、公共服务设施和住宅建设的巨大投资需求。

金融科技带来的银行风控、管理水平的全面提升。互联网对人们生活方式、投资行为和消费习惯的改变，为银行依托大数据、移动支付、云计算等新技术，进行产品服务创新、拓宽获客渠道、提升风控能力、管理变革创造了机遇。例如，2016年，工商银行创建了互联网金融、大数据与人工智能、云计算、区块链与生物识别等“七大创新实验室”，着力推动e-ICBC互联网金融发展战略，打造了“融e行”“融e购”“融e联”三大平台和网络融资中心及支付产品线，加快网点渠道的智能化、轻型化改造，着力构建线上线下一体化服务体系。

(三) 内部优势

本地优势明显。洛阳银行在当地耕耘多年，有着自身独特的地缘优势，洛阳银行在洛阳地区营业网点数量已达 93 家，并且存贷款规模在洛阳 30 余家银行业金融机构中均居首位。

决策链条短。洛阳银行总行设在洛阳，且只在河南省内设立分支机构，各分支机构往来总行较为方便，决策审批只需分行—总行两级审批，与大型银行的多层级审批机制相比，具有决策链条短的相对优势。

品牌具有一定竞争优势。洛阳银行多年来坚持走差异化、综合化经营道路，在小银行中积累了一定的品牌竞争优势，在中国银行业发布的陀螺体系综合竞争力排名 22 位。

同业板块优势显著。同业板块经过多年积累具有竞争优势，目前洛阳银行拥有较全的市场资格：央行公开市场一级交易商资格；银行间债券市场正式做市商；央行中期借贷便利操作（MLF）资格；非金融企业债务融资工具意向承销类会员资格；记账式国债承销团成员、三大政策性银行金融债券承销团成员资格；中央国库现金管理商业银行定期存款业务资格。同时拥有上述资格的城商行全国仅有 6 家，其是省内获得市场资格最多的城商行。2016 年底，在全国做市商机构中综合总排名 15 位，记账式国债、进出口银行债券、农业发展银行债券等债券承销金额均位列承销团成员前列。

(四) 内部劣势

市场化不足，高端人才较为缺乏。人员思想固化、人才匮乏，区域内高层次人才供给不足，缺乏对高端人才的吸引力，且在人员待遇方面，与先进同业仍存在一定差距。

业务结构不合理。公司类贷款占总贷款比重超过 90%，且“三高一剩”行业占比过高、保证金比例过高、零售业务发展较为缓慢。

四、国内外发展经验及趋势分析

未来银行业挑战与机遇并存，将进入优胜劣汰的关键转型时期。要适应新环境新变革的需要，银行自身必须要抓住改革机遇、顺应发展趋势，加快自身发展转型步伐，形成自身发展特色。银行业发展从公司架构、组织形式、业务发展、内部管理、外部合作等方面呈现以下明显发展特点及趋势：

（一）公司架构：综合化经营

从国内外的经验来看，以金融控股集团为表现形式的综合化经营成为金融业公司治理架构的明显特点和趋势。打造金融控股集团，实施综合化经营战略，是银行降低利率市场化、金融脱媒等负面影响的有效途径，在资源协同、品牌效应、业务创新等方面具有诸多优势和灵活性。

综合化经营具有协同化、品牌化、创新化、市场化等特点。协同化：综合化经营能够有效整合各类金融资源，实现业务渠道嫁接，联动发展，发挥不同金融领域间的协同作用。为客户提供更为全面的一站式综合金融服务，促进银行中间业务收入、非利息收入等的大幅提升，提升总体资产收益率。品牌化：金控集团某一业务单元的品牌知名度增强，往往可以带动整个金控集团旗下各业务单元的整体知名度与可信度的提高，增强集团的品牌效应。创新化：互联网企业金控集团通过社交、搜索、电子商务等领域积累的客户、产品、场景、品牌、技术等资源优势，构建了渗透到人们衣食住行等生活领域的立体化金融网络，形成了其独特的差异化创新金融业务布局与发展路径。传统金控集团面对互联网金融的迅猛冲击，也在开始谋求转型，布局创新业务，通过构建直销银行、基金投资子公司、财富管理子公司等方式留住客户、抢占新市场。市场化：金控集团通过改变股本结构，多元化综合经营，以实现体制机制的突破和创新。目前金融控股集团除银行系及其他金融机构金控集团外，还包括互联网巨头金控集团及产融系金控集团。

银行系及其他金融机构金控集团以银行、保险等金融机构为主要运作平台，通过自设子公司或兼并收购等方式控股、参股同类或其他类金融机构，依托丰富的渠道和客户资源，衍生大量业务，迅速形成规模集群效应，获得规模收益，快速增强综合化优势。

如图 1 所示，中国工商银行作为中国市值最大、资产规模最大的商业银行，旗下囊括工银国际、工银瑞信基金、工银金融租赁和工银安盛人寿等子公司。其中，工银租赁、工银安盛人寿等子公司在同业中处于领先地位。平安集团是国内三家拥有全牌照的金融集团之一，旗下子公司包括平安保险、平安银行、平安信托、平安证券、平安大华基金等，涵盖金融业各个领域，是能为客户同时提供保险、银行及投资等全方位金融产品和服务的综合金融集团。凭借其卓越的综合竞争力，以及在金融与非金融业务协同方面形成的独特商业模式，平安集团在 2017 年世界 500 强中排名第 39 位，蝉联中国内地混合所有制企业第一。中信集团是国内三家拥有全牌照的金融集团之一。中信集团借助旗下金融协同平台——中信控股有限责任公司推进金融子公司之间，及金融子公司与非金融子公司之间的业务协同，增强集团整合效应。

集团	产业布局	银行	证券	保险	信托	基金	租赁	期货
中国平安	金融保险、银行、投资等	●	●	●	●	●	●	●
中信集团	金融业全牌照；实业涉及房地产、资源能源、基础设施、信息产业等	●	●	●	●	●	●	●
光大集团	银行、证券、保险、投资管理等	●	●	●	●	●	●	●
工商银行	银行、保险、基金、租赁、期货等	●		●		●	●	●
安邦集团	保险、银行、资产管理等	●	●	●		●	●	
建设银行	银行、保险、信托、基金、租赁、期货等	●		●	●	●	●	●
浦发银行	银行、信托、基金、租赁、期货等	●			●	●	●	●

图 1 金控集团多元化业务布局对比

互联网巨头金控集团以阿里、腾讯为代表，凭借其在流量、大数据、金融科技等方面的优势，通过组合边缘性牌照，如支付、征信、P2P 等，形成新的业务能力，打造“互联网+”金控生态圈。互联网金控集团多元化业务布局对比见图 2。

集团	产业链增强		业务增强		收益增强		
	支付	征信	P2P	银行	股权众筹	保险	在线理财
蚂蚁金服	●	●	投资	●	●	●	●
腾讯金服	●	●		●		●	●
京东金融	●	筹备			●	●	●
百度金融	●	筹备		●	●	●	●
小米金融	●	筹备	投资	●	●		●
360	筹备	投资			●	●	●

图 2 互联网金控集团多元化业务布局对比

例如，蚂蚁金服以“支付宝”为对外主要引流入口及核心品牌，以大数据作为强大的后台支撑，整合蚂蚁财富、芝麻信用以及网商银行等平台，全面覆盖服务于小微企业与普通消费者的各类金融产品，将金融融入日常生活，打造多场景应用，以增加客户黏性。京东金融于 2013 年 10 月正式从京东内部孵化独立运营，依靠京东集团流量大、活跃用户多、电商体系风控强等得天独厚的资源条件，建成基于数据之上的京东金融生态。业务涵盖了供应链金融、消费金融、财富管理、支付、众筹、保险、证券、农村金融、金融科技等全方位金融业务体系。2016 年京东金融服务超过 2 亿个人用户和 20 万企业客户。

产融系金控集团通过自己设立、入股或收购等方式进入金融领域，打通资产和资金端，实现产融共进。如国家电网、华能集团、五矿集团等大型央企，及泛海系、复星系、万向系等民企金控集团（见图 3）。

集团	产业布局	银行	证券	保险	信托	基金	租赁	期货
国家电网公司	电网建设与运营	●	●	●	●	●	●	●
中国五矿集团公司	金属矿产品勘探、开采、冶炼、加工、贸易、金融、地产等	●	●	●	●	●	●	●
中国华能集团公司	电源开发投资、电力生产销售、煤炭、交通运输、新能源、环保、金融相关产业投资经营及管理	●	●	●	●	●	●	●
中国石油天然气集团公司	油气业务、工程技术服务、石油工程建设、石油装备制造、新能源开发等	●		●	●		●	
泛海控股集团	房地产、基础设施建设、能源等	●	●	●	●			●
万向集团	汽车零部件制造、清洁能源、种业研发、远洋捕捞等	●		●	●	●	●	●
复星集团	医药健康、房地产、钢铁、矿业等	●	●	●		●		●

图 3　产业集团的金融业务布局对比

例如，国家电网先后参股广发银行、华夏银行，控股英大信托、参股湘财证券，控股英大证券，并发起设立寿险、财险、期货经纪、保险代理和融资租赁公司。其在 2017 年世界 500 强中排名第 2 位，是全球最大的公用事业企业。泛海控股集团旗下投资控股或参股的金融机构有民生银行、广西北部湾银行、民生证券、民生信托、亚太财产保险、民生期货等多家金融企业。

对于银行业金融机构来说，实施综合化经营战略，尤其在自发设立其他类型金融机构，获取金融牌照方面拥有天然的优势。但相较于互联网系金控集团，在金融科技创新、构建立体化金融及生活服务方面，还亟待提高，相较于产融系金控集团，在产业链资源整合能力方面也有一定差距。

（二）组织形式：事业部制

事业部制作为国际先进银行普遍采取的组织模式，改变了传统银行的直线职能制，把市场竞争机制引入银行内部，按照产品、区域、渠道、客户等划分若干独立战略经营单位，实行“专业经营、集中决策、授权管理、单独考核”的条线化垂直管理。其专业化、扁平化的特点，有助于提升银行专业化管理水平，增强产品创新能力，缩短风险管理链条，提高市场反应速度。例如，民生银行作为中国银行业事业部制改革的“领头羊”，从2007年下半年开始实行公司业务事业部制改革，相继成立了4个产品事业部和4大行业事业部。近年来，更是逐步深化事业部制改革进程，建立了大事业部制运行体制。截至2016年末，民生银行公司业务各事业部累计实现净利润275亿元，贡献了全行近一半利润。平安银行公司条线进行事业部制改革后，目前已形成地产、交通、能源矿产、现代物流、现代农业、医疗健康、文化旅游七大行业产业链“全覆盖”模式。截至2016年末，公司条线事业部平安银行贡献营业收入694亿元，占比接近银行总收入的2/3。

（三）业务发展：轻资产+零售

1. 公司业务条线

随着资本市场、大资管行业的快速发展，从国内外银行业来看，资本回报率能够达到GDP增速近3倍的高盈利金融机构，几乎都采取轻资产、高资本周转的财务运作模式。

轻资产业务，如投资银行业务、交易银行业务，具有低资本占用、收益稳定的特点，能够大幅增加银行的中间业务收入，优化银行盈利结构，并有助于银行绑定、维护企业客户关系，已成为国内外银行的重要业务领域和收入来源。

如渤海银行的投资银行业务，年复合增长率超过100%，远超行业35%复合增长率水平。而花旗银行的交易银行业务贡献对公业务存款余额超过66%，对整体存款余额贡献达40%。花旗银行交易银行业务收入于2012~2014年期间占对公板块业务收入的48%，占整体收入的10%，贡献对公业务存款余额超过66%，对整体存款余额贡献达40%。

2. 零售业务条线

在利率市场化大势所趋、经济下行企业信用风险不断增加的形势下，零售业务以其抗经济周期、低资金成本、高利息收入等显著特点，成为国内银行迫切谋求生存发展、提高收益水平的转型方向。

据统计，发达国家和地区的银行业，零售银行业务比重通常超过50%，而作为国内零售银行先行者和领头羊的招商银行，零售业务利润占比尚不足40%，国有大型银行零售业务占比为30%左右，而股份制及城商行占比更低。国内银行零售业务发展空间巨大。

在互联网金融快速发展的今天，良好的客户体验和服务能力，成为制胜关键。互联网金融的快速发展，深刻地改变了人们的生活方式、投资行为和消费习惯。例如，微众银行、网商银行，以消费金融等建立在场景消费基础上的金融模式，融入金融科技的运用，以其良好、便捷、个性化的客户体验，正在快速渗透至人们的日常生活。仅微众银行的一款微粒贷业务，上线两年累计发放贷款规模超3600亿元，贷款余额超1000亿元，大幅超过河南省的中原银行和郑州银行两家大中型城商行。跨渠道、线上与线下无缝接轨的客户理解、客户体验设计、高性价比的服务与产品，及快速反应和改善能力成为银行吸引客户的关键，有助于大幅提升客户忠诚度、钱包份额与获利能力。

（四）内部管理：精细化

精细化经营与管理能力是国内外先进银行的普遍特征。银行的精细化管理是要将精细化的理念与技术运用于银行经营的各个细节，以流程为依托，贯穿于管理活动的全过程，全面提升银行在战略执行、客户满意、风险管理与成本管控方面的精细化水平。实施精细化管理，应重点关注以下方面：

提供更加精准的经营模式设计、细化与执行落地。例如，在市场营销过程中，精细化管理就是对市场行业和客户进行细分，确定分行、支行不同层次的目标客户群，量身定做营销策略或产品方案，有助于银行实施差异化的精准营销，快速提升客户体验，提高市场占有率。

具有更加有效的数据挖掘与应用。精细化管理注重银行自有数据的深入挖潜和运用，有助于银行大数据与信息的收集、分析与决策利用，从而在流程精简、成本优化方面快速产生效益。

增强风险定价能力。风险管理精细化水平的提升，是银行全面掌握价值链创造增加值的过程，有助于大幅提升定价能力，尤其是根据风险的本质和内容进行定价的能力，提升银行整体利润水平。

例如，经历了2009年金融危机的荷兰银行，客户明显减少，成本高于同业，声誉风险严重增加，管理弊端突出。为了改善局面，荷兰银行整体实施精细化管理体系建设工程，经过两年半的实施推广，其成本收入比、净资产收益率明显改善，并达到业内最佳水平，员工满意度、客户满意度等指标均有大幅提高，极大地提升了其外部声誉和投资者的信心。

（五）外部合作：金融机构联盟

市场化环境下，中小型金融机构间为加强多元化合作，逐渐兴起战略联盟合作模式，以实现中小金融机构之间的优势互补。

目前，国内各类金融机构战略联盟，通常由一个大中型区域性金融机构作为轴心，由一群小型、缺乏规模经济、具备地缘优势的城商行或农商行作为辐射轴。相较于大型国有银行，对于规模较小、抗风险能力较弱、业务相对单一、地域性较强的城商行、农商行、农信社，加入联盟一是有助于共享业务资源，实现金融服务跨地域延伸；二是需要共享中后台资源，降低运营成本；三是需要强化流动性安全，在危机下守望相助。

例如，河南省城商行间建立了流动性互助合作机制。由平安集团联合各中小银行共同发起的中小银行互联网金融（深圳）联盟（郑州银行、洛阳银行、平顶山银行均为初始会员），在提升中小银行信息科技水平及业务创新能力，推动中小银行发展战略转型、主动应对挑战等方面，具有重要的合作意义。山东省城市银行合作联盟，是经银监会批准设立，具有独立法人资格，目前全国唯一一家为中小金融机构提供后台支持服务的非银行金融机构。联盟以建设和运维核心业务系统为核心，有效提升成员行的科技支撑能力，节省各行重复建设的费用，并不断拓展以联盟为核心的各类业务平台建设，积极为成员行拓展业务范围、提升发展能力和金融创新水平，促进了成员行与联盟之间的合作共赢、联合发展。

五、未来发展战略框架思路

综上 SWOT 分析、国内外先进经验和发展趋势，洛阳银行未来的发展依靠固有的思维和发展模式已不可持续，而突破创新将成为必然选择。我们要以创新为驱动力，以创新的产品和服务满足客户需求，努力培育自身特色和竞争优势，走出一条有特色的发展道路，实现稳健可持续性发展，将洛阳银行建设成为领先的创新型银行。

（一）战略规划思路

洛阳银行战略规划以“发展转型”为主题，以“突破创新”为战略立意，以“郑州”为战略制高点。

1. “发展转型”是战略主题

发展转型战略是洛阳银行未来取得主动、赢得发展的关键。在发展中转型，在转型中发展。通过转型发展模式，构建自身特色优势，在下一轮经济周期中就有可能实现新一轮快速扩张发展，反之则或将面临被兼并收购的可能。

2. “突破创新”是战略立意

突破创新是解决问题的思想武器，将贯穿于所有工作。

一是要突破现有的发展理念、组织体系、业务模式，传统业务创新做，创新业务专业做；二是要吸收先进的理念、经验，以客户为中心，适应互联网、大数据等新技术发展，设计新的组织架构、管理机制，不断创新产品和服务，寻找新的业务增长点。

3. “郑州”是战略制高点

郑州作为河南省省会、中原经济区和郑洛新国家自主创新示范区的中心城市，是河南市场经济发展最充分的市场和创新产业最集中的地区，具有区域内最好的创新业务发展基础。

将郑州作为未来的战略制高点，就是要将拓展郑州提升到战略高度，通过郑州业务发展带动全行，尤其是其他地市分行业务全面突破，实现分行集群发展。发挥郑州金融资源相对集中、金融市场相对发达的优势，将郑州地区作为创新产品试验基地，依托创新业务模式、新产品和新服务，不断开拓新市场、新行业、新客户，有望在局部市场率先突破，取得市场主动权，通过局部的突破创新带动全局共同发展。

（二）战略目标

1. 近期发展目标：成为富有创新活力和特色的上市银行

（1）“创新活力”的三层内涵。管理上，以创新为驱动力，创新业务流程和管理模式，以创新的产品和服务满足客户需求，成为有创新活力的组织。业务上，大力支持新兴产业、传统产业升级，支持供给侧改革，支持“大众创业、万众创新”，致力于通过产品和服务创新，使新兴产业和创新企业客户数量和业务量在全行业务中的比重不断上升，实现银行与客户共同成长。坚持固本求新，不偏离金融本质，立足于服务实体经济、中小企业，专注于银行擅长的领域，更加主动地创新。

（2）“特色”的内涵。在细分市场的基础上，组建3~5个专业的机构或团队，针对不同的目标客户提供专业化的产品和服务，建设特色子业务品牌，实现本行特色和市场独占优势，增强本行综合竞争力。

（3）上市。抓住机遇，快速推进上市，进一步完善洛阳银行公司治理结构，实现洛阳银行市场化体制转型；积极推动引进战略投资者工作，快速实现科技引领转型；择机获取新的业务牌照，推动综合化经营。

2. 中期发展目标：成为中原经济区创新型银行

洛阳银行将全力支持中原经济区发展建设，在中原经济区内的城商行群体中，培育自身的竞争优势，形成自身特色，实现错位发展。以自身较强的金融科技实力、创新能力和特色子品牌竞争优势，成为区域内服务新兴产业、创新企业和创业者的领先者。

3. 远期发展目标：成为国内领先的创新型银行

坚持“立足洛阳，聚焦郑州，服务河南，面向全国”的区域定位，依托更强的金融科技实力、更有竞争力的创新产品和服务、更强的创新能力，突破经营地域限制，将业务拓展至全国范围，打造国内领先的创新型银行。

六、突破口及重点任务

为实现发展目标，洛阳银行提出“深耕细作在洛阳；创新突破在郑州；差异特色强分行；综合化经营促进协同；互联网金融借力结盟；公司零售同业三轮驱动”的战略布局，以及“客户战略、产品服务战略、渠道营销战略、组织绩效与人力资源管理、风险与资本管理、财务管理、数据与 IT 系统建设”战略支撑措施；并以“聚焦郑州、科技引领创新、大零售”三大战略行动和“推进上市、特色子品牌建设和创新文化建设”三大重点工程为抓手，以点带面，带动战略的全面落地执行。

（一）三大战略行动

1. 聚焦郑州

将郑州作为区域发展重点，提升郑州战略高度，实现郑州与洛阳的优势互补，集中资源支持郑州分行发展，大力探索创新型业务，发挥郑州的创新引领作用，优先尝试并推广创新业务模式和创新产品，取得应有的市场地位，实现对其他分行业务发展的带动和示范作用。

（1）突破现有组织形式，将郑州分行提升至最高类别，下放部分管理权限，如产品创新、建立独立审批人制度等。

（2）集中资源把郑州的事情做好。一是人力资源方面，采取市场化人才引进策略，加强人员能力评价机制，切实做到个人收益和企业效益挂钩，以吸引优质创新型人才，推动创新业务发展。二是财务资源方面，设计责权利对等的、符合市场水平的绩效考核和评价体系及相对应的薪酬与财务费用分配制度。三是风险控制方面，加强人员道德风险的监督与防范，建立与之相匹配的总行监督评价机制。

（3）大力探索创新型业务。一是优先尝试新业务、新产品，如房易融、微动力、女性金融系列产品、交易银行平台等，并在实际交易中深挖业务空白点，不断开发创新产品，实现业务转型，成熟后向全行其他地市推广。二是发挥郑州市作为中原经济区和郑洛新国家自主创新示范区的中心城市以及空港经济区所在地的优势，积极拓展新业态客户群，如新兴行业、双创企业、"互联网+"等。三是开展部门间联动合作，如同业与公司、公司与国际业务，银租合作模式的创新等。四是继续深挖政府合作，与公益类事业单位、国有企业、上市公司、学校、医院开展广泛合作。

2. 科技引领创新

制定并全力推进 IT 规划实施，建立真正以客户为中心，多层次、条线化、松耦合，具备场景应用轻量化、客户运营智能化、产品运营集中化、基础服务组件化、渠道建设平台化、营销管理精细化、风险控制体系化、分析管理信息化特征的信息科技系统，实现科技引领业务模式转型。同时，通过全行整体数据化管理能力的提升，增强管理人员和基层员工的数据意识、数据管理能力、数据工具运用能力，进而以"开放、平等、协作、共享"的互联网精神，提升全行的综合经营、管理与创新能力。

（1）数据治理和运用。整合各业务系统的数据，通过破除系统间的隔阂，打散数据结构，糅合数据内容，按照国际先进的金融数据模型锻造、重组，形成标准统一、口径一致、内容明确、类别清晰的有效数据，为下一步大数据的分析夯实基础。

（2）金融互联网化。从原有封闭形态向开放的生态圈模式转变。一是积极打造应用场景，增强电子银行的获客能力；二是借鉴互联网思维，简化电子银行的操作流程，提高客户满意度；三是开发专门针对性产品，打造多层次产品线，例如推出专属渠道的理财产品，丰富电子银行产品线。

（3）用互联网思维进行商业模式创新。一是再造业务流程。从自身组织结构的顶层设计开始，对各项业务流程进行再造和重构，建立便捷、快速、高效的互联网金融新形象。二是整合内外部资源，面向客户需求，打造产品、服务、场景一体化的综合金融服务平台，增强用户与商业银行的黏性。三是积极与各类机构开展合作，拓宽渠道，共同打造互联网金融生态圈。四是探索体制创新，实现专业化运作。探索成立专门的互联网子公司或者事业部，建立与互联网企业可比的薪酬激励、人才引进、产品创新体制，建立快速补偿和风险容忍机制，在该体系内实现互联网化的专业运作。

3. 大零售

树立以客户为中心的零售文化，推动流程、制度、体系、产品的改造与创新。逐步打破零售业务相关部门条块分割的壁垒，降低部门之间、部门与分支机构之间的沟通协调成本。通过协同机制挖掘客户的综合价值，围绕客户与市场需求整合产品研发力量；强化产品组合和交叉销售，以各类产品、服务的有机联动，形成差异化价值定位，最终获得更高客户黏性及更大市场份额，最终实现构建价值共享、信息互动、融合发展的“大零售”业务模式。

（1）创新业务管理模式。从全行战略高度提升零售的重要性，打破零售、小微、网络金融部等相关部门间界限和壁垒，整合共享内外部资源、渠道，协同挖掘客户的综合价值，实现“三网”，即线上电子渠道、线下物理网点和客户经理的融合。

（2）贡献度提升。强化零售业务在总体业务板块中的地位，业务占比达到50%以上，提升零售板块对全行整体业绩的贡献度；通过吸纳优质个人客户，带动全行其他业务发展，促进全行稳健可持续发展。

（3）转变业务发展模式。扭转传统的资产拉动负债、以贷引存等经营行为，塑造“以客户为中心”的零售文化，全面改变银行获客理念及手段；强化产品组合和交叉销售，构建零售生态圈，以获得更高的客户黏性及市场份额，构建价值共享、信息互动、融合发展的“大零售”生态圈。

（二）三大重点工程

1. 上市工程

推进上市，既是目标，又是实现洛阳银行体制转型的最重要手段。要抓住当前城商行上市政策放宽、上市制度改革的较好政策机遇，尽快实现上市，实现洛阳银行市场化体制转型。通过上市，进一步完善公司治理；建立持续资本补充渠道；提升市场形象和知名度，缓解人才不足的问题；择机设立或跨区并购消费金融、基金子公司等，获取新业务牌照，推动综合化经营，实现快速发展。同时，积极开展引进战略投资者工作，战略投资者以领先的互联网企业或互联网金融企业为主要目标，引入资金的同时，引进理念、技术，加强协同、合作，助推洛阳银行创新型银行建设。

2. 创新文化建设工程

创新文化建设是洛阳银行建设创新型银行的有力支撑，是推动洛阳银行创新事业发展的不竭动力。

在洛阳限行内部，要完善创新管理体制、工作机制，优化创新奖励制度；加强创新工作部建设，提升创新工作部人员的职级；组建跨部门、分条线的创新研讨小组；组织创新学习论坛，营造创新氛围。

集团内，建立与深圳宝生村镇银行、金融租赁公司等子公司间的全方位合作和创新联动机制，搭建集团内创新业务平台，实施人员交流，整合信息和资源，推动经营类创新业务发展，促进总行创新业务发展及创新能力提升。

未来五年，建立基于客户需求的产品和服务创新文化，充分运用新技术，进行产品设计、业务流程、经营模式、服务机制的创新，探索满足客户需求的新型金融服务模式。同时，坚持固本求新的创新理念，稳固金融本质，专注于银行擅长的领域，在服务实体经济效率、服务中小企业方面，更加主动地创新；并与加强防范金融风险有机结合，不断强化风险管控能力。

3. 特色子品牌建设工程

结合国家战略及省、市发展规划，本地经济特点，发挥本地产业优势，找准细分市场，深入研究分析，组建专业团队，打造特色子品牌。以女性金融、科技金融为突破口先试先行，同时关注细分优势行业的创新性研究，如儿童金融、文旅金融、养老金融等，择机设立专业团队、机构或部门，争取形成本行子品牌特色。

（1）女性金融。通过与国际金融公司开展的女性金融项目合作，借鉴其理念和技术，大力提升对女性客户特征和行为的分析能力以及基于女性客户需求的产品创新能力，形成市场独占优势，建立自身特色服务品牌。项目合作初期，以女性企业家小微信贷业务为突破口，获取新客户，开拓新市场；随着项目深入，逐步协同相关部门，强化交叉销售，增强客户黏性；并不断丰富非金融类增值服务，充实女性金融内涵，构建品牌特色。待业务模式成熟后，在全行向其他业务条线介绍推广成功经验。

（2）科技金融。依托国家、省市“双创”建设，自主创新示范区及投贷联动等政策支持和省市周边科研院所、科技企业密度大等优越的区域优势，积极研发支持科技企业的新产品、新服务模式。同时，大力支持深圳南山宝生村镇银行科技银行战略的先试先行，为总行科技金融子品牌建设积累经验。

七、政策建议

未来几年，洛阳银行将坚持差异化、特色化的发展道路，大力推动“三大战略行动”和“三大重点工程”的落地实施，不断提升自身能力，加快实现创新型银行建设的战略目标。同时，希望在以下几方面得到省市各级政府的支持。

(一) 推进市场化改革

当前，利率市场化不断推进，互联网金融、民营银行等金融新业态蓬勃发展，市场环境发生剧烈变化，银行传统经营模式面临巨大冲击，银行机构必须改革、转型。而改革和转型成功的基础是市场化的体制机制。通过对省内城商行的经验的分析也说明，市场化改革是大势所趋，是洛阳银行引进人才、更新理念、科学管理、加快发展的基础。只有实现市场化，才能占领市场价值链高端，适应千变万化的环境，引领同行业发展。

在省内其他 4 家城商行已实施市场化改革，洛阳银行未来要加快推进市场化改革步伐，借鉴中原银行、郑州银行、平顶山银行改革经验，尽快推进市场化改革。一是通过市场化方式招聘高素质人才。银行业的核心竞争力是人才，市场化的体制机制能够吸引并留住高端人才，增强洛阳银行核心竞争力。二是建立市场化薪酬体系，发挥考核的激励约束作用，考核结果与奖惩、任免和薪酬挂钩，以实现留住人才、引进人才，实现洛阳银行可持续、健康、跨越式发展的目标。希望省市各级政府支持洛阳银行市场化改革工作，给予相应的政策支持。

(二) 引进战略投资者，实现跨越式发展

当前金融科技的迅猛发展，对银行业带来的是生存性的威胁和挑战。而规模较小、竞争实力较弱的城商行仅仅依靠自身能力，很难实现快速的转型和突破，因此引进战略投资者则显得尤为重要。在引进资本的同时，更重要的是引进理念和技术，迅速提升自身发展能力，培育核心竞争力。

未来几年，洛阳银行拟引进国内先进的金融科技公司作为战略投资者，在引进资本的同时，开展技术、公司治理、人才、客户等多方面的深度合作，全面提升洛阳银行的科技水平和业务能力，促进业务跨越式发展，加速实现建设创新型银行的目标。

引进先进的金融科技公司作为战略投资者能够推动洛阳银行快速转型。引进金融科技公司作为战略投资者，能够在引进资本的同时，引入运营、技术、人才、数据、客户等多方面资源，切实改变业务受限、科技投入不足、互联网经验缺乏的困境，快速实现科技转型。金融科技公司的战略思维和科技能力将会改变洛阳银行的基因，使洛阳银行全面、彻底地转型为创新型银行，建立在行业内的领先优势。

引进先进的金融科技公司将助推洛阳银行业务快速持续增长。引进金融科技公司以后，洛阳银行对客户的服务能力和市场竞争力将实现跨越式的提升。同时，洛阳银行可以与金融科技公司共享客户、渠道资源，实现客户和业务规模的

跨越式增长。

引进先进的金融科技公司有利于支持地方经济发展。引进国内先进的金融科技公司后，借助其科技和创新能力，洛阳银行金融产品和服务体系将得到快速完善、丰富，大幅提升洛阳银行的金融服务能力，为实体经济发展提供更多更好的金融服务。

希望政府支持洛阳银行引进先进金融科技公司作为战略投资者，通过基因重组，做大做强，做成行业领先的地方法人银行。

（三）支持“聚焦郑州”，打造集聚发展新格局

郑州市作为中原经济区的中心城市，GDP 总量和增速在河南省内占比均为最高，发展势头强劲，发展潜力巨大，是河南经济发展最充分的市场和创新产业最集中的地区，具有区域内最好的创新业务发展基础。同时，郑州作为全国重要的区域性金融中心为金融集聚发展提供了天然的沃土，且郑东新区金融集聚功能区是将郑州建成全国重要区域中心的重要保障。截至 2016 年，郑东新区累计入驻金融企业已达 288 家，大量金融企业的进驻在为金融集聚区扩容提质的同时，提高了郑东新区金融市场活跃度，完善了金融集聚区金融体系，提升了金融集聚区人才的吸引力。

洛阳银行将郑州作为未来五年战略规划的战略制高点及三大战略行动之一，是未来战略实施的关键节点。聚焦郑州，使得洛阳银行可以充分利用郑州的区位优势、资源优势和集聚优势，与集聚区内其他企业协同发展，大幅提升洛阳银行的金融创新能力，丰富业务种类；充分发挥金融集聚区对人才的吸引力，引进、留住高端金融人才，不断增强洛阳银行自身综合竞争实力，打造集聚发展新格局。

未来几年，洛阳银行将全力推进“聚焦郑州”战略实施，倾斜资源支持郑州分行发展，将各主要业务板块在郑州设立业务部，大力探索创新型业务，发挥郑州分行的创新引领作用，以郑州分行的快速发展，带动全行及其他地市分行业务的全面发展。希望政府在金融集聚区建设、金融产业政策以及业务资源方面给予支持，推动洛阳银行郑州分行快速做大做强，为郑东新区金融集聚核心功能区建设、郑州全国区域性金融中心的建设添砖加瓦，为河南省中原经济区、郑洛新国家自主创新示范区、自贸区等五大国家战略实施贡献洛阳银行的力量。

（本章作者为洛阳银行课题组）

平顶山银行：加快特色经营转型发展

一、平顶山银行基本情况

平顶山银行的历史沿革与全国其他城市商业银行一样，都是在城市信用社基础上组建起来的。2001 年 11 月，平顶山市区 13 家城市信用合作社合并重组为平顶山市城市信用社；2005 年 12 月，改制为平顶山市城市信用社股份有限公司；2008 年 6 月 13 日，平顶山市商业银行顺利挂牌开业，实现了城市信用社向商业银行的跨越；2010 年 11 月经中国银行业监督管理委员会批准更名为平顶山银行，12 月 13 日平顶山银行挂牌，实现了由地方银行向区域性银行的跨越；2011 年 12 月郑州分行获准开业，实现了跨区域经营，并实现从地方银行向区域性银行的转变，此后按照一年设立一家分行的速度，先后在河南省郑州、洛阳、南阳、新乡、信阳、商丘设有 6 个分行，全行共开立 73 个分支机构，其中异地分支机构 23 个。平顶山本地设营业管理部，行使对市区 36 个支行、县域 14 个支行的经营管理职能，并发起设立了郏县广天村镇银行。截至 2017 年末，平顶山银行资产总额 814. 23 亿元，各项存款 523. 63 亿元，各项贷款 332. 45 亿元，监管评级 3A 级，在岗员工 2118 人。

平顶山银行以“服务地方经济、服务中小企业、服务城市居民”为经营宗旨，坚持特色化、差异化发展理念，充分发挥机制优势，积极推动业务创新、管理创新和金融服务创新，深入推进机构战略布局，不断拓展金融服务空间，资产规模快速增长、资金实力持续壮大、内部管理日臻完善，特别是伴随着跨区域经营和县域金融服务全覆盖向纵深推进，平顶山银行实施了组织框架和管理体制改革，搭建起了“总分支”管理模式，实施了信息科技项目群建设，完成了战略规划和企业文化项目落地，确立了打造中原地区最具竞争力的“现代银行、精品银行”的中长期战略目标，社会影响力和品牌知名度大幅提升，对地方经济社会发展贡献度逐年提高，已经成为支持地方经济建设的金融主力军和“金融豫军”

的有生力量。

二、平顶山银行发展现状

（一）组织框架和管理体制改革

2015年，在充分考察学习其他先进银行改革经验做法和内部调查研究、征求意见的基础上，启动了平顶山银行组织框架和管理体制的改革，按照“五大条线、五大中心”构建了总行部门，搭建起了适应自身发展战略的总分支模式。改革后的总行主要定位是：立足“五大中心”、发挥“三大职能”，建立“五项机制”，打造“三型”总行。“五大中心”即业务管理中心、战略投资中心、产品研发中心、财务管理中心、风险控制中心，要发挥好管理、指导和服务“三大职能”，建立创新驱动机制、风险管控机制、营销拓展机制、激励约束机制和人才成长机制，打造研究型、服务型、学习型总行。

（二）业务转型初见成效

一是夯实“大零售”业务基础。积极构建以社区金融、商圈金融、互联网金融为依托的大零售格局；大力推进个人财富管理和消费金融业务，推进网点转型和金融服务能力的提升；加大对平顶山县域市场拓展力度，全力提升储蓄存款市场份额，突出平顶山地区在零售业务领域的“大本营”地位。二是公司业务提质增效。顺利成为市场利率定价自律机制核心成员、河南省政府债券承销团成员，通过同业存单发行审批，为2017年发行大额存单奠定了基础。三是资金业务扩规模、控风险，拓展新的利润增长点。将全行资金业务纳入统一授信管理，积极开展同业授信，加快非标直投业务发展，推出了私银专属、同业专属理财产品。四是推进微贷业务做特、做专、做出品牌。积极探索微小金融事业部制改革，优化微贷运行机制，升级小微技术，积极探索跨平台业务合作模式、拓宽业务渠道。对“易贷兴”系列产品重新进行梳理，推进微贷业务深耕市场、塑造品牌。五是加快创新驱动，持续推出新业务、新产品。加快布局互联网平台，加强第三方支付渠道建设，推出了大豫卡、京东快捷支付、云闪付，实现了银行卡绑定支付宝和微信支付；上线了直销银行，打破时间、空间、网点限制，发挥“移动营业厅”的作用；推出小企业“盈”系列产品，完成贸易金融“通”系列产品研发；推出了金融社保IC卡、如意国际卡、“幸福”系列个人智能储蓄存款系列产品，提高了市场竞争力。

（三）精细化管理得到提升

一是全面加强内控制度建设，结合新系统上线修订完善了 368 个规章制度，进一步规范了经营管理行为。二是稳步推进全面预算管理，将预算管理情况纳入 KPI 绩效考核体系，提高资源配置效率，引导业务健康发展。三是强化财务精细化管理，成功上线总账财务系统，启动了“营改增”咨询项目，进一步提升税务筹划能力。四是强化运营管理，全年完成 235 项系统业务需求确认，组织了数据移植及 7 轮切换演练，编写了 30 多个外围系统的操作手册和操作规程。五是成立了参数管理中心，全面实施委派会计主管制度，确保各项业务依法合规操作。六是全面加强人力资源管理，推进绩效系统项目建设，规范薪酬考核制度，形成了自上而下的绩效管理体系；打通青年员工成长晋升通道，通过两次社会招聘录用各岗位人员 380 人，同业引进各类专业人员 34 人。

（四）科技支撑能力显著增强

一是完成了新核心系统上线，为未来 10 年以上的业务发展提供了强有力的技术支撑。二是完成了网络二期建设、平顶山数据中心搬迁和分支行网络改造工作，郑州数据中心正式投产，启动了同城灾备中心建设和平顶山新址机房建设。三是在优化改造 30 多个旧系统的基础上，相继启动和建设完成了新绩效系统、内部转移定价系统等 16 个新系统，为各项业务未来发展提供了支持保障。

（五）加大产品创新力度

2017 年 6 月，平顶山银行与第三方合作，搭建平顶山银行直销银行，目前已正式上线运营；对现有系统进行优化，搭建网贷平台，使客户通过手机、微信、电脑等移动终端即可申请个人贷款，同时依托互联网大数据实现对客户实时审批和线上自动放款，进一步提升了服务客户能力和效率。2017 年上半年，立项通过了面向行内代发工资客户发放的个人信用贷款产品“薪资贷”；面向社会大众客户发放的个人信用贷款产品“社保贷”“公金贷”，初步建立了平顶山银行个人消费贷款品牌“优享贷”。2017 年 5 月，“薪资贷”产品已正式上线面向客户，“社保贷”“公金贷”等产品也即将面世。在推广“优享贷”系列产品的同时，继续完善零售业务产品。推出依托个人综合授信以借记卡为介质的授信额度可循环使用、还款模式可自由选择、支持随借随还的线下个人消费贷款产品，进一步针对市场和客户的需求，优化存款类产品，推出存期灵活、支取方便的智能型存款产品。同时，根据市场及客户需求，立项通过了针对微小金融客户的，以房产为抵押物的循环贷款产品、乐易贷产品，该产品不仅以传统的线下模式办理，也可通过线上模式办理，使客户体验到更加高效、快捷的金融服务，继续叫响、叫亮平顶山银行“易贷兴”微小贷款品牌。

三、当前发展中面临的主要问题

（一）有效应对经济环境变化的能力不足

面对经济下行和供给侧结构性改革应对措施不足，效果不佳，业务增速整体放缓。特别是组织存款工作难度加大，存款增长乏力、稳定性差，核心存款占比偏低。

（二）产品同质化严重，创新能力不足

在当前互联网金融快速发展、金融同业新业务新产品不断推出的情况下，业务、渠道和产品创新相对滞后，在营销一线明显表现出缺乏竞争力强的产品、产品线不丰富、客户忠诚度低等问题。

（三）内控体系有待进一步优化

在日益激烈的金融竞争中，商业银行为占领并扩大市场份额，各种金融产品和新业务迅速发展，制度建设相较业务发展滞后，难以适应业务发展需要，不知不觉承担了较多潜在风险点。

（四）业务结构不合理，管理体制需进一步优化

专业性、高层次人才缺乏，总行对分行的管理还没有建立一套完整的体系。

四、发展现状评估

从整体来看，国内经济提质降速，更加注重发展质量和推进转型升级；从市场来看，利率市场化对商业银行经营管理带来新的挑战——市场的挑战，导致银行体系流动性风险任务加重，客户对银行服务的需求越来越个性化、综合化，优质客户的议价能力不断加强，但忠诚度却不断降低；从行业来看，银行零售及微小信贷业务移动互联化成为新的发展趋势，对传统的线下业务形成冲击；从河南省竞争对手来看，前有劲敌、后有追兵；从自身来看，平顶山银行存款结构不尽合理，存款增长乏力，缺少有竞争力的金融产品，不良压力持续增加。这些内、外部因素的叠加对

市场适应能力、盈利能力、风险管控能力等带来一系列新的考验。

同时，供给侧改革预期效应不断凸显，地方基础建设投资规模稳步增加，“大众创新、万众创业”成为国家战略，从宏观角度来讲，为平顶山银行的公司业务、零售业务、微贷业务开展提供了强有力的外部保障。从内部来讲，平顶山银行决策链条短、经营灵活、深耕本土是优势所在，而各家分行所在地区经济发展特点又各具特色，为开展各项业务提供了业务支撑。

五、未来发展战略框架思路

（一）战略定位

全面贯彻落实党和国家的金融方针政策和监管政策，牢固树立和贯彻落实“创新、协调、绿色、开放、共享”的发展理念，以“夯基础、调结构、控风险、稳发展”为主基调，持续发力零售银行业务、公司银行业务、资金市场业务三大板块，做大规模，做强实力，做优业务。立足于差异化、特色化、专业化的发展路径，实施创新驱动，深耕优势领域，聚集目标客户，积极申领各类牌照和交易资格，力争为客户提供全方位、多元化、一站式、一揽子的金融服务，实现平台化发展，加快形成独具自身特色的综合金融服务供应商的功能定位和多元化、表外化、轻资本的业务模式，进一步探索事业部制改革，调整完善组织架构和管理模式，建立与之相配套的科技支撑、深耕市场、发展保障体系，显著提升核心竞争能力、跨区域经营能力和风险控制能力，持续提高监管评级水平和全国城商行位次，把平顶山银行建设成为系统内最有特色、区域内最具竞争力、市场化的上市股份制商业银行。

区域定位：深耕本土，扎根本土，精耕细作，继续巩固并扩大本土发展优势；根植中原：立足河南，对河南省内重要城市稳步推进，做深做透；走向全国：辐射全国，择机拓展。

客户定位：个人业务主要定位于中等及以上收入群体，平顶山本土应重点发展与巩固社区金融与老年金融；平顶山以外地区应重点拓展高端客户；公司业务主要定位于中小微企业，各地分行根据当地资源条件拓展大型企业和机构及小微企业等客户。

特色定位：立足中小，力推微小、零售、资金业务，致力于成为中小微企业的首选金融伙伴。

（二）战略布局

法人治理有效强化。构建多元化的资本补充机制，搭建和谐多元的股权结构，不断提升公司治理效能。固化“三会一层”职责范围及运行轨迹，构建制度化的公司治理运行机制。强化董事会的核心地位和各专业委员会职能，打造专业、高效、稳健的战略型董事会；明确监事会监督核心地位，建立审慎、合规、协调的制衡机制；强化经营层的执行职能，确保战略决策的落地实施。

跨区域经营能力显著提升。通过事业部制改革、组织架构完善和业务流程重塑，提高对市场需求的响应能力和管理的效率效能。固化组织框架和管理体制改革成果，完善配套的管理制度和运营体系，塑造以客户为中心、以业务流程为主线，对市场反应敏捷、经营职能突出、风险控制有效、经营成本降低、管理层级合理、职能定位清晰、运营精简高效的运营模式。按照“做强总行、做大分行、做实支行”的指导思想，增强分支行的经营能力。

结构调整取得明显效果。以提高效益贡献为目标，推进全行资产负债结构、业务结构、产品结构、收入结构和客户结构的调整优化。加快产品优化整合和创新，加强品牌塑造；优化资源配置，提高投入产出效率和效能，促进资源向资本回报率高的区域、产品、渠道和客户倾斜。大力发展中间业务和互联网金融，实现非利差收入逐年提高。

实现各类风险全覆盖管理。形成“大风险管理”理念，建立健全覆盖各类风险的全面风险管理体制。提高识别、量化和预警能力，健全预警预控制度，增强对政策性、系统性、流动性、行业性、区域性风险的反应能力。建立有效控制经营性风险的长效机制，加强对跨界业务和互联网金融的管理。多措并举做好不良资产清收处置，达到存量不良和不良率的“双控”目标。实现经营管理全过程审计，推动全面风险管理体系的完善。

支撑保障体系更加完善。积极开展低资本消耗业务，建立和完善自上而下的以风险调整后的经济资本回报率和经济增加值为核心的绩效考核体系。完善全面预算管理体制，提升科技支撑能力、人才会聚能力、创新驱动能力、市场拓展能力、风险管控能力，通过开源节流降低运营成本，全面提升盈利能力，实现从规模速度型增长向集约效益型增长转型。

（三）发展路径

1. 组织架构和经营模式

以提高管理效率和降低作业成本为目标，巩固深化组织框架和管理模式改革成果；进一步强化总行作为战略与投资管理中心、财务管理中心、资源管理中心、风控中心、产品研发中心的职能；整合设立战略规划和机构建设专营部门；实施条线化管理，坚持条线管理与层级管理并重；在部分业务领域引入矩阵式组织结构，继续探索事业部制改革，从有利于客户体验出发调整完善组织架构和管理体制。

2. 资本与计划财务管理

结合“新巴塞尔协议”的推进实施，逐步建立董事会主导资本管理体系；健全资本补充机制，完善外部融资渠道，通过发行二级资本债券等优化资本结构，确保资本持续达标；树立全面预算管理理念，建立多层次、多形式的全面预算管理制度；逐步引入经济资本预算管理，按照边际回报的高低合理分配经济资本，引导资源向资本耗用低、综合回报高的业务和分支行倾斜。

3. 风险管理

进一步强化并完善董事会、监事会、高管层及其下设委员会、各业务条线和各分行在风险管理中的职能，打造“全面、全程、全员”的全面风险管理体系；逐步开发和运用风险计量工具，加强对各类风险的日常监测，提高风险识别与评估技术；将业务连续性纳入全面风险管理体系，提高业务连续性管理能力；加强合规文化培育，打造风险合规文化；逐步建立纵横交错的立体化垂直管理审计体系，实施经营管理全过程审计；根据不良资产情况，综合运用重组、诉讼、外包清收、打包转让等方式，化解存量不良资产。

4. 授信管理

持续强化贷前调查、贷中审查、贷后检查，建立和完善“专业审查、集体审批和独立表决”的集体决策机制；按照“分类指导、区别对待”的原则，制定符合本行实际的授信业务指引，指导信贷合理投向；强化授信审批官派驻制度，加强对分行权限外新增授信的管理和指导；加大集团客户授信管理，实行主办行制度；高度关注产能过剩行业风险，严防企业多头融资、过度融资和担保圈风险；完善贷后管理责任制，建立贷后管理工作机制、贷后检查标准化操作流程和贷后管理约束机制。

5. 信息技术

加快新建系统以及老系统优化项目的投产；依据 IT 规划蓝图，推进产品服务类系统、客户管理类系统、渠道应用类系统等六大应用群系统建设；推进数据治理工作，不断提升数据质量；加强基础设施建设，提升信息科技支撑保障能力；以 IT 管控体系建设项目建设为契机，完成信息科技治理、信息安全、信息科技运行、信息科技项目管理、外包管理及综合管理等方面的管控体系优化设计。

6. 渠道建设

在继续深耕平顶山市场的同时，以平顶山、郑州、洛阳、南阳、新乡、信阳、商丘等已开发的市场为基础，有序、稳步推进省内其他重要城市布局，并择机向省外延伸；建立和完善网点建设的投入产出分析机制，实现机构建设效能全方位考核评估；扎实推进网点转型，提升网点效能；加快电子分销渠道建设，推进渠道整合与优化，实现规模化和集约化的有机统一。

7. 客户关系管理

开发建成客户关系管理系统，建立健全科学的客户贡献度评价体系和客户资源管理与价值分析评判机制，全面提高客户关系管理能力；逐步运用商务智能等高级应用系统，建设一体化的客户视图，分析各类细分客户对本行的贡献度，提供差异化的服务内容，提高客户服务效率和客户满意度。

8. 人力资源管理

树立“优胜劣汰，业绩说话”的人才理念，完善激励约束机制，正确引导分支行的经营行为；加强人才队伍建设，坚持内部培养与外部引进并举，大力引进新兴业务专业人才和紧缺人才，试点管理培训生项目；建立人员有机循环系统，完善“能进能出、能上能下”的用人机制，提升人力资源配置和流动的科学性；深化职业发展与培训管理，提升组织与个人能力，着力打造管理、市场、专业技术三大职业发展通道，实现人力资本增值。

9. 结构调整与转型升级

坚持把业务结构调整作为加快转型发展的主攻方向，把客户结构调整作为加快转型发展的重要着力点，把渠道建设与调整作为转型发展的重要抓手，进一步突出组织存款工作的核心地位，持续做实、做细、做新公司业务，有效发展个人零售业务，努力将小微金融业务做成特色和品牌；巩固扩大资金市场业务主阵地，不断提升中间业务占比，形成自身参与市场竞争的优势和特色，提升可持续发展能力；实施创新驱动战略，积极探索“股权+债权”“商行+投行”“融资+融智”模式，从科技支撑、机构合作、业务流程、服务渠道、产品形式、“互联网+”等多层面、多维度地进行创新探索和实践，形成自身参与市场竞争的优势和特长，提升可持续发展能力。

（本章作者为平顶山银行课题组）

百瑞信托有限责任公司：打造百年信托品牌

一、百瑞信托基本情况

（一）公司概况

百瑞信托有限责任公司是经中国银监会批准设立的专业信托理财金融机构。百瑞信托的前身——郑州信托投资公司始建于 1986 年 4 月，2002 年 9 月完成重新登记，更名为百瑞信托投资有限责任公司，注册资本金增至 3.05 亿元，注册地为河南省郑州市；2007 年 11 月换领新的金融许可证后，更名为百瑞信托有限责任公司；2008 年 4 月增资扩股后注册资本金增至 6.05 亿元；2010 年 12 月，经中国银行业监督管理委员会批准，公司注册资本增加至 12 亿元；2014 年 12 月，经中国银行业监督管理委员会批准，注册资本增加至 22 亿元；2015 年 12 月，公司注册资本增加至 30 亿元；2016 年 12 月，公司注册资本增加至 40 亿元。

自 2002 年完成重新登记以来，在银监会的监管指导下，在各级政府部门和股东的大力支持下，百瑞信托秉承“诚信、创新、务实、高效”的发展理念，围绕“规范经营、稳步发展、强化管理、防范风险”的经营原则，凭借一支以博士、硕士为主体并拥有 CFA、CFP、CPA 和法律职业资格等资格证书的专业财富管理团队，推出了“百瑞富诚（基础设施类）”“百瑞宝盈（企业类）”“百瑞恒益（证券投资类）”三大业务品牌，设立了企业博士后科研工作站，并根据监管导向不断完善治理结构、推动业务转型和强化风险控制，逐渐形成稳健的经营风格，在激烈的市场竞争中实现了持续稳健发展，并赢得了良好的口碑。

（二）治理机制

公司按照《中华人民共和国公司法》《信托公司管理办法》和《信托公司治理指引》的规定，建立起了完善的法人治理结构，构建了股东会、董事会、监事会和以总裁为核心的经营管理团队（“三会一层”），设立了董事长办公会，成立了对董事会负责的战略和发展委员会、财务和预算管理委员会、提名和薪酬委员会、合规和风险委员会、审计委员会、信息化治理委员会、信托委员会和关联交易委员会，8个委员会向董事长办公会提供咨询建议，以加强公司运作的整体风险控制，形成了科学的决策机制和有效的激励、监督机制。

（三）组织架构

为适应新的发展环境和监管环境的变化，公司经过反复讨论和修改最终形成了现有的组织架构，现行的组织架构强调业务流程化、管理扁平化、风险内控管理与制度建设系统化。为了加强公司风险管理，建立独立的风险管理和控制体系，2014年公司经营层从“风险管理的独立性”和“风险管理的一体化”两个基本点出发，通过调研和多次内外部交流，归纳总结出公司风险管理体系调整方案并报董事会审议通过。2014年6月，在原有业务部门和职能部门的基础上，公司风险管理部新设成立，全流程对业务实施过程进行风险管理，确保公司深入、全面掌握项目风险信息。2016年初，公司新设信息科技部、经营管理部，中后台实力进一步增强；房地产业务部分设为房地产融资部和房地产投资部，专业化分工更加明确。

二、百瑞信托发展现状

（一）发展过程中取得的主要成效

1. 各项业务取得快速发展

（1）自营业务发展概况。2016年，公司实现自营业务收入4.68亿元，较2015年的4.60亿元提高0.08亿元，但低于行业平均值。2010~2016年，从公司自营业务收入与行业均值和中位数的对比来看，2010年公司自营业务收入接近行业中位数，2011年以来已高于行业中位数，但是受净资产规模偏低影响，自营业务收入与行业平均值相比一直存在较大差距。从行业趋势来看，行业均值和行业中位数在2011年出现了一定程度下降，在2013~2015年实现大幅增长，2015~2016年又出现小幅波动，这与信托业务的转型和结构调整有一定关系。六年来，公司自营业务收入稳定增长，增长率保持在较高水平。

公司自营业务收益率持续稳定在10%左右水平，高于行业均值。综合来看，公司自营业务资金使用效率较高，运用方式稳健，以前年度开展的投行业务产生的收入逐渐开始回流，有利于自营业务收入的稳定增长。

(2) 信托业务发展概况。近年来，公司充分发挥“受人之托、代人理财”职能，稳步夯实自主管理能力，积极在基础设施、房地产以及创新业务领域进行业务拓展，持续精心打造“百瑞富诚®”“百瑞宝盈®”“百瑞恒益®”三大系列信托产品品牌。2013年底以来，公司又着力推出了“百瑞安鑫（财富管理类）”和“百瑞仁爱（公益慈善类）”信托业务系列，以积极应对信托行业转型和信托业务创新。

资本规模方面，公司近年的资产总额持续增加，从2010年的14.41亿元增加到2016年的74.63亿元，资本实力得到提升。截至2016年底，公司信托资产规模1650亿元。

2. 支持当地实体经济成效显著

百瑞信托近年来致力于为当地实体经济提供涵盖成熟企业转型升级、成长企业做强做大和创业投资等的全方位支持。

在支持成熟企业转型升级方面。公司致力于通过与优质交易对手形成深层次、全方位的长期合作关系提升公司业务的标准化程度，推动业务转型升级，打造可持续增长能力，为实体经济提供深度金融服务，为企业的转型升级提供有力支持。

在支持成长企业做大做强方面。全面二胎政策之后，河南人口大省公立医院的压力加大，而民营医院目前规模普遍较小，有较大发展空间。公司和郑州圣玛妇产医院合作，协助完善公司治理，在提升管理能力和服务品质的同时，推动郑州圣玛妇产医院在各地级市开设分院。目前，郑州圣玛妇产医院实现了以产科、月子中心为核心，妇科、儿科、儿童康复理疗、月子中心配套服务等科室服务环绕的在妇幼医疗市场的全链条布局，弥补了河南中高端妇产医院空白。

在支持创业投资方面。百瑞信托和深圳市创新投资集团有限公司等联合设立郑州百瑞创新资本创业投资有限公司。百瑞创投成立以来，充分发挥创业投资引导资金的示范效应和放大作用，以企业股权投资为主，投资于郑州地区初创或重新创立的成长型企业、高新科技企业和其他优质中小企业等。公司成立以来投资的企业包括特耐股份、多氟多、好想你、明泰铝业、华英农业、欧菲光、黄河旋风、郑起起重、郑煤机、光力科技、平原智能、中新赛克、仕佳光子等，涵盖耐火材料、化学原料制造、农副食品加工、金属冶炼及压延加工业、畜牧业、设备制造业、非金属矿物制品业、软件和信息技术业、光纤通信行业等多个领域，在河南创业投资领域地位很重要。

3. 研发创新能力不断增强

公司注重研究和创新型人才的引进和培养，在业内较早设立了研发中心并建立了博士后工作站，逐步形成研发与业务互动发展的金融创新模式。研发团队近年推出的多项成果对于公司声誉提升有所帮助，在研发成果向业务转化方面也获得了一定的进展。与银行、券商、大型保险公司相比，公司研发团队需要进一步充实，尤其是公司研发创新能力有待进一步加强，主要表现为：现有研发团队不足以支撑公司未来的发展需要，需要在研发成员学科背景、从业经验、人员结构、研发方向结构匹配等方面进行优化，增加经济、金融、管理、法学、工程等具有交叉专业和工作背景的高端人才，以应对未来行业发展趋势和竞争格局变化。

4. 人才队伍建设不断加强

参考行业发展趋势，公司通过考核激励机制的导向作用，晋升通道的丰富与完善，以及企业文化建设增加员工归属感和忠诚度等多种方式，使公司人力资源储备充足，结构稳步优化。2016 年底公司正式员工 193 人，硕博占比 74%，很多员工具备了不同岗位要求的技术资格，如特许金融分析师（CFA）、国际金融理财师（CFP）、注册会计师（CPA）、高级会计师、法律职业资格和高级人力资源管理师等。公司 75%的员工在 20~40 岁，年龄结构合理，年轻化、层次化的年龄结构，多样化的专业与技能结构，将使公司持续保持旺盛的发展活力。

金融机构的竞争实质上是人才的竞争，人才的理念、眼光和技能决定着公司的发展速度，快速发展的公司既要有年轻人才的储备，又要为复合人才的培养提供平台。近两年来，公司通过“航海计划”储备了多名青年人才，但是公司进一步发展所急需的领军型人才仍然十分欠缺。公司仍需进一步探索对人才招聘、激励机制进行优化，造就一支高效、稳定的员工队伍。

5. 企业品牌进一步建设与推广

公司的企业品牌建设与推广应上升到战略层面。随着金融产品由卖方市场转向买方市场，客户成为竞争的焦点，金融市场竞争的程度将更为激烈，品牌建设是金融企业在长期激烈竞争中取胜的利器，企业品牌具有排他性、价值性及内涵的丰富性、经营的长期性。成功的企业品牌是通过长期的实力积累，逐渐建立顾客忠诚度，形成品牌优势。

2006 年以来，公司打造出了“百瑞富诚”“百瑞宝盈”和“百瑞恒益”三大信托产品品牌，初见成效，但是这仅仅是产品层面，公司企业品牌建设的目标不仅仅是让客户知道三大百瑞产品的名字，更要让客户认知百瑞信托这个公司品牌。2013 年至 2014 年，公司聘请了北京正邦公司设计品牌推广方案，品牌建设工作取得了一定进展，确立了“智造安全，悦享财富”的宣传用语，但在品牌定位和推广方面还有许多工作要做。

（二）发展过程中存在的主要问题及原因分析

2007 年以来，伴随着信托行业的快速发展，公司取得了良好的业绩，发展战略规划起到了重要的指导作用。目前，正值中国经济步入“新常态”、深化改革与结构转型之际，公司正在从快速发展期逐步向稳健增长期过渡，传统业务模式面临转型压力。正视企业发展中的问题，从战略层面重视问题并建立解决问题的机制，是缩小差距、实现公司发展愿景的战略举措。

1. 需完善持续的资本补充计划

《信托公司净资本管理办法》实施后，提升了对信托公司资本金的需求，信托资产规模的扩张需要有相应的净资本提供保障。根据最新的监管精神，监管评级结果将直接决定信托公司分类，并进而影响创新业务准入，信托公司资本实力从未像今天这么重要。为实现未来公司业务的进一步发展，公司需要未雨绸缪，制订分阶段、可操作的资本补充计划，使得业务拓展和资本补充相辅相成，互相促进。

2. 人才队伍与业务转型需求尚有差距

信托作为快速发展的细分金融行业，对创新人才的需求非常迫切。公司员工队伍年龄结构相对合理，整体学历水平业务素质高，但是与行业日新月异的创新和公司自身发展的需要还有一定的差距，突出表现为三个方面：①营销核心骨干和团队的数量远不能满足业务发展的需要，服务高净值客户的私人银行家队伍亟待建设；②并购信托、家族信托、资本市场业务等创新业务领域人才欠缺，领军型人才现状不能满足业务发展的需要；③异地部门员工招聘和培养、有经验人才的社会招聘和使用工作需要进一步完善。

3. 企业品牌建设相对滞后

目前，信托行业已经到了品牌制胜的阶段。通过开展品牌建设咨询和有序推进企业形象宣传及舆情管理等工作，逐步搭建起切合公司实际的品牌建设基础体系。但与公司发展和业务开展对品牌建设的需求相比，公司品牌建设水平仍相对滞后，尤其是在百瑞信托这个公司品牌的宣传和推广方面，仍有很长的路要走。

4. 风险管理体系建设仍待完善

2014 年，百瑞信托设立了风险管理部，为打造专业的风控中心奠定了基础。在经济增速放缓、结构调整等宏观经济形势下，交易对手的潜在违约风险正在逐步增加，金融业正面临着空前的风险管理压力，如何加强风险管理部门的独立性、如何完善风险缓释机制以及建立风险处置机制成为未来工作的重中之重。

三、百瑞信托发展环境评估

（一）高端客户群体的壮大，使理财市场竞争更加激烈

在新兴市场中，中国私人财富管理市场最具活力。随着投资理念的成熟，未来高端投资者的资产配置将趋向多元化，包括固定收益类、权益类以及“另类”投资品，如艺术品、期货套利、股权 PE 等，能够契合高端客户多样化理财需求的金融服务机构将获得更多竞争优势。

信托公司可以根据高端客户的多样化需求来量身定制产品，信托行业未来的重要发展方向是面向高净值客户的专业财富管理机构。信托公司能否发挥其跨越货币市场、资本市场和产业投资市场的制度优势，借助灵活的投融资机制，凭借业务创新能力和自主管理能力，推出契合客户需求的多样化产品和服务，将决定着信托公司在未来多元化市场格局中的竞争力。

（二）金融改革给信托业带来挑战与机遇

近两年以来，在推进利率市场化改革、“三会”逐步放开金融同业竞争以及资本市场改革提速的大背景下，信托行业正面临着越来越大的挑战。根据平安信托和麦肯锡公司估计，目前中国信托行业收入构成中，私募投行和通道业务的贡献分别高达 49%和 39%，金融体制改革对信托行业的冲击逐渐显现。

一方面，就通道业务来看，其规模增长和利润率将进一步萎缩。就中长期而言，通道业务很有可能趋于消亡，实现与国际市场在信托运用形式方面的接轨，银行有望直接运用信托法律形式设计理财产品，从而绕过所有通道，导致银信合作的通道业务完全消失。随着银行的大幅度改革，信托通道业务将进一步萎缩。

另一方面，私募投行业务受到的冲击较小。然而，随着大资管时代的序幕逐渐拉开，此类业务也会受到来自银行、证券公司和基金公司的竞争。中国的金融体系将逐渐走向成熟，银行也将在信贷投放方面具备更高的灵活性。信托公司在私募投行市场能否拥有长期竞争优势仍是个未知数。

当然，挑战与机遇往往共存。相对于银行、证券和保险机构，信托公司更加市场化，执行力更强，由于在“夹缝”中发展，具备了顽强的生命力，利率市场化、汇率市场化的不断推进，各项金融工具的日益丰富，恰好也为信托公司专

注财富管理，做好“受人之托”的信托本源业务提供了最大的可能性，能够更好地为核心客户量身打造信托产品。

（三）监管导向有利于信托行业重塑和升级

伴随着国内信托业的发展，信托业务结构不合理、风险不对称等问题也暴露了出来，引起了监管层的重点关注。2014 年 12 月，银监会和财政部发布《信托业保障基金管理办法》，同月信托业保障基金有限责任公司成立。2015 年 10 月，《信托公司行政许可事项实施办法》颁布，《信托公司条例》先后两次向有关监管机构和信托公司征求意见，这两个文件将监管权力大幅下降至各省级监管局，且在信托公司分类监管、上市、发行金融债、设立子公司等多个方面给出了实施方法和步骤。

上述各监管文件的陆续颁布，尤其是“八项机制”“八项责任”的提出，《信托公司行政许可事项实施办法》进入实施阶段，《信托公司条例》推行在即，表明行业监管正在积极引导信托行业进行重塑和升级，信托行业将从过去的“大起大落”中逐步迈向可持续发展，信托公司不仅要“换上正规军的服装”，还要装备“正规军的思想”。纵观银行、证券等金融细分子行业的发展，行业重塑之后，通过上市将获得一轮超常规发展，而该征求意见稿中恰恰指出了信托公司上市的路径。这不是偶然，是监管层高瞻远瞩，引导整个行业的发展。顺应监管导向并率先完成实施，尤其是率先实现上市，将在新一轮竞争中占据有利地位。

四、国外及发达地区本土信托行业发展的经验及启示

经历几次大规模的行业整顿后，近几年我国信托业的资产管理规模迅速扩大。但与银行、保险、证券等行业相比，我国信托业内部发展仍良莠不齐、千差万别。总体看整个信托业尚未实现规模经济，其市场定位、经营模式和发展战略也一直处于不断调整和优化过程中。因此，对国外及发达地区本土金融信托业的做法进行深入研究，对我国信托业的健康发展意义重大。

（一）国外及发达地区信托业发展的经验

发达国家在传统的信托业务基础上创新出具有本国特色的新型信托模式，引领全球信托行业的发展。

1. 发达国家发展信托业的做法

（1）建立了较完善的法律体系。信托业的健康发展离不开完善的法律和制

度环境。不论英国、美国还是日本，信托业发展的背后都有完善的法律制度作为保障，并且各种法律法规还随着外部金融环境和本国国情的需要不断进行调整。如日本的信托法律体系，除基础的法律外，还针对不同的信托业务制定了《信托法》《信托业法》《兼营法》《贷款信托法》《证券投资信托法》及《抵押公司债券信托法》等法律法规，使日本的信托业逐渐走上规范的发展之路。

（2）结合本国国情建立合适的信托模式。信托业发达的国家均成功地建立了与本国历史、国情和金融市场制度相符的信托模式。如美国主要以证券信托为主，日本则长期从事金钱信托业务。美国依托国内成熟的资本市场和完善的法律体系，证券信托获得广阔的生存空间并迅速发展起来。与英美相比，日本更重视信托的金融功能，根据本国国情推出了“金钱信托”，并以此为中心发展本国信托业，后来又为适应国内经济发展需要，大举开办以长期金融形式存在的贷款信托，被大量应用于基础产业，是信托“本土化”的最好例证。

（3）以创新作为信托业持续发展的动力。在产品创新方面，信托业广阔的弹性空间使其品种的设计总能跟随时代步伐，为适应新的市场需求而不断通过创新推出新品种。19 世纪中后期的英国，现代工商业高度发达，其财产形态发生急剧变化，由原来的以不动产为主的实物形态转变为以各种有价证券为主导的形态，“财产管理”的内涵也相应发生变化。为配合大众投资有价证券，英国的“单位信托”就是信托产品推陈出新的典型设计，也成为后来证券投资基金的雏形。美国则依托国内投资者巨额财富的增长，开发了多种新型信托产品，如货币基金互助基金、共同信托基金、融资租赁业务等。另外，还允许尝试诸多新的操作模式，如股指期货、REITS 基金、QDII 业务、私募股权投资等。

2. 国内发达地区信托业的发展经验

（1）中融信托。2016 年，中融信托以转型创新为核心，持续调整并优化业务结构，收缩传统融资类业务，围绕资本市场重点拓展以下四方面业务：一是参与优质企业的 PE 股权投资；二是开展上市公司定向增发、并购重组等业务；三是参与一二线城市的商业地产投资；四是与商业银行、资产管理公司等金融机构合作，开展主动管理型资产证券化业务。

（2）外贸信托。一是小微金融业务，外贸信托以“平台+数据”业务策略为纲，为小微金融终端服务商提供融资、运营等全流程服务体系打造小微金融业务整合商和综合服务商。二是证券信托业务，逐步构建涵盖受托人服务、基金行政服务、托管人业务、大数据服务、大类资产配置服务等多元化综合服务体系，针对投资周期的不同阶段提供针对性服务。三是产业金融业务，面对市场深度调整期，外贸信托全面推进业务转型升级，围绕自身资源禀赋，打造细分领域的专业资产管理机构。四是财富管理业务，伴随高净值客户财富管理意识逐步增强，外贸信托抓住机遇，积极提升资产管理能力，由以往产品驱动向客户驱动的财富管理模式转型。

（二）国外及发达地区本土金融信托行业发展的经验及启示

1. 对我国信托行业发展的启示

（1）完善法律体系。英美日等发达国家的信托业发展经验表明，明晰而细致的信托制度能使信托业充分发挥和运用其独特的金融功能和灵活的业务模式。因此，加强立法工作、完善相关法律法规是我国信托业发展面临的重要问题。

（2）促进信托业的调整和转型。在金融环境、制度优势和监管政策导向的多重推动下，我国信托业正进入加速成长阶段。2017 年 1 月，银监会正式下发了《信托公司监管评级办法》，这标志着停摆多年的监管评级重新启动；2017 年 5 月，信托登记公司下发了《信托登记管理规则暂行细则（征求意见稿）》，这是信托登记最为详细的管理制度。一系列针对信托业务的规范和指引，指导信托业逐渐实现从固定业务模式向主营信托业务模式转型，从被动融资管理型向主动投资管理型机构转变，引导信托业务回归本源，实现行业的发展战略转型。

2. 对河南省信托行业发展的启示

明确信托制度在实现“经济强省”的战略目标中不可或缺的重要地位。当前，河南省经济社会发展已踏上了新的战略起点，进入了全面提升产业层次、加快经济转型、促进统筹协调发展的新阶段，承担着全面建设小康社会，率先实现中原豫军崛起的战略任务。作为金融业四大支柱之一的信托业也承担着更为重要的历史使命，加快经济发展，实现中原崛起，就必须加快金融业发展，加强信托市场建设，充分发挥信托在资源配置、经济结构调整、城市功能强化等方面的作用，提升区域金融中心的层次与质量。

五、突破口及重点任务

公司未来的突破口和重点任务均围绕服务实体经济展开。

（一）将实业投行作为首要任务，支持实体经济

信托公司作为中国最大的非标准资产证券化服务提供商，其募集信托资金的

运用范围可以横跨货币市场、资本市场、实业领域，投资方式涵盖债权、股权和二者之间的“夹层”，以及各类资产的收益权，在产品设计方面具有独一无二的灵活性。

公司利用这些灵活性，大力发展实业投行业务，打造产业链经营平台，及时发现市场需求和客户需求，为实体经济提供针对性强、附加值高的金融服务。一方面，通过积极开展投贷联动、债转股、并购基金、资产证券化等业务，帮助企业降低融资成本，支持优质企业通过兼并重组去产能、去杠杆，升级做强；另一方面，通过实业投行模式联合行业龙头企业与客户共同成长，产生共同利益体的归属感，从而衍生新的业务增长点，通过提前布局，锁定市场利益空间。

（二）加大资本市场投研力度，提升实业投行运营实力

信托公司若想做实“实业投行”，必须大力培育产业研究与深耕能力，努力在风险与收益中找到自己的平衡点，尽快从撮合业务的角色回归到“受人之托，代人理财”的主动管理能力的提升上。公司将加大对一级、一级半、二级市场的投研力度。加强与行业顶尖机构的合作，发掘业务机会；积极接触上市公司，逐步开展 PE、定增、并购基金等全方位、多维度的资本市场业务。逐步由受托人发起向委托人发起转型，聚焦资产管理、财富管理和受托服务三大领域，提升专业的资产管理能力。

通过加大投研力度，公司最终将具备四项能力：以深厚的产业研究与深耕能力为基础的业务机会发现能力；以为实业企业培育与创造价值为出发点的交易设计能力；以深入的产业研究与深耕能力为核心的全面资产管理能力；建立于价值创造与产品创新之上的资金募集和运用能力。

六、政策建议

（一）助力慈善信托业务

1. 推动慈善信托助力河南精准扶贫

落实扶贫脱贫，走向共同富裕是金融机构深入贯彻党中央“十三五”时期扶贫战略的重要指示精神，履行企业社会责任、开展公益慈善事业的重要体现。慈善信托作为一种新型的慈善方式，与其他慈善方式相比，最大的优势是可以利用信托制度安全、灵活、高效、透明、持久的特点，更好地根据委托人

的意愿开展慈善活动。通过慈善信托实现精准扶贫，为金融行业更好地服务于河南扶贫事业带来新的结合点，形成更广泛的社会共识和更有效的扶贫实践力量。

建议相关改革部门：第一，明确将慈善信托作为精准扶贫的重要手段，从政策上引导各地扶贫办与信托公司对接、合作，通过信托为精准扶贫提供长期、持续的资金支持。第二，鼓励与推动省内的基金会等慈善组织通过慈善信托方式，实现善款保值增值，为精准扶贫筹集更多资金。第三，出台税收等地方性优惠政策，鼓励企业作为委托人设立慈善信托，为精准扶贫贡献力量。

2. 加大慈善信托税收优惠力度

2017 年 7 月 26 日下午，银监会和民政部联合印发的《慈善信托管理办法》（以下简称《办法》）正式公布。《办法》第四十四条规定，慈善信托的委托人、受托人和受益人按照国家有关规定享受税收优惠。仍然是对慈善信托税收优惠的笼统规定，缺乏可操作性。公益信托公益性捐赠发票获取存在困难，造成了参与公益信托的委托人（单位和个人）无法取得税法中规定的公益性捐赠发票抵税优惠。在《中华人民共和国慈善法》中，目前没有明确规定信托公司在开展公益信托时各项资产标的遵从的税收原则，关于房屋、股权以及汽车等资产的税收优惠也并不明确，相关部门内部缺少资产评估人员，因此对于货币以外资产依然按照一般商业活动中的购买与流转征税，对慈善行为没有激励作用。

建议相关改革部门尽快健全信托公司获取抵税发票的机制，完善抵税发票的获取路径。具体来看，在现有“信托公司+基金会”的合作模式上，省政府相关部门可以尝试将信托项目下的双方视为同样可以获得税收优惠的主体，税收凭证可以凭借民政部门备案的信托文件和受托人开具收据联，由信托公司自主申请税收优惠，在基金会背书下获得开具发票的资格。另外，也可先行先试将股权、不动产纳入慈善信托。

（二）加大政府人才激励政策支持力度

在人才支持方面，需要省委组织部、省政府金融办、省财政厅、人民银行郑州中支、河南银监局、省编办、省国税局、省地税局等改革相关部门出台具体的工作意见，给予政策上的大力支持，营造良好的外部环境，促进百瑞信托金融人才队伍的发展壮大。

1. 为金融机构高管提供退税补贴

以上海国际金融中心建设发展为例，为吸引金融高级人才来沪工作，对于符合标准的金融机构高管，将按 25% 以上税率缴付的个人所得税退返给个人。同时，上海还将为金融人才在户籍和居住证的办理、子女入学、医疗保障、金融人才公寓入住等方面提供便利。为了“引金入豫”，做大做强“金融豫军”，百瑞信托建议省委省政府等相关部门加大高层次人才的税收返还激励机制。

2. 营造人才环境，加快法制建设

第一，鼓励和支持金融行业高层次人员在创新实践中成就事业并享有相应的社会地位和经济待遇，建立以创新绩效为主导的资源配置和发展模式，改进评价和奖励方式，健全激励机制。第二，加快人才工作法制建设，建立健全人才法律法规，坚持依法管理，保护人才合法权益。第三，完善分配、激励、保障制度，建立健全与工作业绩紧密联系、充分体现人才价值、有利于激发人才活力和维护人才合法权益的激励保障机制。

（本章作者为百瑞信托课题组）

河南省担保集团：构建河南省政府性融资担保体系

摘要：融资担保作为政府弥补市场配置金融资源失灵和发展普惠金融的重要手段，是整个金融链条的重要组成部分。近年来，河南省政府性融资担保行业在解决中小微企业和“三农”融资难、融资贵，推动河南省经济社会发展中发挥着不可替代的重要作用，但由于机构“小、弱、散”和政策措施不配套等，致使河南省政府性融资担保体系合力和整体效能发挥不够充分。本章在深入调研的基础上，结合发展环境评估和国内外先进经验启示，拟定了河南省政府性融资担保行业未来发展的战略框架思路，并提出了保障措施和政策建议，确保做强做优做大体系，壮大“金融豫军”，为河南省经济社会发展注入强劲动力。

一、做强做优做大河南省政府性融资担保体系的意义

习近平总书记在全国金融工作会议上强调：“金融是实体经济的血脉，为实体经济服务是金融的天职，是金融的宗旨，也是防范金融风险的根本举措”“要建设普惠金融体系，加强对小微企业、‘三农’和偏远地区的金融服务”“加快构建政府支持的融资担保、再担保体系，完善风险分担补偿机制”。

融资担保作为政府弥补市场配置金融资源失灵和发展普惠金融的重要手段，是整个金融链条的重要组成部分，具有极强的“准公共产品”属性，在促进资金融通，特别是解决中小微企业和“三农”融资难、融资贵方面发挥着不可替代的作用，对于稳增长、调结构、惠民生等具有重要作用。近年来，融资担保行业逐步向政策性回归，政府性融资担保机构已成为河南省融资担保行业的主力军。健全完善并做强做优做大河南省政府性融资担保体系，是做大做强“金融豫军”、发展普惠金融和促进大众创业、万众创新的必然战略选择。

（一）推动经济发展的需要

据统计，截至2016年底，河南省中小企业数量46.46万家，占河南省企业

总数的99%，且创造了河南省57.9%的GDP、60%以上的税收和80%的城镇就业。新常态下，中小企业成为河南省实施“大众创业、万众创新”的重要载体和落实“四大攻坚战”的中坚力量，在促进科技创新和经济增长、增加税收和就业、保持社会和谐稳定等方面发挥着积极作用。然而，河南省中小企业发展面临诸多困难，贷款覆盖率仅为20%左右，资金匮乏、融资困难成为制约其发展的主要瓶颈和当前迫切需要解决的问题。作为联系实体经济与金融机构的中介和桥梁，政府性融资担保机构承担着重要的社会责任和经济功能，是解决中小微企业和“三农”融资难、担保难和融资贵的重要手段，可有效推动中小企业健康可持续发展，为河南省经济调结构转方式注入强劲动力。因此，做强做优做大河南省政府性融资担保体系是推动河南省经济社会发展的重要支撑。

（二）优化产业结构的需要

打好“四张牌”，产业结构优化升级是基础。就河南省而言，目前GDP总量位居全国第五，人均GDP突破6000美元，正站在经济强省的新起点上。但是产业结构不尽合理问题依然存在，经济发展伴随着高能耗、高污染、创新能力不足等问题，这就需要优化产业结构，转变经济发展方式。政府性融资担保机构紧跟河南省经济发展步伐，充分体现政府经济政策意图，引导社会资源优化配置，影响金融资金的产业流向，对于优化产业结构、转变发展方式具有直接的现实意义和作用。因此，做强做优做大河南省政府性融资担保体系，有利于进一步优化河南省中小微企业融资环境，引导信贷资金向符合国家产业政策和有技术、有市场的行业和企业倾斜，从而实现转方式、调结构、促发展。

（三）改善金融生态环境的需要

金融是现代经济的血液和中枢，金融安全事关经济发展和社会稳定。习近平总书记在中央政治局第四十次集中学习和全国金融工作会上均强调要化解金融风险，维护金融安全。当前，河南省金融风险形势依然严峻，企业杠杆率过高和银行呆坏账持续上升，信用违约风险加大，债务处置问题依然突出，有效预防金融风险，改善金融生态环境成为当务之急。政府性融资担保机构积极践行普惠金融的战略定位，作为企业和金融机构贷款业务沟通的桥梁，在维护金融安全稳定方面发挥着重要作用：第一，通过对企业的增信，有利于培育和提升河南省中小企业的信用水平，促进社会诚信体系建设；第二，通过为企业贷款提供担保，成为银行信用贷款的防火墙，大大降低银行的信贷经营风险；第三，通过对融资服务体系中各个环节的连接和维护，有效平衡各方利益，汇聚社会资源，有效分散市场风险。因此，做强做优做大河南省政府性担保体系有利于河南省金融市场的发展和完善，是完善金融生态环境的现实需要。

二、发展现状评估

（一）发展历程

20 世纪 90 年代初以来，我国积极推进服务于中小微企业融资的信用担保体系建设。1993 年，国务院批准设立中国第一家融资担保机构——中国经济技术投资担保公司（中国投融资担保股份有限公司前身），标志着中国担保行业发展的开始。此后，在原国家经贸委《关于建立中小企业信用担保体系试点的指导意见》的推动下，全国多地试点担保机构和担保基金。

河南省担保行业的发展始于 2000 年，以 2000 年 10 月河南省中小企业信用担保服务中心的成立为标志，大致经历了开拓试点（2000～2003 年）、起步发展（2004～2010 年）、整顿治理（2011～2014 年）三个阶段后，从 2015 年至今处于规范发展阶段。从 2003 年起，河南省开始构建政府性担保体系，2003 年 10 月，原河南省经贸委发布《关于进一步加强担保机构市场化运作加速担保机构公司化进程的意见》，要求加快建立覆盖非公有制企业的河南省中小企业信用担保体系，郑州市中小企业担保有限公司等一批政府发起设立的担保机构纷纷成立；省政府分别于 2006 年 9 月、2009 年 3 月印发了《关于加快河南省中小企业信用担保体系建设的若干意见》（豫政〔2006〕62 号）、《关于以财政为依托建立健全融资性中小企业担保体系的意见》（豫政〔2009〕24 号），积极构建覆盖省、市、县三级的政府性担保体系。2009 年 12 月底，经省政府批准，在整合省、市、县（市、区）政策性担保机构资源基础上，通过实施以县（市、区）政策性担保公司股权出资，吸引社会资本投资入股，以河南省中小企业信用担保服务中心为基础组建了河南省中小企业担保集团股份有限公司（以下简称省担保集团）。省担保集团是河南省唯一的一家中小企业信用担保机构再担保增信服务平台，也是河南省最大的政府性融资担保和再担保机构，在构建和完善政府性融资担保体系的建设中，具有重要而深远的意义。

按照河南省政府性融资担保体系建设战略部署，省财政统一拨付资金，由省担保集团按照要求对相关市县政府性融资担保机构进行投资参股。在投资参股市县担保机构过程中，当地政府以 1∶1 的资金比例，对本级政府性融资担保机构进行配套增资，并鼓励社会资本入股，共同做大担保机构规模。2009 年以来，河南省财政先后安排近 60 亿元用于增加河南省政府性融资担保机构资本金，不断完善了以省担保集团为龙头、市县中小企业信用担保机构为骨干的中小企业信用担保体系。省财政厅从2016年起，连续三年每年将不低于10亿元资金注入省担保集团，当前公司注册资本62.07亿元，资产总额75亿元，信用等级AA+级，整体实力全国排名第五，龙头带动作用明显。

（二）取得的成绩

近年来，河南省政府性融资担保机构始终紧紧围绕各级党委、政府战略部署，坚持以中小微企业为主要服务对象，坚持差异化经营策略，不断优化产品结构、提升服务质量，依法合规经营，在服务中小微企业、“三农”和实体经济方面发挥了不可替代的作用，取得了良好的社会效益和经济效益，也探索出了许多适合省情的成功经验。

初步构建了省、市、县三级政府性融资担保体系。按照河南省政府性融资担保体系建设战略部署和省财政厅要求，省担保集团充分发挥省级再担保机构传递政策导向、引导行业规范经营、化解行业风险的“稳定器”作用，积极助推河南省政府性融资担保体系建设，目前已累计对河南省151家市县担保机构投资参股29.96亿元。据不完全统计，目前河南省各市县已全部设立了政府性融资担保机构，注册资本总额180多亿元，融资担保服务能力达到1800亿元，以财政资金为依托、以省担保集团公司为龙头、以股权和再担保业务为纽带的省、市、县三级政府性融资担保体系已基本建成。

有力推动了中小微企业、县域经济发展。以省担保集团为龙头的各级政府性融资担保机构，积极开展再担保和担保服务，缓解企业融资困难，支持河南省经济社会发展，取得了良好的社会效益。各级政府性融资担保机构成立以来，坚持“准公共产品”的功能定位，对中小微企业和担保机构实行优惠担保费率，逐年降低担保费率，年平均担保费率为1.4%，较国家规定的收费标准平均下浮35%以上，提高企业资金使用效率，有效缓解了中小企业融资难、融资贵等问题。据初步统计，2010~2017年，仅省担保集团就累计为河南省经济社会发展提供融资担保服务1958亿元，直接或间接扶持中小微企业64000余户，促进企业新增销售收入6900多亿元，新增利税760多亿元，新增就业岗位87万多个，有力促进了中小企业、县域经济发展。森源电气、佰利联、多氟多、思念食品、雏鹰农牧等一批受益于河南省政府性融资担保机构的行业骨干企业先后成功上市，有力地推动了区域经济的发展。

创新实施了“小微企业扶持工程”。在发挥河南省政府性融资担保体系整体效能的基础上，聚合省财政厅政策支持优势、国开行机制建设和规模保障优势、省担保集团再担保增信和技术优势、县级担保公司信息和监管优势，在河南省实施了河南省“小微企业扶持工程”，打造了以河南省中小企业资产管理公司为统贷平台、以县（市、区）担保公司为担保平台、以省担保集团为再担保平台、以国开行为“融智+融资”平台的金融服务网络，对县域用款额度在500万元以下符合国家产业政策的小微企业给予信贷支持。自2013年10月试点以来，累计对300多户小微企业授信6.7亿元，每户贷款最少30万元，最多500万元，涉及养殖、种植、绿化、农产品加工等领域，带动新增就业3万多人。该业务模式也被《中国担保》杂志评为全国“十大担保产品”。

初步建立了银担风险分担机制。省担保集团充分发挥再担保增信、分险、放大作用，提供再担保增信服务的合作担保机构由2010年的14家增加到2017年的86家，占河南省政府性融资担保机构总数的比重超过50%；合作业务额由2010年的65亿元增长到2017年的216.7亿元；为86家市县担保机构累计提供再担保1474亿元，县级担保机构担保放大倍数由不足1倍提高到4.5倍，政府性担保体系服务中小微企业、涉农企业的能力和水平不断提升。在稳步开展业务的同时，积极探索银担合作机制，建立了担保机构、再担保机构（含代偿补偿专项资金）、银行5∶4∶1风险比例分担机制。2017年7月省担保集团与建行河南省分行建立了2∶8比例风险分担机制，有力提升了参股担保机构的信用水平，降低了参股担保机构与银行等金融机构的合作门槛，创新了担保机构与金融机构的合作模式。

积极助力河南省金融扶贫任务。按照河南省《金融助推卢氏县脱贫攻坚试验区工作方案》，以卢氏县为试点，由省农信担保为卢氏县扶贫贷款提供担保服务，省担保集团为农信担保提供一定比例连带责任再担保，破解贫困地区“融资难、融资贵”难题。截至2017年11月底，省担保集团已分别与卢氏县、光山县等45个贫困县政府及相关机构签署了金融扶贫小额信贷助推脱贫攻坚合作协议，贫困县累计发放贷款5389笔28018万元，其中贫困户5342笔25833万元，带贫企业47笔2185万元，一大批扶贫项目正在组织实施。当前，省担保集团正按照《河南省扶贫小额贷款助推脱贫攻坚实施方案》部署，在认真总结卢氏县、光山县等贫困县扶贫经验的基础上，积极协调参股的省辖市和贫困县政府性融资担保机构创新业务合作方式，共同助力河南省扶贫小额贷款工作，积极探索“龙头企业+基地（合作社）+农户”和“龙头企业+农户”融资担保业务模式，为河南省53个贫困县脱贫攻坚提供再担保和担保服务，助力河南省如期完成脱贫攻坚任务。

（三）存在问题

法规制度不够健全。当前，融资担保机构的金融属性尚不够明确，保护担保机构合法权益的法律法规还不健全，担保行业特别是再担保定位还不清晰，主体资格也不明确，再担保的绩效评价、放大倍数、收费标准、风险准备金提取、不良资产核销等系列的问题都没有明确的依据。金融机构对再担保的认识还不统一，再担保机构与银行签订的合作协议中虽约定了比例分担风险，但在执行中又以其他形式转嫁银行风险敞口，再担保风险的化解渠道还不畅通，制约了省级再担保对担保机构的增信、分险和规范引导作用的发挥。

融资担保服务能力有限。河南省政府性融资担保机构特别是县级机构普遍存在着“小、弱、散”的问题。一是规模普遍偏小。据统计，河南省县级政府性融资担保机构平均资本金约7000万元，个别机构仅有3000多万元，信用水平较低，平均担保放大倍数仅为2倍左右，财政资金效应没有得到充分发挥。作为河南省最大的政府性融资担保机构，省担保集团公司注册资本62.07亿元中实有货币资本仅有32亿元，整体担保能力大打折扣，加之经济下行带来风险项目的增加，造成流动性不断下降，直接影响和制约了公司融资性担保、再担保业务的进一步扩大。二是管理能力普遍偏弱。由于历史原因，一些市县政府性融资担保机构法人治理结构不够完善，公司负责人和经营团队由当地政府官员兼任，专业化和市场化运作程度较低，风险管理水平不高，财务管理不规范，导致公司政企不分、动力不足，个别市县甚至将增加注册资本的财政资金挪用、抽走。从目前情况来看，大多数市县政府性融资担保机构受近3年集中代偿、流动性下降影响，普遍经营困难，基本失去了贷款新增担保能力。三是运营较为分散。虽然初步建立了省、市、县三级政府性融资担保体系，但各级担保机构是独立的法人，各自独立运营，同时省担保集团对市县政府性融资担保机构参股资本金平均占比仅为21.8%，其中最少的只占1.2%，对其影响能力和管理能力非常有限，一定程度上无法形成体系合力，难以充分发挥在与银行合作、服务河南省经济发展中的整体效能。

扶持机制有待进一步完善。地方政府特别是市县政府对融资担保机构普遍存在着“重组建，轻扶持”的问题，致使机制建设不到位，缺乏持续有效的资本金补充机制和风险补偿机制，制约了整个政府性担保体系的健康发展。为解决担保行业的风险和收益极不匹配，自身收益无法覆盖风险问题，豫政〔2009〕24号文件和豫政〔2009〕36号文件均明确规定各级政府要建立担保机构风险补偿机制，但贯彻落实结果并不理想，绝大部分市县没有执行。省财政在2015年以前每年安排拨付省担保集团2000万元，但也于2016年取消了这一补偿机制，一定程度上降低了公司的抗风险能力。

三、发展环境评估

（一）优势

政府性融资担保机构对资金流向的引导主要用于培植税源、增进就业、促进产业结构的调整，追求的是担保的社会和经济综合效益，这种效益远远大于担保机构所承受的风险和获得的收益。

政府性融资担保机构以地方财政为主要股东，其公共服务性要优先于逐利性，主要为中小微企业等弱势群体信用贷款提供担保服务，从而可以通过杠杆放大起到“四两拨千斤”的作用，不断调整改善地方性宏观经济环境。

政府性融资担保机构具有政府隐性背书，其资金实力和承受风险能力较强，可获得一定的外部信用支持，这类外部支持使担保机构更易与金融机构建立起合作关系，提高运营质量，从而提升信用水平。

河南省政府性担保体系的建立有效降低了融资担保中的信息不对称现象，降低了中小企业融资成本，从而提升了河南省金融市场效率。

河南省政府性担保体系的建立以及再担保的实施，在一定程度上规范了市县担保机构的经营和管理，提升其与当地金融机构的合作空间，有效降低河南省担保体系代偿风险。

（二）劣势

地方政府大多“重组建，轻扶持”“重机构建设，轻机制建设”，缺乏持续有效的资本金补充机制和风险补偿机制，致使河南省政府性融资担保体系整体实力较弱。

担保机构与其他金融机构合作中无议价权，金融机构在风险转嫁的同时，并未降低收费标准，变相推高企业融资成本，挤压担保机构生存空间。

融资担保属于资本消耗型经营，由于风险代偿后缺乏持续有效的资本金补充机制和风险补偿机制，致使金融机构合作意愿下降，河南省政府性融资担保机构的经营放大倍数普遍维持在 3 倍左右，2 倍以下的占多数，担保经营杠杆放大功能不能有效发挥，一定程度上影响担保体系整体效能发挥。

政府性担保体系人才较为缺乏，管理能力较弱，部分市县担保机构受地方政府支配明显，专业化运作程度不够。

（三）机遇

监管思路变化，重视程度空前。近年来，从国家到地方对融资担保机构的重视不断加强，多次召开专门研究担保行业发展的会议，出台了一系列支持担保行业发展的政策，党中央、国务院明确提出要加快构建政府支持的融资担保、再担保体系，完善风险比例分担机制。国务院 2015 年 8 月出台的《国务院关于促进融资担保行业加快发展的意见》（国发〔2015〕43 号），提出大力发展政府支持的融资担保和再担保机构，加大对融资担保业的政策扶持力度，推动融资担保体系建立；2015 年 12 月印发的《推进普惠金融发展规划（2016~2020 年）》（国发〔2015〕74 号），提出大力发展一批以政府出资为主的融资担保机构或基金，推进建立重点支持小微企业和“三农”的省级再担保机构，研究论证设立国家融资担保基金；2017 年 8 月颁布的《融资担保公司监督管理条例》（国令第 683 号），从立法层面明确了融资担保机构的法律地位和普惠金融属性，提出国家推动建立政府性融资担保体系，发展政府支持的融资担保公司，建立政府、银行业金融机构、融资担保公司合作机制；2017 年 9 月，国务院常务会议指出，要大力支持发展政策性融资担保和再担保机构，尽快设立国家融资担保基金。2016 年 6 月河南省政府印发了《河南省人民政府办公厅关于促进融资担保行业加快发展的实施意见》（豫政办〔2016〕151 号），提出大力发展政府支持的融资担保机构，推进融资担保体系建设，并对河南省的融资担保行业发展进行了规划。

税收政策及盈利性要求变化，优势明显。国发〔2015〕43 号文件和豫政办〔2016〕151 号文件均明确提出，通过税收优惠、风险补偿等政策措施加大对担保行业的支持力度，落实对融资担保机构免征营业税和准备金税前扣除等政策，依法为其开展抵（质）押登记，提供债权保护和追偿协助，同时对政府性融资担保机构和再担保机构减少或取消盈利要求。

（四）挑战

经济新常态对融资性担保机构的发展提出挑战。当前，全球经济复苏的基础仍然薄弱，国内宏观发展环境虽然总体趋好，但面临的形势仍不乐观，经济增长内生动力不足，中小微企业的生产经营仍面临不少困难，信用风险持续暴露，担保机构面临的代偿风险上升，因而业务开展趋于谨慎。同时，银担合作政策收紧，担保机构的间接融资担保业务面临困难，担保业务整体增速大幅下降。2015 年以来，大多数市县政府性融资担保机构出现流动性紧张局面，普遍经营困难。

（五）未来发展的趋势与方向

根据国发〔2015〕43号文件关于“融资担保业务，尊重其准公共产品属性，政府给予大力支持”“推进融资担保机构‘减量增质’、做精做强，培育一批有较强实力和影响力的融资担保机构，基本形成数量适中、结构合理、竞争有序、稳健运行的机构体系”的总体要求，融资担保行业和机构发展将呈现“四化”态势。一是机构专业化。在整个市场经济体系多样化发展过程中，融资担保行业的人才和业务专业化成为必然，担保机构根据其人才结构专门服务于某个产业或某个行业的担保业务，既可以降低担保的风险，也可以提供更为细致的担保服务，还可以根据行业风险特征制定合理的担保价格，实现银行、企业和担保机构三方互利共赢。二是担保一体化。通过风险比例分担等机制的建立，将担保机构、再担保机构、银行、地方政府、保险公司等连成有机统一的整体，才能发挥担保降低违约成本、减少损失的功能，提高担保的效率。三是业务多元化。随着新业态的不断涌现，可以担保和需要担保的产品会越来越多，无形中拓展了担保业务范围，融资担保行业的产品多元化和市场多元化是不可阻挡的趋势。四是行业体系化。国发〔2015〕43号文件明确提出“构建国家融资担保基金、省级再担保机构、辖内融资担保机构的三层组织体系”和“各省（区、市）人民政府要按照政府主导、专业管理、市场运作的原则，推动省级再担保机构以股权投资和再担保业务为纽带，构建统一的融资担保体系”，通过体系的建立，可以起到分散风险、整合资源和改善银担合作关系等作用，有利于体系整体效能的发挥和机构自身发展。

四、国外及外省市融资担保行业发展的经验及启示

（一）国外担保行业发展经验

据了解，目前世界上超过50%的国家与地区，特别是市场经济比较发达的欧美国家都建立了中小企业信用担保体系，担保机构与再担保机构基本上属于政策性机构，以执行国家经济产业政策为目的，而不以盈利为目的，政府每年为担保机构提供资金补偿，典型代表有德国、美国、日本、韩国、意大利、西班牙等，其中意大利、西班牙、日本等国家还建立了再担保或类似再担保的制度体系。

德国中小企业信用担保体系运行主要是依靠银行体系。目前德国的16个联邦州中每个州至少都有一家担保银行，已形成较为完善的信用担保体系。经过多

年的发展，德国已经形成了完善的风险共担机制，商业银行和担保银行按照2：8的比例分担风险，在担保银行承担的80%风险中，根据各州经济发展水平高低分别由联邦政府、州政府和担保银行按照一定比例进行二次分担。德国还建立了完善的风险补偿机制，将风险补偿纳入联邦政府和州政府的预算，信贷风险发生以后，从联邦政府和州政府预算列支补偿金。同时德国联邦政府还出台了税收优惠政策扶持担保银行的发展，只要担保银行的新增利润仍用于担保业务，则担保银行可以免税。

美国执行信用担保职能的机构是美国小企业局（以下简称 SBA），它是联邦政府的代理部门，旨在对小企业的担保贷款融资计划实施和管理。美国主要是通过规定担保比例承担风险，SBA 不承担所有风险，发生损失后再担保机构根据承诺对银行进行补偿，资金由国会拨付。贷款银行必须根据政府要求分担担保贷款的风险。通常情况下，100 万美元以内的贷款，贷款银行分担比例不低于 25%；10 万美元以内的小额贷款，贷款银行分担的比例不低于 20%。担保资金和补偿资金全部来自于政府的财政预算。

日本是最早建立中小企业信用担保体系的国家，发展至今逐步形成了民间机构参与，中央与地方共担风险，担保与再担保相结合的完善的中小企业信用担保体系。该体系由中央的中小企业金融公库和分布于全国各地的 50 多个信用保证协会组成。地方信用保证协会与申请借款的中小企业和发放贷款的金融机构签订担保贷款协议，并通过再担保信息平台自动为该笔担保贷款获取中小企业金融公库的再担保确认。中小企业金融公库与各地方信用担保协会对担保项目按比例承担连带赔偿责任，前者承担的比例为 70%～80%，后者承担20%～30%。

（二）国内担保行业发展经验

我国信用担保行业起步较晚但发展迅速，目前已基本形成“一体两翼三层”的架构，即以政府出资控股的政府性担保为主体，以商业性和互助性担保为两翼，省、市、县分别建立政府性融资担保机构，其中省级担保机构主要承担再担保职能，市县担保机构开展对区域中小微企业的担保服务。目前我国各个省（市、区）均成立了省级政府性融资担保机构，已有 29 个省（市、区）成立了再担保机构或赋予省级担保机构再担保职能。再担保机构在发展中也形成各有特色的再担保运营模式，如安徽模式、北京模式、广东模式等，其中河南省的政府性担保体系建设主要采用由省担保集团对市县政府性融资担保机构投资参股模式，与安徽省较为相近。

安徽省政府性担保体系的再担保模式成效最为突出，主要有以下特点：一是坚持政府主导，建立省、市、县三级全覆盖的政府性融资担保和再担保体系。安徽省担保集团以股权和再担保业务为纽带，建立“扶小微、广覆盖、分层次、可持续”、省市县三级全覆盖的政策性担保体系，为与银行业金融机构进行体系与体系的对接创造条件。二是建立资本金补充和风险补偿机制。首先，建立担保机构资本金补充机制，做大资本规模，提升担保服务能力；其次，建立风险补偿机制，增强抗风险能力，实现效率、安全、公平、持续的有机统一。三是通过科学有效的比例再担保机制，均衡合理的风险分担与代偿补偿机制，构建“4321”新型银政担合作模式。即担保机构、省担保集团、银行、政府分别承担40%、30%、20%和10%的风险，形成银政担优势互补、权责统一、风险共担、互助共赢的工作机制。四是坚持正向激励，完善对政府性融资担保机构的考核制度。安徽明确政府性融资担保公司服务小微企业和“三农”宗旨，在考核上淡化盈利要求，突出小微客户数量、放大倍数、风险控制和担保费率等服务考核，鼓励为小微企业和“三农”提供低成本、高效率担保服务，更好地发挥政府的引导性作用。五是坚持上下贯通，实现银行和担保体系全面对接。安徽省担保集团代表河南省政府性担保体系成员，与各银行省级机构和市县区联系对接，将银担合作由过去县区单个融资担保公司与银行基层网点“点对点”合作，变为“体系与体系”整体合作，自上而下理顺了担保体系与银行体系合作关系，显著增强了银行与融资担保公司合作的信心和动力。

（三）启示

总结国内外融资担保行业发展的经验，主要有以下启示：一是政策性定位是担保机构规范经营的必然选择。面向小微企业的融资担保业务是正外部性的准公共产品，必须坚持政策性定位，否则担保业务容易“脱农、脱小”，担保机构容易违规经营，从而形成金融风险。二是新型政银担合作是破解小微企业融资问题的有效途径。要进一步学习借鉴国外和安徽等省份的担保、银行风险比例分担机制，通过分担实现共管，通过共管最终有效降低风险，从根本上提升银行参与合作的信心。三是财政资金支持是政府性融资担保机构发展的有力保证。借鉴国内外担保行业成功经验，建立持续稳定的资本金补充和风险补偿机制，能够夯实担保机构的资本基础，大大提升其抗风险能力，保证担保行业始终处于良性发展态势。四是完备的体系建设是担保行业持续发展的基本条件。实践证明，要充分发挥融资担保作用，完备的政策性融资担保体系是行业发展的基本条件。通过体系建设，可以实现分层分级，错位发展，优势互补，实现与银行间“体系与体系”的对接，有效分散和对冲风险。

五、未来发展战略框架思路

（一）指导思想

深入学习贯彻党的十九大和十九届一中全会精神，认真贯彻落实全国金融工作会议精神和《融资担保公司监督管理条例》《国务院关于促进融资担保行业加快发展的意见》《河南省人民政府办公厅关于促进融资担保行业加快发展的实施意见》，坚持融资担保行业“准公共产品”的功能定位和服务小微企业、“三农”的主业导向，不断完善资本金补充、风险共担、考核奖励和风险补偿等机制，大力发展政府支持的融资担保和再担保机构，积极培育有较强实力的商业性担保机构，按照“减量增质、做精做强”要求，整合优化现有融资担保服务资源，做强做优做大政府性融资担保体系，促进“大众创业、万众创新”，为河南省经济社会发展注入强劲动力。

（二）指导原则

坚持政策扶持与市场主导结合。对服务小微企业和“三农”等普惠领域、关系经济社会发展大局的融资担保业务，政府给予大力扶持；对其他融资担保业务，鼓励其按照市场规律积极创新发展，发挥市场在资源配置中的决定性作用。

坚持创新发展与规范经营并重。以可持续发展为运营目标，依法依规建立健全公司法人治理结构，组建专业化经营管理团队，在严守风险底线的同时加强体系的凝聚力，鼓励多层次的业务交流、人才流动；坚持发展导向，依法合规经营，以规范促发展，把握规范经营与创新发展的平衡。

坚持减量增质与并购重组同步。积极响应国家和河南省倡导的融资担保机构减量增质、兼并重组的总体要求，支持相同区域的省辖市、县（市、区）政府性融资担保机构通过吸收合并做强做优做大。

（三）战略目标

近期目标：2018 年底前，组建完成中原再担保集团，政府性融资担保体系的凝聚力进一步加强，推动担保人才的有序交流与流动。河南省政府性融资担保机构注册资本达到 250 亿元以上，形成 2500 亿元以上的担保能力。

中期目标：到 2020 年，培育一到两家主体信用等级 AAA 级的政府性融资担保机构，突出省级再担保机构的增信、分险和示范引导作用，实现对河南省政府性融资担保机构再担保全覆盖，提升担保体系的整体抗风险能力。省级再担保机构注册资本金达到100亿元以上，主体信用等级AAA级，融资担保服务能力达到1000亿元以上；河南省政府性融资担保机构注册资本达到300亿元以上，形成3000亿元以上的担保能力。

远期目标：到2025年，培育三到五家主体信用等级AAA级的政府性融资担保机构，省级再担保机构注册资本金达到150亿元以上，融资担保服务能力达到1500亿元，龙头带动和示范引领作用更加明显，综合实力跻身全国前三强；河南省政府性融资担保机构注册资本金总额达到500亿元以上，形成5000亿元的担保能力，体系效能进一步集聚，成为服务河南省经济社会发展的有力支撑。

（四）发展战略及路径

坚持政府主导，做大规模。担保资金规模或担保机构资产是担保机构生存发展的前提条件，是其核心竞争力之一。安徽省在河南省融资性担保行业“十二五”布局规划中明确提出“到‘十二五’末，河南省的担保公司注册资本金均能达到1.5亿元以上，每个地级市有一个注册资本金在5亿元以上的担保公司”的要求，可见健全资本金补充机制，壮大资金实力是当务之急。可由地方政府每年在财政预算中安排部分资金，专项用于增补政府性融资担保机构资本金，同时通过各项优惠政策积极吸纳社会资本进入，共同做大做强担保机构。另外，建立省级政府性融资担保体系建设专项资金，重点对担保主业突出、职能发挥充分、风险控制能力强、治理结构完善、地方政府支持的担保机构给予一定的资本金投入奖励，采取以奖代补的形式鼓励市县担保机构增加注册资本金。

坚持龙头带动，壮大体系。以大力发展政府支持的融资担保和再担保机构为基础，进一步明确省级再担保机构的政策性定位，按照政府主导、专业管理、市场运作的原则，尽快组建中原再担保集团。充分发挥中原再担保集团河南省融资担保行业的“龙头”作用，突出再担保增信、分险和规范引导功能，重点支持市县政府性融资担保机构开展业务，促进担保体系服务功能完善；发挥市县政府性融资担保机构“主力军”作用，遵循“减量增质、兼并重组”原则，通过吸收合并、收购、控股或参股等市场手段，对市县担保机构进行重组，整合担保资源，做强做优做大市县政府性融资担保机构，进一步提升服务辖内中小微企业融资能力，壮大担保体系整体实力。

坚持政策扶持，优化环境。融资担保行业经营的是信用、管理的是风险、承担的是责任，具有经营风险大、收益回报低的特点，实现行业的健康稳定和可持续发展需要营造一个较为宽松的环境。各级政府和有关部门要认真落实国令第683号、国发〔2015〕43号和豫政办〔2016〕151号等文件精神，切实加大对融资担保行业的政策扶持力度，落实相关财税和考核政策，营造支持融资担保行业发展的良好氛围。尤其是建立健全风险补偿和风险分担机制，可从以下途径着手：一是在充分发挥小微企业信用担保代偿补偿资金作用的前提下，加大融资担保机构风险补偿投入，设立地方担保基金，对融资担保机构发生代偿损失给予适当补偿；二是构建政银担和银担共同参与、互利共赢、共担风险的机制和可持续的合作模式，可参照美、英等国家和国内安徽省等模式，根据贷款规模和期限，担保机构与银行按比例分担风险。

坚持规范发展，做强实力。融资担保机构健康可持续发展的必经之路是苦练内功、强筋壮骨。作为专业的风险经营者，实质性风险的准确识别和灵活多样的风险管控手段构成担保机构的核心竞争力。政府性融资担保机构应按照“政策性资金、企业化管理、市场化运作”的经营模式，坚持党的领导，不断完善治理结构，做到自主经营、自负盈亏，可持续审慎经营；加强制度建设、健全风险管控体系、规范操作程序，对项目风险实行事前、事中、事后全程控制；打造一支具备高度责任心、丰富管理经验的由法律、财务、金融、管理等方面专业人才组成的专业队伍。同时，处理好业务开拓与风险防范、业务创新与稳健经营的关系，不断加强担保方式创新，积极探索创新产品服务结构，增强盈利能力和抗风险能力，提升发展后劲。

六、保障措施与政策建议

（一）坚持全面从严治党，提供坚强政治保证

坚持党的领导与法人治理有机统一，认真落实全面从严治党主体责任和监督责任，不断完善党建制度体系，加大监督执纪问责力度，形成一级抓一级，层层抓落实的工作体系和运行机制。一方面，要深入推进党风廉政建设和反腐败斗争，健全改进作风长效机制，着力构建不敢腐、不能腐、不想腐的体制机制；另一方面，要着力解决一些干部不作为、乱作为等问题，形成敢于担当、奋发有为的精神状态，不断增强党的创造力、凝聚力、战斗力，为做强做优做大河南省政府性融资担保体系提供坚强政治保证。

（二）尽快组建中原再担保集团股份有限公司

充分发挥省级再担保机构传递政策导向、引导行业规范经营、化解行业风险的“稳定器”作用，推动省级再担保机构以股权和再担保业务为纽带，构建覆

盖河南省的融资担保体系，提升融资担保机构的信用水平、服务能力和风险防控水平。根据国发〔2015〕43号和豫政办〔2016〕151号文件精神，按照政府主导、专业管理、市场运作的原则，在“河南省中小企业担保集团股份有限公司”基础上更名组建“中原再担保集团股份有限公司”，发展壮大“中原豫军”体系。

（三）加强对河南省融资担保行业的政策支持

根据国发〔2015〕43号和豫政办〔2016〕151号文件精神，建议省直有关部门加大对有关扶持政策的贯彻落实和执行力度。一是进一步明确再担保和政府性担保“准公共产品”的功能定位，整合调整涉企补贴（助）资金，建立和完善对政府性融资担保机构资本金补充机制和风险补偿机制，切实解决收益与风险不匹配问题。二是积极推广“政银担保投”五位一体联动金融扶贫模式和建设银行与担保机构2：8比例风险分担模式，进一步健全风险分担和补偿机制，加大建立政府、金融机构、担保机构、再担保机构风险比例分担机制的推进力度。三是研究制定融资担保机构的财务管理、绩效评价、代偿补偿、不良资产核销、税收减免等一系列配套政策和措施，提高小微企业融资担保代偿容忍度，取消对政府性融资担保机构考核的盈利性要求，促进河南省融资担保行业规范发展。

（四）调整完善河南省政府性融资担保体系

按照“减量增质、做精做强”的要求，对省担保集团投资参股的市县政府性融资担保机构进行整合重组，有针对性地加快发展一批以政府出资为主、主业突出、经营规范、实力较强、信誉较好、影响力较大的省辖市级政府性融资担保机构。将县级政府性融资担保机构重组并入省辖市政府性融资担保机构，作为省辖市政府性融资担保机构非法人办事分支机构，集中财力做强做优做大省辖市政府性融资担保机构，着力构建以财政资金为依托、以省级再担保机构为龙头、以省辖市担保机构为骨干、以再担保业务和股权为纽带的数量适中、结构合理、竞争有序、稳健运行的政府性融资担保体系。

（五）完善融资担保机构法人治理和人才培养机制

国有及国有控股的政府性融资担保机构实行政企分开制度，建立以市场为导向的经营管理机制、风险防控机制、用人机制和激励约束机制，提高市场化运作、规范管理和依法科学决策水平。条件具备的地方，引入职业经理人制度。加强融资担保人才队伍建设，制定科学合理的人才培养、储备和使用规划，研究制定从业人员培训和管理制度，推进融资担保行业人才队伍专业化和规范化。

（本章作者为河南省投资担保集团课题组）

国宏投资集团：构建产融控股模式

摘要：在河南省政府发展研究中心“做大做强金融豫军的战略与对策”研究课题组的大力支持和指导下，洛阳国宏投资集团围绕自身工业投资定位，充分吸取了金融豫军各兄弟单位的先进经验，就实现做大做强的战略和对策进行了深入的研究，结合国宏投资集团2016~2025年战略规划，初步确立“一个核心、五个带动”的产融控股集团运营模式，即以“金融+实体”为核心，以产业投资运营、资源投资开发、园区综合开发、资产运营管理、现代服务业五大板块为助推，实现金融助推实体、实体实现价值的战略投资目标。

国宏投资集团（以下简称“国宏集团”）五大板块的联动策略已经逐步落地，未来将在省委省政府的指导和支持下，积极推进金融豫军与国宏集团的相互协作，切实发挥国宏集团促进地方产业升级、推动供给侧改革的重要职能，努力打造豫西地区有实力、有影响力的重要工业投融资平台。

一、研究的背景和意义

洛阳是国家“一五”时期重点建设的工业基地，156个重点工业项目落户洛阳的有7个，国家级科研院所总量达到14家，产学研基础雄厚。大厂、大所技术研发、工业制造的背景带动了包括洛新和新安产业集聚区、洛阳先进制造业集聚区、洛阳高新技术开发区、洛阳经济技术产业集聚区、洛阳空港产业集聚区在内的工业制造产业带的自生和成熟，形成了西线自北向南的重要工业集群带。

西部工业集群带经过六十余年的积淀，聚集了上千家工业企业，在洛阳非常有代表性，集群带出现了三类划分：少数优质拥有核心技术的、高耗能利润率低的、和多数同质化现象比较普遍竞争激烈的。当银根紧缩、经济运行疲软时，大多数企业尤其是中小企业面临生存的困境。随着国家中原经济区及河南“四个大省”战略的明确落地，自主创新示范区和自贸区洛阳片区的“双自联动”，《洛阳市国民经济和社会发展第十三个五年规划纲要》指明了“四高一强一率先”奋斗目标，要求加快“9+2”工作布局，明确构建“五强六新五特”现代产业体系，是解决洛阳产业集群发展困境的重大利好。

洛阳国宏投资集团代表洛阳市政府作为出资人身份，持有洛阳市投资的重要工业企业和工业项目，承担洛阳市产业转型和升级的重要引导职责。国宏集团通过多方面、多角度研究和论证，一方面采用资本提效策略，精准投资，带动洛阳产业集群向先进制造、智能装备、新能源、新材料等领域转型，形成上下游产业链条，尤其是向下端高附加值制造领域倾斜，最大限度地在洛阳地区释放产业价值；另一方面借助国宏集团对集群带的上下游产业链条提供全方位融资服务的天然优势，寻找一条用金融带动产业升级的路子，用内生动力解决一部分产业融资的需求，作为产业投资的推进剂，同时也为产业投资提供多种投入和退出路径。

国宏集团在投资研究和实践经验的基础上，总结出“金融+实体”的核心策略，重点引导实体产业投资方向，用多元化金融手段促进实体产业良性发展，弥补单一招商引资的短板，推动产业结构优化布局。因此，开展“做大做强国宏投资，打造产融控股集团的战略与对策”研究意义深远，对今后国宏集团的基本战略、投资方向和策略有高度的指导意义。对聚焦洛阳市构建的“565”产业，遵循市场化原则，加快内部改革、培育核心能力与洛阳市爬坡过坎、转型跨越的战略目标紧密结合起来，以高水平、示范性的改革发展，支撑洛阳市现代化、国际化的崭新崛起。

二、发展概况

（一）发展历程

洛阳国宏投资集团有限公司设立于 2013 年 6 月，是洛阳市工业板块唯一一家市属综合类国有资本投资公司，肩负着产业（矿业）投融资、国资运营、国企改革等重要职能。设立时注册资金为 1 亿元，由洛阳市人民政府国有资产监督管理委员会全资控股并代行股东会职权。2014 年 5 月，洛阳矿业集团有限公司（以下简称洛矿集团）划拨进国宏集团。同年 12 月，洛阳市国资国有资产经营有限公司（以下简称国资公司）与洛阳龙跃保安服务有限公司（以下简称龙跃保安）划入国宏集团，同时国宏集团独资成立洛阳宏科创新创业投资公司（以下简称宏科创投）。集团于 2015 年 1 月正式运营，同年 3 月注册资本增加至 20 亿元。

通过承接股权、资产划转及市场化运作，截至2017年底集团总资产达到178.28亿元，净资产达到134.82亿元，旗下上市公司洛阳钼业完成270亿元人民币的优质矿业跨国并购，积累了跨越发展的巨大潜力。

（二）职能定位

根据全市经济结构调整与转型发展的要求，国宏集团被洛阳市政府赋予了五大职能：按照市场化原则推进国有工业企业重组改制、统筹解决国企改革遗留问题；为工业企业产业转型升级、引进项目及投资提供先导型资金的投融资，引导三产服务及其他行业先导投资；从事矿产资源投资经营；推进工业企业搬迁改造、退二进三及工业土地整理开发利用；整合国企改革后保留在市国资委的国有工业股权，提高资产证券化水平及国有资本收益。

三、成绩与挑战

（一）取得的成绩

1. 齐心协力，锐意进取，经营管理呈现良好态势

国宏集团按照市委市政府、市国资委的工作部署和要求，认真学习贯彻市委十一届四次全会精神，紧紧围绕“9+2”工作布局，着力对接“五强六新五特”产业体系部署，以“战略引领、规范提升”为工作总基调，以“6415”为经济运行总目标，努力克服种种困难和不利因素，各项工作有序推进，保持了企业经济快速发展、持续增长的良好势头，集团的综合实力和在洛阳市的地位持续提高。

截至2017年底，集团公司资产总额达到178.28亿元，净资产134.82亿元，分别较上年同期增长17.53%和29.25%；实现营业收入95.96亿元，完成率159.77%；实现利润总额5.42亿元，完成率167.92%；累计完成投资11.56亿元，完成率103.86%；获得授信81.18亿元，完成率162.36%。

收入大幅度增长。突出表现在洛化宏达、华泽小贷、龙跃保安、华祥实业、国资公司等能够贯彻集团公司的经营方针，以市场为导向，以目标为准绳、以行业先进为标杆，向市场要收入，2017年实现营业收入超过上年全年的77%，较上年同期增长415%。

利润大幅度增长。主要经营单位特别是洛化宏达、洛阳钼业、华泽小贷均超

过进度计划，2017 年集团实现利润总额基本完成年度目标，与上年同期相比增长 119%。

国有资本分红得到落实。已完成洛阳钼业、华泽小贷、热力公司、矿业集团四家单位的年度分红工作，国鑫担保、龙跃保安等单位的年度分红及华泽小贷 2017 年半年度分红工作即将进行。

2. 投资和资本运营工作基础夯实

产业基金设立和运营已初见成效。河南宏科军民融合产业投资基金 5 月完成注册，已挖掘一批具有潜力的企业，并成为洛阳第一家军民融合基金。河南宏科创投基金管理公司已完成多家企业的立项、尽职调查、项目评审等工作，资金投放正有序推进。东证洛宏股权投资基金（以下简称东证洛宏）投资了 3 家高科技项目：一是于 2016 年 11 月投资重庆新安洁共计 3120 万元，以 7.8 元/股的价格认购新安洁发行的 400 万股。该公司 2016 年的净利润为 4912.04 万元，同比增长 35%左右。新安洁近期又募集资金 10721.2 万元，发行新股 1092 万股，价格为 9.8 元/股，较东证洛宏增资的价格增长了 26%，增资后东证洛宏持股 3.25%。二是于 2017 年 4 月投资上海卡勒幅共计 2200 万元。此轮融资规模 3205 万元，投前估值 2041 万元。目前卡勒幅经营良好，预计 2017 年净利润不低于 1000 万元（东证洛宏投资时，公司不盈利）。其母公司康达医疗拟于 2017 年底上报 IPO 材料，其 2016 年净利润为 1.1 亿元。三是于 2017 年 7 月投资上海巨什科技共计 2000 万元。投资完成后，基金持股 1.67%。上海巨什科技近期启动第二轮增资，预计募集基金 2 亿元，暂定价格较东证洛宏投资时增长 25%左右；该公司目前在手订单超过 5 亿元，预计 2017 年实现净利润 1.2 亿元。这些标的企业的市值不断上升，标志着东证洛宏在战略性新兴产业的投资领域已经探索出了一条新路。与 613 所合作机器人产业化项目等取得进展，正平稳推进。

产业投资已经落地。一是产业升级、供给侧改革项目后续管理推进到位。对朗宸旅居车项目加强投后管理，制定了销售目标。二是加快推进高端石化项目建设进度。洛阳宏兴新能化工有限公司 60 万吨/年芳烃项目完成 403 亩国有土地使用权出让的摘牌；区域规划环评已经省环保厅批复；市环保局正对项目环评报告进行会审。截至 2017 年 9 月底，投资总额已完成 3.79 亿元，完成年度计划的 47.97%。

洛阳市政府重大专项顺利启动。按照市委市政府的部署，国宏投资集团承担的银隆新能源产城融合项目、乌兹别克斯坦布哈拉产业园项目等重大专项进展顺利。对市政府交办的投资建设年产 1000 万吨炼化一体化项目开展了前期论证，论证方案已报送市政府。

资本运营收益显著。2017 年 7 月 25 日洛阳钼业完成 180 亿元定向增发工作，发行价较计划溢价 22%，成为两年来国内最大的资本募集项目。

金融及其他现代服务业战略布局业务已全面展开。华泽小贷对标企业是常州市通利农村小额贷款股份有限公司，通过狠抓经营管理，营业收入、利润总额、净利润、资产质量等均优于通利农贷；正启动第二轮增资，目标资本 10 亿元。投资的国宏融资租赁已开业运营，成为河南自贸区洛阳片区第一家融租公司，经营有序开展，已陆续回收利息和手续费。投资设立的国宏国贸公司，已经和国内十大行业千亿元以上营收龙头企业及多家金融、投资机构实现了对接，实现营业收入 1816.9 万元。

3. 资源整合有序推进

资产运营方面。白马地块盘活进入尾声，目前白马地块加油站地块已完成公共资源交易中心挂牌出让，商住地块、商用地块经市国土局报请市政府同意，于 2017 年 9 月 29 日挂牌。洛烟资产管理中心通过公开招标选聘法律顾问，召开债权清收工作交流会，开始下一步不良债权的维权清收追偿工作。

资源整合方面。县域守押一体化稳步推进。按照市国资委、市公安局的统筹安排，2017 年 9 月 19 日上午，洛阳安保守押有限公司栾川分公司举行开业揭牌仪式，标志着洛阳市县域安保守押整合一体化工作取得了实质性突破，汝阳分公司、偃师分公司先后注册成立。

4. 历史遗留问题的解决扎实、稳妥

国宏集团稳妥推进市属企业属地化管理工作。按照省属企业移交标准录入离退休人员信息，涉及 1 万余名离退休人员，目前已完成了一半的工作量；根据国企改革要求，国宏集团已出台“僵尸企业”处置预案，并制定了融合扶持子公司、剥离划转子公司优良资产、关闭四级公司的时间表。央企“三供一业”物业移交接收管理工作又有新进展。截至 2017 年 9 月 30 日，已与黎明化工院、中信重工、六冶、黄金公司等 20 家驻洛央企签订了物业移交框架协议书，已开始对黎明化工院、802 仓库进行前期物业接收工作。

（二）发展基础

1. 综合实力显著提升

自设立以来，通过承接股权、资产划转及市场化运作的双轮驱动，国宏集团资产和业务快速扩大，成为拥有百亿级资产的国有资本投资公司。2017 年底，国宏集团总资产已接近 200 亿元的水平。

2. 业务体系初步成形

经过持续的资产划拨和市场化重组，国宏集团初步形成了“三五六”资产业务结构，即三类资产、五大主营业务及六项净利润来源。

从资产结构看，包括经营性资产、参股股权资产和国企改革重组资产；从业务结构看，现有主营业务为石化（精细化工）、安保服务、融资服务、园区开发及物业管理；从利润结构看，国宏集团的净利润来自参股股权收益、石化（精细化工）、安保服务、融资服务、物业管理等六个方面。

3. 组织架构逐步完善

截至2017年底，国宏集团参控股公司层级到四级，其中三级及以上参控股公司共计45家。顺应资产与业务扩大发展的需要，国宏集团本部承担着战略决策中心和运营管理中心的角色，内设了办公室、研究发展部、风险控制部、人力资源部、计划财务部、投资发展部、监察审计部、企业管理部、党群工作部9个部门。国宏集团二级全资、控股子公司7家，三级全资、参控股企业共38家，在不同层级上承担着经营管理、项目实施、成本控制和利润中心的职能。

4. 人员结构不断优化

国宏集团总部在职员工66人，其中23人具有中高级以上专业技术资格。人员结构逐步向年轻化、知识化方向发展。

5. 制度文化日益健全

目前，国宏集团在公司治理结构、投资管理制度、财务管理制度、人力资源制度，企业文化等方面建设日益提速，现代企业制度与市场化运行机制框架初成。

（三）存在的问题

目前，国宏集团由于尚处于创业起步阶段，尽管市场化运作的资源、空间与灵活性与日俱增，但离完全实现洛阳市赋予的功能定位，还需要相当一段时期的锐意进取和开拓创新。站在2016年的历史起点看，国宏集团在改革发展之路上面临着三大问题与挑战。

1. 业务体系的战略导向需要明晰

在经济新常态下，洛阳市提出“9+2”工作布局和“四高一强一率先”奋斗目标，加快构建“五强六新五特”现代产业体系。中国（河南）自由贸易试验区洛阳片区的获批设立，要求在“一带一路”更加开放的环境下推动产业结构升级。

对照洛阳市产业转型发展的要求和市委市政府赋予的功能定位，目前国宏集团业务体系存在的突出问题包括：

功能定位有待全面实现。国宏集团目前仅初步具备矿产资源投资经营、引导工业企业转型升级及其他行业先导投资两项功能，其他功能尚待实现。

业务结构有待持续调整。现有五大业务中，第二产业与第三产业营收占比为7∶3。其中，第二产业主要为参股矿业投资运营，制造业初步布局至精细化工、旅居车行业；第三产业主要为劳动密集型的安保服务，为“五强六新五特”产业提供先导投融资的创新创业投资、融资担保、小额贷款业务处于起步阶段，其他生产性服务业务暂未涉及。国宏集团以垫资开发方式参与了政府对工业企业腾退土地整备，但暂未介入新兴产业园区开发和运营领域。

洛阳市经济增长动力中的三大短板如图1所示。

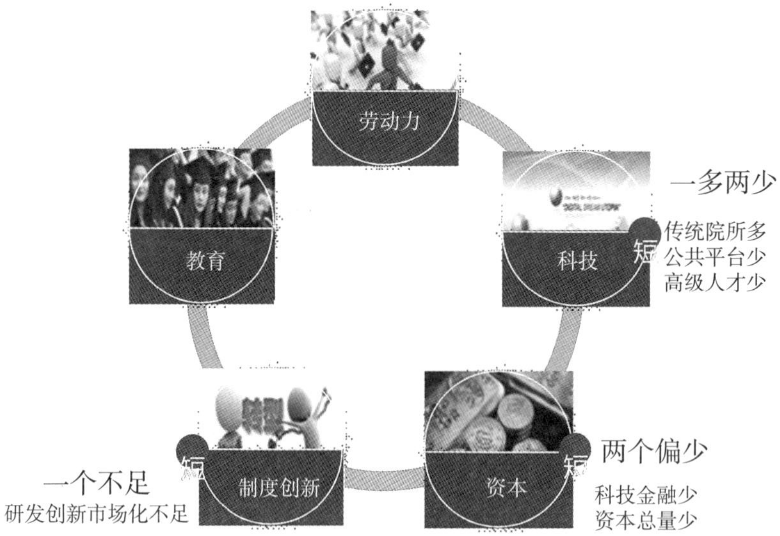

图1　洛阳市经济增长动力中的三大短板

2. 集团金融支持乏力，缺乏相关资质做支撑

金融支撑是国有资本投资公司的重要功能，目前国宏集团各种投融资渠道需要全面加强：

融资能力亟须拓宽。在现有业务结构下，集团融资主体、融资渠道相对单一。一方面，国宏集团总资产收益率为2.46%，净资产收益率为3.34%，分别低于深圳市投资控股公司的3.59%和10.26%；且单位资产的营收规模相对较小，经营性现金净流入与负债总额比率仅为3.6%，制约了国宏集团本部的债务融资空间。另一方面，现有融资能力主要集中于资产、营收规模独占鳌头的全资子公司洛矿集团，融资渠道包括洛阳钼业分红、洛阳钼业并购增发及银行授信。2015

年以来全球有色金属等大宗商品市场持续低迷，造成洛阳钼业盈利大幅下滑，进而使得国宏集团 2015 年净利润同比下降 53.5%，显著影响了国宏集团及洛矿集团的融资能力。此外，国宏集团积极探索设立产业投资基金，提升利用社会资本、银行等多元资本的杠杆融资能力，目前尚处于起步阶段。

资产证券化渠道亟须打通。大力推进资产证券化，有助于扩大资本市场融资规模，实现资产组合的多样性和资本运作的灵活性，更好地为国宏集团的投融资功能服务。国宏集团未来应当争取或吸纳能够经营此类业务的企业，或者申请同等资质，不仅为国宏集团持有的各种上市股权，以及洛阳市其他企业持有的各种股权等寻找有效的突破口，同时也为集团发挥工业投资平台的职能提供法律支持。

3. 市场化管理运作机制有待建立

自设立以来，国宏集团承接的大部分划转资产属于传统国企资产，尽管企业规模日益扩大，但管理思想、管理体制和运营机制等方面离现代企业制度尚存在较大差距，依然存在体制不顺、机制不活的传统国企特征，急需加快建章立制，优化管理，树立国资平台市场化改革的成功示范。

例如，从管控体系看，集团公司本部职能与下属二三级公司职能的定位尚不清晰，反应敏捷、科学高效的管控体系有待建立。从内部管理看，投融资管理和风险管理流程需要完善，重点项目储备和专业人才储备需要全面实施，三项制度改革需要加快推进，市场化招聘和“能进能出”、岗位“能上能下”、待遇“能高能低”人员任用考核机制有待加强，内部挖潜和相应的激励机制需要加强。从制度文化看，国宏集团需要对标先进单位，加快建设和完善各项规章制度，营造敬业、创新、争先、活泼的企业文化。

四、优势、劣势、机遇、挑战分析

（一）发展优势

1. 资本资产优势显著

国宏集团基本组建完毕，资产优良率较高，资产负债率较低，2015 年为 26.4%，债务融资空间大。洛阳矿业集团有限公司是国宏集团的全资子公司，通过对下属洛阳钼业集团股份有限公司（“A+H”上市公司，A 股代码 603993，港股代码 03993）实施混合所有制改革，截至 2015 年底持有其 31.56%的股权（市值为238亿元），成为第二大股东，并与第一大股东构建起一致行动人的战略合作关系，使洛阳钼业成为集团实施资本运作、拓展融资渠道、服务产业发展的重要平台。这是国宏集团的核心资本优势。

2. 跨国并购红利巨大

洛阳钼业于2015年5月公告斥资41.5亿美元（约270亿元人民币），收购全球矿业巨头自由港麦克米伦公司（FCX）位于刚果（金）的铜钴矿56%股权，以及全球矿业巨头英美资源集团（Anglo American PLC）位于巴西的优质铌（AANB公司）和硝酸盐（AAFB公司）业务，2016年11月正式完成交割。在矿价处于历史相对低位和我国对外投资监管趋严之前的有利时点完成本次收购后，洛阳钼业一跃成为世界第一大钼、钨、钴生产商，第二大铌生产商（掌控全球铌金属供应市场约10%的份额）和巴西第一大磷肥生产商，成为最重要的铜生产商之一，跨国并购红利未来将陆续释放，这将成为国宏集团创业跨越发展的战略依托。一方面，国际铜价回升已产生本次收购的财务浮盈；另一方面，铌、钴作为新能源汽车、新材料、高端装备制造等战略性新兴产业的关键原材料，将受全国新能源汽车（包括洛阳新能源汽车产业）、航空航天新材料行业大发展的推动而进入景气周期，成为支撑洛阳钼业财务表现和战略投融资能力的重要基本面。

（二）主要劣势

1. 发展战略尚不清晰

国宏集团作为洛阳市的工业投资发展平台，即期任务是整合腾挪资产资源，做大做强营业收入，加强生存发展能力，推动投融资功能的良性运转。中远期重点任务是以点带面，优化资产业务结构，全面落实洛阳市赋予的五大职能定位。当前，国宏集团需要制定清晰的发展战略及实施路径，实现由即期目标向中远期战略目标的稳步迈进，增强业务发展的导向性与引领性，实现管理运营的动态性与灵活性。

2. 国企改革遗留问题负担较重

国宏集团目前持有国企改革重组资产约0.93亿元，绝大多数属于破产企业处置不掉的非经营性资产及离退休人员、生活区物业（零散门面房）等。这些资产、人员得到妥善处置或盘活以前，将带来大量财务成本，持续消耗国宏集团的经营利润及政府资源。同时，国宏集团2015年底的政策性借款余额达22亿元，急需收回并转变为集团的融资来源。

（三）发展机遇

1. 国家及省级战略逐步明确或落地

从国家层面看，随着“一带一路”深入实施和中国（河南）自由贸易试验区洛阳片区的获批设立，贯通南北、连接东西的现代立体交通体系和物流体系将加快建设，洛阳经济的开放度将获得质的提升。占全市经济半壁江山的传统产业、国有经济将沿“一带一路”开展国际产能合作，积极引进外部先进技术和商业模式；沿海地区加工贸易将向洛阳转移落地，跨境电商、融资租赁等新兴业态将生根发芽，这将为国宏集团提供更广阔的投资机遇，利用国际国内两种市场、两种资源来实现跨越发展，引领结构转型。

从河南省层面看，中原经济区、郑洛新国家自主创新示范区等四大国家战略规划和“四个大省”战略深入实施，河南省进入了机遇集中释放期，洛阳市作为中原经济区副中心城市的战略地位不断提升，发展环境随着省级资源支持的加强而优化，一批平台建设、创新驱动、国企改革等领域的试点或重大项目有望在洛阳落地，这将为国宏集团加快改革发展、创造先发优势提供良好机遇。

2. 洛阳市明确了新时期的战略导向

为推动老工业基地转型升级，洛阳市委市政府制定了落实“创新、协调、绿色、开放、共享”新发展理念的“洛阳方案”，即“9+2”工作布局和“四高一强一率先”奋斗目标，其中一项核心工作是加快构建“五强六新五特”现代产业体系，并相应推进环境建设、资源配置和政策配套。新时期的战略导向和发展目标，为国宏集团指明了业务结构调整的方向，有助于抓住外部环境机遇，通过资源整合、重点项目建设和市场化改革，更好地实现工业板块国资平台的功能定位。

3. 国企改革政策导向明确清晰

自党的十八届三中全会发布《中共中央关于全面深化改革若干重大问题的决定》以来，中共中央、国务院及国资委连续颁布多项国企改革的重要文件，为国有企业改革、混合所有制、国有经济战略布局等指明了方向。按照国家总体部署，河南省委省政府出台了《河南省人民政府关于加强和改进企业国有资产监管工作的实施意见》（豫政〔2016〕45 号），要求引导国有资本聚焦河南省“四大国家战略实施”和“四个大省”建设，加快向公共服务、基础产业和基础设施、战略性先导产业及已形成优势的产业四大领域布局。

4. 新常态带来较好的并购交易机会

世界经济仍处于金融危机后的复苏和变革期，目前逐渐运行在经济周期的底部区域；我国经济发展已迈入中高速增长阶段，通过并购重组推动产业升级成为新常态。自2013年以来，伴随着去产能、去库存、去杠杆和“走出去”，国内并购和跨境并购均实现大幅增长，涌现了一批通过并购实现产业转型升级的成功案例。当前趋势为国宏集团利用经济周期的窗口机遇加快兼并重组、资源整合，进入高附加值、高增长潜力的行业提供了有利环境。

（四）面临挑战

1. 集团改革需要加快跟上监管优化的节奏

经过前几轮的国企改革，洛阳市的市场经济建设取得了突出成效。市政府对国宏集团的管理正从“管人、管事、管资产”向“管资本”转变，重点是管好国有资本布局，规范资本运作，提高资本回报，维护资本安全。与当前阶段国资监管方式优化的环境和产业转型升级的需要相比，国宏集团仍然存在体制机制不够活、市场化改革不够深入等问题。比如集团高管和专业性人才的薪酬水平难以达到市场平均水平，对优秀人才缺乏吸引力。

2. 市属国企改制重组政策可能带来挑战

根据《洛阳市深化国有企业改革专项小组关于印发洛阳市出资企业脱钩改制及重组整合工作实施方案的通知》（洛企改专项〔2016〕5号），2017年12月底将29家市出资企业改制重组后的剩余国有资产划转至国有资本投资（运营）公司。国宏集团未来可能承接上述国企改制重组的遗留资产，这些质量不高的资产将成为集团加强国资管理运营的新挑战。

3. 传统产业转型升级的环境严峻

随着我国宏观经济逐步迈入“新常态”，国家开始着力处理重化工业领域的产能过剩问题。洛阳市传统优势产业中的电解铝、光伏、平板玻璃、炼油、无机化工原料等行业存在较为突出的产能过剩倾向。多数传统优势产业目前由于上游产品价格大幅波动，下游市场产品价格持续下滑，处于行业性的经营困境中。对国宏集团利润贡献占主导地位的洛阳钼业也正处于弱景气周期，这将不利于国宏集团强化资本运作与产业投融资功能。

五、发展战略定位

（一）战略定位

以市场化运营为导向，发挥投融资、资本运营、资源集成、国资战略重组等综合功能，促进传统产业升级、引导战略新兴产业发展、推动国有企业改革，实现国有资产保值增值，将国宏集团打造成为驰名中原、享誉国内的国有资本投资（控股）公司，全面服务洛阳经济转型和供给侧结构性改革。

（二）发展目标

国宏集团近期和中远期业务发展目标如下：

1. 近期目标（2016~2020 年）

全力做大资产和营收，提升净资产收益率。依托业务基础，加强市场化投融资、并购重组和资产组合设计调整，提升资产、营收规模和净资产收益率，强化债务融资能力，推动融资与投资功能的良性互动，树立集团公司的良好财务形象。

启动一批投融资重点项目，推动业务创新。加强并购和投资合作，强化在精细化工、汽车（包括房车、新能源汽车）、新材料、装备（智能）制造、非金属矿等行业领域的先导性投资布局，打造洛阳产业转型发展的“先遣队”。加强与银行及社会资本合作，加快推动一批产业投资基金设立运作，打造服务洛阳产业转型的“资金池”，解决洛阳产业发展转型的资本短板。加快建设标杆式的新一代产业园区，推动业务链向产业园区开发、运营、服务、投融资一体化发展，打造洛阳先进产业载体的“示范园”，解决洛阳产业发展转型的平台短板。

全力提升国有资本资产运作水平。推动混合所有制改革与资产证券化结合，培育 1~3 家新三板挂牌或 IPO 上市公司，强化增发融资能力。力争集团公司资产证券化率 2020 年达到 35%。妥善有序推动国企改革重组资产盘活运作。顺应国企改革大势和省市要求，结合集团资源、资金实力的逐步改善，以点突破的方式，有序推动国企改革重组资产盘活运作。

搭建现代企业制度框架和战略管控体系。加强人才储备、项目储备、管理储备和文化储备，显著提升市场化运作能力和形象。

2. 中远期目标（2021~2025 年）

创新建立五大业务板块。有较强的市场化运作能力，发挥主动投融资功能，构建产业投资运营、现代服务业、资源投资开发、园区综合开发和资产运营管理五大业务板块，打通产业链上下游环节，强化各业务协同发展，形成产业转型发展的引导能力。

资本提效运作实现新突破。混合所有制实现新突破，资产证券化达到新水平，新培育 5~6 家新三板挂牌或 IPO 上市公司，力争集团公司资产证券化率 2025 年达到 50%。

国企重组资产有序盘活。抓住国企改革深入推进的环境机遇和政策机遇，利用集团强大的投融资能力，带动一批国企改革遗留资产重组盘活，实现国有资产保值增值，形成国企改革可复制经验。

打造国企市场化改革标杆。全面建成现代企业制度，尊重价值规律和市场文化，规范人财物资源流动与配置，提升市场化、专业化、知识化运作能力，树立洛阳国企改革典范。

实现由洛阳向区域发展。立足洛阳稳扎稳打，构建日趋完善的资源、资本合作网络，有序在国内异地、国内自由贸易试验区、香港设立分支机构或窗口企业，在更广范围内整合更多资源服务洛阳经济转型发展乃至区域发展战略，打造驰名中原、享誉国内的国有资本投资（运营）公司。

六、发展策略

（一）业务整合策略

国宏集团从创业阶段的主要特点和核心竞争力出发，遵循市场规律和“做大增量、整合存量”原则，以产业投资、资本运作和金控集团建设为引领，促进资本、资产、资信、资源“四资联动”，构建可持续发展的投融资能力，带动五大板块（见图2）全面发展，培育多个支撑洛阳经济转型的引导性产业集群，实现跨行业、跨地区、跨所有制运作。

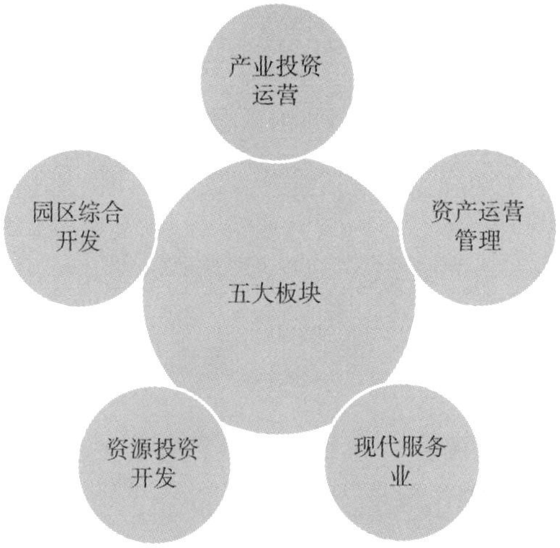

图2　国宏集团未来五大业务板块

总体策略如下：

以动态视角引领创业阶段的业务发展。基于创业阶段发展条件和外部形势的快速变化，对下属公司和具体业务实施动态调整，有保有弃，有进有退，逐步理顺五大业务板块下的实施主体、功能定位与业务体系。

深度挖掘洛阳钼业跨国并购战略红利。基于本次并购将掌控新能源汽车、新材料、装备制造等产业链的原料供给核心环节，充分发挥其对洛阳钼业未来价值重估的支撑作用，以更大手笔的资本运作，助推集团更高层次的产业投资并购，促使五大业务板块尽快定型。

以合理机制激活内部挖潜和协同创业。同等重视内部挖潜和外部开拓，加强统分结合、协同创业。通过制定合理的激励机制，推动内部信息、项目、产业资源共享协同，构建创业阶段的集团合力，支撑业务的新发展和国资经营的新突破。

1. 构建产业投资运营板块

创新创业投资孵化。以宏科创投为主平台，其他主体为辅助平台，以直投、产业基金投资、“政府资金引导，银行杠杆融资”等方式，扶持洛阳市战略新兴产业及国家大力倡导的其他新兴产业发展，构建覆盖创新企业全生命周期的投融资能力。

着力打造国宏产业投资的品牌基金群。结合资本市场和洛阳市产业规划，拟定宏科创投近期基金发展规划，以股权投资基金、产业投资基金、创新创业基金为主，以专项基金投资为辅，运用集团有限资金，撬动社会资本，形成投资基金集群。逐步将投资标的扩大到全国范围，以资本手段吸引具有发展前景的企业在洛阳投资发展。主动加强与集团产业园区公司和产业投资公司合作，积极推动产业集团、产业基金与产业园区的“三位一体”运作模式。

实业运营。推动实业投资运营体系加速发展，做大做强洛化宏达及其新建精细化工项目，推动洛阳市石油化工产业链向高附加值下游延伸；积极拓展成品油批发和零售业务。加快落实新能源汽车制造、装备制造领域的实业项目落地，积极发展国宏基金群占有控股权的传统优势和战略新兴产业企业。继续承接好由国资委划拨的具有明确主营业务的工业企业，提高国有资产运营和保值增值水平。

中远期组建国宏集团二级控股的产业投资运营有限公司，重点发展战略性新兴产业，培育新的工业“增长极”。

2. 构建现代服务业板块

构建多元金融服务体系。近期以洛矿集团为主体打造金融服务集团，发展以洛阳钼业为主体的股权融资，以及以国鑫担保、华泽小贷、融资租赁公司为主体的新型融资。加强借款催收力度，增强集团资金实力。做好洛矿集团的融资规划，明确未来2~3年内的可融资规模及融资结构，为统筹优化国宏集团融资能力提供依据。一是夯实洛阳钼业股权融资核心能力。将洛阳钼业兼并收购、扩大产能、提高技术附加率与增发融资、公司债融资等紧密结合，开展市值管理，构建持续增发融资能力，服务国宏集团的业务创新发展。二是做大多元金融服务。继续扩大国鑫担保和华泽小贷的业务规模，联合外部金融和非金融机构，稳步拓展融资租赁业务，研究开展城市网约车融资租赁、洛阳市地铁车辆融资租赁等业务的可行性。择机进入证券和信托行业，加快推进设立产权交易中心、再担保公司，抓住经济周期底部的时间窗口机遇，择机进入证券、银行、财务公司和不良资产打包收购和经营业务。三是融资模式。逐步改变公司直接借款业务，剥离政策性借款，通过股权投资管理及资本运作等创新金融手段支持产业发展。

中远期组建国宏集团全资或绝对控股的金融控股公司（二级子公司），承接洛矿集团旗下的国鑫担保、华泽小贷、融资租赁公司等新型融资服务主体，构建全牌照金融服务集团，成为服务洛阳产业转型发展的资金池。

拓展专业服务业务。以龙跃保安为主体开展安保服务，推动人防、技防、物防一体化发展，组建保安新基地，打造具有较高知名度的区域性保安集团。一是充分发挥龙跃品牌优势，做优人防业务。优化人防业务结构，以市场需求为导向，提高高端人防业务比重（如特殊人群安保等），逐步降低传统人防业务比重。拓展旅游景点安保、珠宝首饰门店安保等更多细分市场。建立安保人员培训基地，提高人员素质，优化年龄结构，加强安全管理。二是加强县域守押一体化发展，做强押运业务。依托资质、资金优势，加强收购与合作，整合县、市武装押运企业，推动守押业务集团化、区域化发展。积极开拓洛阳外部守押市场（尤其是豫西市场），提升市场覆盖能力。三是抢抓市场新机遇，做专技防业务。组建技防分子公司，梳理下属公司技防资源，适时探索整合发展。打造云保安和监控中心平台，服务智慧城市和平安城市建设，伺机向河南省乃至全国拓展。以金融机构等高端客户为突破，加强与技防设备供应商等合作，提供从守押、人防、技防到智能系统、设备等集成解决方案，提高盈利能力。

开拓知识服务业务。成立经济研究中心，为国宏集团提供投资、政策、管理等咨询服务，助力集团提升经营管理效率。加强市场化、多元化发展能力，面向洛阳市企业及政府提供行业研究、投资决策、公共政策等领域咨询服务，延伸知识服务产业链。

面对洛阳市创新驱动发展需求，结合洛阳市“565”产业规划，承接市政府划转的市属科研院所、检验检测、知识产权服务、资产评估、法律服务等机构，整合驻洛央企科研院所，积极寻求与全国性知名的研发、检测、设计等机构建立合资企业，尝试收购优质社会专业服务机构，构建具有洛阳特色的科技服务产业集群。

发展服务贸易业务。以华祥实业为主体，加强与明洋外贸公司合作，依托洛阳自贸片区的政策优势，打造服务贸易板块，为地方工业企业提供供应链管理和融入“一带一路”市场的专业化服务。

3. 构建资源投资开发板块

以洛阳钼业为核心，打造具有国际影响力的矿业投资集团。以洛矿集团下属的洛阳钼业为核心，深入推进全球布局，根据国际市场行情采取“低位储备、高位开采”的策略，择机进入铜、金等其他有色金属和贵金属矿产领域，强化品种组合与运营，逐步构建全球以钼、钨、金、银、铅、锌为代表的重要矿产资源控制、定价能力。设立精深加工企业，拓展矿产行业产业链条，提高矿产品附加值。将跨国并购资源与新能源汽车、新材料等战略性新兴产业投资、发展紧密结合，支撑集团提升产业投资、原料供给的产业链掌控能力。专业化设计兼并、收购、扩产和技改项目，将其与资本运作紧密结合，实现可持续的较高溢价股权融资，服务集团五大板块建设发展。未来将逐步剥离与资源投资开发、金融服务无关的下属企业。适时进入非金属矿产领域，储备非金属矿产资源。.

4. 构建园区综合开发板块

中远期设立国宏集团下属园区发展有限公司（二级子公司），承担园区开发、招商服务、物业管理、园区运营等一揽子服务，通过自建、增资扩股、并购等多种形式打造服务洛阳产业转型发展的平台。

打造一批新一代产业园区标杆。以产城融合的新一代产业园区为导向，利用参与老工业企业“退二进三”和盘活下属企业土地资产等多个途径获取用地，积极推动白马地块开发运营，打造一批服务洛阳市产业转型发展的新一代产业示范园，进一步增强国宏集团对全市工业产业发展的引领带动作用。同时，围绕产业园区的生活、娱乐、商业等服务，进一步做大做强营业收入和利润。

完善园区开发和运营产业链条。以园区为平台，引入符合洛阳市产业发展规划的优质企业。加强与宏科创投、产业投资公司和外部产业园区运营服务商合作，逐步打造园区开发运营一站式服务能力，为入驻企业提供产业用房、孵化服务、产权及技术交易、信息服务、供应链融资等一系列集成服务。对于符合国宏集团发展导向的企业，可力争实现控股运营，成为国宏产业投资运营板块的重要组成部分。

（二）资本提效策略

按照国有企业市场化改革的总体目标和要求，统筹考虑强化市场理念、提升专业素养、引进战略投资者、发挥资本杠杆作用和建立现代企业制度等因素，实施“混合所有制+资产证券化”双轮驱动，全面提升国宏集团资本管理效能。

1. 分步有序推进混合所有制改革

混改定位。根据最新国资监管要求和国宏集团在创业初期的阶段特点，坚持宜控则控、宜独则独、宜参则参的原则，采取“混合所有制+资产证券化”双轮驱动发展策略，实行集团总部国有独资、二级公司国有独资或控股、三级及以下“需控则控、能参尽参”。通过引进战略投资者、实施员工持股、新设混合所有制子公司等方式，推进国宏集团子公司混合所有制改革，战略布局新业务板块，加快“双向混改”步伐。围绕集团业务发展目标，发挥集团投融资功能，利用多层次资本市场，全面提高国宏集团资产证券化水平。

混改策略。通过国有资本与非国有资本互相渗透的“双向混改”，分公司层级、分业务板块逐步推进国宏集团子公司混合所有制改革，推动整个集团完善现代企业制度、转换经营机制、构建新业务体系，激发国有资本投资运营公司对全市经济发展的引领带动作用。一是分板块“双向混改”，战略布局新业务板块。根据国宏集团发展战略要求，在产业投资运营、园区综合开发、现代服务业等新业务板块，通过股权投资基金入股、合资新设、并购重组、股权转让等方式，积极布局符合政策导向和公司战略要求的高成长、大潜力板块，参控股一批高成长、新业态的实体产业公司。对具有发展潜力的战略业务，通过股权置换、收购等办法变为全资子公司或绝对控股子公司。对发展潜力一般的控股公司，可以出让部分股份实现更高资本杠杆的相对控股，或变为参股公司。二是分层级有序混改。首先，重点在二级以下子公司试点推动混合所有制改革，推动知识密集型的金融服务业、资金密集型的房地产业等领域有序引入个人、民营资本、集体资本、社会资本、外资等多元化投资主体，实施管理层及员工持股。其次，结合试点经验积累，在财务管控模式下的二级子公司层面探索推动混合所有制改革。

2. 加快提升资产证券化水平

按照新构建的五大主营业务板块，伴随混合所有制改革进展和集团投融资能力的提升，全面推进国宏集团的资产证券化水平。同时，利用多层次资本市场加快混合所有制改革的步伐。

加强与证券交易所、新三板、股权交易中心及国内跨境券商、金融控股公司构建战略合作关系，完善评估决策体系，推动资产证券化项目储备、谋划与实施，力争未来通过首发、借壳、分拆、并购等方式，在主导业务板块中各培育一家上市公司和若干新三板挂牌企业，成熟一个上市（挂牌）一个，实现A股主板、中小板、创业板、境外资本市场和全国股转系统、区域性股权交易中心各层次市场立体式的资产证券化。力争到 2020 年全集团资产证券化水平至少达到 35%，到 2025 年至少达到 50%。

七、政策措施保障

（一）优化国有资本管理体制

1. 赋予国宏集团改革试点

落实国家和河南省关于深化国有企业改革的部署要求，按照“顶层设计、试点突破”的策略，把国宏集团作为洛阳市国有资本投资（运营）公司试点之一，通过划转重组等方式，将全市工业板块经营性国有资本纳入国宏集团进行统一管理和运营。加强资源配置和洛深合作，推动国宏集团市场化、现代化、区域化发展，促进提升国有经济活力、控制力、影响力和抗风险能力。

2. 优化政企与国资监管关系

转变国资监管模式，构建“市国资委—国宏集团—国有企业”三级管理架构，市国资委对国宏集团履行出资人职责，主要管理国宏集团的章程、战略、预算，实现从“管人、管事、管资产”向以管资本为主的模式转变。市国资委授权国宏集团市场化管理运营所投资企业的国有资本，下放投资决策审批权限，提升集团经营决策自主权。

3. 建立改革发展容错机制

为全面加速国宏集团的改革发展步伐，建议建立国企改革发展动态评估、容错和纠错机制，即相关单位和个人在推进实施改革中依法决策且勤勉尽责、未牟取私利，经评估后改革措施未达到预期目标的，应当给予包容，一旦评估结果与决策预想不一致或出现较大偏差，即启动检讨和纠错机制，避免造成巨大损失。制定实施合理补偿或政府补贴机制，避免让先行先试者独自承担“试错”的成本。

（二）加强产业促进政策支持

1. 加强创业投资政策支持

贯彻国务院关于促进创业投资持续健康发展的意见要求，结合洛阳市创建小微企业创业创新基地示范城市、“中国制造 2025”试点示范城市等重大契机，加强对创业投资企业的引导和政策支持。一是完善创业投资企业投资抵扣税收优惠政策。二是开放项目（企业）资源，建立创业投资与政府项目对接机制，引导创业投资企业投资于国家科技计划（专项、基金等）及科技成果转化。三是对专注于长期投资和价值投资的创业投资企业在企业债券发行、引导基金扶持、政府项目对接、市场化退出等方面给予必要政策支持。作为洛阳市工业板块唯一一家国资平台公司，国宏集团须积极落实创业投资政策，努力承接重大战略性项目，做大做强产业投资运营业务，引领全市“重微共振工程”和“制造强市工程”发展。

2. 加强服务贸易政策支持

落实国家和河南省关于加快发展服务贸易的任务要求，发挥“郑洛新国家自主创新示范区”和“中国（河南）自由贸易试验区”的政策功能优势，完善服务贸易政策支持体系，促进全市服务贸易跨越式发展。一是实施财税支持政策，通过基金注资、股权投资、担保补贴等方式，引导社会资本投资服务贸易领域。二是简化有关审批手续，为从事国际服务贸易业务的中高端管理和技术人员出入境和居留提供便利。三是加强专利、商标、版权、商业秘密等保护工作，协助企业积极应对国际知识产权纠纷。为把握服务贸易发展机遇期，顺应洛阳市制造业与服务业融合发展趋势，国宏集团应积极争取服务贸易支持政策，构建多元金融服务体系，拓展专业服务业务和科技服务业务，培育壮大集团现代服务业板块。

3. 加强产融合作政策支持

将国宏集团作为开展“产融合作试点城市”的重点支持企业，加强企业上市培育与政策支持，帮助企业打通各类融资渠道，推进产业与资本相结合，助力国宏集团实现提升国有资本资产运作水平的发展目标。一是关注国宏集团新兴业务板块，遴选集团旗下优质子公司作为洛阳市上市后备资源，加强上市后备企业培育和辅导，提高资本市场“洛阳板块”影响力。二是关注国宏集团旗下重点企业和重点项目融资需求，通过提升企业信用评级、实施差别化信贷、支持银团贷款、引导应用PPP模式、鼓励探索资产证券化、落实专项基金及各级财政资金等方式，多渠道满足企业融资需求，切实促进产业与金融深入融合。三是给予国宏集团处理不良资产、推行资产证券化相关准入机制的核准，打通多元化金融手段提升国有资本资产运营效率的通道。

4. 加强政府资金资源整合

争取政策支持和各级部门的积极配合，对洛阳市各部门支配使用的产业扶持资金进行切块整合，结合国宏集团现有产业资源和经验，将政府产业扶持资金交由国宏集团的资产管理公司或各自出资联合成立产业基金，代替政府部门行使产业资金管理和发放职能。各部门将分管的产业公共服务平台划转国宏集团统一管理，由国宏集团将其纳入科技创新服务业务。

（三）鼓励发展混合所有制

支持国宏集团开展“双向混改”。一是鼓励国宏集团在二级及以下子公司层面推动混合所有制改革。简化报批程序，支持国宏集团采用“一企一策”政策，通过引进战略投资者或财务投资者、实施员工持股及管理层持股等方式，分层级有序推动旗下子公司混合所有制改革。二是支持国宏集团战略性布局新业务板块。强化国宏集团国有资本投资（控股）公司地位，加快优质资源整合，落实产业税收及用地优惠政策，促进国宏集团以混合所有制方式布局高新技术、园区综合开发、现代服务业以及前瞻性战略性产业。

（四）鼓励创新薪酬绩效机制

一是支持国宏集团建立本部三层次多维度考核、子公司分类管控的绩效考核体系。基于国宏集团商业二类国有企业的定位，国资委应合理权衡集团的经济效益和社会效益，探索建立业绩考核特殊事项清单管理制度，对国宏集团核心高管进行科学的绩效管理。支持国宏集团对子公司进行差异化分类管控。二是支持国宏集团开展三项制度改革，重点建立薪酬能高能低的收入分配制度。参考中央企业负责人经营业绩考核办法，对国宏集团负责人实行合理的物质激励与精神激励。鼓励国宏集团在子公司层面探索管理层持股、业绩股票、股票期权等模式，建立激励与约束相匹配的中长期股权激励机制。

（五）加快处理历史遗留问题

一是洛阳市政府帮助解决国宏集团对外政策性借款等历史遗留问题，尽可能对 22 亿元政策性贷款余额实现能收尽收。二是支持国宏集团通过债务重组、转让、招标、拍卖、置换等手段，对下属公司不良资产进行处置，协助解决集团管理的破产清算国企资产的权属确认、证照办理和资产划拨等工作。三是建立“一事一议”部门协调机制，引导银行等金融机构参与国宏集团资产处置，试点通过资产证券化方式推进重大资产处置事项。四是加快剥离国宏集团旗下子公司企业办社会职能。协助建立成本分担、人员安置以及资产处置机制，严格按照《洛阳市关于加快剥离国有企业办社会职能工作实施方案》时间进度要求，有序推进退休人员社会化管理、社区管理组织移交、职工家属区分离移交“三供一业”等工作。

（本章作者为洛阳国宏投资集团课题组）

郑东新区国际金融中心：构建金融豫军集聚发展载体

郑东新区始终认真贯彻省委省政府有关要求，在郑州市委、市政府的领导下，抢抓河南自贸区建设和郑州国家中心城市建设机遇，以打造国际化区域金融中心为目标，深入抓好金融机构体系完善、要素市场培育、资本市场建设、开放创新、载体拓展、环境优化六大工程，全力加快金融集聚核心功能区建设，金融业发展成效显著。

一、金融业发展定位

《国务院关于支持河南省加快建设中原经济区的指导意见》（国发〔2011〕32 号）明确提出“加快推进郑东新区金融集聚核心功能区建设，适时申请开展电子商务国际结算业务”，《关于大力实施促进中部地区崛起战略的若干意见》（国发〔2012〕43 号）提出支持郑州加快金融改革和金融创新。

郑东新区按照中央、省、市有关要求，明确目标，厘清思路，建立机制，迅速行动，全力推进金融集聚核心功能区建设，确定了建设具有影响力的金融机构集聚中心、商品期货交易中心、要素市场汇聚中心、金融开放创新中心、金融综合配套中心五大功能定位，着力健全金融机构体系，完善金融市场体系，深化金融改革创新，优化金融发展环境，推进国际化区域金融中心建设。

二、国际化区域金融中心建设工作推进情况

（一）郑东新区金融业发展情况（截至 2017 年底）

金融业拉动经济增长的实力增强。2017 年，完成金融业增加值 186 亿元，同

比增长6.1%，占GDP比重为45.77%，占三产增加值的比重为50.78%；对GDP贡献率为37%，拉动GDP增速3.1个百分点，对第三产业贡献率48.5%，拉动三产增加值增速3.4个百分点。

金融机构集聚规模持续壮大。2017年，新引进各类金融机构24家，其中：银行类金融机构4家，证券期货机构7家，保险机构3家，金融中介服务机构4家，征信机构2家，互联网金融机构1家，保险中介机构3家，核心区累计入驻金融机构达312家。

重点推动龙子湖智慧岛基金集聚。7月4日，成功举办郑东新区智慧岛暨中原基金岛签约仪式。目前，已完成基金及基金管理机构注册40余家，拟管理基金规模达千亿元，基金集聚效应初显。

区域金融创新动能十足。河南九鼎金融租赁有限公司填补了郑州市金融租赁类非银行金融机构的空白；河南中原消费金融公司系河南省首家获得中国银监会批准筹建的消费金融公司，使这一新型非银行金融机构在河南实现了零的突破。谋划建设金融创新集聚区，为国际化区域金融中心建设提供创新支撑。开工建设金融智谷创新创业综合体，打造全新金融服务供应链生态集聚区。通过政府回购或引导社会力量整合楼宇资源、提升专业定制化服务水平，打造专业主题楼宇，吸引新兴金融机构集聚发展。

资本市场不断壮大。全区共有境内外上市和新三板挂牌企业22家，其中境内外上市企业6家，共发行股票7只，新三板挂牌企业16家。中原证券于2017年1月3日在上海证券交易所上市交易，河南紫云云计算股份有限公司于5月10日在新三板挂牌。资本市场融资方面，已累计报送资本市场融资75.53亿元人民币。

金融载体建设取得新突破。龙湖金融岛共规划34栋金融楼宇，其中外环14栋，内环20栋，已有28个金融项目确定或意向入驻。金融后台服务园区：中原金融产业园A、B区具备使用条件，C区基本完工，建设规模居全国前列。

金融业发展环境进一步优化。制定了《郑东新区加快金融业发展扶持办法》《郑东新区私募基金登记备案管理暂行办法》《郑东新区促进私募基金发展扶持办法》，目前均已印发。

努力提升金融软实力。截至目前，向各类金融机构发放各项奖补资金共计4700余万元，有力地提升了郑东新区对金融机构的吸引力，促进了金融机构的集聚。在“第二届中国金融启蒙年会”上荣获中国金融启蒙杰出贡献奖。成功举办2017年第二届中国（郑州）国际期货论坛，并发布《中国金融中心发展指数（CDI CFCI）报告（第九期）：走进郑州》，郑州市中国金融中心指数排名由2015年的第14位上升至2016年的第13位。成功举办2017年首届私募高峰论坛。协助、推动辖内各期货公司、证券公司配合郑商所开展针对白糖期权的各类培训、讲座等。上半年与中国金融博物馆签订框架合作协议，下半年就博物馆的建设及运营管理方面签订补充协议，并在此基础上协助中国金融博物馆完成郑州市郑东新区金融博物馆的登记注册、过渡期办公用房选址等工作。

金融中介服务机构引进实现突破。以安永会计师事务所、中原征信有限公司、河南金电郑投大数据科技有限公司为代表的金融中介服务机构纷纷入驻郑东新区，为金融业的发展提供了财务、数据分析、资产评估、信用评级等一系列专业中介服务，更好地促进了郑东新区金融业的规范发展。

（二）2018 年第一季度金融业工作进展

金融业保持稳定发展势头。2018 年第一季度，郑东新区完成金融业增加值 142.9 亿元，同比增长 5.4%，占 GDP 比重为 54.7%，占三产增加值比重为 62.2%。

金融机构集聚规模持续壮大。第一季度，新引进各类金融机构 5 家，其中：银行类金融机构 2 家，分别是中原银行郑州龙子湖支行、郑州银行七里河支行；证券期货机构 2 家，分别是江海证券河南分公司、中山证券有限责任公司郑州和顺街证券营业部；第三方支付机构 1 家，上海点佰趣信息科技有限公司河南分公司，按期完成第一季度金融产业招商引资进度。

法人金融机构筹备有序推进。珠江村镇银行正在做开业前准备工作，股东大会已开，目前正在等待开业批复。民营银行河南华贸银行股份有限公司相关材料已上报银监会，预计将于年内获批筹建。法人保险公司组建方面，由中原证券牵头筹建的中原人寿、长城保险经纪有限公司牵头筹建的众德人寿、上海弘昌晟集团有限公司牵头筹建的中州财险等均已向保监会提交筹建申请，正在等待保监会批复；由河南省投资集团牵头筹建的中原财险股东构成已基本确定，正在准备前期筹建申请相关材料，争取早日向保监会正式提交筹建申请。

强化与外资金融机构的沟通对接。第一季度以来，郑东新区继续加大外资金融机构对接力度，加强与港资、新资、韩资等外资银行的联系沟通，重点对接香港南洋商业银行，新加坡星展银行、大华银行，韩国新韩银行；与陆家嘴国泰人寿沟通对接，目前已设立河南分公司筹备组，筹建申请已报保监会待批，争取尽快取得批筹；与新加坡驻华使馆商务参赞、国际企业发展局中国司副司长冯家强和新加坡汇丰银行董事总经理黄庆丰就新加坡企业与郑东新区交流合作及投资方面进行了深入洽谈。

三、近期工作重点谋划

2018年，郑东新区将继续坚定发展信心，以助力郑州市建设国家中心城市为指引，围绕加快建设郑东新区国际化区域金融中心这一核心目标，持续推进落实“五大中心”发展规划，推动金融业进一步开放创新，积极将郑东新区打造成郑州市国家中心城市的先导区、示范区、核心区，为区域经济社会发展提供更加坚强的金融支撑。具体来说，将重点开展好以下方面工作：

（一）加大招商力度，丰富金融机构体系

改善环境，持续引进设立各类金融机构总部、专业子公司、省级分公司、事业部等机构，提升汇集资源、配置资源和辐射服务能力；逐步引导金融机构省级总部向郑东新区国际化区域金融中心集聚，支持驻区金融机构提格升级。密切对接香港南洋商业银行和新加坡星展银行、大华银行等，争取在外资金融机构引进上取得突破性进展。推动保险、证券、期货等行业排名靠前的国内金融机构加快到郑设立区域性总部。推动加快法人银行等法人金融机构组建进程，引入境外金融机构设立合资的保险、证券、基金机构。积极支持中原证券、中原银行、九鼎金租、中原消费金融、中原农保等本地龙头企业做大做强，持续提升本地金融企业实力。

（二）加强改革创新，支持新兴金融业态发展

在持续壮大银、证、保等传统金融业态的基础上，构建集银行、证券、保险、期货、基金和新兴金融业态为一体的5+X金融产业体系。支持郑商所加大期货品种和工具创新力度，逐步实现向国际化、综合性交易所转变。推动加快组建民营银行、金融租赁、消费金融公司等，引导促进产业投资基金、创业投资基金、私募股权投资基金等在郑东新区集聚发展，不断壮大新兴金融业，培育新的产业增长点。鼓励供应链金融、离岸金融服务等新兴金融业态发展，培育新的产业增长点，为河南企业“走出去”打造跨境金融服务平台。

（三）加快基金集聚，推动龙子湖智慧岛基金行业健康发展

完善龙子湖智慧岛政策及审批流程，依托龙子湖智慧岛区位优势，积极对接国内外知名基金机构，加大基金招商力度，集聚多种类型基金，快速形成产业集聚效应，引导促进产业投资基金、创业投资基金、私募股权投资基金等在郑东新

区集聚发展，不断壮大新兴金融业，培育新的产业增长点，有效提升郑东新区金融竞争力。

（四）加深服务协调，提高金融空间载体建设水平

围绕“两圆、一带、一方块、一半岛”及金融智谷创新创业区综合体的空间布局规划，抓好载体项目建设各项工作。把龙湖金融岛建设作为一号工程，跟踪推进内环整体开发项目，力争完成内装和外装工作，实现具备入驻办公条件；在内环开发建设的经验基础上，解决外环原已出让地块的遗留问题，将龙湖金融岛外环项目的统一开发建设工作纳入正常轨道，尽快打造龙湖金融岛的良好形象。力争尽早明确金融创新集聚区项目开发运营模式，启动规划设计工作。

（五）努力开创资本市场繁荣发展新局面

积极实施企业上市挂牌培育行动，着力培育一批符合国家产业政策、主业突出、成长性好、带动力强的企业上市挂牌。定期对辖区企业进行调查摸底，筛选出盈利能力强、科技含量高、上市挂牌意愿强的企业，完善企业上市挂牌后备资源库，实行企业资源库动态管理，每年根据综合考察情况淘汰一批、吸收一批，使上市挂牌后备企业库始终保持 10～20 家。对已进入上市挂牌辅导期的企业，加强与证监局和中介机构沟通对接，指导企业与中介机构共同制定上市工作计划和股改方案，督促中介机构提高辅导工作质量，及时解决辅导工作中发现的问题，抓紧制作申报材料，精心安排材料上报的时间节点。对上市挂牌后备企业进行分类指导，根据境内外多层次资本市场的不同特点和要求，结合企业自身状况和发展需要，推动各类企业分别到主板、创业板、新三板、四板等合适的板块上市挂牌，形成合理的企业上市发展梯队。

（六）全方位深入开展金融人才的引进与培养

“一带一路”建设、国家中心城市建设等的推进，对综合性、复合型人才的需求急速加大，现有人才难以满足发展需要。一方面，金融服务局将继续支持金融机构加大对高端金融人才的引进力度，积极出台相关扶持办法，加强对各类高端金融人才的吸引力，努力做到引得来、留得住。另一方面，借助龙子湖高校园区的优势资源，积极鼓励高校、专业培训机构、有条件的企业等主体，以专题课程、人才合作项目等方式，培养郑州对接国际化所需要的专业人才。

（七）端正观念，改进作风，切实提升金融产业发展环境

以覆盖中原、辐射中西部、服务全国、对接国际为目标指引，努力实现综合

金融服务功能聚集、金融机构总部和区域总部聚集、跨境与离岸金融服务功能聚集，有效提升郑东新区金融业发展的国际化水平。加快建设各类中外合作产业园、金融产业园，实现跨区域、跨领域合作的聚集和交汇。重点引进、培育各类金融中介服务机构，推动金融产业结构优化升级。持续办好中国（郑州）国际期货论坛，并将其打造成为具有重大国际影响力的期货业盛会，促进国内外期货业交流、发展。加快建设中原金融博物馆，营造浓厚的金融文化氛围。加快建设金融高管公寓，引进国际一流的医疗和教育机构，以满足金融高端人才的针对性需求，切实提升郑东新区金融集聚核心功能区的软实力和吸引力。

四、未来重点任务

下一步，郑东新区将继续坚定金融立区的发展信心，以助力郑州市建设国家中心城市为指引，围绕加快建设国际化区域金融中心这一核心目标，持续推进落实“五大中心”发展规划，推动金融业进一步开放创新，积极将郑东新区打造成郑州市国家中心城市的先导区、示范区、核心区，为区域经济社会发展提供更加坚强的金融支撑。具体来说，将重点开展好以下方面工作：

（一）进一步完善金融机构体系

郑东新区将根据郑州金融业的需求现状及战略发展目标，大力培育、引进各类金融机构。一方面，大力培育、引进内外资银行、证券、保险等各类传统金融机构，形成完善的核心金融功能服务体系，并积极鼓励发展。另一方面，大力培育、引进消费金融、金融租赁、保理、财务公司等新兴金融机构，加强孵化和扶持，在提升传统金融业实力的基础上，构建集银行、证券、保险、期货、基金和新兴金融业态为一体的 5+X 金融产业体系。具体而言，密切对接香港南洋商业银行和新加坡星展银行、大华银行等，争取在外资金融机构引进上取得突破性进展。推动保险、证券、期货等行业排名靠前的国内金融机构加快到郑设立区域性总部。推动加快法人银行、法人保险机构组建进程，引入境外金融机构设立合资的保险、证券、基金机构，持续提升区内金融业实力。积极对接宝能集团，建设宝能金融中心，引入宝能集团保险、租赁、第三方支付、股权投资等金融板块。

（二）继续推动龙子湖智慧岛基金行业健康发展

完善龙子湖智慧岛政策及审批流程，依托龙子湖智慧岛区位优势，积极对接国内外知名基金机构，加大基金招商力度，集聚多种类型基金，快速形成产业集聚效应，引导促进产业投资基金、创业投资基金、私募股权投资基金等在郑东新区集聚发展，不断壮大新兴金融业，培育新的产业增长点，有效提升郑东新区金融竞争力。

（三）加快建设和优化拓展金融空间载体

围绕“两圆、一带、一方块、一半岛”及金融智谷创新创业区综合体的空间布局规划，抓好载体项目建设各项工作。把龙湖金融岛建设作为一号工程，在内环开发建设的经验基础上，持续统一开发、统一建设的理念，全面推进外环金融楼宇的整体开发。力争中原金融产业园主体封顶、部分具备办公条件，力争明确金融创新集聚区项目开发运营模式，启动规划设计工作；争取 2017 年底前金融智谷创新创业综合体项目全部完工。

（四）发展壮大资本市场

鼓励企业上市融资，健全企业融资服务体系，鼓励企业在境外上市和境内主板、中小板、创业板和新三板系统挂牌上市融资，打造上市挂牌企业总部基地。支持中原股权交易中心快速发展。鼓励和引导企业通过发行短期融资券、中期票据等多种方式实现资本市场融资，提高企业直接融资的比重。

（五）积极投入自贸区建设

利用自贸区带来的优势和机遇，在风险可控的前提下，深化金融领域的改革创新，先行先试，继续发挥郑东新区作为河南省金融业发展先行区和引领区的功能。在下一步的工作中将积极借鉴上海自贸区陆家嘴片区金融业创新发展经验，结合郑东新区实际，依托自贸区政策和区位优势，加大自贸区招商力度，加快集聚各类金融资源，推进金融业实现开放创新的跨越式发展。

（六）有效提升郑东新区金融业发展的国际化水平

以覆盖中原、辐射中西部、服务全国、对接国际为目标指引，优化整体金融生态环境，实现综合金融服务功能聚集、金融机构总部和区域总部聚集、跨境与离岸金融服务功能聚集，从而建设成为国际金融服务功能聚集区。积极探索普惠、消费、互联网金融创新发展，推进科技金融、供应链金融等领域试验先行，推进贸易便利化和自由化，建设面向中西部的金融改革创新区。在前期大型企业、跨国公司聚集的基础上，建设总部经济、会展经济聚集区，区域商贸与投资中心。组织“一带一路”经贸金融合作系列活动，建设中外合作产业园、金融产业园、发达地区产业合作园区，实现跨区域、跨境合作的聚集和交汇。

（七）加强金融人才的外引与内培

“一带一路”建设、国家中心城市建设等的推进，对综合性、复合型人才的需求急速加大，现有人才难以满足发展需要。一方面，郑东新区将继续加大对高端金融人才的引进力度，积极出台相关扶持办法，加强对各类高端金融人才的吸引力，努力做到引得来、留得住。另一方面，郑东新区将借助龙子湖高校园区的优势资源，积极鼓励高校、专业培训机构、有条件的企业等主体，以专题课程、人才合作项目等方式，培养郑州对接国际化所需要的专业人才。

（八）深入优化金融产业发展环境

引进、培育各类金融中介服务机构，推动金融产业结构优化升级。持续办好中国（郑州）国际期货论坛，并将其打造成为具有重大国际影响力的期货业盛会，促进国内外期货业交流、发展。加快建设中原金融博物馆，营造浓厚的金融文化氛围。加快建设金融高管公寓，引进国际一流的医疗和教育机构，以满足金融高端人才的针对性需求，切实提升郑东新区金融集聚核心功能区的软实力和吸引力。

（本章作者为郑东新区管委会课题组）

第三篇

专题报告

世界金融发展趋势与对策研究

2008 年世界金融危机已过十年，全球经济走过了调整、大变革和大转型的时期，经过十年的恢复期，全球经济再平衡取得一定进展，新技术新产业加快孕育，一些新迹象、新趋势将对世界经济格局产生深远影响。当今世界主要经济体正纷纷表现出同步复苏的良好势头，在中国和印度经济高速增长的引领下，“金砖国家”成为世界经济复苏的重要推动力，对全球产出增长的贡献高达 50%[①]。面对金融危机后世界金融趋势的动荡，全球央行也在不断调整货币政策以适应新的经济形势。与此同时，经济增长带来的风险与挑战也不容小觑，例如：环境问题日益凸显，互联网金融对传统金融行业带来了冲击。这要求我们要认真审视世界金融发展的现状与趋势，借鉴发达国家金融发展的经验，并对我国今后的金融发展趋势进行展望。

一、世界金融发展现状

（一）全球经济正逐步走出金融危机阴霾，进入弱复苏周期

2007 年 3 月 13 日，以作为美国第二大次级抵押贷款机构的新世纪金融公司因濒临破产被纽约证券交易所停牌为标志，美国正式爆发了次贷危机。如今距离次贷危机的爆发已逾十年，在各国央行刺激政策作用和其他经济内生因素作用下，全球经济逐步走出金融危机阴霾，各项经济数据表现积极，进入弱复苏周期。

根据国际货币基金组织（IMF）的最新预测[②]（见图 1），世界经济增速自 2016 年一直到 2021 年，都将呈现持续走高态势。目前可将 2010~2021 年视为一

---

① 梁国勇．“金砖”共铸世界经济新格局［J］．经济参考，2017.

② IMF. 2018 世界经济展望报告［R］. IMF，2017.

个可预见的经济小周期，其中 2010~2015 年世界经济处于该周期的下行阶段，2016~2021 年将处于该周期的上行阶段。IMF 还预计，在 2018 年世界经济有望增长 3.9%。这些增长率优于过去 10 年的常态增速，并且标志着终于回归过去 30 年的长期均值。

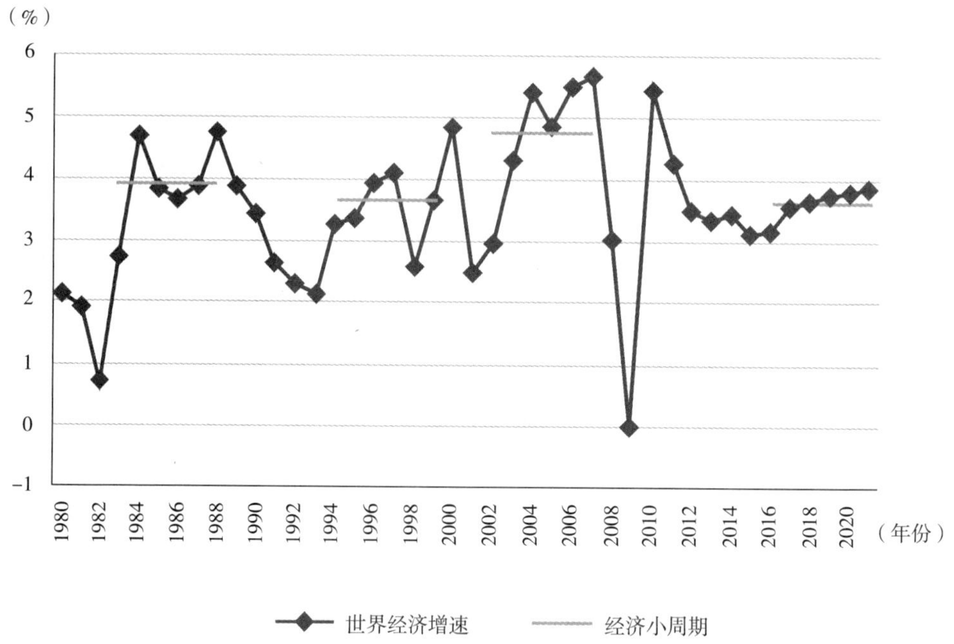

图 1　IMF 预测世界经济增速

资料来源：IMF. 2018 世界经济展望报告［R］. IMF，2017.

在金融危机 10 年后，全球经济终于进入复苏换挡的关键阶段，并且有望借助政策搭配的重心转移，实现从“脆弱慢增长”向“稳健快发展”的长期状态转换。2017 年上半年，全球经济增长由国际金融危机后的分化格局首次转为同步复苏态势：发达经济体整体增长趋势向好，新兴经济体增长也出现改善。世界主要发达经济体公布的 2017 年度经济运行数据显示，欧元区 12 月制造业 PMI 超预期大涨，为 60.6，是 2004 年以来的最高值；其中，德国和法国的 10 月制造业 PMI 分别为 63.3 和 58.8，均超市场预期，成为欧元区经济增长的主动力①。英国 2017 年第四季度 GDP 环比增长 0.4%，表现也好于市场预期。美国 2017 年第四季度 GDP 环比增长 2.6%，尽管低于市场预期，但消费和固定资产投资增长表现

① IHS Markit，PMI Releases（2018）.

抢眼，其中耐用品消费增速高达 14.2%，为危机以来最高水平。由此可见，英、美和欧元区正出现同步复苏的良好势头。与此同时，新兴经济体也出现好转。中国、印度继续保持较快增长，巴西、俄罗斯逐步摆脱负增长困扰。据 IMF 预测[①]，新兴市场和发展中经济体增速将由 2017 年的 4.6%升至 2018 年的 4.9%和 2019 年的 5%，从而扭转 2011 年以来的连续下滑态势，其中，中国和印度的发展最引人注目，两国成为新兴经济体乃至世界经济增长的重要引擎。由此可见，全球经济复苏的增长动力引擎从发达国家逐渐转向新兴市场。

（二）全球央行逐步退出 QE

金融危机后，为了抵抗可能的通货紧缩和经济下行风险，全球央行纷纷执行宽松货币政策。在上海 G20 会议之后，全球货币政策宽松成为了全世界协力促进经济稳步增长而达成的新共识，具体包括：中国央行率先降准、日本央行首次实行负利率政策及美联储暂停加息并将全年加息预期次数从四次下调至两次等。与此同时，2016 年 3 月，欧洲央行加大负利率幅度，宣布将存款便利利率从-0.3%下调至-0.4%，每月购债规模扩大至 800 亿欧元[②]。这些政策都表明，在全球经济疲软、金融市场不稳定的大背景下，全球央行开启了新一轮的宽松货币政策，以稳定经济，防范金融风险。

从各国的实践来看，宽松的货币政策效果不一。欧洲央行早在 2011 年就走上了超宽松货币政策的道路，这对稳定欧洲的金融市场和维护债务危机国家经济社会稳定起到了一定的积极作用。受欧债危机的影响，欧元区 2012~2013 年连续两年经济负增长，同比增速分别为-0.9%和-0.3%。货币政策效果逐步释放，欧洲经济走出了衰退泥潭，从 2014 年起，欧元区经济恢复正增长，同比增速为 1.3%，进入 2015 年以后，增长势头进一步加快，到 2017 年同比增速达 2.3%，欧元区经济保持复苏势头[③]。日本实施负利率政策的时间较短，但是仅从实施的期间看，日本通货膨胀并没有显著上升趋势，与此同时，由于避险事件的影响，负利率政策作用期间，日元非但没有贬值反而出现较大幅度的升值，这与负利率政策的目标背道而驰。因此，各国央行需要结合当期货币政策的效果，根据经济增速、就业率、通胀率等指标的波动情况，对未来货币政策不断做出调整。

随着全球经济增速企稳回升，通胀率逐步接近目标区间，各国央行的货币政策开始转变方向。其中美联储于 2015 年底率先启动加息，时至今日伴随美国缓慢复苏，加息节奏也逐步增快，加息预期持续走强。英国央行也步入加息轨道，

---

① IMF. 2018 世界经济展望报告［R］. IMF，2017.

②③ 廖淑萍 . 全球货币政策再掀宽松潮［J］. 宏观观察，2016（21）.

2017年11月初，英国央行宣布加息0.25个百分点。虽然欧洲央行和日本央行暂时按兵不动，但是二者加息预期逐步升高。全球利率政策即将迎来重大转变，对全球金融周期和货币环境产生影响。

(三) 绿色金融理念深入人心

随着各国工业化进程的加快，一系列环境污染引发的社会问题也日益凸显，绿色金融应运而生。通常，绿色金融也常被称为可持续金融或者环境金融，指金融部门在投融资的过程中，从环境保护的角度出发，通过评估经济活动中的能源损耗、充分考虑其潜在的环境影响，从而调整业务流程、优化经营理念和金融资源配置，实现可持续发展的经济目标[①]。

为了实现经济增长与环境保护的共同发展，发达国家积极运用证券、保险、信贷以及金融衍生品等多种金融工具加强对社会资源的引导。根据世界银行的统计结果[②]，自从2005年以来，世界碳市场的成交量呈现爆炸性增长。其中，2006~2008年与碳排放相关的交易量分别实现了187.5%、101.7%和100.5%的增长，尽管在2008年之后受到了金融危机的冲击，但也继续保持着较快的增速。截至2017年底[③]，全球将有19个碳排放权交易体系运行，这些碳市场将负责超过70亿吨的温室气体排放，贡献着全球近一半的GDP，并占全球超过15%的碳排放，这些拥有碳市场的国家和地区在全球经济和减排中的作用举足轻重。

目前世界上最大的碳交易市场是成立于2005年的欧盟排放交易体系。借助绿色债券、绿色基金、绿色信贷等创新型绿色金融手段大力发展绿色节能产业，有效地促进了资源的高效利用，欧洲2005~2010年平均每年可节约大约2000亿欧元的能源成本和创造大量的绿色就业，通过绿色金融真正实现了经济和环境的共同可持续发展[④]。

随着《京都议定书》的生效、哥本哈根和坎昆气候会议的召开，国际社会对环境的可持续发展重视程度不断提高，对绿色金融相关的研究不断深入。到目前为止，国际上主要发达国家对绿色金融的研究集中在碳排权交易价格、绿色金融的发展路径及衍生品创新、市场风险管理等方面。绿色金融在经济社会中的重要地位体现在两个方面：一方面，绿色金融对企业行为的约束力增强，鼓励全社会采用环保的生产技术和生活方式，间接地引导社会投资方向，从而解决外部性经济问题，防范市场失灵；另一方面，绿色金融有利于化解金融风险，通过绿色

---

①④ 王遥．碳金融：全球视野和中国布局［M］．北京：中国经济出版社，2010.

② World Bank. State and Trends of Carbon Pricing［R］. World Bank，2008.

③ 国际碳行动伙伴组织（ICAP）．全球碳市场进展年度报告［R］. ICAP，2017.

产业的发展和节能减排带动社会的可持续发展。

二、世界金融发展趋势

（一）全球金融自由化发展趋势愈加明显

金融自由化的内涵在不同的时期也各不相同。在 20 世纪 80 年代，以利率的自由化为主要趋势。随着国际经济和贸易一体化的发展趋势以及世界金融市场的不断扩张，金融自由化的内涵从 90 年代以来进一步扩展到了四个方面：①金融价格自由化，其中以利率自由化和汇率自由化为主要内容。②金融机构和业务自由化，主要指放宽对金融机构业务范围的管制，允许同一金融机构同时经营银行、证券和保险业务，也泛指金融机构开发业务不需要经过严格的审批，使得金融业由分业经营走向混业经营。③金融市场自由化，体现在对内放宽机构的设立，对外允许外资金融机构进入，并完善金融市场的融资技术和工具。④资本流动自由化，这里主要指开放资本账户，允许资本在国际市场自由流动。

金融自由化发展趋势在金融危机后非但没有一蹶不振，反而迈向了新的台阶。首先，新兴市场国家由于前期金融发展不充分，更为迫切地需要发展金融业，努力改革现有金融体系，实现金融行业的高速发展，从而加深全球的一体化程度。其次，发达国家和新兴经济体的金融市场之间继续相互渗透、相互融合、相互影响。

发达国家的金融自由化类型可以分为三类，分别是以美国为代表的渐进而全面的金融自由化、以澳大利亚为代表的全面而迅速实施的金融自由化和以英国、德国等欧洲国家为代表的从证券市场进行突破的金融自由化进程。虽然道路不同，但是改革实质大致相同，例如，在利率机制上坚持市场原则，推进金融国际化和离岸金融业务，不断缩小金融市场的国界限制，等等。

在全球金融自由化大趋势的推动下，新兴经济体也纷纷实施了不同程度的金融改革。例如：开放国内金融市场、放松外资银行进入并在国外设立分支机构和推进本币自由兑换等。以中国为代表的新兴经济体大力发展金融产业。在金融机构和业务自由化方面，从 1999 年以来，中国人民银行相继颁布了《证券公司进入银行间同业市场管理规定》《基金管理公司进入银行间同业市场管理规定》和《商业银行中间业务暂行规定》，以上规章的颁布，表明中国金融业开始了混业经营。自从 2001 年 12 月 11 日中国正式加入世界贸易组织以来，市场准入规模不断增大，中国境内的保险业、银行业、信托、证券等金融产业加快了对外开放的步伐，并致力于逐步建立一个“以中央银行为核心、以商业银行为主体、多种金融机构并存竞争的金融组织体系”。在金融价格自由化方面，近些年来，中国逐步放松了对外汇体制的管制，积极推进人民币的汇率市场化。这包括统一汇率、取消对贸易和非贸易往来项目的支付限制，央行从2005年开始实行“以市场供求为基础，参考一篮子货币进行调节、有管理的浮动汇率制度”。2010年央行宣布进一步推进人民币汇率形成机制改革，增大人民币汇率弹性，扩大人民币汇率的波动幅度。

一方面，这些金融自由化的措施使得发展中国家的金融业获得了全新的发展动力，对内有利于国内储蓄和投资的增加、为金融企业提供了更多的盈利空间、增强了金融市场的竞争性和推动了国际金融一体化。另一方面，金融自由化也为金融市场带来了一些潜在的风险，具体表现在：利率和汇率的管制解除增加了市场的波动幅度；在废除分业管理制度，实行商业银行混业经营之后，商业银行大量涉足高风险的业务领域，导致风险资产明显增多；资本流动障碍的削减以及各国金融市场的日益对外开放，加快了资本的国际流动，这为国际游资的冲击提供了机会。20世纪90年代不断发生的金融危机证明了这一点。因此，金融自由化利弊参半，只有用积极的、审慎的态度客观权衡每一项自由化措施的利弊，才能做到趋利避害。

（二）国际货币结构进一步趋于多元化

自从布雷顿森林体系崩溃后，美元霸权地位有所削弱。日元、德国马克和欧元先后崛起，在世界货币格局中扮演重要角色。现在货币体系附着于国家信用和国家经济实力基础之上，各国经济实力的变迁，影响着货币地位的排序。

从宏观层面看，国际货币发行国既可以通过获取国际货币税以降低其国际收支调节压力，也可以运用通货膨胀政策以缩减本币对外债权支付；从微观层面看，一国的货币国际化将有利于降低本国企业和金融机构从事各种经济交易的汇率风险与交易成本，从而推进本国金融市场的发展。因此，世界主要经济体纷纷推广本国货币国际化。从世界金融稳定的大局看，多元国际货币结构下的国际货币之间的相互竞争与相互抗衡会对各货币发行国造成一定程度的约束与制约，从而推动国际货币发行各方实行更加稳健与负责的国际货币政策以保证国际货币体系的稳定。

20世纪70年代布雷顿森林体系崩溃之后，欧元的发行是国际货币体系所发生的一次重大历史变革。依靠其背后强大的政治影响力与经济实力，欧元一经诞生便成为仅次于美元的国际货币。自欧元启动以来，如表1所示，欧元资产占全球外汇储备资产的比重从2001年的19.2%上升至2008年26.5%，与此相反，美元资产的比重则从 2001 年的 71.5%下降至 2008 年的 64%[①]。2016 年 IMF 的报告显示[②]，外汇储备中美元占 63.3%，欧元占比则一路降至 20.3%，日元则从 4.4%上升至 4.5%。同年，澳元和加元被纳入官方外储货币，两者的占比均约为 2%。由此可见，国际货币结构不断趋向多元化发展。

表 1 欧元发行之后全球外汇储备资产的币种结构（1999~2008 年） 单位：%

币种 \ 年份	1999	2000	2001	2002	2003	2004	2005	2006	2007	2008
美元	71.0	71	71.5	67.1	65.9	65.9	66.9	65.5	64.1	64
欧元	17.9	18	19.2	23.8	25.2	24.8	24	25	26.3	26.5
其他	11.1	11	9.3	9.1	8.9	9.3	9.1	9.5	9.6	9.5

资料来源：IMF，Annual Reports，2009.

尽管欧元还未从根本上改变美元的国际货币地位，但是其已经分担了美元国际储备货币的部分角色并且在一定程度上对美元构成了威胁，这对美国的美元供给政策造成了一定的约束。同时，美元强大的国际货币地位也时刻提醒着欧洲：若无法保证欧元的质量，长期以来欧洲在经济与货币整合领域所做出的努力将会付诸东流。因此，从长期来看，国际货币体系最终将形成一个彼此制衡的利益均衡体，从而促使各个国家实行更加负责的货币政策，维护国际货币体系的稳定。

中长期的发展现状则是构建起一个相互竞争的多元化国际储备货币体系。从国际货币体系发展来看，未来多元竞争国际货币格局将成为现实选择，国际金融监管将得到加强，双边和多边的区域货币合作将深入发展。根据张焕波（2014）的预测，从需求、规模、流动性、稳定性四个维度综合判断：到 2020 年，人民币国际化水平将超过英镑和日元，国际货币体系将形成以美元为核心，欧元为重要挑战者，人民币、日元和英镑为关键外围竞争者的国际货币竞争格局。至 2030 年，人民币的国际化程度有望达到欧元水平，以美元为核心、人民币和欧元为重要挑战者、日元和英镑为外围竞争者的国际货币竞争格局将会形成。

（三）网络金融加快普及，金融脱媒愈演愈烈

近年来，随着互联网技术的发展，金融与科技的融合程度不断加深，传统的

① 数据来源于 IMF Aunnual Report 2009。

② 数据来源于 IMF Aunnual Report 2016。

金融机构从过去单纯地强调技术，转变为通过投资于技术来改造自身，与此同时，金融科技类公司也开始更强调开放经营与技术输出。互联网的普及与发展，对昏昏欲睡的传统金融行业的影响有两个方面：一是新兴互联网金融机构不断成立与发展；二是体现在传统金融企业在其业务上进行积极转型。金融脱媒趋势愈加明显。

金融脱媒背景下的互联网金融主要表现为融资方式在互联网技术下的改变，具体包括以下几种类型：

（1）P2P 模式，以网络融资平台为窗口，为资金供给双方提供信息对接的模式。这种贷款模式最早始创于英国，它较好地利用了互联网技术的成本低廉和高效便利的优势，快速实现借贷双方的信贷需求匹配。这一“点对点”的网络直接融资模式几乎实现了真正意义上的“金融去中介化”，并表现出了旺盛的生命力，P2P 贷款机构如雨后春笋般成立。在欧美和日韩等发达国家，目前比较著名的 P2P 平台有美国的 Lending Club 和 Prosper（共占市场份额的 80%，2014 年）、英国的 Zopa、韩国的 Popfunding、巴西的 Fairplace、西班牙的 Comunitae 和日本的 Aqush 等。以美国的 P2P 贷款平台 Lending Club 为例，该公司成立于 2006 年，截止到 2013 年底，该公司的总贷款规模已超过 20 亿美元①。

（2）第三方支付模式，非金融机构为借贷双方提供融资支付服务。自从 1998 年第三方支付的鼻祖 PayPal 出现以后，因其便捷性和高效性而大受欢迎。与 PayPal 相类似的产品还有美国 Google 公司于 2006 年推出的 Google check out 支付平台。另外还有荷兰的著名支付服务提供商 Global Collect，英国的 Moneybookers，加拿大的 Alertpay，澳大利亚的 eWAY 在线支付公司、Paymate 等，这些公司在各自第三方支付业务上各有侧重，核心业务均围绕充当了第三方的转账支付工具展开。

（3）众筹模式，通过提供股份、回馈商品、给予奖励等形式向网友募集项目资金。2009 年 4 月 Kickstarter 网站在纽约的正式上线，标志着互联网金融的新形式——众筹融资模式的兴起。2012 年 4 月，美国通过的《初创企业促进法》为中小企业通过众筹方式融资扫清了法律障碍。

（4）大数据模式，电商利用自设的商务平台整合数据，为投资放贷行为提供参考依据。大数据技术结合人工智能的发展，智能投顾应运而生。通过大数据技术给予样本充分的分析结果，结合大量的历史投资规律和及时的数据更新，智能投顾能够提供符合其风险偏好的投资建议。智能投顾的“去人工化”能够提

① 中经未来产业研究中心 . 2015~2020 年中国互联网金融行业发展前景与投资预测分析报告［R］. 中经未来产业研究院，2015.

供最客观的投资建议，大大降低了投资财富的运营成本。这促使智能投顾平台自2008年以来迅速发展、扩张，在现有的涉足智能投顾领域的200余家公司中，新兴的独立智能投顾平台凭借自己研发的产品参与角逐，如：Betterment、Wealth-front、Personal Capital等。

（5）互联网金融门户模式。包括传统商业银行在内的金融机构通过互联网开展或者延伸业务。商业银行传统业务通过互联网、手机、PDA等终端设备实现银行业务功能；券商积极建立网络平台让客户通过互联网进行证券交易得以实现；保险公司则依托互联网交易平台为客户办理保单出单和在线理赔；此外，还有诸如通过网络平台进行资产管理等业务的办理等。这些业务的本质是技术创新带来的银行传统业务渠道的信息化升级。

以上模式的共同特点在于将资本逐利性与信息技术发展有力结合，将互联网思维引入金融领域，在金融安全与金融便利之间进行平衡，金融机构与民众在互联网金融市场中共同进行金融开发。

（四）全球金融业务多元化和金融机构集团化发展趋势

自1986年英国进行大爆炸式金融改革开始，从事多元化业务经营的集团化金融企业在世界各地迅速发展起来，就连曾经实行严格分业经营限制的美国、日本等国也相继走上了金融集团化的发展道路。

20世纪90年代，美国银行业的兼并愈演愈烈，形成了兼并、收购与调整、重组的新浪潮。花旗集团和旅行者集团于1998年4月6日宣布合并，形成了集投资、保险业务为一体的全美第二大金融集团，总资产接近7000亿美元①。这一事件将以银行为代表的金融机构的兼并风潮推向了新的高潮。1999年11月颁布的《金融服务现代化法案》确立了从事多种金融业务的金融控股公司这种集团化经营组织在美国的法律地位，从而宣告经历六十多年的分业经营模式彻底终结。美国实施混业经营以来，金融行业的并购呈现井喷态势。自1990年至次贷危机前夕的2006年，美国银行业发生了5400多起并购，涉及5万亿元的银行资产。并购浪潮的直接后果是产生了一大批结构复杂、业务多元、规模巨大的金融集团。就这些金融集团的法人结构而言，以金融控股公司、银行控股公司居多；从业务范围而言，大多涵盖银行、证券、保险、基金、期货和新型衍生品业务；就规模而言，美国出现了一批万亿美元级的大型复杂金融集团。例如，截至2013年12月31日，摩根大通集团的总资产为2.4万亿美元，美国银行为2.1万亿美

① 康书生等．当代世界金融发展特征与趋势研究［M］．北京：人民出版社，2015.

元，花旗集团为1.8万亿美元[①]。

与此同时，中国金融业也已初步出现了集团化经营的趋向，首先，众多的金融机构正积极进行着跨业合作和跨业资金融通，从资金和业务上向集团化经营发展。其次，若干大型机构通过资本运营已形成或正在形成中国的金融集团，例如：在2001年光大集团就已经控制了境内外银行、证券、信托、实业等涉及各行各业的上市公司19家、非上市公司10家，在2017年末，光大集团已实现资产总额4.47万亿元，全年实现营业收入1348亿元，实现净利润417亿元[②]。此外，平安、中信等一批金融控股集团化公司的经营也已经规模可观。

（五）全球金融监管趋严

金融危机给了各国央行沉痛的教训，直接导致以美联储为代表的监管机构实行更趋严格的监管。2009年6月18日，美国推出了自20世纪30年代以来最大规模、堪称美国历史上最严格的金融监管改革方案。该方案重新定位了美联储的监管角色，除银行之外，其监管范围扩张到了包含对冲基金和保险公司在内的这些对稳定金融可能会造成威胁的非银行类金融机构。同时还新设金融稳定监管委员会和消费者金融保护局两家机构配合美联储的监管。

监管层对合规的强调越来越明显，这种态势下传统金融机构和新型金融科技类公司该怎么做好风控、合规发展成为了2017年新金融领域的主旋律。在新兴的互联网金融领域，美国通过颁布《促进初创企业融资法案》对众筹融资平台进行规范化监管。在P2P网贷平台的监管方面，美国证券交易委员会为了反诈骗和保护金融消费者的权益，规定P2P网络借贷需要信息公开透明。总体来看，美国政府主要在现行法律的基础上，对互联网金融行业实行较为宽松和多元的业务监管。与美国政府不同，欧盟国家实施的是更为严格的联合监管制度。该制度以审慎原则为核心，颁布了一系列针对非金融机构的互联网支付业务的法律法规，这些法规主要包括了《电子货币发行机构指引》《境内市场支付服务指令》等。基于欧盟经济体的密切联系，所有欧盟国家均采取相同的监管标准和原则对其互联网金融市场进行监管。

在全球化的背景下，国际资本在各国的金融市场自由流动，金融市场逐渐呈现密切相关性，与此同时，不断在各国金融市场传递的金融风险，也将对全球金融市场造成巨大冲击。过去几十年间发生在拉丁美洲、东南亚、东欧等许多发展中国家和地区的金融危机，就能够说明原有的监管原则在金融自由化进程下对新

---

① 康书生等．当代世界金融发展特征与趋势研究［M］．北京：人民出版社，2015.

② 中国经济网，http：//finance. ce. cn/rolling/201701/17/t20170117_ 19668760. shtml，2017.

兴市场的监管效果是极其有限的。金融风险事件的频频爆发，使越来越多的国家认识到加强国际金融监管合作的紧迫性和重要性。在市场金融进一步深化的情况下，各国金融活动开始相互渗透，这就使得凭借一国之力很难形成有效的监管，而且为了对金融市场进行保护，保持本国的总体竞争优势，监管制度很难被执行。面对这种情况，整个市场开始形成横向联合，并对相关力量及资源进行整合，整体监管趋势向着国际化、联盟化的方向发展。世界金融监管的国际合作意向越来越强，加强国内金融监管，强化国际和地区间的监管合作成为共识。包括国际货币基金组织、巴塞尔银行监管委员会、欧盟银行监管组织、国际证券委员会、国际金融协会、国际证券市场协会等在内的各大国际性金融机构不断提高相互间的合作意向，对世界金融监管起到了越来越重要的作用。此类国际组织规模的不断扩大，也将影响其逐步走向全球化。特别是通过不断倡导、制定新的国际金融监管标准，来逐渐扩大其全球性影响。

三、世界金融发展趋势对我国的启示

（一）加强金融监管

在推进金融自由化改革的过程中，不仅要加强金融监管，也要统筹兼顾，确保其不会导致自由化改革的成果付诸东流。对于我国，关于金融监管的改革主要方向在于：①金融监管去行政化。要确保金融监管的手段是以法律为基础的间接手段，并在日常监管中，去除行政命令式的监管模式，政府只在金融市场失灵时才进行直接的干预。②金融监管功能化。功能型监管意在建立一个统一的监管机构，机构中的管理专家和相应的管理程序有明确的专业分工以对金融机构的不同业务进行监管。高度的管理协作性是功能型监管最主要的特点，其有利于及时发现并处理管理盲点，从而更容易判断金融机构资产组合总体风险。另外，它可以用统一规范的管理尺度来监管各类金融机构、避免由多个监管机构所造成的重复和交叉管理，从而有利于提高管理效率并且创造公平的金融市场环境。③金融监管综合化。随着金融机构业务多元化与集团化的发展，中国人民银行、证监会、保监会三大金融监管机构之间的协调机制亟待完善。注重加强各监管机构的高层定期会晤制度，建立并完善各监管机构之间的信息交流和共享机制，以确保对金融集团和混合业务实现联合监管。④金融监管国际协作化。国际协作化的金融监管体系是对金融自由化和全球化发展的反映，伴随着金融自由化和金融全球化的世界发展趋势，需要增强对金融监管的重视程度，以防范金融风险在国家间转移。因此，未来我国金融监管机构应进一步巩固并加深与国际金融监管组织和外国监管当局的合作，实现从一国监管向跨境监管的转变。

（二）加快推进金融改革

我国经济已进入新常态，金融业发展与创新步伐加快，金融体系复杂度、开放度越来越高，不少风险挑战也随之而来，迫切需要深化金融改革。通过深化金融改革完善金融市场结构、补足普惠金融和绿色金融等当前金融服务的短板、更好地防控金融风险和扩大金融双向开放。从而推动金融更好地服务实体经济，有效防范和化解金融风险，关键是让金融改革沿着正确的方向推进。

（三）增强在国际金融市场的话语权

无论从金融服务业占 GDP 比重、在全球金融资源配置中的作用，还是从推动国际金融体系改革等方面来看，我国金融业的国际影响力仍然有限，与我国经济实力还不相适应。金融话语权的提升，既要有强大的经济实力作为后盾，还应有发达的金融市场，以及国际化的货币。因此，人民币国际化的趋势是不可动摇的。2015 年 11 月 30 日，国际货币基金组织执董会决定将人民币纳入特别提款权（SDR）货币篮子。这是人民币国际化的里程碑，是对中国经济发展成就和金融业改革开放成果的肯定。要以此为契机，深化金融改革，扩大金融开放，不断增强中国在国际金融市场的影响力。

（四）加强互联网金融行业的监管

互联网的兴起使金融行业迎来了较大的发展与变革。中国的互联网金融发展迅速，在短短几年间已步入了世界前列，蚂蚁金服、陆金所、趣店等已发展成为全球领先的互联网金融服务平台。但同时，互联网金融发展中的各种问题已经显现，在信息安全性、交易平台可靠性和网络评价真实性等方面仍存在不足，长期积累下会对互联网金融行业的发展形成阻碍，因此，强化市场监管成为我国互联网金融加速发展中重要的一环。这要求我们：首先，要注重监管的动态性，使政策与监管措施不断与时俱进，根据当前行业运营现状不断调整，出台新的监管方案，完善监管体系。其次，对互联网个人信用平台进行规范管理，重视个人信息的保护，完善评价体系，最大限度地降低互联网交易风险。

（五）做大做强金融机构，发展金控集团

现代金融控股公司目前正朝着组织形式上的集团化和业务发展上的多元化方向发展。目前，中国平安、光大、中信等一批金融控股集团公司已逐渐发展壮

大。20 世纪 90 年代以来，随着中国金融体制改革的不断深化，为应对愈加激烈的国内外金融市场竞争、适应国际经济形势的不断变化，同时与中国金融业分业经营、分业监管的现有模式相适应，成立多元化经营的金控集团成为顺应时势的必然举措。

为顺应金融机构混业经营的趋势，实现跨越式发展，中原证券在做好证券业主业的基础上和依法合规的前提下，稳步推进中原人寿保险公司的组建与运营，持续打造完整的金融生态链，构建多元化的业务格局，向着大型金控集团的方向不断发展。

（本章作者为中原证券研究所）

中国金融发展趋势与对策研究

过去的五年，中国经济始终保持中高速增长，综合国力和国际影响力显著增强，价格水平总体平稳，就业率持续上升，创新驱动发展战略稳步推进，民生改善成效卓著，发展成果惠及全民。为了深入贯彻党的十九大报告中关于“深化金融体制改革，增强金融服务实体经济能力，提高直接融资比重，促进多层次资本市场健康发展”的战略部署，本文对海内外金融市场的发展趋势及现状进行深入分析，并结合国内金融机构公司发展中存在的问题，提出未来我国金融市场改革与发展的趋势与对策。金融业发展的成就非一日之功，因此应从中国金融市场发展的演进历程着手，描绘金融业发展路径，尝试寻找发展规律。

一、中国金融改革和发展的历程回顾

依据中国金融改革的标志性事件和会议，我们将中国金融发展的历程分为五个阶段：金融体系恢复期、现代金融体系形成期、资本市场引入期、全面整顿与改革时期和全面开放时期。

（一）金融体系恢复期

在1978年改革开放之前，中国并没有真正意义上的金融体系，只有一家中国人民银行。在十年“文革”期间，该行被取缔，并入到财政部，成为了下属机构，负责发行货币和掌管信贷业务。1978年，五届人大一次会议决议，中国人民银行总行重新设立，独立于财政部之外，这标志着中国金融体系开始重新建立。从那之后，中国的银行业发展迅速。1979年，负责农村业务的中国农业银行和负责外汇业务的中国银行相继成立。1983年，中国建设银行成立，主要负责管理巨额的建设资金。至此，中国的国有商业银行框架形成。

（二）现代金融体系形成期

随着改革开放和经济建设的进一步发展，早期的金融体系已经不能满足我国经济快速发展的需求，因此我国开始对现有金融体系进行进一步改革。1983 年 9 月 11 日，国务院决定：从 1984 年 1 月 1 日起，中国人民银行作为国家机关部门，专门行使国家的中央银行职能。同时，中国工商银行设立，负责我国的工商业信贷业务。

这一时期，银行业发展迅速，为进一步促进乡镇企业的快速发展，我国农信社的数量增长迅速，其总数一度超过 5 万家。1986 年，交通银行成立，成为我国第一家股份制的商业银行。1987 年，中信银行成立，开创了企业发起设立银行的先河。同年，深圳发展银行作为我国第一家区域性商业银行开始营业①。这些多样化的商业银行，与传统的"四大"国有商业银行，以及数量庞大的农信社一起，共同完成了我国银行多层次的布局。

为了进一步完善我国的金融体系，例如信托公司、财务公司和基金公司等我们过去十分陌生的非银行金融机构，也在我国相继成立。

1979 年，我国第一家信托投资公司——中国国际信托投资公司成立。从那以后，各种信托公司如雨后春笋般相继成立，其总数一度达到了 400 多家。1981 年，中国东方租赁有限公司成立，标志着融资租赁市场的诞生。1987 年，中国银行和中国国际信托投资公司共同设立的"中国投资基金"，标志着中国投资基金也成为我国金融体系的重要组成部分。1990 年，法国东方汇理银行在中国建立了第一只共同基金——"上海基金"，这标志着我国的基金市场开始向外资开放②。

这一时期，债券市场也开始筹建。1981 年，国家决定发行国库券，以弥补财政资金的不足。1983 年，一些国有银行为了补充资金，也开始发行金融债券。1984 年，一些企业通过发行企业债券来筹集资金。政策性金融机构也在债券市场发行类似于金融债券的有价证券，其中国家开发银行的发行规模最大。这一期间，一些金融机构还曾经发行过特种金融债券，来偿还不规范证券回购所形成的债务。中国人民银行也通过融资债券等金融工具来调控市场资金余缺。

（三）资本市场引入期

1989 年之后，中国政府大大加快了对各个金融领域的改革速度。1990 年成

---

① 姚君．现代金融理论的发展在当代中国金融改革中的借鉴［J］．商业经济，2017（9）：143-145.

② 李扬．中国金融改革开放 30 年：历程、成就和进一步发展［J］．财贸经济，2008（11）：38-52.

立上海证券交易所，1991 年成立深圳证券交易所，并且建立了全国证券交易自动报价系统。至此，我国的场内交易系统正式建立。

从这时起，证券公司和投资基金作为资本市场的纽带，也得到了快速发展。1991 年 10 月，武汉市人民银行和深圳南山区政府批准成立了“武汉证券投资基金”和“南山风险投资基金”[①]。同年，中国农村发展信托投资公司首次获得中国人民银行批准，在山东成立了淄博基金，其资金规模达到了 5000 万元。这几家公司也就成为了中国资本市场上最早的机构投资者。

随着金融市场的快速发展和新型金融机构的产生，对金融监管也就提出了新的要求。1992 年，为了对证券业实行专业化监管，我国成立了国务院证券委和中国证监会。

(四) 全面整顿与改革时期

为了保证金融业的长期稳定健康发展，建立更加完善的金融体制，我国开始全面整顿和改革金融业。

1994 年，我国政府相继推出了一系列金融改革措施，掀起了改革的浪潮，其中涉及中央银行、金融宏观调控、金融组织、金融市场以及外汇管理等几个方面。同时，坚持依法治国的总方针，为了规范中国金融机构行为和活动，相继颁布了《中国人民银行法》《商业银行法》《票据法》和《保险法》等法律法规[②]。这些法律的颁布标志着我国的金融发展开始进入法治阶段。

1994 年，中国对汇率制度进行了全面改革，对原先的官方汇率、调剂汇率和黑市汇率实施统一管理，同时实行有管理的浮动汇率制度。这些对汇率的改革措施，有利于我国金融业与全球接轨，促进了我国融入全球金融业体系。

在这一时期，中央银行也进一步改革。1984 年，中央银行不再负责工商信贷业务，这些业务彻底从央行中剥离出来。同一时期，我国商业银行体系也有了进一步改革。在这一轮改革中，商业银行体系也发生了巨大变化。1994 年，要求商业银行的政策性业务和商业性业务分开经营；银行业、信托业和证券业也必须分业经营和分业监管。政策性贷款业务从国有专业性银行中分离出来，交给了新成立的国家开发银行、国家进出口银行和国家农业发展银行这三家政策性银行。同一时期，为了更好地规范金融产业发展，在金融市场上一直被人们忽略的城信社和农信社也被纳入了改革的范畴。在改革和治理的过程中，一部分基础较好的城市信用社被改造成为城市商业银行。在这一时期，以城市命名的商业银行

① 曹珂．中国金融发展与比较优势：外部融资视角［D］．南开大学，2010.

② 李扬．中国金融改革开放 30 年：历程、成就和进一步发展［J］．财贸经济，2008（11）：38-52.

最早出现在经济比较发达的北京、深圳和上海等城市。从那时开始，中国各大主要城市相继掀起了新一轮设立城市商业银行的浪潮。

（五）全面开放时期

经过20多年的改革开放，中国的综合国力大大增强。在21世纪即将来临之际，我国为了能够更好地融入全球经济和金融体系，更好地“开辟两个市场，利用两种资源”，于2001年加入世界贸易组织（WTO）。这一重大事件加速了中国经济全球化的进程。

此外，2001年还发生了一件令人高度关注的事情，那就是中共召开的十六届三中全会通过了以市场化为取向、涉及大量的有关进一步完善社会主义市场经济体制的改革决定。“市场经济”的概念，终于在社会主义的中国确定了下来①。

加入WTO促使中国进一步明确了全面建设市场化的金融体系并逐步融入全球金融体系的改革方向。加入WTO后，中国首先进入了“制度性对外开放”阶段。在这一阶段，我国根据WTO规定的一系列制度框架，参考国际最佳实践，按照既定的时间表，全面改革并开放中国的金融业。

二、我国金融市场的现状及问题

我国金融市场虽然取得了较快的发展，但与国外成熟的金融市场相比仍然存在许多问题需要不断完善，主要表现在：

（一）金融结构失衡

我国金融机构的结构虽然一直在不断优化，但现存结构状态并不能够满足我国经济全球化的要求，最终也将会限制我国的融资效率与国际竞争力的提高。中国金融结构失衡主要表现在以下两方面：

一是融资结构不完善。间接融资比重在社会融资总额中过高，直接融资发展相对缓慢。国有企业融资渠道主要来自银行的贷款，而通过发行债券在证券市场筹资的比重明显偏低；因为一些历史原因，我国政府压制了直接融资和非银行金融机构的发展，因此形成了以间接融资为主，而直接融资发展明显滞后的局面。间接融资发展的不足及银行贷款在社会融资中居于主体地位导致了中国金融结构的不平衡。同时，企业对银行贷款的高度依赖，加剧了经济运行的风险。

① 王小霞．个人金融与中国经济发展相关性研究［D］．西南财经大学，2010.

二是中小企业融资瓶颈。目前，中小企业占总数量的99%①，但是如商业银行、城乡信用社等金融机构为了控制风险，更偏爱向国有大型企业提供信贷服务，中小企业通过金融机构获得的贷款比重较低。

（二）金融创新乏力

与发达国家相比，我国的金融创新还很落后，且政府对金融创新的审批非常严格。在有限的金融创新中，各领域进展失衡的状况等降低了金融资源的利用效率，削弱了我国金融机构在创新方面的竞争力。虽然自1978年改革开放以来，我国已经对金融市场进行了多次系统性的改革，初步建立起了完整的金融系统，但是金融产品和工具较为落后，已经严重制约了我国金融市场多样性发展。因此我国继续加大对金融创新的力度，促进我国金融市场的多层次和多样化发展。以下几种原因限制了我国金融的创新：

一是在当前经济条件下，我国金融市场仍以国有大型商业银行为主导，作为传统金融机构，我国银行风险偏好程度较低，投资较为谨慎，不利于我国金融创新快速发展。而且，我国的金融监管体系尚不完善，这些外部条件很容易引起无序竞争，产生系统性风险。一方面，我国金融市场开发程度有限，导致利率市场化进程缓慢，商业银行缺乏对利率的定价权，不利于银行间的有序竞争，也限制了金融创新的发展。另一方面，我国金融和产业的结合度较低，而在其他资本市场上融资相对简单，增值速度快从而引发投机行为，也导致企业更加看重金融而轻视实业，忽视了实业的发展，使金融和实业无法有效地融合起来，导致金融创新的动力不足②。

二是我国缺乏高端的金融人才。人才是金融创新的根源，随着全球各国金融市场和产品的联系越来越密切，金融创新越来越复杂，涉及的领域也越来越多。因此，金融创新人才不仅要具备专业金融素养，还要懂得经营和管理，并且具有资本运作的实践经验。但是从当前我国的人才情况来看，这种专业的金融人才是十分匮乏的。而且我国目前正努力追赶发达国家，金融创新主要是模仿这些国家已经相对成熟的金融产品，而缺乏对我国实际情况的研究与结合，所以最终效果不是特别理想。因此我国要重视专业性金融人才的培养与引进，并鼓励企业立足于实际情况，进行金融创新，增强企业的竞争能力。

① 刘方．我国中小企业发展状况与政策研究——新形势下中小企业转型升级问题研究［J］．当代经济管理，2014，36（2）：9-18.

② 李静．我国金融创新中存在的问题及未来发展分析［J］．时代金融旬刊，2013（5）.

三、金融业发展展望

（一）银行业改革

银行业在深化改革和稳定中寻求发展。在当前经济增长速度不断降低、经济发展速度放缓的大环境下，银行业同样面临了一系列的问题，比如资产的质量变差，盈利能力降低，等等。同时也存在了一些改善资产质量和盈利的有利条件，比如我国消费水平不断提升，导致消费信贷也同步快速增长，成为银行新的盈利增长点；我国经济稳步发展，在基础建设上的需求仍然很大，仍然需要通过银行进行大量融资活动。2017 年第三季度末，商业银行不良贷款余额 16704 亿元，不良贷款率 1.74%，不良率延续了上半年稳定向好的态势，银行业资产质量不断夯实。预计 2018 年我国 M2 和社会融资规模存量的同比增速分别保持在 8.95%和 10%左右，未来与 M2 之间的分化趋于收敛。在经济形势有望稳中向好的趋势下，2018 年银行业盈利有望企稳。

目前，银行业总资产占全部金融资产的 90%以上，而间接融资占总融资的比率也超过了 80%。这种情况一方面反映了银行体系在配置金融资源和服务实体经济方面发挥着巨大的作用，另一方面也反映了金融市场结构单一的缺陷。为了提高银行业服务实体经济的能力和配置金融资源的效率，可以从资金定价机制、融资市场结构和现代金融企业制度等多方面着手改革。我国银行业在经济转型的过程中，可以借鉴国际上大型金融机构的成功经验，积极地去适应当前经济的新态势和监管的新变化，维持金融机构的当前规划与远期战略的平衡，促进经济的持续转型与发展。首先，进行服务模式上的创新。银行业应该根据当前融资规模和结构的实际情况，积极创新，提供多样化的服务；通过对客户的实际情况进行分析，提供各种资管类和固收类服务，使金融服务更加便捷，促使传统银行向“轻型”银行转型。其次，要积极进行产业布局和对信贷结构进行调整与升级。银行业要抓住我国进行产业优化与升级这个经济增长点，积极对接西部大开发、“一带一路”、粤港澳自贸区、京津冀协调发展等一系列国家重点战略或倡议，提升银行与跨境金融服务水平。通过促进这些企业的兼并重组，提高产品质量和节能环保等措施，进行产业的转型与升级。最后，要注意预防和化解金融风险。当前国内经济形势依然严峻，在实体经济与金融市场运行的过程中，积累的各种矛盾和压力，不断向银行业转移，其中包括流动性风险、不良贷款风险、非法集资风险、国际汇率的风险等。因此，银行业要清楚地认识到当前的形势，把防控金融风险放到首位，并不断完善监督管理制度，积极地应对和化解各种风险①。

乡镇金融机构作为农村金融市场的主体之一，发挥着优化农村金融资源配置、促进乡镇企业发展、弥补其资金不足缺陷等作用，最终解决“三农”问题。随着金融改革的不断深化，我国农村的金融环境和社会环境都发生了巨大变化。因此，为了进一步完善我国金融体系，促进经济的转型和升级，提高机构自身的竞争力，需要我国出台相关的金融政策予以支持，进一步提高我国乡镇金融机构的效率。

一是要进一步深化农村改革，完善金融体系。继续保持商业银行和政策性银行向农村倾斜的政策，加大对农村的扶持力度，为农村的基础设施建设提供利率更低、期限更长的贷款。在乡镇金融机构营业网点的布局上，向金融力量相对薄弱的地区倾斜，为乡镇企业和农业提供可靠资金，促进“三农”问题的解决。

二是要加强政策的支持。乡镇金融机构要灵活使用金融工具，加强对降准和再贴现业务的管理，加强对农业信贷的监督和管理，同时，还要提供利率较低的农业贷款，引导乡镇金融机构对农村信贷的投放。对于那些投放了较多的农业贷款的乡镇金融机构，当地政府可以通过减免税收等优惠政策予以鼓励，从而加快农村金融体系的建设，降低系统性风险。

三是加快对农村金融产品和服务的创新。针对乡镇企业和农业对金融的多种多样的需求，创新出适应“三农”需求的金融产品，并根据农业生产的周期特点设计出不同期限的农业贷款；同时，加快审批速度，提供更为灵活、便捷的金融服务。鼓励农村金融机构拓宽融资渠道，并发行符合“三农”政策的金融债券和农业资产证券化；鼓励那些符合上市条件的乡镇企业通过上市发行股票来筹集资金。加强与互联网金融平台合作，促进普惠金融的进一步发展。通过这一系列措施，来促进农村基础设施建设和现代农业的发展。

（二）保险行业的发展

我国保险业目前处于发展的黄金时期，要从统筹发展的角度来布局整个行业，确定保险业未来的发展方向和职能，坚持“保险业姓保”，使其能够更好地为人民生活提供保障，促进实体经济更好地发展，为国家的发展起到稳定作用。保险业进行全面、深化的改革，可以更好地对市场资源进行优化配置。同时还要加强对市场的监管，积极全面开放保险行业，进一步完善我国的金融体系。继续以供给侧改革和脱贫攻坚战略两大主题，推动保险服务能力的提高，支持国家重大项目建设、脱贫攻坚战略实施、改善民生，促进实体经济发展。坚持事前预警

① 李德．2017 年中国金融业发展趋势分析［J］．西部金融，2017（3）：4-8.

和防范与事后化解相结合，守住不发生系统性风险的底线。继续完善万能险业务的规章制度，制定万能险业务的业务门槛、经营范围、服务人群等一系列标准，强化对保险资金的监管，做到事前防范与预警，事后积极化解，坚持住不发生系统性风险的底线。当前互联网金融业务快速发展，其运营模式也多种多样，同时也加大了对业务监管的难度。未来随着互联网和保险业的合作进一步加深，各保险公司应根据自身特点，通过陆金所、蚂蚁金服等互联网金融平台开展保险业务。依托互联网金融平台的大数据精准营销等的互联网保险将迎来新的行业增长点。

（三）证券业发展

从我国当前政策目标、金融市场发展需求、经济转型发展需要等方面来看，做大做强证券公司对于实现我国经济发展目标具有重要的战略意义。2014 年 5 月，国务院发布《关于进一步促进资本市场健康发展的若干意见》，表明了国家对资本市场与证券行业持续健康发展的高度关注，预示着证券行业将进入黄金发展时期。未来我国证券行业将在行业生态、业务结构、客户结构、对外开放和科技应用等方面实现全面进步。

1. 投资者去散户化，机构客户占比有望持续提升

我国资本市场投资者机构化趋势日益明显，证券公司对优质机构客户资源的争夺愈演愈烈。投资者机构化发展趋势的原因在于：首先，我国资本市场的发展在广度和深度上均有着明显的进步，跨市场、跨国界投资将成为未来资产管理的重要发展趋势。证券行业产品将随之呈现出多样化、专业化、复杂化的发展态势，一般散户难以适从，需要借助专业机构的力量从事投资活动。其次，我国国民财富的不断积累提高了社会和个人对财富管理的服务需求，境内公募、私募基金行业发展迅速，市场占比将逐步扩大。最后，通过沪港通、深港通以及未来的多种对外开放投资渠道，尤其是在 A 股被纳入明晟（MSCI）指数之后，海外优质机构投资者将加快进入中国市场，中国证券行业整体业态将逐步向海外成熟市场靠拢，机构投资者话语权和影响力日益加大。在此背景下，券商尤其是中小券商业务的发展重心必须适时向机构业务转变，通过提供综合化金融服务，大力开拓以实体企业为代表的产业资本市场，大力开发以公募基金、私募基金、QFII 为代表的二级市场机构投资者，抢占优质客户资源。

2. 证券行业经营重资产化，仍有加杠杆空间

长期以来我国证券行业业务模式单一，以通道类业务为主，资产结构“轻资产+低杠杆”特征显著。但过去几年，伴随券商经营模式的转型，即向“投资+

投行"现代经营模式全面转型，以及资本中介业务的快速发展和融资渠道的拓展，券商资产结构正日益呈现"重资产+高杠杆"和"规模为王"的特征，杠杆比例已从2012年底的1.61倍提升至2017年的3.5倍。然而，与欧美成熟市场10倍以上的经营杠杆相比，我国券商杠杆水平仍显偏低。

长期来看，伴随券商业务范围的进一步拓展，全面转型的成功，以及融资渠道的进一步顺畅，券商经营加杠杆仍有较大的提升空间。

3. 混业经营趋势明显，证券公司经营集团化

当前我国经济进入了转型发展阶段，经济规模扩大、财富管理需求多样化等综合原因，导致客观上存在着混业经营的巨大需求。此外，我国加入WTO之后，随着证券业的进一步开放，境外投资机构也在加快对中国金融市场的布局。并且外国投资机构体制和经营策略较为成熟，其业务种类多种多样，资金实力也较为雄厚，金融创新能力也非常强，进入中国金融市场后，能够运用多种金融工具为客户提供多样化、全面化的金融服务。而我国证券业发展时间较短，业务相对单一，金融创新不足，行业竞争力较弱。因此，从内外因素来看，金融中介需要打破传统分业经营业务分割、单兵作战的发展模式，整合不同金融领域的资源优势，采用混业经营模式，为实体经济提供一站式、综合化金融服务。

2014年颁布的"新国九条"首次对证券期货行业混业经营从政策层面上予以确认。"新国九条"要求，实施公开透明、进退有序的证券期货业务牌照管理制度，研究证券公司、基金管理公司、期货公司、证券投资咨询公司等交叉持牌，支持符合条件的其他金融机构在风险隔离基础上申请证券期货业务牌照。积极支持民营资本进入证券期货服务业。支持证券期货经营机构与其他金融机构在风险可控前提下以相互控股、参股的方式探索综合经营。可以说，证券行业混业经营时代已经到来。

在此背景下，一部分券商机构开始走集团化道路，将业务扩展到银行、期货、信托等一系列非传统券商服务领域，发挥混业经营的优势，向现代大型金控集团发展。这一措施不但可以提升券商自身的经济实力，也有利于长期的可持续的市场竞争。

4. 资本市场双向开放，证券行业业务国际化

随着人民币国际化进程加快，中国资本市场的双向开放已是大势所趋。沪港通、深港通以及债券通业务的推出标志着中国资本市场对外开放发展进入了新的阶段。目前证券行业还没有大规模地参与到国际资本市场，因此若放眼整个国际资本市场，我国证券服务机构的服务能力和国际竞争力与境外中介机构相比还是稍显落后。目前，已经有一部分证券公司开始走出国门，进入国际金融市场，这

对其自身的服务水平、金融创新、管理团队提出了更高的要求。通过在国际金融市场上与国际大型投行竞争，才能弥补自身的不足，增强行业竞争力。同时也倒逼中国全面开放证券市场。

未来境内证券行业将不仅通过沪港通、沪伦通、深港通等机制设计间接开展国际业务，还会涌现出更多的证券公司通过并购重组、新设等方式在海外设立分支机构，以在更大范围开展国际业务。与此同时，国际投行也会加快布局中国证券市场，抢占市场份额。这虽然会加剧证券行业竞争程度，但引入外资投行为境内证券公司直接借鉴国际同行的先进理念与创新方式创造了条件，可以加快中国证券行业走向成熟。

5. 证券公司经营策略去同质化，逐步构建差异化竞争优势

由于我国金融市场起步较晚，各大券商的金融创新能力较弱，导致目前券商提供的金融服务较为单一，同质化严重。目前券商的主要收入来源依旧为证券自营、经纪业务、保荐与承销三大传统业务，同质化服务严重，不利于证券业的持续发展。因此证券公司纷纷寻求转型，推出创新业务来抢占金融市场，而“重资本”业务包括资产管理、资本中介等服务所占比重不断提高，差异化经营在竞争中显得越发重要[①]。证券公司结合自身的区位优势、资源优势等情况，对细分市场进行深入研究，积极推出差异化服务，从而获得在细分市场的比较优势，提高自身的行业竞争力[②]。

6. 金融科技如火如荼，重塑行业生态

随着信息技术的不断发展，金融科技化正成为推动证券行业转型与发展的重要路径。2014 年初，国务院明确提出要“促进互联网金融健康发展，提高证券期货业务竞争力”，从政策高度确立了金融科技化在未来行业发展中的地位。

从技术角度看，金融科技重新定义了金融数据的处理方式，大大提高了金融服务的效率，更好地促进了金融服务实体经济职能的实现。券商将通过对经济业务、客户服务以及风险管理等数据进行处理，可以更加精准地有针对性地服务客户，并全面提高业务的安全性。未来，券商的业务中心必然会向资产管理、投资顾问、融资融券等方向转移，以获取更高的经济收益[③]。

金融科技还可帮助券商增加客户黏性和贡献度。证券公司通过对大数据进行分析，针对不同客户采取不同定价策略，与客户建立良好的合作关系。依靠金融

---

① 资料来源于《中原证券股份有限公司首次公开发行股票（A 股）招股意向书》摘要。

② 上海证券报信息披露［EB/OL］. 中国证券网，http：//caifu. cnstock，2017.

③ 证券业在金融科技创新大潮下转型路径［N］. 上海证券报，2017-04-05.

科技来提高投资管理水平和收益的稳定性与收益性。加大金融产品创新的研发力度，提高客户的满意度，最终增强自身的市场竞争力①。

此外，金融科技化还将打破传统经纪业务的地域分割，通过互联网金融的平台化运作思路，不断催生在线理财、大数据等全新业务模式，从根本上改变现有证券行业的业务竞争格局，进一步优化市场环境。对于中小型券商来说，这也是实现弯道超车的重大战略机遇。

（四）互联网金融业的发展

随着互联网金融各项监管的收紧和监管政策的陆续推行以及自律组织的建立，互联网金融未来的发展将逐步摆脱"野蛮生长"的局面，发展的模式会逐渐变得更加规范与成熟。随着金融改革的推行和互联网技术的成熟，互联网金融市场的竞争也会变得更加激烈。伴随着互联网金融的持续发展，大数据、云计算和移动支付在互联网金融中的主导地位将不断凸显。金融"电商化""超市化""商城化"综合化服务模式将逐渐成为主流。第三方移动支付迅速普及，2017 年交易规模破百万亿元，微信支付和支付宝占领了绝大多数市场份额。在占据了支付业务核心地位之后，数据金融公司开始发展信贷业务，在此过程中优先发展征信，并向保险、众筹、投资等领域延伸。据人民银行统计，目前我国的金融机构对国内个人征信的覆盖率仅为28%，美国个人征信市场的覆盖率达到了92%，而互联网科技公司可以通过对消费记录的分析来弥补这方面的空白。以腾讯和蚂蚁金服为代表的支付巨头以自有大数据为基础，大力发展征信业务，建立全方位覆盖所有消费人群的移动互联金融生态系统。目前，蚂蚁花呗已对接 40 多家外部消费平台。京东金融从电商交易和商家备货切入，在消费链金融领域纵深发展，通过"白条"拓展消费金融业务，并试水 ABS 和 ABN。

互联网金融加速与传统金融产业结合，为产业发展提供多样化的金融服务。

一是资金方面的合作。一方面，互联网金融机构的资金，包括自有资金以及客户的资金，都存放在传统银行的账户中，间接地提高了银行的资金充足率，增加了其信贷资金。另一方面，互联网金融机构也需要传统金融机构的支持。传统金融机构可以拓宽互联网金融机构的融资渠道，加速了互联网金融企业的快速发展。在过去的二十年间，大量的银行资金主要集中于重工业和社会的基础设施建设。目前正处于经济转型和优化的关键时期，传统行业对资金的需求在不断下降，新型产业对资金的需求在不断上升。但是大多数情况下，因为银行较低的风险偏好，所以对新兴产业的信贷服务是谨慎的，以互联网产业为例，由于其产业

---

① 李德 . 2017 年中国金融业发展趋势分析［J］. 西部金融，2017（3）：4-8.

具有较高的风险性，大多数银行不愿意向互联网企业发放贷款，最终导致很多知名互联网企业的发展壮大更多依靠的是风险资本，这也就意味着银行业错过了互联网产业发展带来的红利。目前许多传统金融机构也意识到了这个问题，开始主动与互联网金融平台对接，为这个行业提供融资支持，也间接地促进了互联网金融的发展，最终达到双赢的局面。

二是风险管理合作。互联网金融企业掌握了大量客户消费和财务数据，通过对大数据进行分析，可以很好地进行风险评估，而传统金融机构拥有客户的财务信息，二者可以通过信息共享，在风险管理上进行合作，可以很好地弥补单纯依靠财务信息进行风险评估的不足，从而降低信贷风险[①]。

三是产品合作。一方面，互联网金融平台可以更好地拓宽金融产品的销售渠道，增强传统金融机构的市场竞争力；另一方面，互联网金融平台销售的产品大多来自于传统金融机构，互联网金融平台将销售信息反馈给传统金融机构，有利于这些传统金融机构加深对客户的了解，丰富产品的多样化，从而满足客户的需求。

（本章作者为中原证券研究所）

① 黄金老．互联网金融的跨界融合及与传统金融的竞合关系［EB/OL］中国银行业发展论坛，2016-07-07.

我国商业银行发展现状、趋势及对策研究

摘要：我国处于金融经济时代，商业银行又是金融机构的重要主体，研究商业银行发展趋势对把握我国金融发展具有重要意义。基于商业银行现实发展中存在的问题分析，同时着眼于商业银行未来发展趋势，提出商业银行下一步的改革措施，战略立意上要实施差异化、提高企业风险意识，构建共赢的金融科技生态圈，使得物理网点更智能化轻型化；战术上优化移动支付产品、加强行业合作。

我国宏观经济增长正由依赖要素和投资增长转变为创新驱动经济增长，创新驱动将成为经济新常态的主要特征，与之相伴的是，微观层面上企业去杠杆，企业利润增速下降、资产不良率增加等一系列问题冲击着我国银行业，我国银行业如何在新环境中健康发展是一个需要研究的重大问题。本文对目前商业银行存在的问题进行研究，透视商业银行发展的趋势，给出商业银行把握时代脉搏、顺势发展的对策。

一、我国商业银行目前存在问题的分析

（一）商业银行自身同质化竞争及竞争恶化的问题

1. 商业银行同质化竞争预示所有者缺位

随着市场参与者日益增加，市场潜能不断被挖掘，银行业发展越来越同质化已经成为其发展的障碍之一，在客户、产品、区域等方面推出的定位都大同小异，低水平的同质化竞争不仅降低了我国商业银行的盈利水平，更恶化了整个银行业的金融环境。首先，各银行推出的零售业务针对的市场对象划分不够细致，无法找到想要的消费者，也无法跟随消费者的需求变化，产品更是雷同。其次，服务内容、产品创新上更是趋同化严重，没有各自的特色所在，基本上都实施跨

区域经营，业务重点都集中在经济发达的地区。而且银行内部的组织形式也十分陈旧，尤其是国有商业银行，虽然现在很多都股改上市了，中行、建行上市时间已经超过十年，形式上也建立了规范的公司制度，但是最根本的问题“所有者缺位”还是没有得到解决。国有商业银行的内部是分级授权制度，各机构的负责人掌权大小跟可调配资源都不同，并且在自己的辖内权力较大，这就造成商业银行巨额信贷资金系于行长一人身上，若其品德方面有瑕疵就很容易造成营私舞弊等错误行为。商业银行的内控制度看似十分完善，但是内控的负责人也往往是其所在机构的负责人领导，对管辖内的员工职位升迁、岗位去留、福利、待遇等重要事项都有不可反驳的权力，所以即便员工想参与该机构的监督也只是一纸空谈。一些优秀的年轻员工想脱颖而出更是机会渺茫，高层管理人员除非发生重大的工作失误或者渎职，并不会因为自身素质不行或者能力不够而被罢免。

2. 商业银行从业人数减少警示银行业饱和

我国商业银行近年发展迅速，规模最大的中国工商银行 2016 年 9 月末资产规模达到 23.6 万亿元，排第 10 名的浦发银行的资产规模为 5.56 万亿元，具体如图 1 所示。但从整个商业银行的利润来看，2016 年 9 月末，商业银行当年累计实现净利润 1.32 万亿元，同比增长 2.82%，利润增速明显下降。从员工数量看，2016 年我国四大行员工自 2007 年以来第一次减少，从表 1 数据可以看出，2006 年第二季度末，四大行总员工数共计 162.34 万人，比 2015 年末减少了 2.53 万人。

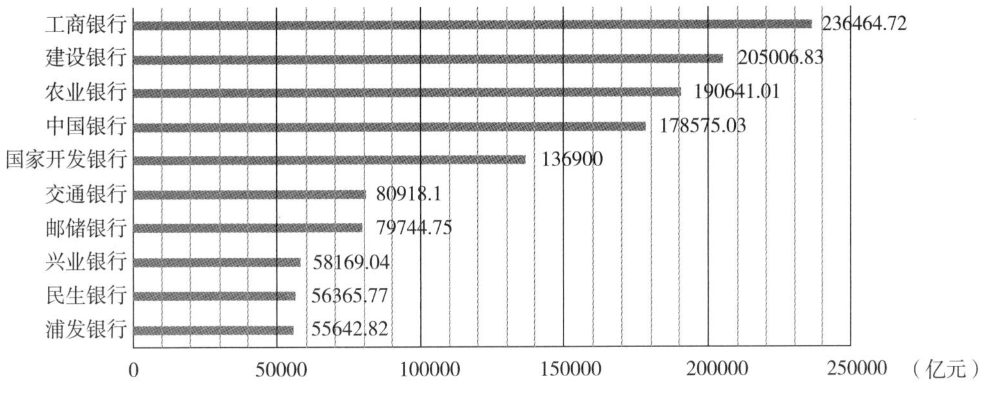

图 1　2016 年 9 月末资产规模前十大银行

表 1　2012 年至 2016 年 6 月末四大行员工数量　　单位：人

银行＼时间	2012 年	2013 年	2014 年	2015 年	2016 年 6 月末
中国银行	302016	305675	308128	310042	303161
中国建设银行	348955	368410	372321	369183	362462
中国工商银行	427356	441902	462282	466346	458711
中国农业银行	461100	478980	493583	503082	499059
合计	1539427	1594967	1636314	1648653	1623393

资料来源：各银行年报、中报。

从表 1 中可以看出，虽然到 2015 年四大行的员工数量增加，但是期间的增速却是在不断下降，从 2012 年的增速 4.32%到 2015 年的增速 0.75%。到 2016 年第二季度末，四大行的人数较上年减少情况如表 2 所示，从中可见在上一轮经济周期中银行业一直是盈利较高的行业，但是在经济下行、利率市场化、利润增速下滑的大背景下，银行员工离职较多，多家银行在年报中都提到通过主动减员以减缩人工成本。

表 2　四大行 2016 年相对 2015 年的员工数数量的增速

银行	比 2015 年减少人数（人）	降幅（%）
中国银行	6881	2.2
中国建设银行	6721	1.8
中国农业银行	4023	0.7
中国工商银行	7635	1.6

（二）不良贷款率攀升、拨备覆盖率下降警示商业银行风险增大

如图 2 所示，2017 第一季度与第二季度的不良贷款率仍然保持在 1.74%，拨备覆盖率 177.18%。2016 年，工行、中行、建行的拨备覆盖率在某一时期都出现过低于监管红线 150%的情况。2017 年 1 月 10 日中国银监会公布的数据显示，不良贷款率升至 1.81%，创下了近七年的最高水平，相比 2015 年末不良贷款率为 1.67%，明显攀升。

根据银监会的数据，截至 2016 年末，商业银行拨备覆盖率为 176.40%，相比 2015 年末下降 4.8 个百分点（见图 3）。从近年的数据看，拨备覆盖率从 2012 年的峰值（295.50%）持续下降，2016 年第三季度末降至 175%。

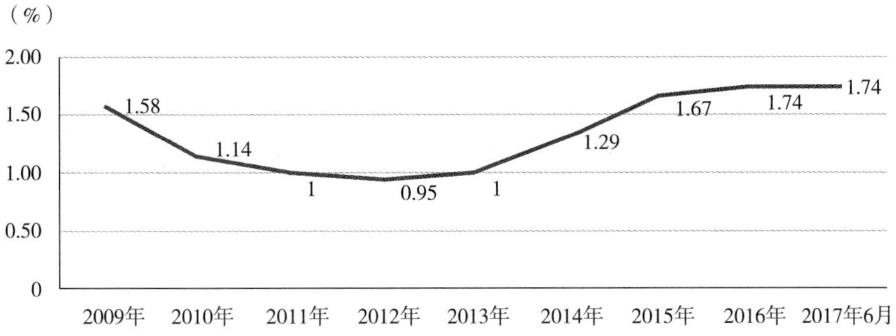

图 2　商业银行不良贷款率

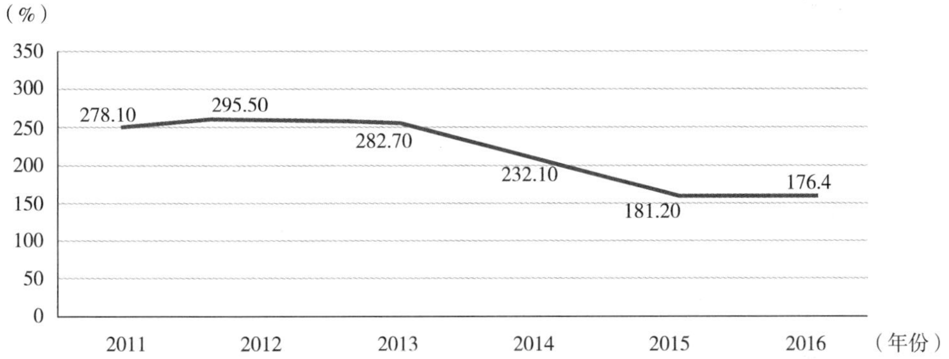

图 3　商业银行拨备覆盖率

2016 年，宏观经济因素影响了商业银行的盈利能力，并且不良贷款上升，商业银行拨备覆盖率的下降也不可避免。拨备覆盖率是实际上银行贷款可能发生的呆、坏账准备金的使用比率；不良贷款拨备覆盖率是衡量商业银行贷款损失准备金计提是否充足的一个重要指标，同时也是业绩考核的一个量化指标，拨备覆盖率越高说明抵御风险能力越强。

（三）商业银行物理网点减少警示员工有转型必要

互联网金融有效地支持和推动了“大众创业、万众创新”，在提高金融效率、降低成本、减少信息不对称性方面发挥了很大作用，2015 年 7 月，人民银行联合工业和信息化部、公安部、财政部等九部委共同出台了《关于促进互联网金融健康发展的指导意见》。这部法律成为了互联网金融的基本法，该法律首次提出了分类指导原则，明确互联网金融监管责任，宣告着中国互联网金融正式结束

“野蛮生长”进入了规范化、制度化阶段。

互联网支付的便捷性和安全性冲击了传统用户的支付习惯，互联网金融行业发展势头迅猛。中国互联网络信息中心在北京发布的第三十九次《中国互联网络发展状况统计报告》中说明，截止到2016年12月，网上支付用户达到了4.75亿人，同期比较网上支付用户增加5831万人，年增长率为14.0%，网民使用网上支付的比例从60.5%上升到64.9%（见图4），手机支付用户增长迅速达到了4.69亿，年增长率为31.2%，网民手机网上支付的比例提升至67.5%，上升了10.2个百分点。

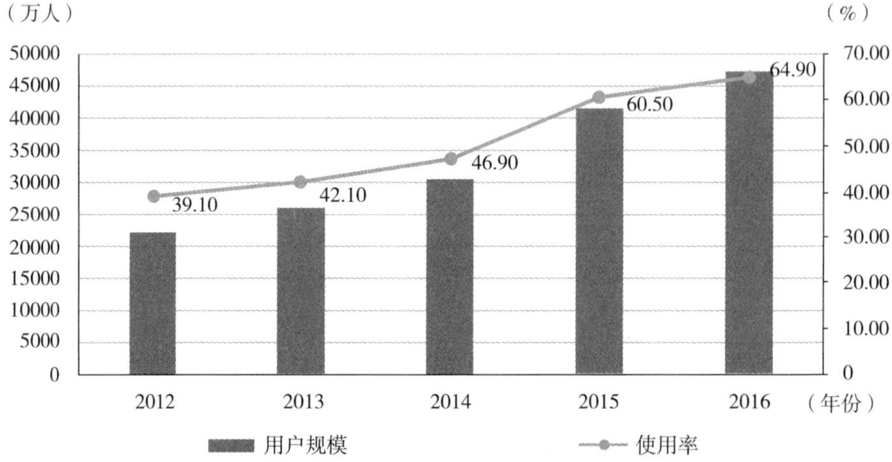

图4　2012~2016年网上支付用户规模及使用率

伴随着银行互联网金融的兴起，对物理网点以及人工客服的需求下降，这将导致银行人员需求下降，物理网点收缩。以农行为例，农行在2016年完成“瘦身”1807个网点，迁址优化409个网点，截止到2016年末，农行的自动现金终端和自助服务终端全年交易额为20.5万亿元，同比增长5个百分点。中信银行也在年报中提到，推进网点轻型化，2016年该行手机银行交易笔数和交易金额分别同比2015年末增长146.29%和138.56%。民生银行2016年手机银行客户总数也同比增长了572.57万户，该行个人网上银行交易替代率达到99.28%。员工的转型已经是大势所趋，我国的银行业员工结构与欧美国家银行业不同，欧美国家银行60%~80%是营销人员，柜员仅是20%~40%，在我国柜员比达到了70%~80%，营销人员只占20%~30%，柜员人员转岗的空间非常大。

（四）商业银行支付业务的主导地位受到第三方支付机构挑战

支付作为金融中最基础的服务，毫无疑问在移动金融创新中也是最活跃的领域。尽管我国的移动支付起步晚，但是由于发展迅速，目前我国已经处于世界领先地位。据相关统计，2016 年我国移动支付业务金额达到了 208.51 万亿元，发生了 1227.61 亿笔，现在不管你身处何处，无论是大型豪华的商场还是比较偏远的城镇商铺，微信支付、支付宝扫码、ApplePay 等移动支付都随处可见，出门不带现金是很多现代青年的日常。同时，也不得不感谢安全技术为移动支付带来的可能性，以及其创新带动的大额移动支付的发展，人们慢慢习惯于用移动终端去办理支付、转账、基金理财等业务。支付业务原本是商业银行自诞生之日就占主导地位的日常业务，而且也是主要由商业银行来办理，但是目前整个网络支付市场上，商业银行支付业务的份额逐渐被吞噬，渐渐地失去了其主导地位，第三方支付机构更是抢占了更多的市场份额。2016 年，第三方支付机构共处理移动支付业务 970.51 亿笔，金额 51.01 万亿元，同比分别增长 143.47%和 132.29%；银行业金融机构共处理移动支付业务 257.10 亿笔，金额 157.5 万亿元，同比分别增长 85.82%和 45.59%（见图 5）。

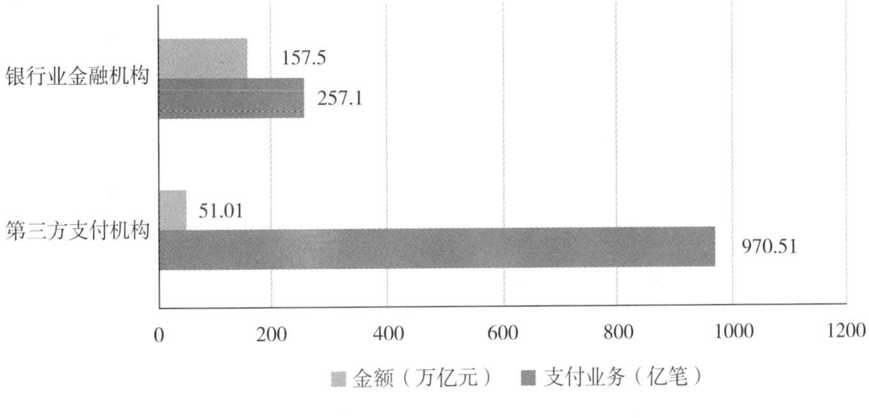

图 5　2016 年第三方支付与金融机构支付情况

从业务交易量看，第三方支付机构的 970.51 亿笔远远超过银行业金融机构，同时，第三方支付机构还通过构建 O2O 支付闭环的方式逐渐渗透到商业银行主导的线下收单市场，因此，商业银行面临如何把握移动支付的重要机遇的严峻挑战。

二、我国商业银行未来发展的趋势

(一) 我国商业银行集约化趋势

资产集约化是我国商业银行经营管理的重要方向，业务结构的优化调整和中间业务比例的提升，是集约化的重要保证。所以商业银行要对负债结构做出更科学的管理，优化存款结构，增加其风险的应对能力。同时商业银行还要重视资产结构运营效率的提高，银行业应该对产业有支撑作用，发挥自身在社会发展、经济发展中的作用，通过提高开发互联网平台、咨询等中间业务的比重来改善自身利润质量。

(二) 我国商业银行国际化趋势

在过去五年的全球化进程中，我国商业银行力求突破，所谓危机即转机，随着国家“一带一路”倡议的提出以及逐渐落实，也为银行业“走出去”提供了机遇。从 2013 年习主席提出“一带一路”的建设性意见以来，该倡议受到了超过 100 位国家领导和国际组织的支持和响应，我国各个领域都在全速推进，相关的一系列项目落地，带动了沿线经济的极大发展，成果举世瞩目，2017 年 5 月的国际合作高峰论坛的成功举行更是标志着“一带一路”进入了新的阶段。我国商业银行借助“一带一路”机遇主动设点、布局，借助产业基金、对外承包等多种多样的金融工具，积极与国际金融机构合作，构建立体式风险防控体系，为世界经济发展孕育新的增长极。在“一带一路”倡议纵深发展等契机下，我国银行的经营能力不断提升，2017 年中国银行业的国际化进程的背景更加复杂，但是更要看到其中的机遇，中国国际地位的不断提高和“一带一路”建设的推进使得银行国际化发展的条件越来越好。在面对国际化的进程中不仅要把重点放在规模扩张上，更应该着重纵深发展，海外发展的布局应该更多样化、合理发展，防范海外经营风险，改进管理方式。

(三) 我国商业银行互联网化趋势

在互联网金融时代，商业银行应该进一步强化服务水平和运营管理能力。首先，充分利用大数据技术在信息处理和信息挖掘中的优势，开展客服细分，针对不同群体做出分类，从而做出针对性不同的经营方向。树立人性化的金融服务观，以服务理念的转变主导自身的经营转型工作。在树立服务理念时，注重优化客户服务体验，针对不同客户的不同偏好和消费习惯开展产品创新。

（四）我国商业银行大数据化趋势

在我国商业银行转型发展中，用户信息、数据业务都有很多信息，从中能够挖掘出很多价值所在，充分进行数据挖掘，不仅可以增进商业银行的盈利能力，也可以推进发展空间和竞争力。建立在云计算、云存储、并联数据库技术上的大数据分析，是商业银行进行数据信息价值挖掘的有力技术保障。作为网点智能化的有效支撑手段，大数据分析技术将在未来分析客户到店目的、网点选址、相应人员配备和服务等种种决策中起到至关重要的作用，并且根据大数据分析结果可以对顾客进行一个细致的分类，银行网点人员也能根据结果提供更有效和针对性的服务以及产品推荐，全方位提升客户的体验。

三、新时代背景下我国商业银行顺应趋势的改革对策

（一）推进风险管理与经济周期相结合

商业银行从事的就是在金融市场上进行风险套利活动，2017 年全国银行业监督管理工作会议指出，2017 年要以坚守不发生系统性风险为底线，扎实推进重点领域风险防控。严控不良贷款风险，严盯流动性风险，严管交叉性金融风险，严防地方政府融资平台贷款风险，严治互联网金融风险，严处非法集资风险。银行管理的实质上就是风险，在新的经济环境下，伴随利率市场化以及金融不断创新，涉及的高风险领域越来越多，传统的内部控制以及风险管理的缺陷已经日益暴露，想要对商业银行面临的风险进行完全控制，必须健全商业银行治理结构，规范风险管理流程和提高风险管理的效率，建立良好的风险管理考评机制以确保风险管理的主动性，同时利用多种计量方法来确保风险管理的测量，及时构建信息系统数据库。

在不同的经济周期银行的风险管理机制并不一定完全相同，假如商业银行在经济繁荣期间放出去了大量信贷，那么在经济下行期间就会产生较多的不良贷款，风险管理模型就会出现技术性的失效。目前，各大商业银行的不良贷款率快速攀升，这跟我国的经济大环境是密不可分的，现阶段经济下滑，国内制造业萧条，而且银行在上一个经济繁荣周期提供了大量的信贷。所以，经济周期的存在就对风险管理有了更高的要求，银行的风险管理机制应该与宏观经济周期结合，加强对经济周期的前期分析和预判，分析各个经济周期对商业银行的影响差异，

然后通过金融工具创新来规避风险。

（二）战略立意差异化、提高商业银行的企业文化

客户的定位是所有战略的出发点，商业银行按照规模不同对于客户的定位也应该有所区别，大型商业银行的客户定位和中型商业银行的定位应该是错层竞争，而不是把有限的资金能力全部用来争抢高端客户，应该着眼于中小客户群。大型商业银行还应该提高自身在国际的竞争力以吸引国外的顾客。根据自身的优势寻找有别于竞争对手的产品和业务，比如中国银行的优势是外汇业务，可以作为产品差异化的重点，在市场的发展和客户需求的基础上结合信息技术不断创新。大型商业银行选择大中型企业的金融服务为核心业务，提供综合性服务；中小型银行偏重于以中小企业和小群体客户为主要服务群体，打造自己的特色产业；地方性的城市商业银行根据所在地方的环境去设计特色产品与服务；农村与村镇银行应该为农民客户设计差异化、符合农民需求的农贷产品。

同时商业银行也必须建立自己的企业文化，以客户为根本，随着社会经济环境变化去调整，强化改革，在长期经营中汲取经验，升华提炼一个被员工普遍认可和遵守的文化观念。比如，东亚银行的宣传文化是“点滴关爱，汇流成河”，在这种企业文化熏陶下内部员工都为客户提供最温暖的金融服务，在办理业务时都可以做到换位思考，以企业文化为自己的工作要求。全体员工都遵从、贯彻这一价值观念，不管是普通顾客还是高净值顾客都一视同仁，其提供的一元起存更是吸引了大量顾客，其营业网点都是直接买下，从来不采用租赁方式，直接列入银行的固定资产中，从中国内地第一家分行1920年在上海成立，东亚银行良好的企业形象吸引了越来越多的顾客。随着经济开放，越来越多的外资银行进驻，银行业的竞争日益激烈，比较安稳的环境已经是上一个经济周期内的事情，我国商业银行过去提供的服务大同小异，而现在的激烈竞争要求考虑如何能吸引客户，所以，最关键的是要为客户提供全方位的综合性服务，提高服务质量，培养银行的企业文化。

（三）构建共赢的金融科技生态圈、物理网点更智能化轻型化

面对金融科技的发展，我们应该积极应对，在国内四大国有银行分别与百度、阿里巴巴、腾讯、京东等签署战略协议，打破了互联网与现实金融各自为政的传统业态。两者携手合作，一方面，银行为金融科技提供融资支持，甚至可以建立相关风投基金为其提供资金或者股权投资，银行建立创新基金进行项目孵化。另一方面，银行将自己的金融产品以及服务封装形成标准化服务组件，通过数字化API对接互联网金融，通过市场化运作将原本比较封闭的银行

内部发展模式向开放式的合作模式进行转变，提高创新效率，提升规模效益（见表3）。

表3　新四大行联手BATJ

百度（Baidu）+中国农业银行	阿里巴巴（ALibaba）+中国建设银行
2017年6月20日，百度与中国农业银行达成战略合作，双方签署了框架性合作协议，同时揭牌金融科技联合实验室，目前双方的合作主要是信贷业务以及理财业务，将来会在资产证券化、虚拟货币以及产业互联网金融等方面探索	2017年3月28日，阿里巴巴集团、蚂蚁金服集团与中国建设银行签署三方战略合作协议，开展线上线下渠道业务合作、电子支付业务合作，打通信用体系。蚂蚁金服向外界传达，作为一家金融科技公司，未来只做基础，支持金融机构做好金融
腾讯（Tencent）+中国银行	京东（JD. COM）+中国工商银行
2017年6月25日，中国银行——腾讯金融科技联合实验室挂牌成立，将重点在云计算、大数据、区块链和人工智能等方面展开深度合作，共建普惠金融、云上金融和科技金融，经过数月努力，双方初步在云计算和大数据平台以及人工智能应用方面取得突破，建立了金融大数据平台	2017年6月16日，中国工商银行与京东金融集团签署了金融业务合作框架协议，双方将在金融科技、零售银行、消费金融、企业信贷、校园生态、资产管理、个人联名账户等领域展开全面深入的合作

互联网金融创新已是大势所趋，网点智能化和轻型化更符合现代客户的需求，人们消费模式和行为习惯的改变导致网点交易功能日渐弱化，更偏向于办理较为复杂业务和咨询问题的场所，物理网点应该更智能化和轻型化，智能化就是通过智能机代替人工办理日常业务；轻型化就是通过智能机的使用和场地布局，组建人数较少、场地面积较小的轻型网络店。据中国银行业协会统计，截至2015年底，商业银行智能化网点达到7270个，到2016年底银行业金融机构改造完成智能化网点9400多个；轻型化建设方面，2016年设立社区支行6362个，小微支行达到了1540个。

但是现存网点规模较大，整体运营效率有待提高，商业银行将轻型网点作为下一步进驻和在空白区域进行推广的主要方式。商业银行网点更加切入人们的生活、符合顾客的需求；出现了一系列书店银行、社区银行、商场银行等，与生活息息相关的场景让金融融入消费者的生活，所以，要构建以银行为中心的生活圈子，充分提高银行产品与服务线上线下的融合，使得顾客的使用更加便捷，从而培养客户的忠诚度。

（四）优化移动支付产品、加强行业合作

移动支付产业的出现实质是制度、市场的创新。银行业应该通过线上线下相结合、近场和远程相结合的方式开展业务模式创新，一些银行构思出了“全渠道覆盖、多应用场景、多机构接入、全账户支持”的支付全方位方案，同时推出了信用支付、积分支付等支付类产品，极具互联网特征。建设银行围绕顾客体验加入互联网思维推出的“龙支付”产品，就是首个融合二维码、人脸识别、NFC等各种技术，覆盖线上线下的统一支付全新产品，不仅是对传统支付结算收单业务的突破，更是对金融业向“互联网+”转型的重大推进。

在移动支付的大浪潮下，各家金融机构都推出了移动支付产品，柜台上收银的二维码种类也越来越多，二维码支付市场的格局已定，但是要看到，无论第三方支付怎么创新，最后的资源流都离不开银行账户，商业银行想依靠自身的力量在目前的市场情况下来夺回市场份额难度较大，聚合支付可能是现在最好的切入方式，工商银行和建设银行已经在原有二维码支付产品的基础上，陆续支持与不同第三方支付机构的二维码互扫互认，通过技术对支付通道进行整合、兼容各方系统、提供统一的管理系统，无论是哪种第三方工具，只要扫描同一个二维码即可付款，开展聚合支付收单业务这一趋势已不可阻挡。

（本章作者为河南工业大学：汪来喜　王格格　殷笑晗
郑州大学：刘艺娃）

我国互联网金融发展特点、趋势及对策研究

摘要： 互联网金融作为一种新兴的业态形式，在我国迅速发展，规模日益快速增长，已广泛涉及各类金融业务，建立了具有自身发展特色的多维生态系统；但在其快速发展的同时，呈现行业风险凸显、行业监管趋严等发展趋势，这就要求互联网金融企业要适时转型，寻求新的发展模式，运用金融科技、消费金融等策略为互联网金融行业注入新的发展活力。

2013 年被称为中国的互联网金融元年，以阿里金融成功涉足小额贷款、担保等金融业务为标志，拉开了我国互联网金融发展的序幕。互联网金融，是指互联网企业基于互联网、移动通信、大数据、云计算等互联网技术开展金融业务。谢平、邹传伟（2012）认为互联网金融是一种不同于资本市场的直接融资和商业银行的间接融资的第三种金融融资模式。无论是哪种定义，都体现了互联网金融的发展在金融业掀起的变革浪潮。

一、我国互联网金融发展的五个特点

（一）我国互联网金融市场规模增长迅速

近几年，互联网金融在中国的发展速度十分迅速。根据相关统计，截至 2015 年第一季度我国互联网金融市场的整体规模已经超过了 10 万亿元，互联网金融用户超过 4.5 亿人，其渗透率超过了 70%，这一规模仍在继续扩大。我国互联网金融发展的起点是电子商务的兴起与发展，由电子商务企业开始发展第三方支付、P2P 网贷、众筹以及互联网理财等互联网金融业务。

第三方支付伴随着电子商务的兴盛在我国逐渐兴起，但由于技术、市场环境等方面的限制，其发展一直处于“野蛮生长”状态，直到 2010 年中国人民银行出台《非金融机构支付服务管理办法》并于 2011 年 5 月签发了第一批第三方支

付牌照，第三方支付才开始规范化发展。也因此，从 2011 年开始，第三方支付进入高速发展阶段，从 2011 年的 8.4 万亿元增长到 2016 年的 57.9 万亿元，每年的增长速度都保持在 30%以上（见图 1）。

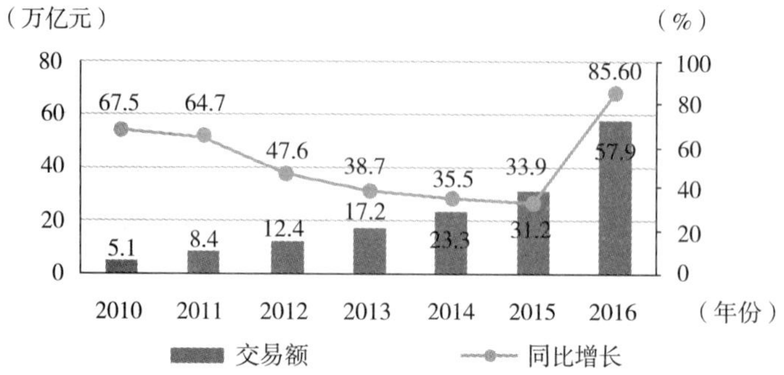

图 1　2010~2016 年第三方支付市场规模

资料来源：比达咨询。

P2P 网贷最先兴起于欧美国家，21 世纪初被引进国内，主要服务于小微企业的融资需求。2012 年我国网贷平台数量开始迅速增长，其服务对象也由小微企业扩大到居民消费者个人，基于互联网技术的普及，P2P 网贷的便捷吸引了大量用户，交易规模也迅速增长，2016 年其交易规模达 1.97 万亿元（见图 2）。但由于 P2P 网贷的监管不足、入市门槛低，在迅猛发展的同时也出现了网贷平台倒闭、跑路的问题。

图 2　2011~2016 年 P2P 网贷交易规模

资料来源：易观分析。

互联网理财较第三方支付、P2P 网贷等互联网金融业务在国内起步较晚，指的是用户通过互联网的理财产品进行资产管理以及获取收益。根据 CNNIC 的统计数据，截至 2016 年 12 月，我国网民规模已有 7.31 亿，互联网的普及率达 53.2%，一些一二线城市甚至超过了 70%。在这一背景下，互联网理财的应用应运而生，而且获得了飞速的发展。2016 年互联网理财的市场交易规模达 78536 亿元，相较于 2014 年增长了 3.7 倍（见图 3）。互联网理财的代表余额宝自上线以来就备受关注，其安全、便捷、高收益的特点吸引了大量用户。2013 年余额宝上线仅 5 个月，其规模就突破了 1000 亿元，用户数量近 3000 万户，这相当于当时国内全部货币基金总规模的近 20%。发展至今，余额宝规模已经达到了 1.43 万亿元，甚至超过了招商银行 2016 年底的个人活期和定期存款总额，与其对接的天弘基金更是跻身货币基金的第一梯队。

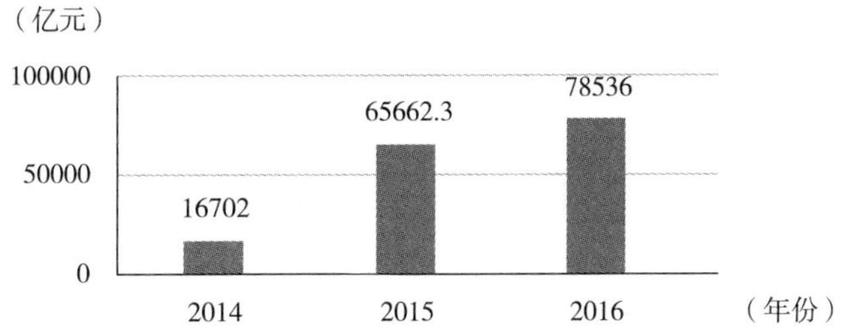

图 3　2014~2016 年互联网理财市场交易规模

资料来源：易观分析。

（二）我国互联网金融业务涉及范围广泛

互联网技术最早诞生于美国，将互联网技术与金融业相融合的互联网金融在欧美国家已经发展得较为成熟，现已形成一定体系。我国互联网金融虽起步较晚，但互联网企业所涉足的金融业务十分广泛，从最开始的第三方支付、网贷、众筹等由电商发展起来的互联网金融项目，发展到现在的互联网理财、保险服务等。从表 1 中可以看出，在互联网金融发展的众多金融业务中，第三方支付的市场规模最大，互联网理财的发展势头强劲。一方面是由于移动支付的快速发展，给第三方支付注入了新的活力，2016 年我国移动支付的用户规模达 4.69 亿人，交易规模为 58.8 万亿元；另一方面由于人们理财意识的增强，加上大数据、云计算等技术的日益成熟和普及，互联网理财为用户提供了较传统理财更为安全、便捷、高收益的低门槛理财方式。

表1　2016年互联网金融市场业务情况

金融业务	市场规模（亿元）	业务特点
第三方支付	579000	大数据，便捷、高效
P2P网贷	19700	资金的供需者直接对接
众筹	215.4	创业者融资的首选
互联网理财	78500	安全、便捷、高收益，碎片化理财
保险	2347	与传统保险业协作发展

资料来源：易观分析、希财新金融等网站资料整理。

（三）我国互联网金融用户本位的多维生态系统逐渐完善

我国互联网金融的发展目前已经逐渐形成了一个用户、云、端互动的多维生态系统，并在不断完善。互联网金融的发展模式不同于传统的金融业，传统的金融业将设计好的金融产品通过投放到一定渠道销售给客户，在这一过程中忽略了客户的真实需求，而从消费者的角度来看，他们只能从金融市场上现有的金融产品中进行选择，这大大限制了其金融需求。互联网金融则沿袭了互联网、电商的发展思维，建立起以用户为核心的用户、云、端之间互动的、动态的多维生态系统。用户是该系统的核心，用户本位是互联网金融发展所遵循的原则之一，关注众多中小用户的体验，由此开发被传统金融业所忽视的长尾市场；云包括了云计算、大数据以及征信平台等互联网金融基础设施，正是有了这些技术和信息的支撑，互联网金融才得以发展完善，以致对系统发展的传统金融业造成冲击；端指的是大量的应用场景以及相关的各种产品。

在这一生态系统中，金融产品的产生源于用户的金融需求，用户的某种需求在某个场景中被发掘，通过云收集需求信息并进行相应的产品开发，再通过端传回给用户，由此将金融生活化。以阿里金融为例，人们在日常生活中的消费通过淘宝、支付宝等端口，将大量消费信息和数据传回，阿里金融通过大数据分析、云计算等技术了解用户的金融需求，为用户提供各种金融产品，如余额宝帮助用户进行账户余额的碎片化理财、花呗和借呗等产品为用户提供借贷服务。根据CNNIC的数据，2016年，我国网上支付用户规模为4.75亿人，占网民比例为64.9%；网络购物用户规模4.67亿人，占网民比例为63.8%；互联网理财用户规模为9890万人，占网民比例为13.5%。互联网金融形成的多维生态系统，正在改变着人们的生活。

（四）我国互联网金融行业人才缺口大

互联网金融的业务范围不断扩大，金融科技在行业发展中发挥的作用越来越大，由此带来了巨大的互联网金融的人才需求。当前互联网金融市场上的人才状况主要有两方面的问题：一是现有从业人员专业程度普遍偏低，对于互联网与金融两种专业的双重需求不能同时满足；二是互联网金融市场的快速发展导致对应人才的教育及培养延迟，人才的供给无法满足行业现有的以及未来的需求。根据金融英才网的统计数据，2016 年 11 月下旬的互联网金融行业招聘需求较 2015 年同期上涨了 11%，风险控制岗位的招聘需求较 2015 年同期上涨了 15. 3%；从地理区域上看，一线城市较二三线城市的人才缺口更大。更有专家预测，在未来的 5~10 年内，互联网金融各种业态的人才总缺口将达到 300 万左右。

（五）我国互联网金融行业风险日益凸显

互联网金融在快速发展的同时，各种风险问题也随之而来，其中影响最严重的是频发的互联网金融平台跑路及倒闭事件。2015 年下半年以来，e 租宝、大大集团、中晋资产等相继发生的暴雷事件，给监管部门以及广大用户敲响了警钟。截至 2017 年 5 月底，P2P 网贷行业正常运营平台数量下降至 2148 家，而累计停业及问题平台达 3748 家，问题平台占比 63. 57%。

除了具有传统金融的金融市场风险、金融产品风险等系统风险，互联网金融本身还拥有明显不同于传统金融的风险特征，一方面，互联网金融的发展是基于互联网技术的创新和发展，技术安全、网络安全等都是互联网金融的风险来源；另一方面，互联网金融服务的对象主要是针对中小微企业以及普通消费者个人这类数量多、范围广、投资小而分散的长尾客户，而这类群体的金融知识、金融风险识别能力以及风险承担能力相对较弱，容易受到误导、欺诈，由此带来的风险也不容忽视。

二、我国互联网金融发展的五大趋势

目前来看，互联网金融的市场规模虽然仍在不断扩大，但增速有所放缓，行业收益率也趋于合理，同时，一系列监管政策的出台，加强了对互联网金融企业的约束，这些都标志着互联网金融行业正在逐步进入规范发展的新阶段。在这一阶段，互联网金融呈现出产业融合、技术创新、行业集中、企业转型、监管落地等新的发展趋势，将推动互联网金融行业朝着更加规范、合理、可持续的方向发展。

（一）我国互联网金融的跨界融合态势增强

互联网金融的快速发展使其逐渐融入人们的生活，支付清算平台及其账户体系等互联网金融服务在便利人们日常生活消费的同时，也吸引了大量企业开展互联网金融业务，纷纷推出自己的金融服务平台，涉及汽车、旅游、医疗、物流、保险、家装等多个行业。互联网金融服务可以使企业通过其业务场景在盘活沉淀资金、增加用户黏性的同时挖掘潜在客户，让企业在日常经营中找到新的盈利点，构建自己的经营生态体系，增加其竞争优势。因此，产业互联网金融这种“产业+互联网+金融”的跨界融合是互联网金融未来发展的主要方向，通过这种跨界的产业融合，深化产业发展，推动经济增长。以汽车行业为例，2012 年二手车交易服务商大搜车成立，2014 年其通过建立自有的支付体系及平台，逐步提供了其业务场景内的保险、消费贷款以及供应链金融等服务，2016 年 11 月大搜车完成了 1 亿美元的 C 轮融资，并准备向汽车金融转型。大搜车的成功印证了产业互联网金融的发展趋势是积极正向的，更多类似的企业通过自建支付平台、支付清算系统，增加支付环节的可控性和灵活性，拓展更多样化的业务模式，为企业带来收益，提高企业竞争力。

（二）我国金融科技引领互联网金融技术革新

金融科技（Fintech）是从国外引进的概念，但它在中国的发展时间并不短，主要存在于传统金融的 IT 系统，而真正应用于金融核心领域是由于互联网金融的兴起。近几年，互联网金融市场规模的迅速扩展，使金融科技逐渐走入人们的视野。在遵循金融市场基本规律的前提下用技术推动金融创新，是金融科技发展的使命，也是互联网金融发展的原动力。换句话说，金融科技服务于互联网金融，金融科技的发展将会带动互联网金融的技术革新，从而推动互联网金融产品的创新，发掘更多潜在用户，同时增强行业的风险承受能力。从金融科技发展的现状来看，一方面，金融科技投资呈爆发式增长，2016 年我国金融科技投资达 88 亿美元，较 2010 年增长了 252%；另一方面，互联网金融服务中占比最大的支付、个人贷款、资金转移三项都是通过金融科技完成的。金融科技是互联网金融发展的未来趋势，甚至有可能脱离互联网金融而存在，形成更加科技化的商业形态。

（三）我国互联网金融行业集中度显著提高

随着互联网金融热潮的深化发展，行业竞争不断加剧，行业监管政策逐渐明朗，互联网金融行业门槛抬高，不合规平台逐渐被强制退出，行业的集中度将显著提高。网贷之家的数据资料显示，目前，网贷市场上正常运营的平台数约为

2500 家，2016 年 12 月前 50 家平台的累计成交额 1447. 5 亿元，占全行业总成交额的 62. 78%，且占比仍有增加趋势，也就是说，网贷市场 2%的平台占据了超六成的网贷市场份额，行业形成“二八”格局的发展趋势，大平台的规模效益和网络效应也越来越明显。除了市场份额的集中度提高，行业的区域集中度也逐渐增加。2016 年 10 月，北京、上海、广东、浙江、江苏五省市的贷款余额总数为 6808. 67 亿元，占全国贷款余额的 90. 94%，较 2015 年增长 0. 76%，而这些地区正是行业大平台的聚集地，资金流向的趋势也说明了互联网金融行业的集中度正在提高，“马太效应”逐渐增强。

（四）我国互联网金融向消费金融转型

互联网金融市场竞争加剧、行业监管趋严、核心征信数据信息缺乏，使得众多互联网金融企业纷纷寻求转型升级，挖掘原有用户的新需求、开发新业务，互联网消费金融逐渐登上舞台。2015 年中国网络经济市场的营收规模为 11. 1 万亿元，同比增长 45. 6%，而同年中国网络购物交易规模约 3. 8 万亿元，同比增长 37. 2%，在未来几年，我国的网络购物潜力还会进一步释放，网络购物还存在很大的发展空间，电商行业将会成为拉动消费的重要渠道。2014 年电商生态消费信贷出现并开始迅速发展，至 2015 年底该业务规模占国内互联网金融整体消费信贷的 57. 5%，且仍在快速攀升，预计 2017 年占比将达到 73. 9%。互联网消费金融通过电商生态网络推动消费信贷发展，并利用大数据、云计算等互联网技术建立起专业化的个人消费金融系统，在更好地便民利民的同时，也为互联网金融找到了新的发展方向。

（五）我国互联网金融行业监管体系趋于成熟

为了防控风险、加强对互联网金融企业的监管，2013 年由 75 家互联网金融机构审议通过了《互联网金融专业委员会章程》和《互联网金融自律公约》，2015 年国家有关部门先后出台了《互联网保险业务监管暂行办法》《非银行支付机构网络支付业务管理办法征求意见稿》《非存款类放贷组织条例征求意见稿》等系列法规。除了对互联网金融企业的审慎监管，政府部门还注重金融消费者的权益保护，加强对互联网金融市场的行为监管。2016 年 8 月，针对多家 P2P 网贷平台跑路、倒闭事件，银监会等四部委联合发布《网络借贷信息中介机构业务活动管理暂行办法》，加强对 P2P 网贷平台的管理。2017 年 4 月，中国银监会发布《关于银行业风险防控工作的指导意见》，强调要稳妥推进互联网金融风险治理，促进其合规稳健发展。2016 年系列监管政策出台，自 2017 年开始各监管政策落地且从严实施，互联网金融行业从“野蛮生长”的发展阶段逐渐进入规范化的发展阶段，我国互联网金融的监管体系也趋于成熟，推动互联网金融的良性发展。

三、我国互联网金融发展的主要对策

从我国互联网金融发展的现状来看，行业发展热度不减，市场规模在不断扩大，金融业务的覆盖范围也在不断拓宽，但在其快速发展的背后，行业风险加剧，网络安全、信息安全问题层出不穷，这些都会影响互联网金融的健康发展。另外，金融科技等浪潮的兴起对金融技术人才的需求也日益增加。本文从互联网金融企业、政府监管以及人才培养三个方面，对我国互联网金融的发展提出几点发展对策。

（一）积极推动企业转型升级，拓展长尾客户群体

互联网金融市场逐渐向“二八”格局发展，许多中小平台生存空间狭小，亟须寻求企业的转型升级。在转型过程中，企业要抓住自身的核心业务进行创新，对原有的客户群体的需求进行深度挖掘，有针对性地开展新的金融业务。互联网金融服务的对象主要是金融市场上的长尾客户群体，因此，中小平台可以抓住金融市场中的“长尾”客户，通过业务创新形成一定的竞争优势。同时，要积极引进金融技术人才，要顺应金融科技发展的时代潮流，通过技术服务金融业务，以技术创新推动业务创新。

（二）提高行业监管技术，加快监管措施落地

我国互联网金融的监管措施和监管体系在不断完善，但是目前来看仍存在监管空白、监管权责不明晰、监管技术落后等问题。互联网金融依靠技术进行业务创新，由于技术进步速度快，导致许多新型业务方面形成监管空白。另外，互联网金融以发掘潜在的长尾用户群体为主要目标，这些长尾用户投资少而分散，监管难度大、成本高，从而造成监管的缺失。因此，一方面，在推动已有监管措施落地的同时要加大对监管技术研究的投入，提高行业监管技术，降低监管成本；另一方面，加强对行业市场的管理，明确监管主体及其监管范围，由此形成监管主体、监管政策、监管技术三位一体的监管体系。

（三）提高从业人员素质，注重科技人才培养

P2P 网贷平台出现的跑路、倒闭事件，究其原因，其从业人员素质低下、金融知识薄弱是问题平台存在的问题之一。另外，互联网金融的发展需要技术的支

撑，发展金融科技势在必行，人工智能、区块链、数字化等新技术的出现，将会再次冲击传统金融行业。因此，加强对企业员工的培训，增强其金融知识以及金融风险识别能力，提高员工金融素质，是互联网金融企业发展的必经之路；国家也应注重对技术型人才的培养，增加教育投入，为互联网金融行业培养高素质的金融人才及技术人才。

（本章作者为河南工业大学：汪来喜　王格格　殷笑晗
郑州大学：刘艺娃）

河南省防范化解金融风险的对策思路

党的十九大报告强调，要坚决打好防范化解重大风险、精准脱贫、污染防治三大攻坚战。防范化解金融风险事关战略全局，打好防范化解重大风险攻坚战，重点是防控金融风险。本文在分析全国和河南省金融风险状况的基础上，提出了河南省防范化解金融风险的思路和对策建议。

一、我国当前重大金融风险的主要表现

作为国际上衡量经济体系统性风险的预警指标，我国宏观杠杆率快速攀升，已成为当前金融风险的集中体现。从 2017 年开始，在供给侧结构性改革推动下，各部门杠杆率虽有下降，但是长期积累的存量风险依然突出，个别风险隐患更为凸显。

（一）宏观杠杆率逐年攀升，整体风险凸显

宏观杠杆率是衡量债务风险的宏观指标，宏观杠杆率=债务余额/GDP，是债务存量与收入流量之比，用于衡量债务的可持续性。宏观杠杆率主要涵盖政府、居民、非金融企业 3 个部类。

横向比较来看，当前宏观杠杆率总水平较高。根据国际清算银行（BIS）数据，截至 2017 年 6 月，我国宏观总杠杆率为 257%，略低于发达经济体非金融部门 274.5%的总杠杆率，与美国的 249.5%和欧元区的 262.8%相当，明显高于新兴市场经济体的 190.0%，远高于巴西的 143.7%和印度的 124.0%。处于新兴市场经济体的中国，宏观杠杆率却达到了发达经济体的水平。

纵向比较来看，2008 年全球金融危机之后，我国宏观杠杆率上升过快，从 2008 年的 141.3%快速上升至 2016 年的 257%（见表 1）。相比之下，同一时间美国仅从 240.1%上升至 249.5%，欧元区仅从 231.8%上升至 262.8%，巴西从 119.2%上升至 143.7%，而印度则从 128.5%下降至 124.0%，不到 10 年的时间就从略高于巴西和印度等新兴市场经济体的水平跃升至美国和欧元区等发达经济

体的水平。

表 1　2008~2016 年各部门杠杆率　　　单位：%

年份	非金融部门（宏观杠杆率）	政府部门	居民部门	非金融企业部门
2008	141.30	27.10	17.90	96.30
2009	177.80	34.50	23.40	119.90
2010	181.60	33.70	27.10	120.70
2011	181.10	33.50	27.70	119.90
2012	194.60	34.40	29.70	130.60
2013	211.00	37.20	33.10	140.70
2014	225.80	40.20	35.70	149.90
2015	244.90	43.30	38.80	162.70
2016	257.00	46.40	44.40	166.30

如图 1 所示，我国宏观杠杆率上升过快、居高不下，不仅反映出债务规模的上涨速度和严重程度，更是我国实体经济深层次结构失衡，资本投资回报率持续放缓，融资结构、债务结构、储蓄率结构不合理的体现。

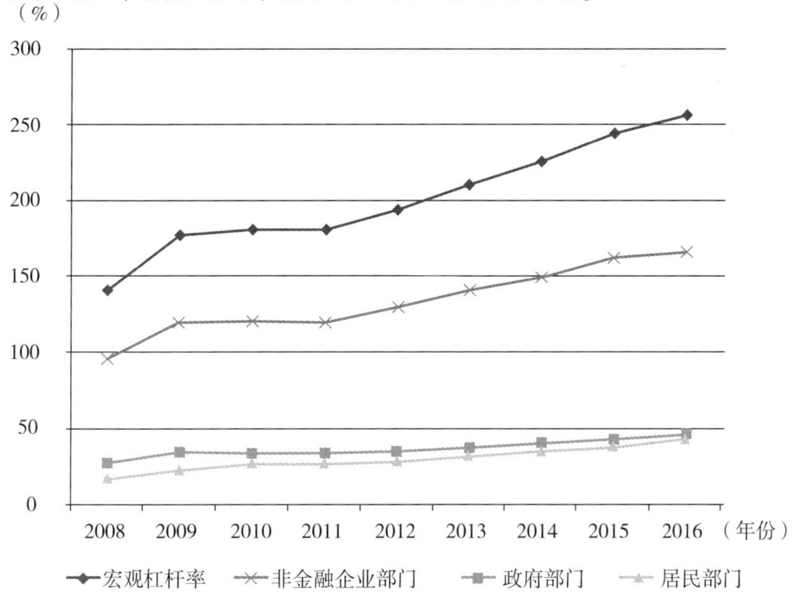

图 1　2008~2016 年各部门杠杆率变化趋势

（二）金融机构资产质量下降，表外业务风险较大

银行资产质量下降，累计流动性风险和信用风险上升。在经济下行压力增大的背景下，实体经济部门债务风险会以提高债务杠杆率的方式向金融部门转移，导致金融部门债务规模迅速膨胀。从 2012 年 3 月开始，商业银行不良率连续 16 个季度反弹（见图 2），2017 年底为 1.74%，关注类贷款比例为 3.56%，问题贷款比例依然较高。根据国际货币基金组织（IMF）2016 年发布的《全球金融稳定报告》，2015 年我国商业银行的公司贷款中，潜在风险贷款的比例为 15.5%，潜在风险贷款规模达 1.3 万亿美元，约合 8.2 万亿元人民币。如果实体部门结构性改革没有实质性推进，金融部门资产负债表会继续恶化，风险集中释放的压力会明显增大。

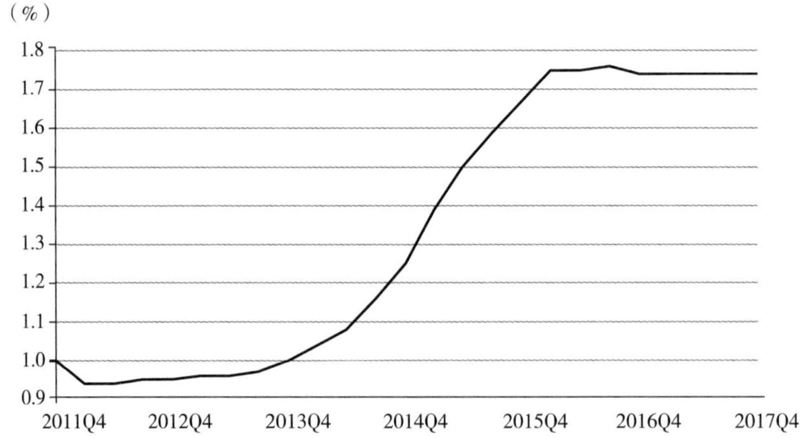

图 2　2011 年第四季度至 2017 年第四季度全国商业银行不良率

资料来源：Wind。

表外业务风险突出。表外业务中发展最快的理财业务存在严重的期限错配、刚性兑付和高杠杆操作，运作模式复杂、风险跨行业传递，积累了大量风险。根据央行发布的《中国金融稳定报告 2017》，截至 2016 年末，银行业金融机构表外业务（含托管资产表外部分）余额为 253.52 万亿元，相当于同期表内资产规模的 109.16%；相对应的是，从 1993 年到 2016 年，金融部门杠杆率一路攀升，分别从不到 10%上升到负债方统计的 67.7%和资产方统计的 78.2%。由于大量表外业务没有纳入资本金监管范畴，使得金融机构资本充足率被高估，将难以承受贷款损失和突发事件带来的冲击。

（三）企业债务杠杆高企，负担沉重，制造业竞争力下降

国有和产能过剩企业杠杆率高、债务沉重。近年来，钢铁、煤炭、火电等领域去产能取得积极进展，但有色、建材、石化等领域依然面临较大的过剩压力。受预算软约束和隐性担保，过剩产能市场化退出机制尚未形成，“僵尸企业”占据大量优质资源难以实现再配置，制约了制造业整体盈利水平的改善，并进一步推高企业的负债水平，其中，国有企业杠杆率和增速明显高于民营企业。按照 2016 年末我国企业杠杆率 166%计算，企业总负债达到 123.5 万亿元，按一年期贷款 4.35%的基准利率，每年的付息成本高达 5.4 万亿元，接近 2016 年新增 GDP 总量。显然，这样的债务水平难以持续。

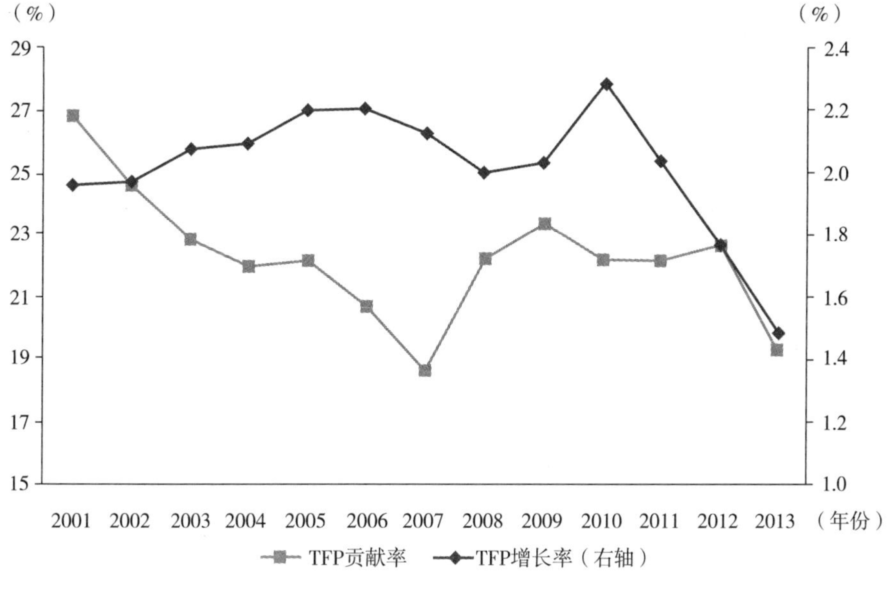

图 3　2001~2013 年全要素生产率变化情况

制造业竞争力下降。受益于供给侧结构性改革，实体经济杠杆率得以从 2016 年 6 月最高点 166.8%一路下降至 2017 年 6 月的 163.4%，但是造成实体经济债务高的全要素生产效率降低、制造业竞争力下降、效益不佳等深层次矛盾未得到有效改善（见图 3），产业价值链和产品附加值，创新能力不足的瓶颈制约逐步显现，前沿技术创新体系尚未形成，在新一轮科技革命和产业变革加快推进的背景下，会进一步加剧制造业企业资产负债表的恶化。

（四）地方政府债务规模快速攀升，隐性债务风险扩大

我国政府部门显性债务规模并不高，2008~2016年增长较快，由27.1%提高到46.4%，2017年6月下降至45.7%，风险总体可控，但个别风险点非常突出。一是地方政府债务上涨较快，到期偿还压力大。截至2017年底，地方政府债券余额达到14.96万亿元，已超过国债债券余额13.4万亿元。2018年地方债到期偿还量为8389.37亿元，从6月至11月，每月到期偿还量在1000亿元以上，偿还压力大。二是由于地方政府举债约束机制不健全，近年来通过投贷联动、名股实债、表外举债、购买服务等方式，借地方融资平台、PPP、产业基金等渠道变相举债的现象较为普遍，隐性债务风险不断积累，可能已超过政府显性债务规模。三是除债务之外，政府部门还以隐性担保的方式，对居民、企业和金融部门承担着“或有债务”，例如对于居民部门存款等承担着或有债务，对养老金缺口承担着或有债务，对国有企业和大型民营企业承担着隐性担保，对“僵尸企业”运营承担一定的或有负债，对金融部门可能发生的危机承担着或有债务，政府债务风险敞口急剧扩大。

（五）居民杠杆率快速提高，房地产泡沫风险较大

居民部门风险主要是经济增速下行影响居民就业和收入，房价和房贷上行提高居民负债率，从杠杆率看，我国居民部门负债水平较低，但是近年来增长较快，根据国际清算银行数据（BIS），1993~2008年，杠杆率由8.3%上升到17.9%，15年上升不到10个百分点；但2008~2017年，由17.9%上升到49%，9年上升了1.6倍，年均增幅近3.5个百分点；近两年年均增幅更是达到4.9个百分点，增速超过其他部门。从结构看，居民部门中长期消费贷款（主要为房贷）增速要远超名义GDP增速，住房贷款余额已突破21000亿元，接近居民总债务的70%；同时，部分居民通过短期消费贷款加杠杆购房，导致短期消费贷款同比增速快速上升。整体看，房贷增速上行与GDP增速下行、储蓄率下行相互叠加，房地产泡沫破裂已成为居民部门的最大风险，将使居民部门的资产负债表严重恶化。

总体来看，由于各部门间经济联系和交互作用的日益深化，经济金融风险的交互性、传染性和网络化特征日趋明显，各部门通过债权债务、投资权益和隐性担保，相互关联形成复杂的网络系统，通过期限错配、资本错配形成风险传递或转移路径，部门风险一旦超过临界值，外溢传导就有可能形成系统性金融风险和社会风险。

二、河南省防范化解金融风险的有利条件

目前，河南省金融监管协调机制已初步形成，通过积极防范化解突出金融风险，保持金融体系运行稳健，守住了不发生区域性、系统性金融风险的底线。

（一）金融风险的监测、评估和预警体系逐步健全

一是人民银行郑州中心支行以金融业务统计为主线，按照“逐笔、全覆盖、无遗漏”的目标，完成了河南省金融业综合统计信息平台建设，截至2017年底，已采集地方法人金融机构数据信息23.78亿条，为基层央行贯彻货币政策、开展宏观审慎管理、进行穿透式监管、维护金融稳定提供有力决策支持。二是通过运用客户风险统计数据，建立了集团客户、担保圈贷款、过度担保、交叉违约等重点风险监测模型，有力支持了风险监测预警。三是通过完善风险检测制度，基本实现了对地方法人金融机构、高杠杆率规模以上企业、影子银行、大型国有企业风险状况的实时监测、预警。四是基本形成了以地方政府为主导，人民银行、银监、政府相关部门积极参与、协调配合的金融风险监测处置模式，有力改善地区金融生态环境。

（二）宏观调控体系不断完善

随着稳健中性货币政策落地和MPA考核常态化，在金融“去杠杆、防风险”的大背景下，河南省金融市场流动性趋紧，流动性的时点波动已成为常态。根据河南省经济金融形势变化，2017年人民银行郑州中心支行通过存款准备金、常备借贷便利、地方国库现金管理等政策工具直接向河南省金融机构释放流动性864亿元，金融体系流动性总体平稳，推动河南省货币信贷和社会融资规模实现合理增长；通过认真开展宏观审慎评估，将表外理财全面正式纳入广义信贷，引导金融机构加强对表外业务风险的管理，引导金融机构广义信贷合理增长，切实防范系统性金融风险。

（三）金融监管体系不断加强

一是加强信用风险管控。督促银行业完善全面风险管理框架，定期开展信用风险压力测试，综合采取批量转让、债转股等多种手段，处置和盘活不良贷款。2017年以来，进一步加大河南省银行业金融机构不良贷款处置力度，累计核销不良贷款376.3亿元，同比增长47.4%，不良贷款余额较年初减少86.69亿元；

不良率下降 0.57 个百分点。二是多措并举防范影子银行风险。通过加强对银行理财、信托计划、资管计划的监管力度，完善监管规则，落实穿透原则，有效控制了业务增量，并消化存量风险，引导金融机构规范开展业务。三是深化政策调控，防范房地产金融风险。严格落实限贷限购地区调控政策和住房消费金融政策，组织银行业机构开展房地产压力测试，防控房地产金融风险。督导银行业落实首套、二套房贷款政策，严厉打击“首付贷”等行为，严防房市波动风险。四是有效防控互联网金融风险，通过开展风险专项整治，已取缔 29 家违法互联网金融平台，占比为 49.2%；关闭 2 家虚拟货币公司，未形成实质风险。

(四) 政府债务管理逐步加强

一是加强政府性债务管理的组织领导，建立健全政府性债务管理制度体系，初步统计，从 2015 年以来省级共出台政府性债务管理制度 16 项，加强债务管理的文件 107 个，基本涵盖了政府性债务管理的各个领域和环节，为加强政府性债务管理提供了较为完备的制度依据。二是完善政府性债务风险预警和化解机制，通过督促所有市县政府制定债务风险化解和控制规划，明确债务管控的具体量化目标和措施，有效强化各地政府化解债务风险的主体责任。三是建立健全规范的政府举债融资机制。2005 年以来，河南省共发行新增政府债券 1609 亿元，政府置换债券 3677.6 亿元，较好地保障了重点项目建设资金需求，有效缓解政府偿债压力。四是开展违法违规举债担保问题清理整改工作，截至 2017 年 9 月，河南省共清理出违规举债担保问题 1543 个，涉及资金 2337 亿元，有效遏制了政府不规范融资。

(五) 国有企业及“僵尸企业”债务风险得到控制

一是制定了《河南省属国有企业市场化银行债权转股权推进工作方案》，开展市场化法治化债转股，稳妥推进降杠杆，辖内工行、建行等 6 家银行分别与河南能化集团、平煤集团等 7 家企业集团达成了实施债转股的意向或签订了有关合同协议，共涉及金额 1478 亿元。二是处置“僵尸企业”去产能。制定《河南省国有企业处置“僵尸企业”工作推进方案》和《关于省属企业处置“僵尸企业”的若干意见》，积极发挥债委会作用，组织召开银行业处置“僵尸企业”座谈会，督促银行业摸清底数，排查风险，有序退出、防范风险。累计争取中央财政奖补资金 40 亿元，用于企业职工分流安置工作。

(六) 非法集资得到有效控制

非法集资是河南省经济社会发展的顽疾，存量案件、金额大，涉及面广、危害严重。2017 年，省金融办通过健全完善工作机制、开展宣传教育、完善监测预警体系、强化风险排查化解、加大处置非法集资力度，河南省非法集资发案数、涉案金额、参与人数分别较同期下降 41.61%、29.27%、32.68%，积极维护地区金融生态环境和社会稳定。

三、河南省当前面临的主要金融风险

河南省作为资源型工业和重工业占比高、农业比重大的省份，实体经济在增速换挡下行、结构调整背景下风险承压较大，并传导至金融领域，加之金融监管穿透性不足，金融市场波动性增强，河南省面临不少风险和隐患。

（一）金融领域风险上升

部分银行机构资产质量降低。近几年，受宏观环境影响，河南省部分银行机构盈利水平降低，资产负债表脆弱性不断增加，虽然 2017 年银行业经营状况略有改善，但是总体资产质量呈下降趋势。整体来看，截至 2017 年 12 月末，河南省银行业金融机构不良贷款余额为 978.81 亿元，账面不良贷款率为 2.30%（2018 年第一季度反弹至 2.45%）；关注类贷款率 4.2%，较年初上升 1.29 个百分点；问题贷款（关注加不良）比例达到 6.5%，较年初提高 0.7 个百分点。商业银行不良贷款率和不良贷款规模快速上升，不良贷款率从 2013 年的 0.82%增长至 2016 年的 1.84%（见图 4），2017 年省内主要商业银行不良贷款较年初增加了 41.5 亿元，考虑到大量的表外不良资产没有纳入监管，银行机构存在大量的隐性不良贷款。其中，河南省农信机构不良贷款率呈下降趋势，2017 年末账面不良贷款率为 3.02%，较 6 月末下降 0.52 个百分点，但依旧高于同期河南省银行不良率 0.72 个百分点，河南省农信机构改革需深入推进。

从不良发生领域看，风险主要集中在产能过剩的传统行业和小微企业，两者不良贷款余额占比为 80%，2017 年新发生的小微企业不良贷款 95 亿元，约占河南省新发生对公不良贷款的 70%。从地区来看，周口、鹤壁、许昌、商丘四地市不良贷款率分别为 6.25%、5.82%、5.33%和 4.59%，远高于河南省平均水平。

在经济下行、产业结构调整和转型升级的宏观经济背景下，随着“三去一降一补”政策的深入推进，河南省未来不良贷款可能上升，而银行资产质量降低会影响银行稳定性以及整个金融系统的正常运转。

区域性中小金融机构经营风险。河南省区域性金融机构以中小银行等金融机构为主，这些机构前期依靠同业业务得到快速扩张，在金融去杠杆背景下，负债

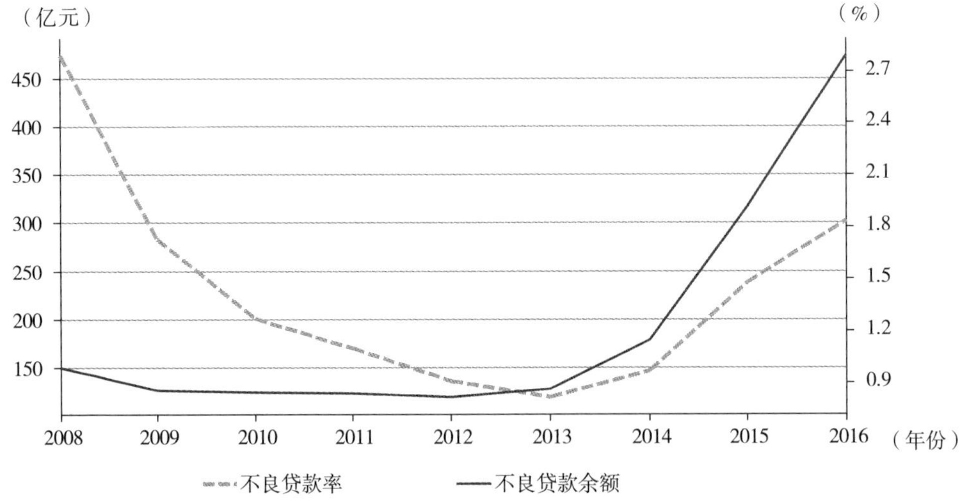

图4　2008~2016 年河南省商业银行不良贷款余额、不良贷款率

资料来源：Wind 资讯。

成本上升、利差收窄不断挤压盈利空间，部分机构利润大幅下滑，风险抵补能力下降，资本补充压力明显增大。2017 年河南省共有 11 家全国性银行业金融机构利润同比下降，法人机构中农信机构、平顶山银行利润同比分别下降 3.6%和 9.3%；同时，由于缺乏专业人才和核心技术的支撑，又受到大中型金融机构业务下沉和互联网金融对小微金融业务的前后夹击，中小金融机构经营风险明显增大。

影子银行风险。在金融去杠杆背景下，河南省影子银行规模已收紧，截至 2017 年末，河南省金融机构债券投资同比少增 947.9 亿元，表外理财余额同比少增 1230 亿元，但是理财资管产品种类繁多、存量巨大，资金运用不透明，刚性兑付、期限错配严重，部分银行发行的同业理财期限为 0.44 年，而表外理财对接的投资平均期限却长达 1.19 年，一旦监管部门正式要求表外理财产品实行单独建账核算、禁止资金池和刚性兑付，不排除部分产品出现无法及时收回资金、足额兑付的可能性，潜在风险隐患不容忽视。另外，截止到 2017 年 6 月末，河南省法人银行业金融机构穿透后理财投资的债券产品 43%为 AA+级以下的信用债券，信用等级较低，在银行表外资产回表中，要高度关注表外理财风险向表内传导的风险。

非法集资等违法犯罪风险依然严峻。一是非法集资存量大，新发案件扩散蔓延的趋势没有得到根本遏制。截至 2017 年底，河南省存量案件 2116 起，非法集资案件参与人数保守估计为 115 万人，有 761 家高风险企业有待化解处置，案件存量很大。二是部分民间借贷发展为非法集资。部分违法投资担保公司改头换面为投资类公司继续违规开展黄金、白银、贵金属等融资业务，且手段隐蔽、方式繁多。三是新的非法集资形式存在巨大风险隐患。互联网非法股票、期货、邮票交易平台，非法 P2P、虚拟货币、现金贷、ICO 等非法融资和非法交易问题在河南省非常突出，由于监管手段传统、监管不到位，再加上是跨省操作，处置难度大。四是信访维稳压力较大，易形成社会风险。

担保小贷代偿风险凸显。截至 2017 年底，河南省有 65%的融资担保机构代偿金额占注册资本的比例达 60%以上，出现了流动性风险。由于市场环境、经营状况和营业收入并未好转，在保企业的还贷能力和还款愿望普遍下降，担保机构的担保责任拨备率急剧下降，从 2013 年的 357. 01%下降至 2017 年第三季度的 38. 75%，导致贷款担保代偿风险进一步扩大。

（二）企业债务风险上升

2016 年末，河南省实体经济杠杆率为 123. 2%，其中非金融企业债务总量为 3. 55 万亿元，占债务总量的 68. 3%，企业债务处于较高水平。

国有企业和产能过剩企业杠杆率过高，小微企业信用风险上升。在过剩经济背景下，河南省煤炭、有色、建材、化工等全国性产能严重过剩行业占比高达 45%，大量企业只能依靠“借新还旧”甚至“借新还息”维持经营，部分产品没有竞争力、财务不可持续、资不抵债的“僵尸企业”不能有序实现市场退出，造成债务不断积累。以 2017 年河南省国有企业债务为例，国有企业负债率高于省内民营企业和全国国企平均负债率，其中，国企资产负债率达 69. 1%，高于规模以上工业企业 21. 6 个百分点，省属国有企业资产负债率为 69. 96%，国有工业企业负债率居高不下。从贷款集中度看，全年河南省国企贷款增加 2409. 5 亿元，占全部企业贷款增量的 76. 6%，国有企业债务与银行业深度捆绑。与此同时，小微企业潜在风险正在积累，2017 年末河南省小微企业账面不良贷款同比下降 10. 3%，而关注类贷款大幅增长 91. 4%，问题贷款达 9. 6%，风险控制任务加重。

企业债券到期兑付风险时有发生。在市场萎靡、需求不足背景下，部分企业债券违约风险开始逐步显现，近两年先后出现过安钢、郑煤、河南能化等企业债券到期后兑付困难的风险。以 2018～2021 年到期的公司债券看，共计兑付金额为 709 亿元，每年需兑付债务分别为 60 亿元、102 亿元、165 亿元、382 亿元，兑付压力逐年增大；同时，周期性行业对资金成本上升的敏感性较大，利息支出等财务成本沉重，在经营状况没有彻底改善的情况下，流动性风险可能加剧，一旦新增融资中断，就可能面临资金链断裂风险，引发连环债务违约、互保圈和跨市场的风险传递。

（三）政府债务风险上升

截至 2017 年底，河南省政府债务余额合计 5549.1 亿元，和上年基本持平，政府债务率约为 79%，稍低于全国地方政府债务率 80.5%的水平，低于 100%的警戒线。从城投债和地方政府债券余额看，河南省债务率排在全国第 29 位（见图 5），总体来看，政府显性债务风险可控，但是存在的问题和风险需要关注。

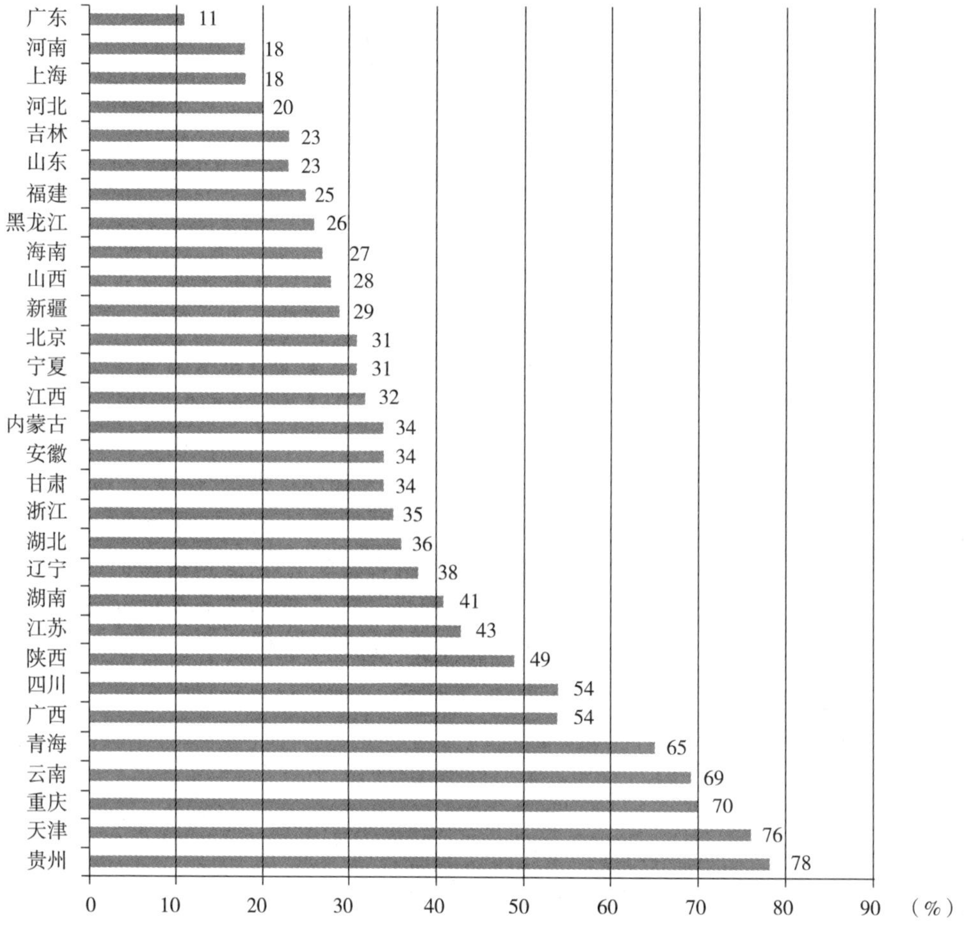

图 5　2017 年各省（城投债+地方政府债券余额）/GDP

资料来源：Wind。

局部地区债务风险不容忽视。部分市县政府因缺少优质资源、资金协调能力弱，缺少规划、盲目发展，投资产出效益低，政府债务较重。从财政部通报的 2016

年债务风险情况看，河南省高风险地区达到61个，其中：风险预警地区13个，风险提示地区48个。分层级看，有2个省辖市本级列入风险预警名单，10个省辖市本级列入风险提示名单，合计占全部省辖市的2/3；11个县（市、区）列入风险预警名单，38个县（市、区）列入风险提示名单，合计占河南省县（市、区）个数的1/3。由于部分市县政府短期债务较多，资金期限错配严重，还款严重依赖土地出让收入，一旦房地产价格下降，流动性风险会进一步提高。

隐性债务数额庞大。与其他省份一样，河南省不少市县也存在通过各种形式变相举借政府性债务问题，包括政府违规提供担保承诺、借道融资平台公司举债、伪PPP、政府投资基金“明股实债”、违规扩大政府购买服务范围和期限等，在监管未穿透的情况下很难准确查清具体规模。截至2017年6月末，河南省主要银行业金融机构通过PPP、政府购买服务、政府引导基金、融资租赁和其他模式向类平台提供资金2081.11亿元，实际数字还可能更高。在部分PPP入库项目中，银行成为地方政府PPP融资的主要承担方，银行真正贷款比例占到90%以上，积累了大量的隐性债务。

（四）房地产领域风险上升

当前，河南省房地产市场供需相对平衡、市场稳中趋缓，但也形成了高价格、高杠杆、高度金融化和高度关联性的风险特征，随着政策调控、利率上行等宏观环境变化，河南省房地产市场潜在风险显性化。

房地产金融化风险。房地产作为现阶段较为适宜的金融抵押品，与金融机构有着千丝万缕的关系，主要表现为资金集中度高。截至2017年12月，河南省金融机构房地产领域贷款余额为12453.33亿元，比年初增加2505.27亿元，同比增长25.2%，占贷款总量的近30%，新增贷款占全部新增贷款的近40%；同时，大量资金绕道影子银行违规流入房地产市场，再加上大量民间高息贷款流向房地产上下游行业，增加了房地产金融化风险。

房地产企业资金断裂风险。房地产企业是房地产市场风险向金融体系传递的最主要渠道。当前河南省房地产企业杠杆率普遍较高，截至2016年底，河南省房地产企业总体负债率达到81%，负债规模达到1.84万亿元（见图6），同比增长超过26%。随着地产调控趋紧和金融去杠杆，融资渠道收紧，尤其是中小房企资金成本明显上升，叠加销售放缓、资金回笼速度放慢，造成偿债能力下降，突出表现为房地产贷款不良明显增多。

居民购房违约风险上升。近几年，房地产价格快速上涨，个人住房贷款大量增加，2015~2017年河南省个人住房贷款增速分别为30.9%、47.8%、29.8%，分别高于各项贷款增速15.5个、31.7个、15.4个百分点，同时居民消费贷款规

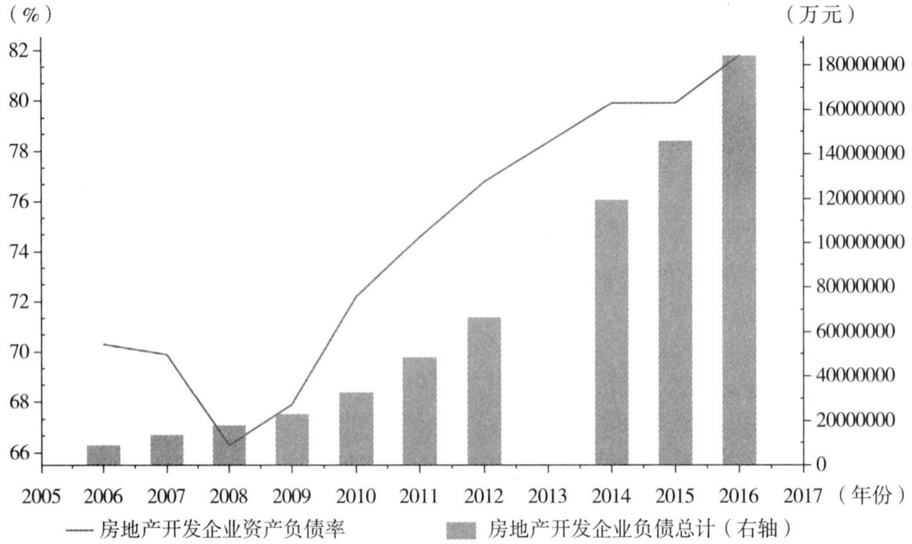

图 6　河南省房地产开发企业资产负债情况

模超过 8000 亿元，直接推动了住户部门杠杆率快速上升。房地产调控政策趋紧后，个人住房贷款利率涨幅较大，还款压力凸显，违约也逐步增多。

总体来看，河南省金融风险整体可控，但是个别领域风险隐患不可忽视，影响面广且相互叠加，传导机制复杂，如果应对不当，将会形成局部系统性风险，对河南省经济社会发展形成较大干扰和冲击。

四、河南省防范化解金融风险的总体思路

河南省防范化解金融风险要深入贯彻落实党的十九大、中央经济工作会议和全国金融工作会有关部署，把防控金融风险放到更加重要的位置，牢牢把握我国转型期风险形成机理和传导机制，科学防范金融风险，防止单体局部风险演化为系统性全局风险，打好防范化解金融重大风险攻坚战，坚决守住不发生系统性风险的底线。在有效防范化解金融风险的同时，充分利用风险可转化性与可控性，通过改善某些因素降低风险，实现经济与风险的平衡。具体要做好以下几点：

正确处理稳增长和防风险的关系，通过经济发展去防风险稳金融。经济增长放缓是当前最大的风险，经济增长放缓，经济金融风险必定增加，所以防范经济金融风险需要稳定经济增长，继续推进供给侧改革，落实“三去一降一补”任

务，培育新的增长动能，加快经济转型升级，提升防控金融风险的实力。

要把握节奏，统筹施策，注意防范“处置风险的风险”。去杠杆率、化解债务风险是一个比较缓慢的过程，一方面要在政策和监管上保持对金融机构去杠杆的压力，限制政府隐性债务、隐性担保、国企盲目投资的增长，另一方面也要防止资产价格大幅下跌，企业去杠杆过猛，避免过快压缩信贷和投资可能引发的对经济增长的损害。

深化经济金融制度改革，破解机制体制的凝结堵点。防范和化解金融风险要破解制度顽疾，完善经济金融体制机制，优化金融监管协调机制；坚持区域性金融机构市场化的改革方向，厘清政府与市场界限，完善激励约束机制；加快投融资体制改革，破除财政、国有企业预算软约束，研究建立符合省情、适应市场规律的基础性制度和长效机制，既抑制房地产泡沫，又防止出现大起大落。

通过服务实体经济防范金融风险，实现经济金融的良性循环。金融和实体经济是共生共荣的关系，服务实体经济是防范金融风险的根本举措。为实体经济发展创造良好货币金融环境，要着力加强和改进金融调控，坚持服务于供给侧结构性改革，以解决融资难融资贵问题为抓手，将更多金融资源配置到经济社会发展的重点领域和薄弱环节。

五、河南省防范化解金融风险的政策建议

(一) 深化金融改革以提升防风险能力

推进省内地方金融机构改革。引导地方法人机构加快市场化改革的步伐，防范改革过程中的新发风险；加强股东大会对金融机构重大经营决策的掌控权和监事会对决策执行的纠偏权，减少内部人控制的道德风险。

强化金融机构防范风险的主体责任。完善风险管理框架，强化风险内控机制建设，强化资本管理和偿付能力管理，增强对业务条线、关键岗位和重点人员的风险管控，防范操作风险；强化金融机构事后追偿制度，确保业务全流程合规运行，推动金融机构真实披露和及时处理风险资产。

优化区域金融结构，夯实防控风险的微观基础。一是加快改革改制改造步伐；二是做强做优河南省融资担保体系；三是做强河南省地方资产管理公司，形成不良资产经营、投资与资产管理、综合金融服务三大核心业务板块；四是提升区域股权市场直接融资服务功能；五是加强社会信用体系建设。

（二）防范处置突出风险点

防范化解各类金融风险。一是严密防范流动性风险；二是有效防范化解银行信用风险；三是着力防范影子银行业务风险。

防范化解政府债务风险。一是规范地方政府举债行为；二是加强隐性债务的风险防控和预警机制，强化监督问责；三是规范使用置换债券资金，严禁用于其他用途；四是推动政府融资平台市场化改制，兼并重组壮大规模；五是重视探索公共产品投资的长效机制。

防范化解国有和产能过剩企业债务风险。一是加快处置企业债务和“僵尸企业”退出；二是有序处置债券违约风险；三是深入推进国有企业改革，激发活力；四是规范国有企业投资领域，推动产业转型升级。

防范化解房地产泡沫引发金融风险。一是强化房地产领域融资规范和治理；二是加强住房信贷管理；三是建立房地产健康发展的长效机制。

（三）大力整顿规范金融秩序

加强金融生态环境建设。坚决取缔非法金融机构，一般工商登记注册企业一律不得从事或变相从事法定金融业务。严禁金融机构、媒体、网络平台等为非法金融活动提供便利；依法维护金融机构债权，严厉打击恶意逃废金融债权行为。

保持对非法集资活动的高压态势。一是强化行业监管和风险排查，充分发挥非法集资网络监测预警综合平台的作用，坚持打早打小。二是坚决打击房地产领域和金融机构内部人员从事非法集资活动，加快案件侦破效率，强化信访维稳，积极引导涉案群众依法依规正确维权，防止群体性事件和极端情况发生。三是加强金融消费者教育，提高投资者风险防范意识。

有效防控互联网金融风险。一是坚持“执牌经营”，清理整顿互联网资产管理、首次代币发行、虚拟货币交易场所、无证支付等，严控进入资金的种类和数量。二是加强对互联网金融的“穿透式”监管，加强部门协同和跨区协作，构建以大数据监管为核心的监管模式。

治理保险市场乱象。严密监测保险市场可能出现的集中退保、非正常给付、群访群诉等风险，查处违规违法套取保费的问题，着力解决销售误导、理赔难等问题。

（四）健全金融监管机制

加快健全金融监管协调机制。建立健河南省政府领导牵头的金融工作议事协调机制，具体工作由省政府金融办承担，统筹协调中央金融管理部门派出机构及地方金融监管部门加强监管，加强对市县政府及地方金融监管部门的监督问责。人民银行应健全金融业综合统计信息体系，加强金融风险的监测分析，完善突发性金融风险应急处置预案，各监管部门要强化对本领域本行业金融监管的主体责任。

健全系统性金融风险防范和应急处置机制。加强宏观审慎管理，加快推进金融业综合统计平台建设，健全风险监测预警机制。

建立风险隔离和缓冲机制。加强对经济社会发展中风险传导链条的梳理，监测主要风险指标，建立有效的风险隔离机制，避免风险在某些领域的过度集聚和在各部门之间的无序传递，促进各部门资产负债表的再平衡。

（五）深化供给侧结构性改革以提高经济发展的质量和效率

杠杆率持续攀升、风险不断积累的根源在于过度依赖债务驱动的增长模式，造成实体经济结构性失衡，杠杆边际回报率、投资效率大幅下降。长期看，必须加快经济转型升级、结构调整、动力转换，通过扩大有效供给、提升投资回报率，以改善微观主体经营效益、增强内生动力，从根源上防范化解金融风险。

以创新驱动提升全要素生产率。加快实施开放式创新，以引创新型龙头企业带动区域创新发展能力提升；积极引入技术、管理、供应链、品牌、营销渠道等载体，加快知识产权的保护和运用、创新主体的稳定预期、创新要素的自由流动、不同阶段集中产品的有效服务、产业配套和创新基础设施的支撑等环境建设，提升创新驱动力，带动全要素生产率提高。

积极改善投资环境和营商环境。着力降低全社会的土地、能源、通信、物流、融资成本，打破行政性垄断，加快要素价格市场化改革。减少投资风险，吸引更多的投资，提升投资回报率。

提升金融供给侧质量和效率。金融要以供给侧结构性改革为主线，降低经营成本和融资成本，加大对实体经济的支持力度；创新金融产品，引导过剩产能出清，促进传统产能升级，积极培育新经济、新技术、新产业、新业态；发展河南省债券市场和资本市场，优化融资结构，提高直接融资比重，降低债务规模。

（本章作者为河南省人民政府发展研究中心“河南省打好防范化解重大金融风险攻坚战的对策思路”课题组：
刘战国　张凯　张齐　王命禹　汪来喜）

河南金融从业者专题报告

一、河南省金融人才支撑较为薄弱

1. 近九成金融从业者“20~40 岁”博士仅占 0.34%

3827 位参与调查者中，处于“20～30 岁”年龄段的有 1913 人，占比 49.99%；处于“31～40 岁”年龄段的有 1512 人，占比 39.51%。对于高压力高收入的金融从业者来说，20～40 岁正值当打之年，处在该年龄段的参与调查者占比达 89.50%，河南金融从业者的人才梯队较为年轻（见图 1）。

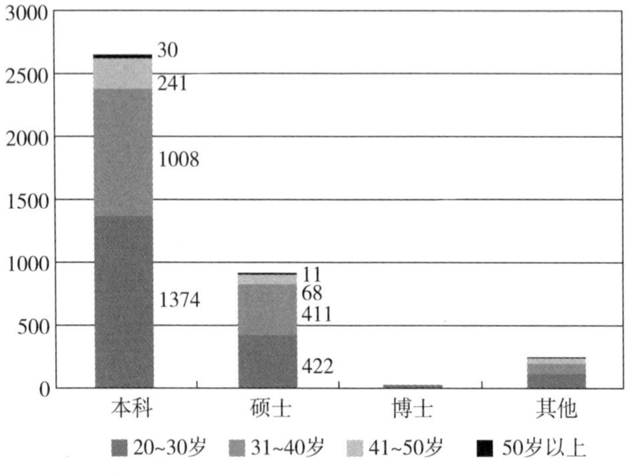

图 1　河南金融从业者年龄 & 受教育程度交叉分析

综合参与调查者年龄分布和受教育程度来看：年龄在 20～30 岁且受教育程度为本科的参与者达到 1374 人，占全部参与调查者的比重达到 35.89%；相比之下博士在全部参与调查者中占比仅 0.34%。

2. 超四成金融从业者从业经历不足 5 年

从工作经历来看，有 1604 位参与调查者工作不足 5 年，占比 41.91%；1377 人工作超过了 5 年，但是不足 10 年，占比 35.98%；564 人工作已经超过 10 年，但是不足 20 年，占比 14.74%；工作经验超过 20 年的占比 7.37%（见图 2）。

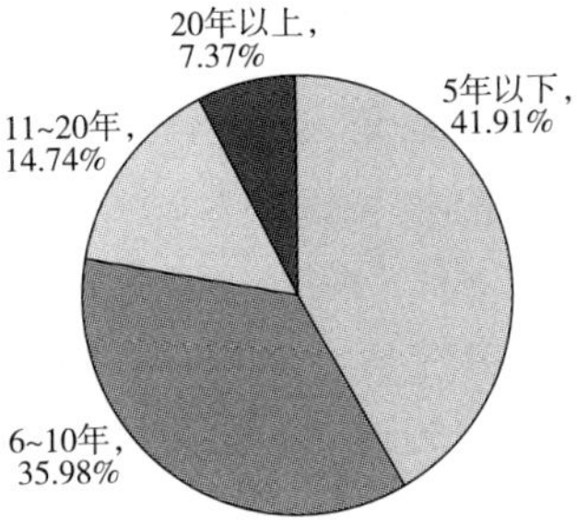

图 2　河南金融从业者工作年限分布图

综合各类金融机构调查结果，银行、券商、保险、信托、基金、担保小贷、互联网金融等各类金融机构从业人员中，均有 80%左右的参与调查者从业经历不足 10 年。河南省金融从业者整体水平还较为基础，高端人才支撑薄弱。

3. 银行占据金融从业者半壁江山

无论从规模还是从市场地位，银行业在当下的金融市场仍占据主导地位。本次大调查中，银行业金融机构参与调查者人数达到 1801 人，占比 47%；券商占比 9%；从业人员数量排在第三位的是企事业单位或机关团体的投融资部门。银信保证基五大行业参与调查者合计达 2533 人，占比 66.18%，可见，拥有金融牌照的金融机构依然是金融从业者就业的首选。证券、保险、基金、信托参与调查者占比分别为 8.78%、3.58%、5.51%、1.25%，尤其是信托业参与调查者占比较小，可见河南金融业态仍不够丰富。河南金融从业者机构分布见图 3。

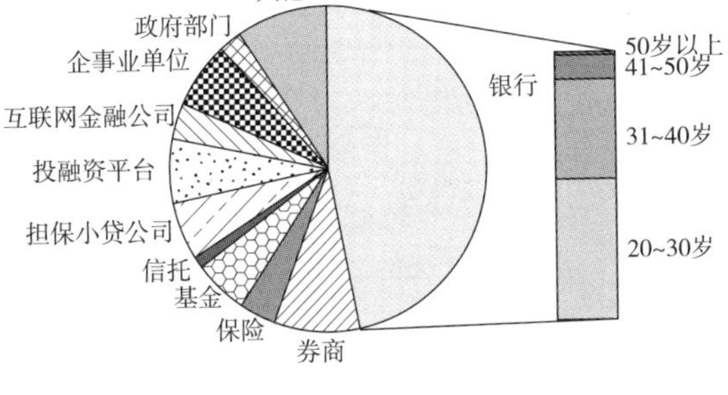

图 3　河南金融从业者机构分布

二、金融从业者的职业发展状况

1. 行业稳定：一半的参与调查者目前既不想跳槽也不想转行

调查结果显示，3827 位参与调查者中，有 2044 人选择“目前既不想转行也不想跳槽”，占比 53. 41%，超过一半；有 1337 人选择“目前不想转行但想跳槽”，占比 34. 94%。总体看，有 88. 35%的参与调查者有意愿稳定在金融行业内，只有 446 人选择了“想跳槽并转行”，占比 11. 65%。

从性别上分析（见表 1），男性参与调查者中有 11. 5%的人选择“想跳槽并转行”，而女性参与调查者中“想跳槽并转行”的比重为 12. 28%，略高于男性。金融行业加班多、压力大，高强度的工作让女性的跳槽和转行意愿要高于男性，女性金融工作者的流动性较男性更大。

表 1　河南金融从业者从业意愿与性别交叉分析

	男	女
目前既不想转行也不想跳槽	53. 35% 1642	53. 67% 402
目前不想转行但想跳槽	35. 15% 1082	34. 05% 255
不想干金融了，想跳槽并转行	11. 50% 354	12. 28% 92
受访总人数	3078	749

2. 年龄越大，从业意愿越稳定

从年龄上分析，如图 4 所示，各年龄阶段的参与调查者中，均有超过半数的参与调查者表示“目前并不想转行也不想跳槽”，并且年龄越大，所占比重越高，50 岁以上的参与调查者中有 66. 67%的人选择“不想跳槽也不想转行”。而年龄越小，该年龄段选择“目前不想转行但想跳槽”的参与调查者比重则越高，20~30 岁参与调查者中，有 37. 17%的选择“目前不想转行但想跳槽”，在各年龄段中所占比重最高。50 岁以上的参与调查者中则仅有 18. 52%的选择“目前不想转行但想跳槽。”值得注意的是，各年龄段选择“不想干金融了，想跳槽并转行”的比重分别为 11. 24%、12. 30%、10. 63%、14. 81%。50 岁以上年龄段选择转行的比重最高。

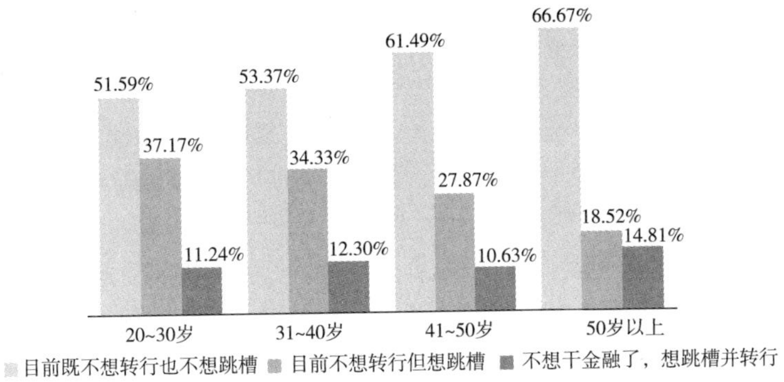

图 4　河南金融从业者从业意愿与年龄交叉分析

3. 中坚力量——工作年限 6~10 年跳槽意愿最强烈

从工作年限和转行意愿的相关性来看，如图 5 所示，工作年限 5 年以下的参与调查者中有 54. 05%的人表示“既不想转行也不想跳槽”，35. 16%的人“目前不想转行但想跳槽”。工作 6 年之后，已经具备熟练的工作经验，同时又年盛力强——这个阶段的从业者，是金融机构挖角的主要目标。调查数据印证了这一点：工作年限 6~10 年的参与调查者中，选择“不想转行但想跳槽”的比重达 37. 55%，较工作年限 5 年以下的参与调查者高出 2. 39 个百分点。“不想转行也不想跳槽”的参与调查者比重为 50. 25%，较工作年限 5 年以下的参与调查者低 3. 8 个百分点。工作年限延长至 11 ~ 20 年，则“既不想转行也不想跳槽”的参与调查者比重升至 54. 43%，而“不想转行但想跳槽”的参与调查者比重则降至 33. 87%。

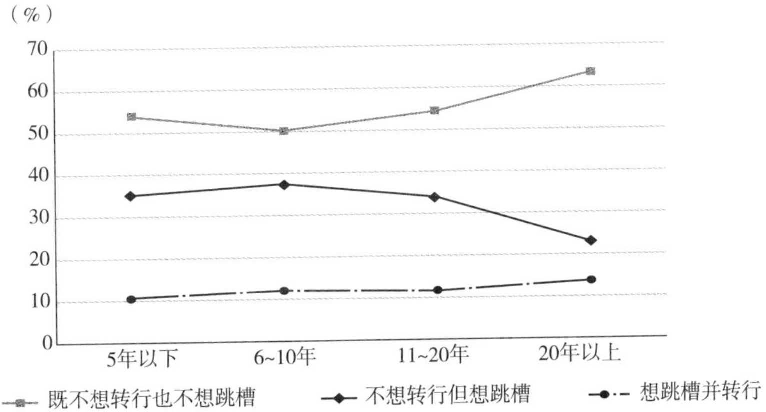

图 5　河南金融从业者从业意愿与工作年限交叉分析

三、金融机构薪酬大 PK

1. 年薪超 40 万元，就是河南金融业的 TOP10%

3827 位参与调查者中，68.94%的人表示自己的平均年薪在 20 万元以下，22.52%的人选择了平均年薪为 20 万~40 万元，5.20%的人选择了平均年薪为 40 万~60 万元，2.01%的人选择了平均年薪为 60 万~80 万元，只有 1.33%的人表示自己的平均年薪超过 100 万元。也就是说，如果一位从业人员的平均年薪超过 40 万元，他就成为了河南地区金融行业年薪 TOP10%的那批人，如图 6 所示。

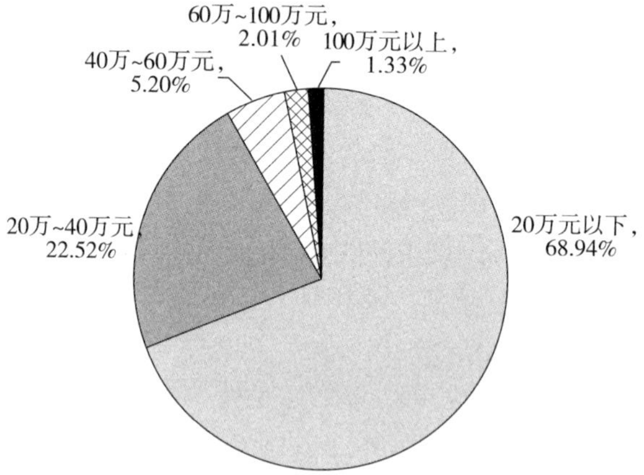

图 6　河南金融从业者薪酬分布

2. 基金业年薪超 100 万元者比例最高

调查结果显示，各类型金融机构参与调查者中，金融监管机构或相关政府部门 91.21%参与调查者年薪在 20 万元以下，在各类型金融机构中占比最高。仅有 3.3%的政府部门参与调查者年薪超过 40 万元。值得注意的是，只有信托业的年薪众数在 20 万~40 万元区间。调查结果显示，信托业 35.42%参与调查者年薪在 20 万元以下，在各类金融机构中占比最低；同时，信托业年薪为 20 万~40 万元的参与调查者占比 43.75%，年薪为 60 万~100 万元的参与调查者占比 8.33%。信托业平均年薪在各金融机构当中是最高的。如果把年薪档次提高到 60 万~100 万元，则各类型金融机构参与调查者中占比最高的为信托机构，48 名信托机构参与调查者中有 8.33%年薪在 60 万~100 万元（见图 7）。

基金业薪酬呈现较为显著的两极分化现象：56%的基金业参与调查者表示平均年薪在20万元以下，5.21%的基金业参与调查者表示平均年薪超过了100万元。基金业中年薪百万元以上的比例，在所有金融机构中比例最高，甚至超过了信托业4%的比例。

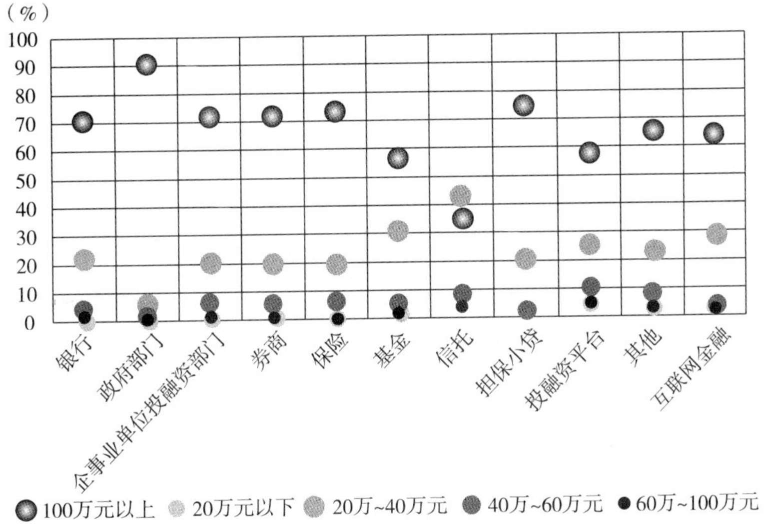

图7　河南金融从业者机构类型与薪酬交叉分析

3. 76.11%的金融从业者除薪酬之外，更看重个人价值及成就感

单纯地提高薪酬，并不一定能够有效激励金融从业者。与金钱相比，他们更看重后续发展的空间和个人价值及成就感。“您看重工作的哪些方面?”这是一道多选题，每一位参与调查者都可以选择影响自己考虑工作的要素，并且选项排名无先后之分。调查结果如图8所示，3827位参与调查者中，有2913位工作中更看重个人价值及成就感，占比达到76.11%。此外有超过七成的参与调查者选择了“晋升空间”和“薪酬待遇”。有1964位参与调查者选择“工作福利”：包括假期、进修学习等，占全部参与调查者的比重为51.32%。也有41位参与调查者在“其他”选项的说明中表示：更看重工作中的“公司氛围”“领导能力”“资源获取途径”“简单务实的工作环境”“合适的工作伙伴”等因素。

4. 职级越高，越看重个人价值及成就感

分职级来看，如图9所示，职员中28%的参与调查者更看重薪酬待遇，这一比例在所有职级中最高。职员和主管两个职级中均有27%的参与调查者选择看重晋升空间。而对于个人价值及成就感，总裁/董事长/总经理这一职级中有47%的参与调查者更看重这一项，这一比例在所有职级中最高。

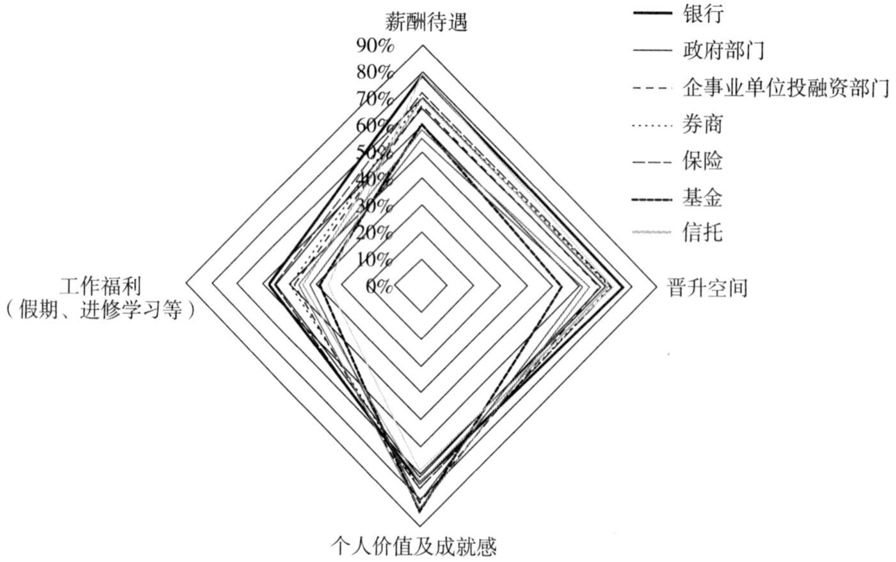

图 8　河南金融从业者机构与工作看重因素交叉分析

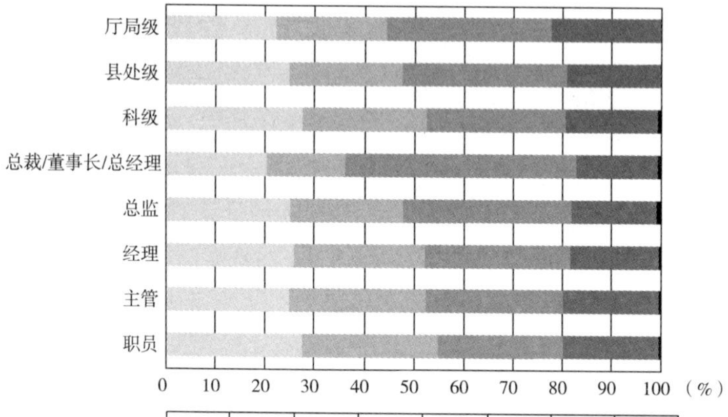

	职员	主管	经理	总监	总裁/董事长/总经理	科级	县处级	厅局级
薪酬待遇	28%	25%	26%	25%	20%	28%	25%	22%
晋升空间	27%	27%	26%	23%	16%	25%	23%	22%
个人价值及成就感	25%	28%	29%	34%	47%	28%	33%	33%
工作福利（假期、进修学习等）	19%	20%	18%	17%	17%	19%	19%	22%
其他	0%	0%	0%	1%	1%	1%	0%	0%

图 9　河南金融从业者机构类型与工作看重类型交叉分析

5. 新兵重职业发展，老将重个人价值

调查数据显示（见表2），不论男女，金融从业者在工作中个人价值及成就感的获得都是首要关注因素，而女性对于工作中工作福利的看重更甚于男性。不同工作年限的参与调查者，工作中关注的因素也是不同的。工作年限越短，对于晋升空间则越看重，工作年限在5年以下的参与调查者中，有78.18%表示更关注工作中的晋升空间。工作年限越长，发展空间受限，首要追求逐渐转变为工作中个人价值和成就感的获得。调查结果显示，工作10年以上的参与调查者中有42.91%表示更看重晋升空间，而有82.27%表示更重视个人价值及成就感。

表2 河南金融从业者工作年限与工作看重因素交叉分析

	薪酬待遇	晋升空间	个人价值及成就感	工作福利
5年以下	☆☆☆	☆☆☆☆	☆☆	☆
5~10年	☆☆	☆☆☆	☆☆☆☆	☆
11~20年	☆☆☆	☆☆	☆☆☆☆	☆
20年以上	☆☆☆	☆	☆☆☆☆	☆☆

6. CPA和CFA是最受认可的专业资格证书

如图10所示，3827位受访者中，21%的人认为CPA/CICPA证书在自己的工作中比较重要，20%的人认为CFA证书在自己的工作中比较重要。并且，也只有这两种证书的受访者选择比例超过了20%。

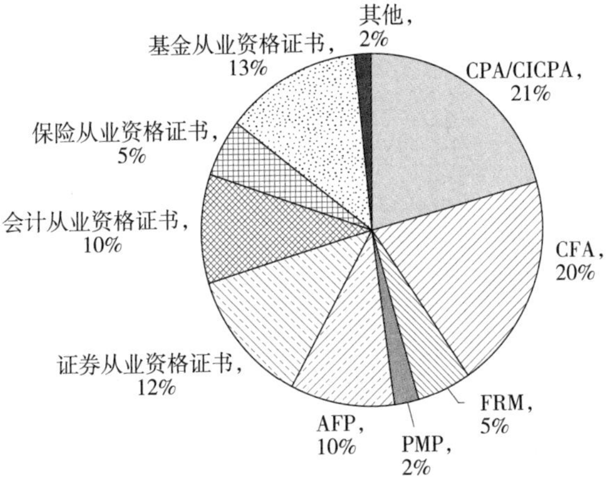

图10 河南金融从业者各类资格证书选择比重

选择了“其他”选项的受访者，填写了“RFP”“银行从业资格证”“期货从业资格证书”“董事会秘书资质”“保代资格证书”“CDCS”“NAFMII从业资格证”“投资顾问”“经济师”等内容。

四、金领圈层的职业与生活

1. 四成参与调查者过去一年完全没有休假

如图11所示，本次调查从“晚上睡眠不好”“体重在上升”“下班的时候感觉精疲力竭”“晚上或周末经常加班”“过去一年都没有休假”5个维度来衡量参与调查者的精神状态。本次大调查通过打分的形式表达真实的感受程度，其中，1得分表示非常不符合，5得分表示非常符合。3827位参与调查者中，对于“晚上睡眠不好”，有958人选择了非常符合，占比25.03%；对于“体重在上升”，有1083人选择了非常符合，占比28.03%；对于“下班的时候感觉精疲力竭”，有1538人选择了非常符合，占比40.19%；对于“晚上或周末经常加班”，有1283人选择了非常符合，占比39.03%；对于“过去一年都没有休假”，有1499人选择了非常符合，占比45.60%。

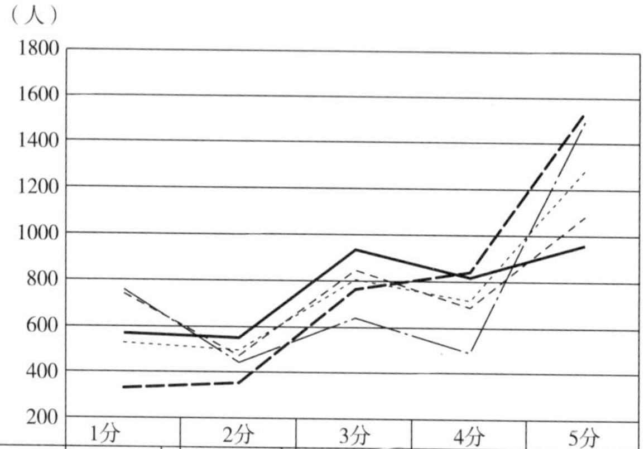

	1分	2分	3分	4分	5分
晚上睡眠不好	570	547	936	816	958
体重在上升	742	471	847	684	1083
下班的时候感觉精疲力竭	331	357	761	840	1538
晚上或周末经常加班	525	499	807	713	1283
过去一年都没有休假	755	445	636	492	1499

图11　河南金融从业者精神压力测试分析图

如图 12 所示，从平均得分来看，“晚上睡眠不好”的平均得分为 3.27，“体重在上升”的平均得分为 3.23，“下班的时候感觉精疲力竭”的平均得分为 3.76，“晚上或周末经常加班”的平均得分为 3.45，“过去一年都没有休假”的平均得分为 3.40。

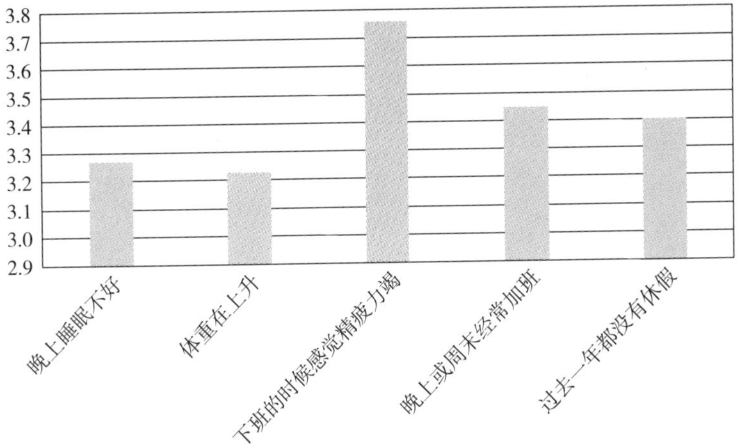

图 12　河南金融从业者各类压力表现平均得分

2. 金融行业压力山大前三甲

如图 13 所示，对于每一位参与调查者，取这 5 个维度得分的平均值，代表精神状态得分。得分越高，表示精神状态越差。银行从业者的得分最高，表示银行从业者的工作压力和工作强度均较大，券商、基金次之。

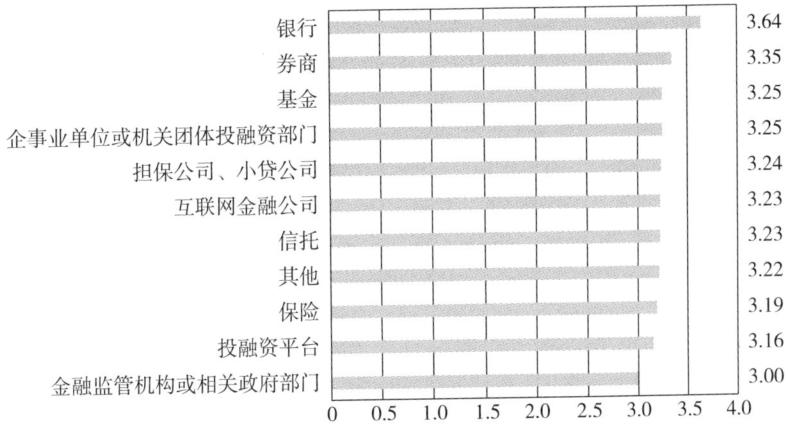

图 13　河南各类型金融机构从业者压力测试平均分

如果将参与调查者所在机构的平均年薪与他们的精神压力作比较，能发现一定的关联度：

基金业的参与调查者进入了精神压力较大人群的前三甲，而基金业也呈现出了“高薪者比例较大、平均年薪较高”的薪酬特点。金融监管机构或相关政府部门的从业者在所有机构中工作强度和精神压力最小，而他们的薪酬也呈现出“低薪者比例较大、平均年薪较低”的特点。

（本章作者为河南投实公司）

后　记

为了落实河南省委省政府"稳固发展金融豫军"的战略部署，全面谋划金融豫军发展的新思路、新战略、新举措，河南省政府发展研究中心将"做大做强金融豫军战略研究"列入 2017、2018 年度重点课题责任目标及 2017、2018 年度河南省政府决策咨询研究招标课题，创新研究方式，联合 13 家骨干金融机构和郑东新区等单位，成立了"联合课题组"，开展协同攻关，主要区域性骨干金融机构积极响应，高度重视，主要领导亲自挂帅，组成专题课题组，创造性开展系统研究工作。"联合课题组"开展了 14 次专题实地调研，召开了 2 次专题交流研讨会，经过近 1 年的联合攻关，完成了 1 个总报告和 14 个分报告，还完成了 6 篇专题研究报告。该项课题研究报告通过了河南省政府发展研究中心组织的"专家评审会"（评审专家为谷建全研究员、孙新雷教授、徐诺金博士、范大路教授、蔡玉平教授、完世伟研究员、刘战国研究员），系列研究报告刊发在河南省政府发展研究中心《调研报告》（总第 935 期）上，进入了河南省委省政府决策。中原银行、中原证券、中原资产管理有限公司、郑州商品交易所、河南省农信联社、郑州银行、河南省中小企业担保集团、中原农险、洛阳银行、百瑞信托、中原股权交易中心、洛阳国宏投资集团、平顶山银行、郑东新区金融服务局等有关单位全程参与了该项课题研究，取得了丰硕成果。

根据课题计划安排，将总报告、分报告、专题报告编辑成册，《金融豫军发展战略研究》正式出版、公开发行。感谢中原银行窦荣兴董事长、王炯行长，中原证券菅明军董事长等领导对本课题的鼎力支持。感谢经济管理出版社杨雪编辑的辛勤付出，她耐心细致的工作态度和精益求精的专业精神令人钦佩。

本书的战略课题研究是一种新的探索，这种理论与实践相结合的探索还会继续下去，必将促进金融豫军转型发展和实现新跨越。

由于编者时间和水平有限，本书尚有很多不足之处，恳请广大读者批评指正。

刘战国

2018 年 6 月